# “Agir en fonctionnaire de l’État de façon éthique et responsable” Une épreuve ?!

*Les auteurs*

**Philippe Lemarchand** a été consultant pour des organismes internationaux, enseignant à l'université de Londres et maître de conférences à Sciences-Po. Il a conçu et dirigé le présent ouvrage.
**Jean-François Asselin** est professeur d'histoire-géographie dans l'académie de Versailles. Son parcours est ponctué de diverses expériences dans des établissements de centre-ville et de zones sensibles ainsi qu'auprès d'élèves non francophones ou en situation de handicap. Formateur académique et collaborateur du site Strabon, il a rédigé l'ensemble de la partie Repères et l'essentiel de la partie Outils du présent volume.
**Natacha Coquery** est professeur d'Histoire moderne à l'université de Nantes et auteur de nombreux ouvrages. Dans le présent volume elle a rédigé le texte “Les projets d'éducation nationale à la fin de l'Ancien Régime : droit et devoir de l'État”.
**Marie-Annick Gervais-Zaninger** est maître de conférences HDR en Littérature du XX^e^ siècle à l'université de Nancy 2 ; elle est aussi diplômée en Philosophie. Elle a une longue expérience de la formation aux concours (CAPES et agrégation) et de la participation à des jurys de concours. Elle a également assuré le suivi des professeurs stagiaires (en tant que professeur maître formateur) dans l'Académie de Versailles et dans celle de Nancy-Metz. Dans le présent volume elle a rédigé le texte “La figure du professeur: un fonctionnaire comme les autres ?”.
**Emmanuelle Proust** est magistrate, conseiller référendaire à la Cour de cassation. Dans le présent volume elle a rédigé le texte “L'enseignant et le statut de la fonction publique”.
**José Luis Gutiérrez Molina** est un historien de référence en Espagne, membre du Groupe de recherche Histoire actuelle et de l'université de Cadix. Dans le présent volume il a rédigé le texte “Les enseignants et le totalitarisme: l'exemple du franquisme”.
**Natalie Depraz** est professeur de Philosophie à l'université de Rouen, membre de l'Équipe interdisciplinaire sur les aires culturelles (ERIAC), des Archives-Husserl (ENS) et du Centre de recherche en épistémologie appliquée (CREA, École polytechnique). Dans le présent volume elle a rédigé le texte “Du fonctionnaire de l'État au “fonctionnaire de l'humanité” : quelle vigilance à l'épreuve de la barbarie ?”.
**Juliette Marie** est étudiante dans le parcours Sciences Po de la faculté des Lettres de l'université de Poitiers. Elle a été responsable de la partie Témoignages du présent volume.

*Les auteurs tiennent à remercier tous ceux qui ont rendu ce volume possible et en particulier ceux qui ont bien voulu leur confier leur témoignage ainsi que Michel Rapoport pour ses conseils.*

Édition : Philippe Lemarchand et Michèle Mirroir.


ISBN : 978-2-35030-153-2

CLEFS CONCOURS RÉFÉRENCES

Philippe Lemarchand Jean-François Asselin Natacha Coquery

Marie-Annick Gervais-Zaninger Emmanuelle Proust

José Luis Gutiérrez Molina Natalie Depraz

# "Agir en fonctionnaire de l'État de façon éthique et responsable" Une épreuve ?!

Atlande

# SOMMAIRE

## ÉCLAIRAGES



## TÉMOIGNAGES



## OUTILS

NOTICE

Un système de circulation entre fiches est proposé en cours de texte.

Exemple : (v. Repères).

Le signe * placé après un mot signale qu'il figure dans le glossaire.

# PRÉFACE

## Une épreuve contestable et contestée

"Agir en fonctionnaire de l'État de façon éthique et responsable". C'est bien la moindre des choses à attendre d'un fonctionnaire me direz-vous. Est-ce pour autant que cela s'apprend ? Et si oui, est-ce qu'un tel apprentissage est contrôlable ? Est-ce une qualité requise pour être enseignant ? Est-ce que la maîtrise de cette "compétence" – pour reprendre le vocabulaire du ministère – peut s'acquérir avant d'avoir pratiqué son métier ?

Depuis 2011, tout recrutement d'enseignant scolaire est censé comporter une épreuve sur ce sujet, tant dans le secondaire que dans le primaire. Depuis 2005, les professeurs des écoles sont interrogés lors des épreuves orales d'admission sur "L'histoire de l'école, ses finalités, son fonctionnement, son environnement, ses méthodes, avec une ouverture sur d'autres pays européens. Connaissance dans le domaine de l'éducation. Les obligations, les droits et les responsabilités du professeur des écoles.", intitulé plus large et plus consensuel.

"Agir de façon éthique et responsable" est le premier point du "référentiel de compétences" qui s'applique depuis 2007 à tous les personnels d'enseignement, de documentation et d'éducation parmi une série de 10 :
- agir de façon éthique et responsable ;
- maîtriser la langue française pour enseigner et communiquer ;
- maîtriser les disciplines et avoir une bonne culture générale ;
- concevoir et mettre en œuvre son enseignement ;
- organiser le travail de la classe ;
- prendre en compte la diversité des élèves ;
- évaluer les élèves ;
- maîtriser les technologies de l'information et de la communication ;
- travailler en équipe et coopérer avec tous les partenaires de l'École ;
- se former et innover.

Plusieurs autres compétences sont déjà évaluées à travers les épreuves classiques, principalement la maîtrise du français et celle des disciplines concernées, mais aussi (à travers l'oral) la mise en œuvre de l'enseignement, l'organisation du travail, voire les méthodes d'évaluation des élèves. La possession du certificat C2I (informatique et internet) sera requise des jeunes recrutés à la rentrée 2012, sanctionnant la maîtrise des technologies de l'information et de la communication. Mais quid de la prise en compte de la diversité des élèves, du travail en équipe, de l'innovation ? Pourquoi privilégier "Agir de façon éthique et responsable" en lui consacrant, pour les recrutements du secondaire, dix minutes de présentation d'un sujet et dix minutes d'entretien avec le jury ?

S'il peut paraître légitime d'apprécier la connaissance par un jeune enseignant du système éducatif et des conditions d'exercice de son métier, il peut sembler inopérant de le faire avant qu'il ait été confronté aux réalités de ses responsabilités et artificiel d'inclure un tel examen au sein d'épreuves disciplinaires, comme un "quart d'heure américain" au milieu d'une épreuve plus longue. Les oppositions à la généralisation de ce nouvel exercice ont été d'autant plus variées qu'elle intervient dans un contexte de bouleversement des conditions de recrutement.

## Pourquoi un ouvrage

De fait si la question est très controversée, tant par essence que dans ses modalités ou dans son libellé, le détail des connaissances requises dans le programme publié est plutôt attrayant. À moins de privilégier l'évitement, il convient à chaque membre de jury de contribuer à le transformer en une épreuve intelligente, utile, inventive, voire subversive. Atlande, en tant qu'acteur important de la préparation aux concours, a une responsabilité en la matière. Nous espérons contribuer à éviter qu'un recrutement puisse dépendre des positions éthiques d'un enseignant et s'assurer que l'épreuve évaluera une capacité à questionner une situation et non pas à y apporter une réponse pavlovienne. C'est une des raisons pour laquelle nous ne proposons aucun "corrigé" mais donnons au contraire à chacun les moyens de puiser aux sources du droit et à l'aune de l'expérience d'autrui les éléments qui lui permettent d'étayer ce qui sourd au tréfonds de sa propre conscience.

Les étudiants vont se retrouver très démunis et une grande inégalité face au concours risque de s'installer en fonction des positions adoptées par chaque centre de préparation ; l'esprit de service public qui a présidé à la création d'Atlande en cherchant à contribuer à l'égalité de tous face aux concours quel que soit leur lieu de préparation milite pour l'édition d'un ouvrage. La ponctuation inhabituelle adaptée dans le titre de notre ouvrage reflète notre ambition : aider à réussir une épreuve que nous condamnons dans sa forme actuelle.

## Comment s'en servir

Notre pari est d'offrir un ouvrage à la fois pratique – qui permette à tous les candidats de préparer efficacement le sujet – et critique – en leur apportant des éléments réflexifs sur la démarche à l'œuvre. S'adressant à des publics très variés – futurs instituteurs et candidats de toutes les disciplines objet d'un CAPES, d'une agrégation ou d'un concours équivalent –, il a été rédigé de façon très claire en visant à chaque fois un public de non-spécialistes.

Afin de répondre à ces différents impératifs nous avons imaginé un ouvrage en quatre temps :

- Des "Repères" qui donnent les connaissances permettant de traiter des différents points du programme ;
- Des "Éclairages" qui proposent des regards critiques de différentes disciplines ;
- Des "Témoignages" qui relatent des situations concrètes ;
- Des "Outils" permettant de retrouver facilement une information.

Nous avons réuni des auteurs d'horizons différents qui tous ont apporté leur point de vue : historiens, juristes, philosophes, littéraires, mais également enseignants, formateurs, administratifs, parents, avec chacun son expérience de terrain, son positionnement par rapport aux débats éducatif en cours et son opinion par rapport à l'épreuve à laquelle nous contribuons à préparer, y compris, aussi paradoxal que cela puisse paraître, des signataires des pétitions en cours contre cette épreuve. Si celle ci devait être supprimée ou remplacée par une formation plus appropriée, nous nous en réjouirions mais nous voulons surtout à tout prix éviter que les candidats (ou les membres de jury) se retrouvent seuls face à une quelconque doxa.

L'éditeur

# REPÈRES

# LES VALEURS DE LA RÉPUBLIQUE

## La devise républicaine

La formule Liberté/Égalité/Fraternité est ancrée dans la mémoire collective comme un tout uniforme et inséparable. La devise républicaine n'est pourtant pas née d'un bloc. Elle est au contraire le résultat d'une association progressive de trois valeurs distinctes que les philosophes des Lumières avaient d'ailleurs contribué à populariser parmi les élites urbaines et cultivées du XVIII^e^ siècle. Malgré le succès de ces trois mots dès 1789, ils figurent alors parmi d'autres tels que salut, force, union, charité, amitié, vertu, justice, etc. En 1790, Robespierre propose en vain de les faire inscrire sur les drapeaux et les uniformes de la garde nationale. Au cours du XIX^e^ siècle, le préambule de la constitution de la Seconde République (1848) déclare que la liberté, l'égalité et la fraternité forment le "principe" de la République sans que le mot devise ne soit prononcé. Après la chute du Second Empire (1870), dans un contexte trouble de défaite contre la Prusse, de la difficile naissance de la III^e^ République et d'une majorité royaliste à la chambre des députés et au Sénat, les lois constitutionnelles de 1875 fixent simplement les règles de fonctionnement de la vie politique. Aucune déclaration de principes, aucune proclamation de valeurs ne sont alors formulées du fait de la recherche d'un compromis entre monarchistes et républicains. Une fois majoritaires à la Chambre des députés puis au Sénat, ces derniers reconnaissent à la France un hymne officiel en février 1879 (la *Marseillaise*) et, non sans de tumultueux débats, une fête nationale en juin 1880 (le 14 juillet). Ils n'attribuent aucune devise à la République. Néanmoins, l'expression se généralise sur les frontons des mairies pour célébrer le 14 juillet 1880. L'officialisation de la devise intervient lors de la rédaction de la constitution de la IV^e^ République (27 octobre 1946): "La devise de la République est: 'Liberté, Égalité, Fraternité'" (article 2). Elle l'est toujours sous la V^e^ République.

### • Liberté

Il est ici hors de propos de dresser un aperçu philosophique du concept de liberté ni même d'en faire un bref historique, mais il n'est pas inutile de rappeler quelques points fondamentaux. Afin tout d'abord d'appréhender la notion de liberté, il faut rappeler le contexte d'organisation des sociétés avant et après 1789. Avant cette date, la société française est une société d'ordres, de corps, de communautés, de compagnies. Chaque individu appartient à plusieurs de ces groupes et bénéficie donc de privilèges liés à son statut. L'étymologie du mot privilège renvoie au latin *privat lex* (loi privée) et les détenteurs de privilèges les considéraient comme des libertés de corps auxquelles ils étaient très attachés. En ce sens, la liberté était à la fois collective et privée car elle correspondait aux libertés d'individus appartenant à un groupe de semblables. Par exemple, un maître charpentier parisien faisait partie du Tiers État tout en appartenant au corps de métier de sa profession et au corps de la ville de Paris. Ces multiples appartenances lui permettaient d'obtenir plus ou moins de privilèges ou libertés. Ce qui change avec la Révolution française, c'est l'affirmation d'une liberté individuelle dans l'idée que tous les hommes naissent libres quelle que soit leur appartenance à un corps. De ce point de vue, la liberté est naturelle et ne procède pas de quelconques privilèges : on est libre parce que l'on naît Homme et que tous les hommes appartiennent à un seul corps qui est l'humanité (dimension universelle de la liberté).

Le texte fondateur à cet égard est la **Déclaration des droits de l'Homme et du citoyen** (26 août 1789). Ce texte est composé d'un préambule et de dix-sept articles dont sept font expressément référence à la liberté. Tous les hommes naissent libres (article 1). Cette valeur est considérée comme l'un des quatre droits naturels et imprescriptibles de l'homme (article 2). Elle est définie comme la capacité à pouvoir faire tout ce qui ne nuit pas à autrui (article 4) et tout ce qui n'est pas défendu par la loi (article 5). La notion de liberté ne peut se réduire à une capacité d'action puisqu'elle est étendue à la conscience religieuse (article 10) et intellectuelle (article 11). La dernière référence à cette valeur concerne le libre consentement à la contribution publique (article 14) qui ne peut se comprendre que par le contexte d'alors (réformer la fiscalité pour combler les dettes nées de la guerre de l'Indépendance américaine).

Plus concrètement, comment comprendre la valeur de liberté dans le cadre de la fonction publique liée à l'Éducation nationale ? Elle se décline à plusieurs niveaux et ne concerne pas uniquement l'enseignant : la liberté peut être pédagogique mais peut aussi correspondre au libre choix par la famille de l'éducation de leur(s) enfant(s).

En effet, la liberté concerne au premier chef **l'enseignant** qui **est libre** de conduire son cours à partir du moment où il respecte l'obligation légale de l'État d'organiser l'enseignement public. Autrement dit, l'enseignant doit s'obliger à n'enseigner que ce qui est contenu dans le programme en vigueur et publié dans le BOEN* (*Bulletin officiel de l'éducation nationale*). La liberté pédagogique ne signifie donc pas la possibilité de choisir dans le programme ce qui peut être enseigné ni, à l'inverse, estimer que le programme est incomplet et qu'il faut le compléter. Parfois les programmes préconisent une démarche ou une pratique. L'idée n'est pas d'amputer la liberté de l'enseignant mais de proposer une solution qui peut s'avérer utile lorsqu'un professeur débute sa carrière ou lorsque le programme est nouveau et que l'enseignant ne l'a pas encore en main. La liberté de l'enseignant doit également s'accompagner d'un sens des responsabilités (neutralité, réserve). Parce que la déclaration des droits de l'Homme et du citoyen est un pilier de la République, tous les candidats qui sont recrutés au concours ont, en vertu des articles 10 et 11 de ce texte, la liberté d'avoir une conscience politique et religieuse ou de ne pas en avoir (apolitisme, athéisme). En revanche, dans une situation de vie de classe, cette liberté ne doit pas transparaître. Lorsque, de bonne foi, un élève demande à son professeur d'histoire-géographie si tel parti politique français est le meilleur ou à son professeur de SVT* si Dieu existe, le professeur en question doit veiller à ne pas sortir de son devoir de réserve (v. L'enseignant et le statut de la fonction publique).

Dans le monde de l'éducation, **la liberté** est aussi celle **des familles**. Si l'instruction est obligatoire (article L.131-1 du code de l'éducation) à partir de l'âge de six ans, elles disposent de plusieurs choix possibles dans la scolarisation de leurs enfants car, en ce domaine, l'État n'exerce aucun monopole. Les parents ont la possibilité d'enseigner eux-mêmes les programmes officiels à leurs enfants. Ils peuvent tout aussi bien le faire indirectement en recrutant une personne de leur choix (tel un précepteur) ou en faisant appel à un organisme d'enseignement à distance (tel le CNED*). Lorsque les familles optent pour cette solution, elles s'exposent *ipso facto* à un contrôle. La mairie du lieu de domicile, ou à défaut le préfet, diligente une enquête sur les raisons de ce choix dans le but de veiller aux intérêts de l'enfant (v. Les droits de l'enfant). Cette enquête est ensuite transmise à l'IA-DSDEN* (v. Le système éducatif, ses acteurs et ses dispositifs). Une fois par an, l'inspecteur d'académie doit vérifier que l'enseignement dispensé est conforme à la loi. La solution la plus confortable reste néanmoins la scolarisation dans un établissement qui peut être public ou privé (avec deux possibilités : l'enseignement privé sous contrat avec l'État ou hors contrat). Les écoles privées sous contrat s'engagent à respecter des normes nationales et recrutent des professeurs titulaires du CAFEP* (candidats ayant préparé les concours au même titre que ceux du CAPE*, du CAPES*, du CAPET*, du CAPLP* ou du CAPEPS*).

L'école publique a l'avantage d'être gratuite (article L.132-1 du code de l'éducation) mais les parents ont *a priori* l'obligation de scolariser leurs enfants dans l'école de leur quartier, le collège de leur secteur et le lycée de leur district. L'école privée est un des moyens de se détacher des contraintes géographiques mais elle induit un coût pour les familles. L'assouplissement de la carte scolaire à partir de 2007 puis sa disparition programmée en 2010 ont été des moyens de garantir davantage la liberté de choix des familles mais cette mesure a été décriée par certains acteurs de l'Éducation nationale, généralement des professeurs et des chefs d'établissement, au motif qu'elle produit de l'inégalité en matière d'éducation (développement de ghettos scolaires par évaporation des meilleurs élèves de quartiers dits sensibles vers des établissements mieux réputés).

Même si elle a périodiquement donné lieu à débat, l'affirmation du principe de liberté en matière de choix d'établissement scolaire est ancienne car la loi Falloux* établit en 1850 que "les établissements d'enseignement du premier et du second degré peuvent être publics ou privés" (article 17). Cette disposition est reprise dans la loi du 28 mars 1882 relative aux écoles primaires et étendue aux établissements d'enseignement technique par la loi du 25 juillet 1919 dite loi Astier (article 3). La loi Debré du 31 décembre 1959 confirme le principe de liberté d'enseignement qui est toujours en vigueur aujourd'hui (code de l'éducation).

• **Égalité**

L'égalité forme le second grand principe de la devise républicaine. Comme la liberté, cette valeur a été solennellement proclamée par la Déclaration des droits de l'Homme et du citoyen (26 août 1789). Quatre articles sur dix-sept y font référence. "Les hommes naissent et demeurent [...] égaux en droits ; les distinctions sociales ne peuvent être fondées que sur l'utilité commune" (article 1). Les citoyens sont égaux devant la loi qui doit être la même pour tous ; l'égalité d'accès aux emplois public est garantie par une sélection des candidats selon leurs capacités (article 6). La force publique agit dans l'intérêt général et non pour des particuliers (article 12). Les impôts doivent être également répartis entre tous les citoyens selon leurs facultés (article 13). Ces articles montrent combien l'égalité est un principe difficile à cerner : l'égalité peut-elle réellement exister ou n'est-elle qu'un point de fuite vers lequel on ne peut que tendre sans jamais l'atteindre ? En effet, l'article premier reconnaît une égalité de droits et non de fait. L'article 6 sous-entend que tous les citoyens n'ont pas les mêmes capacités et l'article 13 les mêmes niveaux de fortune. L'égalité existe donc comme principe, comme idée directrice mais, pour la traduire dans les faits, il faut agir. Or ce principe peut entrer en contradiction avec celui de liberté. En effet, l'association de l'égalité et de la liberté peut soulever quelque paradoxe : lorsqu'une situation est inégale et qu'une action est alors entreprise pour établir une égalité, celle-ci peut-elle, dès lors, être légitime si elle lèse la liberté d'individus ? Cette question peut toujours se poser aujourd'hui car égaliser c'est forcément porter atteinte, au moins partiellement, à une liberté lorsque l'intérêt de différentes parties est divergent. C'est pourquoi la valeur d'égalité est indissociable de la notion d'intérêt général qui surpasse les intérêts particuliers. À un moment donné, la liberté individuelle ne peut pas primer sur l'intérêt du plus grand nombre. De là l'existence d'un lien entre égalité et justice. On a évoqué précédemment que la société est traversée par d'inévitables inégalités. Une société qui ne chercherait pas à les réduire s'exposerait à les laisser croître. Cette croissance d'inégalités s'accompagnerait d'un sentiment d'injustice qui, à son tour, risquerait d'engendrer une instabilité de la société. L'idée que l'injustice peut être le moteur de révoltes, ou de révolution, a été théorisée par Aristote au IVᵉ siècle avant notre ère (*Politique*, Livre V, 2). Par conséquent, la valeur d'égalité signifie la recherche de l'apaisement entre les membres d'une société qui ne serait pas forcément égale, et cela dans un souci de justice et de concorde sociales.

En quoi ces considérations théoriques éclairent-elles de manière significative le rôle de l'enseignant dans sa tâche quotidienne ? Il est possible de distinguer trois niveaux : celui de l'État vis-à-vis des fonctionnaires, celui des enseignants vis-à-vis des élèves et celui de l'État vis-à-vis des usagers du service public.

**L'État se doit de traiter les fonctionnaires selon le principe d'égalité**. Les candidats qui lisent ces lignes sont à même de pouvoir entendre parfaitement ce que cela signifie puisque, pour devenir professeurs de l'enseignement primaire ou secondaire, ils vont devoir passer un concours qui n'a d'autre but que de sélectionner les prétendants selon leurs capacités conformément à l'article 6 de la Déclaration des droits de l'Homme et du citoyen de 1789. Aucun candidat n'est censé être sélectionné en fonction de sa naissance, d'un titre particulier, d'une recommandation ou d'un niveau de fortune. L'égalité de sélection se matérialise par des épreuves écrites et orales pendant lesquelles les candidats pourront démontrer leurs capacités dans des conditions identiques pour tous (anonymat, durée de l'épreuve, sujets de composition identiques...). Sans nier la part de chance (mais rien ne peut corriger le hasard), le travail personnel doit permettre la réussite. Concernant la rémunération, l'égalité salariale entre les hommes et les femmes est une réalité alors même que sur le marché du travail privé cette égalité n'est pas assurée.

**Les enseignants doivent eux-mêmes traiter leurs élèves de façon égalitaire**. Pour obtenir la paix dans la classe, et donc asseoir son autorité, il est important de ne pas établir des règles différentes en fonction des individus. Par exemple, lorsqu'un élève n'a pas ses affaires de travail ou de sport, la sanction doit être identique pour chacun sinon elle n'a plus de sens et devient injuste. Un professeur ne peut pas non plus emmener en sortie scolaire toujours la même classe. Il y aurait une inégalité de traitement vis-à-vis de ses autres élèves. Le chef d'établissement serait contraint de lui refuser l'autorisation de sortie.

**L'institution doit elle aussi garantir l'égalité en tant que principe d'une mission de service public**. L'école devient ainsi le champ d'application d'une politique générale : réduire les inégalités sociales ou culturelles du pays. Cela peut prendre la forme d'une mission éducative déléguée à une matière d'enseignement. Par exemple, le code de l'éducation assigne à l'EPS* la mission de réduire les inégalités sociales et culturelles (article L.121-5) dans l'idée qu'une équipe de sport composée d'élèves différents peut trouver une unité dans le jeu collectif. La finalité serait que ces élèves parviennent à se découvrir et à poursuivre ce rapprochement en dehors de l'école. L'égalité des chances telle que définie dans le code de l'éducation (article L.111-1) s'inscrit quant à elle dans une logique de répartition des moyens. Par exemple, l'attribution de bourses sur critères sociaux est un moyen d'aider les enfants des catégories sociales les moins aisées à réussir leur scolarité. L'affectation de crédits supplémentaires dans certains établissements est un autre moyen d'action. Les établissements situés dans des zones défavorisées, qu'elles soient urbaines sensibles ou rurales isolées, bénéficient d'un surcroît de personnel, de la mise en place d'aides individuelles, etc. (v. Le système éducatif, ses acteurs et ses dispositifs). La finalité d'une telle démarche est de permettre les ascensions sociales, de garantir à chacun et de façon égale la possibilité de réussir sa vie professionnelle, et chacun sait l'importance de la qualification et des diplômes en ce domaine. L'effort consenti par la nation a permis une indéniable démocratisation de l'enseignement : tous les élèves entrent désormais en 6e à l'issue de l'école primaire. Dans les années 1930, un enfant de cadre avait 35 fois plus de chances qu'un enfant d'ouvrier d'obtenir le baccalauréat ; aujourd'hui, cette proportion a été divisée par trois (un enfant de cadre à aujourd'hui 10 fois plus de chance de décrocher un baccalauréat général que celui d'un ouvrier). Bien qu'en baisse, les inégalités sociales et culturelles demeurent néanmoins. Par exemple, les enfants d'enseignants représentent 3 % des effectifs de 6e mais 12 % de ceux des CPGE* alors que les enfants d'ouvriers forment près d'un tiers des élèves de 6e contre 6 % dans les classes préparatoires aux grandes écoles. Favoriser l'égalité des chances c'est donc refuser tout déterminisme social. L'école doit permettre d'y parvenir et les indicateurs d'orientation scolaire montrent que la marge de manœuvre est grande. Les catégories sociales supérieures orientent leurs progénitures vers la voie générale et principalement la filière scientifique tandis que les catégories sociales moyennes ou populaires (employés, ouvriers) dirigent leurs enfants vers les filières technologiques sans compter que, chaque année, plus de 100 000 jeunes sortent du système scolaire sans qualification ni diplôme (que ce soit au niveau du collège, de l'apprentissage ou du lycée). D'où l'importance de l'orientation scolaire. Beaucoup trop d'élèves subissent des choix qui leur sont imposés sans qu'ils soient réellement les acteurs de leur scolarité. Ainsi permettre aux élèves et aux familles d'exercer un choix éclairé est un véritable défi auquel les professeurs, parmi d'autres acteurs, participent (v. Monde scolaire et monde du travail). En tout état de cause, mettre en application le principe d'égalité n'est donc pas une idée abstraite. Cela suppose une action solidaire des membres du corps social, ce qui fait écho au troisième volet de la devise républicaine : la fraternité.

• **Fraternité**

La fraternité est officiellement proclamée dans la constitution de la Seconde République du 4 novembre 1848 : "[La République] a pour principe la Liberté, l'Égalité et la Fraternité" (article 4 du préambule). C'est sans doute des trois termes de la devise républicaine la valeur la moins invoquée dans les discours publics, sauf peut-être dans la vie associative. Contrairement à "liberté et à "égalité", elle n'apparaît pas dans la Déclaration des droits de l'Homme et du citoyen. Pourtant, si liberté et égalité peuvent entrer en contradiction (la liberté absolue, c'est la loi du plus fort ; l'égalité absolue, c'est la négation de la liberté), la fraternité évoque quant à elle l'idée du rassemblement, de l'union.

L'expression première de la fraternité en milieu scolaire réside dans le **principe de gratuité de l'enseignement** instauré par la loi du 16 juin 1881 pour les écoles primaires. Les communes ne peuvent plus imposer les familles pour financer le traitement des instituteurs. L'État se porte garant des difficultés de paiement des communes et des départements. La gratuité est étendue à l'enseignement secondaire par une loi de finance du 31 mai 1933. Le préambule de la constitution de 1946 confirme cette gratuité de l'enseignement public. Le code de l'éducation contient deux articles à ce sujet : "l'enseignement public dispensé dans les écoles maternelles et les classes enfantines et pendant la période d'obligation scolaire est gratuit" (L.132-1) et "l'enseignement est gratuit pour les élèves des lycées et collèges publics qui donnent l'enseignement du second degré, ainsi que pour les élèves des classes préparatoires aux grandes écoles et à l'enseignement supérieur des établissements publics du second degré" (L.132-2). Pour le professeur par exemple, cela se traduit par des ajustements dans sa manière d'organiser une sortie scolaire qui doit rester gratuite. Sinon, elle perd son caractère obligatoire et la famille peut ne pas autoriser son enfant à y participer. C'est pourquoi, d'une manière générale, des aides existent pour soutenir les familles dans la difficulté comme l'allocation de rentrée scolaire (en 2010, les montants étaient de 280,76 € pour un enfant de 6 à 10 ans, de 296,22 € pour un enfant de 11 à 14 ans et de 306,51 € pour un enfant de 15 à 18 ans), les bourses d'études, le fonds social pour les cantines et, pour le collège, le fonds social. Ce dispositif s'adresse aux parents qui ont des difficultés à financer les dépenses liées à la scolarité et peut prendre la forme d'une aide financière directe ou en nature (fournitures scolaires par exemple). À un autre niveau, il existe des coopératives à l'école primaire ou des FSE* dans les établissements du second degré. Il s'agit d'associations auxquelles l'adhésion est facultative. Les sommes récoltées peuvent ensuite être utilisées pour animer des clubs sur le temps scolaire et qui sont ouverts à tous. Ce principe de cotisations de quelques-uns au bénéfice du plus grand nombre est la manifestation d'une conscience fraternelle.

Le professeur peut également agir au quotidien avec ses élèves au sein de l'établissement. Il n'est pas rare d'y constater qu'un élève plâtré, à l'issue d'un cours, range ses affaires, mette son cartable sur le dos et se rende au cours suivant sans qu'aucun autre élève ne lui propose de porter son sac. Le rôle du professeur est de demander à ce que quelqu'un aide l'élève concerné. La réaction des enfants montre qu'ils n'y avaient tout simplement pas pensé et s'exécutent sans problème. Aussi simple soit-il, ce type d'action est une **forme d'éducation à la fraternité** qui consiste à aider les personnes qui en ont besoin. Les occasions sont particulièrement nombreuses et, certes, plus ou moins faciles à mettre en œuvre. Elles vont du conflit entre deux camarades au manque de respect entre les filles et les garçons en passant par les comportements individualistes dans la file d'attente de la cantine (doubler quelqu'un, se ruer avant tout le monde sur la dernière mousse au chocolat...). Ces exemples peuvent faire sourire mais ils sont fréquents et peuvent générer des conflits.

La fraternité peut aussi faire l'objet d'un travail pédagogique en faisant intervenir des partenaires extérieurs (comme la HALDE* par exemple) ou en travaillant, dans le cadre de jumelages entre communes, avec des écoles d'autres pays. La mobilisation lors d'événements ponctuels peut être l'occasion de créer un projet pédagogique autour de la fraternité comme, par exemple, la participation d'une école au Téléthon pour sensibiliser les élèves sur la question des enfants malades.

## Des valeurs complémentaires

### • La laïcité

La laïcité est un principe constitutionnel: "la France est une République indivisible, *laïque*, démocratique et sociale" (Constitution de 1958, article 1). La laïcité est associée à la loi de séparation de l'Église et de l'État de 1905 mais, en réalité, les oppositions entre cléricaux et républicains ont rythmé l'histoire du XIXe siècle, si bien que, pour comprendre cette loi, il faut avoir conscience des combats d'idées qui l'ont précédée. L'école a été l'un des principaux enjeux de ces affrontements au point qu'il n'est pas interdit d'évoquer une séparation de l'Église et de l'école avant celle de l'Église et de l'État. La première revendique l'obligation morale de devoir instruire les enfants dans la foi religieuse tandis que l'école publique du XIXe siècle considère que sa mission est de diffuser le progrès et la raison dans une perspective civilisatrice ainsi que les idées républicaines dans les campagnes. Le rapport entre cléricaux et républicains est donc conflictuel. L'opposition est idéologique à l'image de l'impact de la loi Falloux* en 1850 dans la vie politique de la Seconde République. Le discours de Victor Hugo illustre parfaitement l'ampleur des passions et la cristallisation des positions autour de la présence du religieux à l'école: "je veux [...] l'Église chez elle et l'État chez lui" et, parodiant la technique oratoire de Danton sur l'audace, "je veux l'État laïque, purement laïque, exclusivement laïque" (discours du 15 janvier 1850). Dans cette bataille, la sécularisation de l'enseignement s'impose trente ans plus tard : la loi de Jules Ferry de mars 1882 supprime l'instruction religieuse à l'école et la remplace par une instruction civique. En outre, un jour de vacances est institué (le jeudi) afin que les parents puissent trouver une alternative à la suppression de l'instruction morale et religieuse qui, du reste, est rendue facultative dans les écoles libres. Au XIXe siècle, la laïcité n'est pas synonyme de neutralité : être laïque, c'est être contre l'Église. L'idée de la loi est de faire des croyances religieuses une affaire privée et non publique. Ce principe est fondamental dans le cadre de l'application de la laïcité en milieu scolaire et, à cet égard, la loi de 1882 est davantage fondatrice que celle de 1905 (qui d'ailleurs accorde une exception pour les aumôneries des écoles, collèges et lycées qui restent à la charge de l'État). La loi Ferry* de 1882 pose en effet deux principes toujours valides : le premier tient au fait que l'institution ecclésiastique est dépossédée de ses prérogatives en matière d'instruction publique et le second que les écoles privées ne peuvent pas être confessionnelles (une école catholique a l'obligation d'accueillir un élève d'une autre religion).

À partir de là, le principe de laïcité va s'enrichir, peu à peu, d'autres significations, à commencer par le respect des consciences des élèves et de leurs familles. En 1886, le législateur impose que les instituteurs et les institutrices soient des laïcs et cette mesure est étendue aux enseignants du secondaire en 1912. Ce devoir de laïcité suppose que le professeur n'a pas le droit de manifester son appartenance religieuse, si tant est qu'il en ait une, devant ses élèves. Autre conséquence : les programmes ne contiennent pas d'enseignements religieux en tant que tels (apprentissage d'une religion, de ses croyances et de ses rites) mais peuvent faire référence à l'enseignement de faits religieux. C'est notamment le cas en histoire. L'idée est que la religion est un fait historique : on ne demande pas aux élèves de croire en Dieu mais de comprendre qu'à un moment donné de l'histoire des hommes ont élaboré des religions (ou des croyances), qu'elles soient polythéistes (Babyloniens, Égyptiens, Grecs, Romains...) ou monothéistes (judaïsme, christianisme, islam). De la même manière, on ne peut étudier le Moyen Âge sans référence au christianisme, ni la peinture baroque sans références bibliques. La religion devient de ce point de vue un objet de culture. L'école a la mission de s'en saisir. Ne serait-ce que pour des raisons d'instruction mais aussi d'éducation et de civisme : dispenser un enseignement sur différentes religions, c'est finalement privilégier la connaissance sur l'ignorance et donc faire reculer les préjugés. En ce sens, la laïcité est un moyen de formation à la tolérance.

Ce point de vue n'est pourtant pas unanimement partagé. Ainsi les tenants d'une **laïcité radicale** qui voudrait exclure toute référence religieuse du champ scolaire y compris dans sa dimension culturelle. Des associations, dont les noms évoquent souvent la "libre-pensée", s'organisent pour défendre l'idée qu'elles se font de la laïcité. Deux exemples permettent d'illustrer leurs attaques. Il y a tout d'abord une critique virulente contre l'enseignement du fait religieux qui est perçu comme un véritable cheval de Troie dans l'État républicain : enseigner la religion sous l'angle culturel ne serait qu'un prétexte pour, en réalité, satisfaire des groupes de pression. Selon eux, les programmes scolaires doivent être vidés de toute référence religieuse pour être considérés comme véritablement conformes au principe de laïcité.

Par ailleurs la laïcité ne s'applique pas de la même manière sur l'ensemble du territoire. Trois départements de l'est de la France (Moselle, Haut-Rhin et Bas-Rhin) qui étaient sous domination allemande entre 1871 et 1918 présentent ainsi une situation particulière. De ce fait, la loi de 1905 n'a pu y être appliquée et ne l'est toujours pas aujourd'hui en dépit du retour de **l'Alsace-Moselle** à la France au lendemain de la Première Guerre mondiale. C'est pourquoi, de nos jours, des cours de religion sont toujours dispensés dans les établissements publics du primaire et du secondaire. Les professeurs des écoles peuvent le faire s'ils sont volontaires, sinon des vacataires titulaires d'un diplôme universitaire de pédagogie religieuse (CAPER*) les remplacent. Dans le secondaire, des contractuels possédant une licence de théologie sont chargés de ces enseignements.

La remise en cause de la laïcité a dépassé l'ancienne opposition entre laïcs et chrétiens du fait de l'apparition de pratiques religieuses différentes et nouvellement perçues. Ce phénomène s'est aussi bien traduit par un absentéisme religieux ciblé (le samedi pour les élèves de confession juive faisant le shabbat) que par le port de certains signes religieux en milieu scolaire (port du voile pour des élèves musulmanes). Si le Conseil d'État a statué sans ambiguïté dans le premier cas (l'obligation d'assiduité scolaire prime sur toute autre considération), il a été moins clair en ce qui concerne le second. Son avis précisait en effet que le port de signes "n'est pas incompatible avec la laïcité dans la mesure où il constitue l'exercice de la liberté d'expression et de manifestation de croyances religieuses" (arrêt du Conseil d'État, 27 novembre 1989). Ce comportement ne doit cependant pas correspondre à un acte de prosélytisme attentatoire à la liberté de conscience des autres élèves, ni entraîner un refus des obligations scolaires, ni perturber la vie de la communauté éducative. La difficulté du texte réside dans l'impossibilité de cerner avec exactitude la limite entre l'expression de la liberté individuelle et l'acte de prosélytisme. C'est pourquoi, pendant une quinzaine d'années, de nombreuses affaires concernant des élèves voilées ou enturbannés sont jugées, majoritairement en leur faveur, par les tribunaux administratifs compétents. La **loi** a depuis été considérablement clarifiée par le texte du 15 mars **2004** : "le port de signes ou tenues par lesquels les élèves manifestent ostensiblement une appartenance religieuse est interdit" (code de l'éducation, article L.141-5-1). L'application de la loi a été difficile lors de la rentrée de l'année scolaire 2004-2005. Il a été recensé 639 cas de contestations (2 croix latines, 11 turbans sikhs,

626 voiles islamiques). La phase de dialogue a permis de trouver une solution pour 496 élèves. Dans les cas inconciliables, 96 élèves ont choisi une solution alternative (scolarisation dans le privé en France ou à l'étranger, enseignement à distance, déscolarisation). En revanche, 47 élèves ont été exclus (7 % des cas). Lors des rentrées des années suivantes en 2005, 2006 et 2007, l'application du texte de loi a entraîné l'exclusion de 16 élèves au total. La loi est donc très largement respectée mais les pressions sont fortes: dans les phases de dialogue, il y a des négociations serrées pour substituer au signe religieux un bandana ou une casquette. À terme, il se pourrait que la législation autorise ce palliatif car il n'est pas juridiquement possible d'interdire les couvre-chefs dans l'enceinte d'un établissement (sauf à l'intérieur des bâtiments et des salles de classes).

La question de la laïcité ne se résume cependant pas au port des signes religieux, qu'il s'agisse de croix, de kippas, de voiles islamiques ou de turbans sikhs. L'école publique est confrontée à d'autres difficultés comme le refus, pour des raisons religieuses, de la mixité. Le contenu de certains **enseignements** est également **remis en cause**: en lettres, certains élèves refusent parfois d'étudier le *Tartuffe* de Molière car cette pièce est considérée comme critique à l'égard de la religion; l'anglais est perçu comme la langue des Américains; en histoire, l'étude du christianisme est assimilée à une forme de catéchisme; en SVT*, les cours sur la sexualité sont mis en cause et certains parents contestent la théorie de l'évolution des espèces, considérant le créationnisme comme une théorie valable; en EPS*, refus de pratiquer des activités mixtes ou d'aller à la piscine, etc. Les trois disciplines les plus exposées sont l'histoire-géographie, l'EPS et les SVT. Ces contestations sont le fait des trois religions monothéistes et pas seulement d'une en particulier. La question de la laïcité est abordée dans une circulaire publiée au BOEN* n° 21 du 27 mai 2004. Tous les ans, le BOEN donne la date des fêtes religieuses qui donnent droit à une autorisation d'absence.

| **Fêtes orthodoxes** | **Fêtes arméniennes** | **Fêtes musulmanes** | **Fêtes juives** | **Fête bouddhiste** |
|---|---|---|---|---|
| Théophanie | Noël | Al Mawlid Annabawi | Chavouot | Fête du Vesak |
| Grand Vendredi saint | Saint-Vartan | Aïd El Fitr | Roch Hachana | |
| Ascension | Commémoration du 24 avril | Aïd El Adha | Yom Kippour | |

**Tableau 1. Fêtes religieuses donnant droit à autorisation d'absence**

La loi s'applique à toutes les religions dans l'idée que l'expression de la croyance religieuse relève de la vie privée. La conclusion du rapport sur l'application de la loi du 15 mars 2004 rappelle que: “l'école publique n'a pas pour vocation d'exclure des élèves, au contraire, elle se doit de les accueillir tous. Mais parce qu'elle doit les accueillir tous, une règle ne peut prévaloir sur la loi commune". En somme, **la laïcité doit être comprise comme une protection et non pas comme un moyen** de persécution ou **de discrimination**. Le bien commun prime ici sur toute autre considération et, en ce sens, la laïcité illustre bien la difficile articulation entre les principes d'égalité (entre les religions) et de liberté (religieuse de chacun). D'un point de vue historique, il est même intéressant de relever le basculement du sens d'interprétation de la laïcité : pour la société du XIXe siècle, la laïcité correspondait à une forme de combat républicain contre l'Église. De nos jours, hormis pour certains laïcs qui conservent cette référence historique, la laïcité se veut être un instrument de tolérance dans le cadre d'une société où coexistent plusieurs religions.

- **La mixité**

Issu du latin *mixtus*, *miscere* (mélanger), le mot mixte apparaît vers 1320 et se généralise vers 1620 (d'après le dictionnaire de langue française lexis, Larousse, 1988). Il signifie, dans son sens premier, l'état d'une chose formée d'éléments de nature diverse, d'origine différente. Ce sens général permet donc d'inclure dans le champ scolaire la notion de mixité sexuelle mais aussi sociale. Pourtant la notion de mixité (le mot apparaît en 1842) se réduisait, à l'origine, à sa dimension sexuée car le mot désignait l'état d'une école où filles et garçons étaient admis. Si elle a été pratiquée dans des cas très exceptionnels, la mixité scolaire est un **fait récent** qui ne date que de 1957 (circulaire sur les premiers établissements mixtes) et de 1959 (mise en place progressive de la mixité dans les établissements scolaires).

Il y a deux niveaux pour envisager le développement de la mixité à l'école : celui des élèves mais aussi celui des enseignants. À l'origine, l'obligation des communes de créer une école primaire ne concernait que les écoles de garçons (loi Guizot* de 1833). La loi Falloux* (1850) prévoit la création d'écoles de filles pour les communes de plus de 800 habitants qui en auraient les moyens. En 1867, la loi Duruy abaisse ce seuil à 500 habitants. L'entretien de deux écoles (l'une pour les filles, l'autre pour les garçons) devient une charge trop lourde pour les petites communes rurales d'autant plus que les effectifs scolaires sont faibles. En dépit des aides complémentaires du département et de l'État, certaines communes reçoivent par conséquent l'autorisation exceptionnelle d'établir des écoles mixtes. L'enseignement secondaire s'ouvre également aux filles : les collèges et les lycées pour jeunes filles sont créés par la loi Camille Sée (1880). Le seul niveau où la mixité était admise sans difficulté était celui des classes enfantines (entre 2 et 6 ans). Parallèlement à cette évolution qui concerne les élèves, la question de la mixité touche aussi les instituteurs et les institutrices. Pour enseigner dans une école primaire, il faut fréquenter une école normale. La loi de 1833 oblige les départements à entretenir une école normale d'instituteurs. En 1879, la loi Paul Bert oblige les départements à entretenir des écoles normales d'institutrices. Cela ne signifie pas qu'il n'en existait pas auparavant puisqu'en 1878 l'on dénombrait 79 écoles normales de garçons et 17 pour de filles. La loi Paul Bert visait donc à généraliser les écoles normales de filles, ce qui s'avérait d'autant plus nécessaire que, dans la pratique, l'école avait besoin d'un nombre de plus en plus important de femmes. Ainsi la loi Goblet (1886) stipule que les instituteurs ne peuvent enseigner que dans les écoles primaires de garçons. Quant aux institutrices, elles doivent enseigner dans les écoles primaires de filles, dans les écoles maternelles, dans les classes enfantines (classe maternelle dans une école primaire) et, quand il y en a, dans les écoles mixtes. Les femmes sont donc seulement écartées des écoles de garçons, sauf cas exceptionnel. Elles peuvent obtenir une dérogation pour enseigner en tant qu'adjointe si elles sont épouse, sœur ou parente (en ligne directe) du directeur d'école.

Cette séparation des sexes à deux logiques. Les filles et les garçons ne pouvaient pas avoir les mêmes enseignements en raison de leur différence de genre : aux filles, les travaux d'aiguille et aux garçons les exercices "militaires" anticipant la conscription dans des enseignements spécifiques aux garçons, remplacé pour les filles par la couture (la gymnastique était un enseignement dispensé aussi bien aux filles qu'aux garçons). De plus, la promiscuité entre les filles et les garçons heurtait la moralité de l'époque.

La mixité se généralise à partir des années 1960 et devient obligatoire en 1975. Aujourd'hui, cette mixité fait pleinement partie de la vie quotidienne des établissements scolaires. Le principe consiste à ce que les élèves des deux sexes grandissent ensemble pour ne pas s'ignorer mutuellement. L'idée sous-jacente est d'éviter les comportements sexistes en faisant de l'école un lieu de sociabilité à part entière. Or, il existe un certain courant d'opinion qui, aujourd'hui, remet en cause la pertinence de la mixité à l'école. Les raisons en seraient que la libéralisation des mœurs a atteint un stade trop avancé et que les performances scolaires pâtiraient de la distraction que représente la présence de l'autre sexe, en particulier pour les garçons, les valeurs "viriles" incluant la résistance à l'autorité (du professeur). Cela se traduirait par un nombre croissant de "lolitas" dans les établissements publics. Si l'école primaire est peu concernée, au collège il est possible de voir des fillettes, dès la 6e, se parer de minijupes, de bas (de laine ou en coton), de tee-shirts très courts laissant apparaître le nombril et maquillées. Les règlements intérieurs de certains établissements ont même cru bon de rappeler quelques consignes sur la tenue vestimentaire correcte exigée. Les garçons ne sont pas en reste, se présentant à l'école avec des coupes à l'architecture particulièrement soignée, des déodorants dans les cartables et des pantalons qui laissent savamment dévoiler le caleçon d'une marque réputée sexy. La mixité se traduirait-elle par la transformation de l'école en un grand lieu de rencontres pour adolescents ? Cette vision, si elle porte en elle une part de réalité, n'en demeure pas moins simplificatrice.

Sur un plan plus pédagogique, il ressort qu'en termes de résultats scolaires, toutes les études montrent que **les filles sont globalement meilleures que les garçons**. Au cours de la scolarité, elles ont moins de chance de se mettre en situation de décrochage scolaire (les procédures de redoublement ou les sorties précoces du système scolaire touchent davantage les garçons). Au niveau de l'école primaire, les filles ont des taux de redoublement largement inférieurs à ceux des garçons (cf. tableau 2) mais avec des écarts considérables selon le milieu social . Au niveau du collège, à l'issue de la classe de 3e, on observe une orientation plus importante des filles vers la seconde générale et technologique (66 % des filles contre 59 % des garçons) tandis que les garçons sont plus présents dans les filières professionnelles. Même en ce cas, on observe encore une différence de choix d'orientation: dans les filières BEP*, CAP*, Bac professionnel, les filles choisissent l'option services et les garçons celle de production. Quelles que soient les orientations, les filles obtiennent de meilleurs résultats aux examens.

| **Diplômes (taux de réussite)** | **Filles** | **Garçons** | **Écart filles/garçons** |
|---|---|---|---|
| **DNB** | | | |
| collège | 86 % | 80 % | +6 |
| technologique | 82 % | 78 % | +4 |
| professionnel | 69 % | 69 % | = |
| **CAP** | 83 % | 79 % | + 4 |
| **BEP** | 79 % | 74 % | + 5 |
| **Baccalauréat** | | | |
| général | 89 % | 87 % | +2 |
| technologique | 82 % | 78 % | +4 |
| professionnel | 78 % | 76 % | +2 |

**Tableau 2. Taux de réussite moyens aux différents examens en 2008**
(ministère de l'Éducation nationale, MEN)

À l'issue de la seconde générale et technologique, une nouvelle différenciation d'orientation se dessine entre les filles et les garçons. Les premières se destinent davantage vers les filières littéraire (bac L), économique (bac ES) et sanitaire (bac ST2S*) tandis que les garçons optent pour la voie scientifique (bac S) et industrielle (bac STI*).

L'importance des taux de **féminisation** se retrouve également au sein du **corps enseignant**. En moyenne deux professeurs sur trois sont des femmes dans l'enseignement public. Il y a quatre femmes sur cinq professeurs dans le premier degré (80 %) et trois sur cinq dans le second degré (60 %). Cette généralité cache de nombreuses disparités soit au niveau des disciplines enseignées (cf. tableau 3), soit au niveau du grade des professeurs (cf. tableau 4).

| Domaines disciplinaires % femmes | | Domaines technico-professionnels (production) % femmes | | Domaines technico-professionnels (services) % femmes | |
|---|---|---|---|---|---|
| Philosophie | 39 | Technologie | 30 | Informatique-télématique | 6 |
| Lettres | 78 | Génie industriel | 30 | Industries graphiques | 31 |
| Langues | 82 | Génie chimique | 27 | Autres activités : conduite, navigation | 5 |
| Histoire-géographie | 52 | Génie civil | 10 | Métiers d'arts, de l'artisanat et spécifiques | 30 |
| Science économique et sociale | 48 | Génie thermique | 5 | EFS – Employé technique des collectivités | 92 |
| Mathématiques | 46 | Génie mécanique | 4 | Paramédical et social-soins personnels | 90 |
| Physique-chimie | 42 | Génie électrique | 4 | Économie et gestion | 70 |
| Biologie-Géologie | 64 | Biotechnologie-santé-environnement-génie biologique- | 90 | Hôtellerie : services, tourisme | 44 |
| Éducation musicale | 58 | Hôtellerie : techniques culinaires | 10 | | |
| Arts plastiques | 63 | | | | |
| Métiers des Arts appliqués | 61 | | | | |
| Biotechnologie-génie biologique et biochimie | 65 | | | | |
| EPS | 46 | | | | |
| **Total** | **62** | **Total** | **23** | **Total** | **69** |

**Tableau 3. Part des enseignantes du second degré public par discipline, 2008-2009** (MEN)

| | Effectif total | % femmes |
|---|---|---|
| **Enseignants dans le premier degré (CNED compris)** | **321 739** | **81** |
| Professeurs des écoles | 308 797 | 81 |
| Instituteurs | 12 504 | 78 |
| Instituteurs suppléants | 271 | 76 |
| **Enseignants dans le second degré (CNED compris)** | **393 860** | **58** |
| Chaires supérieures | 2 119 | 32 |
| Agrégés | 47 577 | 51 |
| Certifiés | 247 195 | 62 |
| PLP | 61 039 | 49 |
| PEGC | 7 663 | 57 |
| **Enseignants dans le supérieur[1]** | **91 302** | **37** |
| **Enseignants secteur public (élèves ens et stagiaires iufm compris)** | **827 903** | **66** |

[1] Dont 62 141 enseignants-chercheurs.

**Tableau 4. Les enseignants du secteur public et taux de féminisation, janvier 2009** (MEN)

La mixité peut aussi s'entendre comme **mixité sociale**. L'école doit être un lieu où l'ascension sociale doit s'enclencher pour les enfants issus des familles les plus modestes. Pour ce faire, les chances seront plus grandes s'il y a contact entre différents milieux sociaux: ces contacts favorisent, ou sont censés favoriser, les phénomènes d'acculturation sociale. L'éducation nationale a utilisé le moyen de la sectorisation géographique pour y parvenir (carte scolaire). La carte scolaire a été créée en 1963, assouplie en 2007 puis théoriquement supprimée en 2010. L'objectif était de créer une zone de recrutement par établissement dans l'idée de rapprocher les élèves de leur lieu d'enseignement et de rationaliser les moyens de l'Éducation nationale dans un contexte de forte croissance urbaine. Ce n'est que plus tard que la carte scolaire est conçue comme un moyen de garantir une mixité sociale interne aux établissements.

Or, sur ce dernier point, l'expérience a montré que l'école est soumise à des champs de forces contraires. La volonté de créer une école mixte du point de vue social, en y promouvant le mérite personnel, doit faire face aux réserves de certaines familles qui manifestent le désir de contourner cette mixité sociale. Sans compter qu'à celle-ci on peut également joindre l'idée de mixité culturelle, notamment en ce qui concerne les élèves primo-arrivants*. Certains parents concluent que les établissements situés dans leur quartier géographique sont de moins bonne qualité, notamment ceux situés à la périphérie des villes. Or, ils attendent justement de l'école qu'elle fournisse les armes nécessaires à leurs enfants pour la réussite de leurs études. S'ils sont convaincus que l'établissement n'apporte pas la garantie d'un bon niveau scolaire, ils mettent en œuvre des stratégies d'évitement de l'école (primaire, collège ou lycée, tous les niveaux sont concernés). Les familles les mieux informées sur le système éducatif et sur les modalités de dérogation correspondent généralement aux catégories socioprofessionnelles supérieures ou moyennes. Une enquête sur un échantillon de 15 290 familles a montré qu'en 1995 le contournement scolaire a pu représenter pour certains établissements 30 % des élèves du secteur géographique: un tiers des élèves ont obtenu une dérogation pour aller dans un collège public d'un autre secteur (principalement des enfants d'enseignants ou de professions salariées) et deux tiers ont choisi l'enseignement privé (principalement des enfants de chefs d'entreprise, d'agriculteurs, de professions intellectuelles supérieures et d'artisans-commerçants). Le principal motif avancé par les familles était la bonne fréquentation de l'établissement et le choix des options proposées. Les effets pour les établissements concernés par de tels départs se traduisent par une homogénéisation sociale, voire ethnique, qui ne correspond plus à l'idéal de mixité sociale. Les écoles, les collèges ou les lycées de tels secteurs concentrent alors les difficultés en dépit des dispositifs mis en œuvre pour tenter d'y remédier, comme l'instauration des ZEP* en 1981 (v. Le système éducatif, ses acteurs et ses dispositifs).

Pour ces raisons, la carte scolaire (et à travers elle, la manière de traiter les inégalités spatiales et sociales du territoire) est au centre de débats. Pour certains, il faut la réaménager pour la préserver. Pour d'autres, elle est devenue inutile (puisque des dérogations sont possibles) et même injuste (seules certaines catégories de familles bénéficient de ces dérogations). En vue de préparer la suppression à moyen terme de la carte scolaire, un assouplissement est intervenu en 2007 : après des expériences locales en la matière dans les années 1980, 115 003 dérogations ont été accordées en 2008, soit une hausse d'environ 18 % par rapport à l'année précédente avec un taux de satisfaction à peu près identique (près de 75 % des demandes) mais le phénomène reste finalement limité. Sept critères de dérogation permettent d'être prioritaires : pour les élèves handicapés, ceux qui nécessitent une prise en charge médicale à proximité de l'établissement demandé, les boursiers au mérite, les boursiers sociaux, les élèves qui doivent suivre un cursus particulier, ceux qui ont déjà un frère ou une sœur scolarisé dans l'établissement demandé et les élèves dont le domicile est en limite de zone et proche de l'établissement désiré. Les demandes des familles ont surtout concerné les grandes agglomérations, au tissu urbain dense et avec une bonne desserte au niveau des transports. Concernant les niveaux souhaités, il s'agissait surtout des classes de 6e et de seconde (ce qui correspond à l'entrée au collège et au lycée). Comme lors des expériences précédentes, la motivation des familles est très claire : il s'agit d'échapper à un environnement considéré comme risqué pour la sécurité des enfants (violences, racket) pour aller vers des établissements considérés comme des lieux propices à la réussite (professeurs qui "cadrent" leurs élèves, absence de grèves, faible absentéisme des enseignants) ou qui offrent des perspectives d'évolution (présence d'un bon lycée, de classes préparatoires, taux de réussite au baccalauréat). L'inspection générale de l'administration de l'Éducation nationale a rendu un rapport dans lequel elle adresse des signaux d'alertes car la mixité sociale a été davantage mise à mal que préservée. En effet, ce sont les demandes de boursiers qui ont été les moins bien traitées (mais il était difficile de les détecter dans la mesure où les demandes de bourse se font après la rentrée). Surtout, les premiers effets de l'assouplissement ont pu mettre en évidence un risque d'évasion scolaire surtout lorsque la carte scolaire regroupe une zone urbaine sensible, des lotissements pavillonnaires ou des espaces ruraux voisins. En ce cas, on a vu des effectifs de collèges prévus pour 600 élèves chuter à 400 ou 200 élèves. La possibilité de dérogation offerte aux familles de ces zones pavillonnaires ou rurales accélère le phénomène d'évitement qui existait depuis des années. Promouvoir la promiscuité sociale nécessite d'agir et de lutter pour y parvenir. C'est plutôt facile lorsqu'il s'agit d'accueillir des élèves de milieux modestes dans un établissement convoité : ces élèves retirent un grand bénéfice sans que les autres n'y perdent rien. Accorder une réelle priorité aux élèves boursiers, dans un souci d'équité, peut être un moyen de donner chair à la notion de mixité sociale. En revanche, dans les établissements les plus évités, surtout les collèges, il paraît plus difficile de faire revenir les enfants des familles qui les ont fuis. Ces départs ne s'expliquent pas par une mauvaise qualité de l'enseignement mais par une vie d'établissement le plus souvent dégradée. Et c'est sur point qu'il y a possibilité d'agir car tout ne dépend pas uniquement de la pédagogie ou de l'augmentation des moyens : *quid* des élèves qui perturbent gravement, en y prenant plaisir, la vie scolaire d'un établissement alors même que la nation fait un effort considérable pour offrir à tous un enseignement de qualité dans les meilleures conditions possibles ? Agir en conséquence sur le climat des établissements pour y établir un contexte propice aux études peut conduire à une augmentation des performances scolaires et, à terme, permettre à l'établissement de rétablir son attractivité locale. Le professeur a ici son rôle à jouer : être ferme dans ses choix éducatifs tout en étant respectueux envers les élèves, connaître leur environnement pour les aider au mieux, travailler en équipe, visiter les lycées voisins lorsqu'il est professeur principal de 3e (afin d'en parler en connaissance de cause aux parents, ce qui évite de diffuser des *a priori* sur les établissements publics), travailler en concertation avec les équipes d'enseignants du primaire, etc.

## Agir pour défendre des valeurs : quel rôle pour l'Éducation nationale ?

Beaucoup d'idées ont déjà été abordées. L'intérêt est de se limiter à deux thèmes qui mobilisent pleinement les principes de liberté, d'égalité, de fraternité, de laïcité et de mixité précédemment évoqués.

### • Le refus des discriminations

Au sens pénal, une discrimination consiste en toute forme de distinction opérée entre des personnes physiques à raison de leur origine, de leur sexe, de leur situation de famille, de leur grossesse, de leur apparence physique, de leur patronyme, de leur état de santé, de leur handicap, de leurs caractéristiques génétiques, de leurs mœurs, de leur orientation sexuelle, de leur âge, de leurs opinions politiques, de leurs activités syndicales, de leur appartenance ou non, vraie ou supposée, à une ethnie, une nation, une race ou une religion déterminée (Code pénal, article 225-1). Les cas de discriminations s'avèrent donc nombreux.

En outre, dans le cadre de la mise en conformité du droit français au droit communautaire européen, la loi du 27 mai 2008 apporte trois nouvelles dispositions dans le domaine de la lutte contre les discriminations. La distinction entre discrimination directe et indirecte est introduite. La discrimination directe est définie comme la situation dans laquelle une personne est traitée de manière moins favorable qu'une autre. La discrimination indirecte est une disposition, un critère ou une pratique, neutre en apparence, mais susceptible d'entraîner une discrimination directe. Le champ des discriminations est ensuite étendu à la protection sociale, aux biens et aux services, à l'éducation. Enfin, les victimes sont davantage protégées, notamment des mesures de représailles lorsqu'elles témoignent de leur situation.

L'une des premières modalités d'action dans le refus des discriminations concerne **l'accueil des enfants étrangers** puisque le code de l'éducation stipule que "l'instruction est obligatoire pour les enfants des deux sexes, français et *étrangers,* entre six ans et seize ans" (article L131-1). L'institution scolaire a donc mis en place des CASNAV*. Ce sont des structures qui aident les enseignants à préparer l'accueil dans les meilleures conditions des élèves nouvellement arrivés en France et qui ont été peu, voire pas du tout, scolarisés dans leur pays d'origine. Dans le premier degré, les enfants sont accueillis dans des CLIN (CLasse d'INitiation) et dans le second degré dans des CLA (CLasses d'Accueil). Dans les deux cas, les classes sont composées d'enfants aux âges très différents, aux niveaux très hétérogènes et venus de pays très divers (essentiellement d'Afrique et d'Asie). À chaque moment de l'année, de nouveaux élèves peuvent intégrer la classe. En fonction du niveau de français atteint, de l'âge des enfants et de leurs compétences, les élèves sont affectés dans l'un des niveaux de l'école ou du collège. L'expérience professionnelle en CLIN ou en CLA est extrêmement enrichissante et elle apporte une compréhension immédiate du sens de l'école.

Concernant les **discriminations à caractère raciste** entre les élèves eux-mêmes, les modalités d'action sont celles, essentiellement, de la prévention. Le recours à des intervenants extérieurs (association telle que SOS racisme ou Ligue des droits de l'homme par exemple), des campagnes d'affichage avec diffusion de numéros de téléphone ou de sites internet sont des actions possibles quoique limitées. La discrimination raciale peut se faire aussi à l'égard des familles et des élèves (refus d'inscrire un enfant à l'école, conditions particulières pour une inscription à une formation ou à un stage en entreprise, modalité d'évaluation des élèves par le professeur...). Généralement, les élèves victimes de discriminations n'osent pas en parler ou alors se tournent vers le professeur en lequel ils ont le plus confiance. Son rôle est alors de l'écouter, de le rassurer, de situer le contexte, de privilégier le dialogue avec la personne concernée, de ne pas s'enfermer dans la loi du silence et, si l'acte de racisme est établi, de lui exposer les solutions qui existent et avertir la hiérarchie administrative (l'inspecteur d'académie pour le premier degré, le chef d'établissement pour le second degré). Le professeur peut aussi indiquer le site de la HALDE : www.halde.fr.

Le refus des discriminations concerne également les **situations de handicap**. L'Éducation nationale prévoit de recruter des personnes handicapées à la rentrée 2010 : 188 professeurs des écoles et 313 personnels enseignants, d'éducation ou d'orientation du second degré à condition que leur handicap ne soit pas incompatible avec le profil du poste à pourvoir. Les candidats doivent remplir les mêmes conditions de diplôme que les candidats valides. Ils sont en revanche recrutés par voie contractuelle pour une durée d'un ou deux ans selon les postes. À l'issue de cette période, les candidats passent devant un jury et sont titularisés s'ils ont démontré leurs compétences professionnelles. Au niveau des élèves, la loi du 11 février 2005 améliore les conditions de scolarisation des enfants en situation de handicap et les collectivités territoriales y sont étroitement associées, notamment par la création des MDPH* (v. Les décisionnaires de la politique éducative : État, régions, départements, communes). Chaque élève a le droit d'être scolarisé à proximité de son domicile et de bénéficier d'un parcours scolaire adapté dans le cadre d'un PPS* (Projet Personnalisé de Scolarisation). En fonction du handicap, les enfants peuvent intégrer une classe normale avec l'accompagnement d'un AVS* ; il s'agit alors d'une scolarisation individuelle. En 2009, plus de 43 000 élèves bénéficiaient d'un tel accompagnement. Si le handicap est trop important, il existe des classes spécialisées au sein des écoles (CLIS*) mais aussi des collèges et des lycées (ULIS*). Malgré des efforts considérables, ce type d'unités reste rare, ce qui conduit à une insatisfaction des familles car les demandes de place surpassent largement les capacités d'accueil disponibles. L'autre problème consiste dans le manque de professeurs volontaires pour enseigner dans ces structures. Il faut obtenir un certificat particulier : le CAPA-SH* pour les professeurs des écoles et le 2CA-SH pour les professeurs du second degré. Cela occasionne une réelle surcharge de travail sans que la valorisation salariale soit conséquente. Il faut également souligner le fait que ces structures sont très largement méconnues des professeurs du second degré.

Enfin, en ce qui concerne le déroulement des cours ou les épreuves aux examens, les élèves handicapés bénéficient de mesures adaptées. Par exemple, la ballado-diffusion est un procédé novateur pour les élèves dyslexiques : à l'aide d'un baladeur numérique, l'enseignant peut enregistrer des dictées (que l'élève peut faire chez lui). Les élèves dyspraxiques peuvent également prendre leurs notes à partir d'un ordinateur. Ce matériel est fourni par l'institution dans le cadre du PPS*. Concernant les évaluations ou les examens, les élèves bénéficient d'une durée supplémentaire (tiers temps) ou d'exercices adaptés. Le refus des discriminations concerne aussi celles entre les hommes et les femmes, ce qui amène à considérer la problématique plus large de l'égalité entre les sexes.

- **L'égalité entre les hommes et les femmes**

Au préalable, il est peut-être bon de rappeler que les femmes peuvent librement disposer de leur salaire depuis 1907, qu'elles peuvent voter depuis 1944, qu'elles peuvent ouvrir un compte en banque sans l'autorisation de leur mari depuis 1965, qu'elles disposent de l'autorité parentale au même titre que le père depuis 1970, qu'elles jouissent des mêmes droits face au divorce depuis

1975 et qu'elles ont obtenu un droit à l'égalité professionnelle avec les hommes en 1983. Les droits des femmes augmentent mais des inégalités subsistent.

L'action du ministère de l'Éducation nationale dans ce domaine est ancienne. En 1984 et en 1989, des conventions avaient été signées avec le ministère des Droits des femmes, notamment pour favoriser la diversification des choix professionnels des jeunes filles. En 2006, huit ministères signent, pour une durée d'application de cinq ans, renouvelable, la Convention pour l'égalité des chances entre les filles et les garçons, les femmes et les hommes, dans le système éducatif. À côté de cette dimension ministérielle transversale, les établissements scolaires peuvent faire appel au secteur associatif pour promouvoir cette égalité. L'idée du projet est de prévenir les inégalités de sexe en amont plutôt que d'agir *a posteriori*.

Les personnels de l'Éducation nationale peuvent agir dans trois directions. Au niveau de l'orientation car il existe une inégalité en matière de parcours scolaire et surtout universitaire entre les sexes. Les filles n'utilisent en effet pas leurs bons résultats scolaires pour s'engager en masse dans les filières prestigieuses de l'enseignement supérieur. Il est donc souhaitable de renforcer la lisibilité des parcours d'études des filles et de leur insertion professionnelle (www.femmes-ingenieurs.org, www.femmes-et-maths.fr, www.femmesetsciences.fr). La promotion de l'égalité des sexes passe aussi par la prévention des violences, qu'elles soient physiques ou psychologiques (l'académie de Strasbourg a mis en place, en 2009, un questionnaire envoyé aux chefs d'établissement pour recenser ces violences). L'éducation à la sexualité fait partie de cette démarche: information sur le corps humain, sur la contraception (y compris d'urgence), sur les risques liés aux maladies sexuellement transmissibles. À ce niveau, le recours à des associations peut être très utile. Beaucoup ont signé une convention avec l'Éducation nationale pour intervenir en milieu scolaire (www.lecrips-idf.net, www.planning-familial.org, www.solidarite-sida.org, www.sesame-educ.org). Cette convention a également pour but d'intégrer l'égalité entre les sexes dans les pratiques professionnelles et pédagogiques des enseignants et des enseignantes. Les équipes de professeurs doivent veiller à traiter les filles et les garçons indifféremment dans leurs activités pédagogiques, à constituer les classes en équilibrant les ratios sexuels, etc. Enfin, il ne faut pas oublier que, défendre l'égalité entre les sexes, ce n'est pas synonyme de défendre les intérêts féminins contre ceux de la gent masculine. La prise en compte de mesures spécifiques pour les filles en vue de réduire les inégalités ne doit pas s'entendre comme la relégation au second plan des problèmes que peuvent aussi rencontrer les garçons. Sur le terrain, une adolescente extravertie qui se moquerait d'un garçon un peu timide dans le but de l'humilier devant ses copines serait tout aussi réprimandable qu'un garçon qui aurait une attitude déplacée vis-à-vis d'une fille.

# LES DÉCISIONNAIRES DE LA POLITIQUE ÉDUCATIVE : ÉTAT, RÉGIONS, DÉPARTEMENTS, COMMUNES

## Identification des acteurs de la politique éducative

### • La commune

La commune représente le plus petit échelon administratif à la tête duquel se trouve le maire qui en détient le pouvoir exécutif au sein d'un conseil municipal. Lointain héritage des villes et des paroisses médiévales, les communes ont été créées lors de la révolution de 1789. Au cours du XIX^e siècle, la commune était sous la tutelle du préfet, donc de l'État, et disposait de peu d'autonomie jusqu'à la loi du 5 avril 1884 qui accorde aux communes une liberté d'action plus conséquente. En janvier 2006, on dénombrait 36 685 communes dont un peu plus de deux cents outre-mer. La tendance actuelle est au regroupement de communes car en la matière la France se distingue d'autres pays membres de l'Union européenne par son nombre pléthorique en la matière. En vue d'une harmonisation des unités administratives au sein de l'Union, la France s'est engagée, non sans difficultés, à réduire la taille de cet effectif. La fusion de communes est restée un phénomène plutôt marginal mais le développement de l'intercommunalité a connu un certain succès : aujourd'hui, 90 % des communes (regroupant 85 % de la population) font partie d'un établissement public de coopération intercommunal (EPCI*). À ce sujet, le comité sur la réforme des collectivités locales a publié un rapport en mars 2009, intitulé "Il est temps de décider", et dans lequel figurent quelques propositions concernant le devenir des communes. L'un des principaux objectifs consiste à élargir le cadre des intercommunalités par le biais de regroupement de communes à l'horizon 2014 (titre III du projet de réforme). C'est pour l'instant cette voie qui est privilégiée plutôt que celle de la fusion de communes, échelon administratif le plus ancien auquel les Français restent très attachés.

### • Le département

Le département est lui aussi un échelon administratif créé pendant la révolution (83 départements en février 1790). Il est organisé autour d'un chef-lieu généralement situé en son centre car, dans la conception d'origine, les services administratifs devaient être également accessibles. En 1871, le département obtient le statut de collectivité territoriale*. L'autorité de l'État est représentée dans le département par le préfet (création napoléonienne de 1800). Celui-ci est responsable de l'ordre public, met en œuvre la politique d'aménagement du territoire et contrôle *a posteriori* les actes pris par l'exécutif départemental (c'est-à-dire les faits plutôt que les projets). En effet, depuis 1982, le préfet ne dispose plus du pouvoir exécutif, lequel appartient dès lors au président du conseil général qui prépare et met en œuvre le budget du département. Les membres du conseil général sont élus pour une durée de six ans. En matière d'éducation, le préfet n'est pas compétent : ce domaine est confié au recteur d'académie (v. Le système éducatif, ses acteurs et ses dispositifs).

La France compte actuellement cent départements dont quatre sont situés en outre-mer (Martinique, Guadeloupe, Guyane, Réunion). En 2011, Mayotte devient le cinquième département d'outre-mer (DOM). L'échelon départemental au sein de la France métropolitaine a été remis en question lors des discussions sur la réforme des collectivités locales au motif que les départements étaient trop nombreux, désuets et qu'ils entraient en concurrence avec les régions en multipliant inutilement les échelons administratifs et en multipliant les dépenses de fonctionnement des collectivités. Il semble que le projet de loi de réforme envisage de donner une nouvelle fonction au département en l'intégrant plus étroitement dans un cadre régional. Ainsi, les collectivités seraient réorganisées autour de deux pôles : le département/la région d'un côté, les communes/l'intercommunalité de l'autre (rapport "Il est temps de décider", mars 2009).

### • La région

La région est l'échelon administratif le plus récent. Au lendemain de la Seconde Guerre mondiale (dans un contexte de reconstruction), la publication de l'ouvrage de Jean-François Gravier *Paris et le désert français* (1947) provoque une prise de conscience chez les élites politiques de la nécessité de moderniser le territoire et de penser son aménagement (transports, équipements, infrastructures industrielles, etc.). L'auteur de ce livre expose l'idée d'un déséquilibre régional important à cause du comportement parasitaire de Paris et de quelques grandes agglomérations comme Lyon ou Marseille, qui accaparent la croissance au détriment des campagnes. 21 régions programmes sont créées en 1955 mais ce sont les années 1960 qui marquent le véritable essor de l'aménagement régional dans le cadre de la création des circonscriptions d'action régionale (1960). À partir de 1964, ces circonscriptions sont dotées d'un préfet qui est chargé de mettre en œuvre la politique du gouvernement en matière de développement économique et d'aménagement territorial. La région devient enfin une collectivité territoriale par la loi de décentralisation de 1982 : le président du conseil régional est investi du pouvoir exécutif au détriment du préfet de région. Les conseillers régionaux sont élus, à partir de 1986, pour une durée de six ans. La France métropolitaine compte aujourd'hui 22 régions et les quatre départements d'outre-mer possèdent également ce statut : ce sont les DROM (Départements et Régions d'Outre-Mer).

• **L'État**

L'État est une personne morale de droit public. C'est donc une entité abstraite qui n'agit que par l'intermédiaire de ses représentants. Il dispose d'un territoire, d'une population et d'un gouvernement dont l'autorité s'exerce dans ce cadre et sur ce groupe. L'État est souverain mais cette souveraineté n'est pas sans limites, soit du fait des institutions nationales, soit d'accords internationaux avec d'autres États. La souveraineté de l'État s'exerce dans plusieurs domaines. À l'intérieur, l'État élabore les normes (lois et règlements) et sanctionne ceux qui les détournent (justice, police) ; à l'extérieur, l'État exerce sa souveraineté par la diplomatie ou par le recours à la force armée. Mais à côté de ces fonctions dites régaliennes, l'État entend également jouer le rôle de protecteur des personnes les plus fragiles selon des principes démocratiques. Tel est le rôle de l'État-providence qui s'est développé après 1945 et qui a encouragé la protection sociale selon le principe d'égalité entre les individus et de redistribution des richesses. Enfin, l'État intervient également dans les domaines dits "d'intérêt général" tels que la santé, la culture, la recherche et l'éducation. Il s'agit de garantir aux administrés une égale qualité de service dans ces domaines publics quel que soit le lieu du territoire et quel que soit leur niveau de fortune.

Depuis une trentaine d'années, la perception du rôle de l'État a grandement changé. Dans un contexte de mondialisation, la souveraineté de l'État apparaît fragilisée, notamment en comparaison du développement de certaines firmes transnationales particulièrement puissantes et influentes. Le rôle de l'État-providence est quant à lui remis en question pour des raisons intellectuelles, voire idéologiques, ou économiques (coûts budgétaires, contexte international concurrentiel, etc.). Quant à la notion d'intérêt général, elle a pris une importance nouvelle à travers l'affirmation d'un service public dû à l'ensemble des citoyens par les corps de fonctionnaires d'État ou de fonctionnaires territoriaux dans un contexte de décentralisation. Car en effet, la persistance d'un pouvoir étatique fort et centralisé (l'État "jacobin") a fait naître un désir d'autonomie plus large au niveau local. L'idée que les décisions prises à un niveau central pouvaient ne pas correspondre aux besoins de la réalité du terrain ainsi que l'envie croissante d'une participation démocratique locale plus forte ont conduit les pouvoirs publics à mener des projets de décentralisation qui, en un certain sens, contribuent aussi à l'affaiblissement de l'État. Le service public peut donc se décliner à deux niveaux : celui de l'État ou des collectivités territoriales. En matière d'éducation et d'enseignement, la décentralisation a eu des effets majeurs qu'il convient d'expliciter.

## La question de la décentralisation en matière d'éducation

### • Définition

Il est important de bien entendre ce que signifie la décentralisation pour ne pas confondre ce terme avec celui de déconcentration, car les deux phénomènes touchent l'Éducation nationale.

La **décentralisation** est un transfert de compétences de l'État à des collectivités territoriales. Celles-ci bénéficient donc d'une autonomie plus grande puisqu'elles peuvent orienter leurs décisions politiques (libre administration, budget propre). Cette autonomie est contrôlée par un représentant de l'État qui veille au principe de l'unité et de l'indivisibilité de la République.

La **déconcentration** est un terme qui sert à désigner la délégation de compétences à des agents de l'État ou à ses services locaux comme par exemple, le rectorat ou l'inspection académique (v. Le système éducatif, ses acteurs et ses dispositifs). Ces derniers ne sont que les relais de l'administration centrale à un échelon local. La déconcentration permet au pouvoir central d'exercer son emprise au plus près du terrain.

Actuellement, l'Éducation nationale est confrontée à une décentralisation qui peut se décomposer en deux actes. Le premier est marqué par les lois de décentralisation du 2 mars 1982, des 7 janvier et 22 juillet 1983 et du 25 janvier 1985 qui mettent en place un système de compétences partagées entre l'État et les collectivités territoriales. Le second acte, marqué par l'adoption de la loi du 13 août 2004, donne un pouvoir beaucoup plus grand aux régions, notamment sur certaines catégories de personnels, tout en réaffirmant les compétences de l'État en matière d'éducation. Ce phénomène a permis aux collectivités territoriales d'exercer de nouvelles compétences. Il importe de les distinguer de celles qui restent du ressort de l'État.

### • Les compétences de l'État

Le préambule de la Constitution de 1946, repris dans la Constitution de la V^e^ République de 1958, affirme que "l'organisation de l'enseignement public, gratuit et laïque à tous les degrés est un devoir de l'État" (alinéa 13). Par conséquent, l'État est obligé d'organiser l'enseignement primaire, secondaire et supérieur. Cette organisation repose sur deux piliers : le contenu des enseignements d'une part (ce sont les programmes), le recrutement et l'entretien d'un corps d'enseignants d'autre part (personnes chargées de mettre en œuvre ces programmes). Outre ces deux aspects, l'État doit également définir et mettre en place des voies de formation, délivrer les diplômes, répartir les moyens qu'il consacre à l'éducation, contrôler et évaluer son action politique en ce domaine (art. L211-1, code de l'éducation). Mis à part le traitement des enseignants, l'État doit également assumer celui des personnels de direction, d'administration, de vie scolaire, d'orientation et de santé.

Les compétences de l'État peuvent s'exercer à plusieurs niveaux, qu'il soit central ou académique, et il apparaît même qu'une répartition des tâches se dessine. L'administration centrale (ministère de l'Éducation nationale) se charge de fixer les grandes orientations des politiques éducatives et d'en surveiller les effets. C'est ainsi par exemple que s'explique la création en 1986 de la direction de l'évaluation, de la prospective (DEP) et de la performance (DEPP, en 2006). Cette direction se charge d'analyser les résultats globaux des différentes évaluations du système éducatif. Elle s'occupe également de diffuser auprès des établissements les indicateurs de résultats afin de leur permettre de cibler leurs objectifs (v. L'organisation, le fonctionnement et les indicateurs des établissements). Le rôle de l'administration centrale peut finalement se résumer en quatre mots : impulser, orienter, évaluer et contrôler. En outre, l'État délègue aux recteurs d'académie le soin de prendre en charge les personnels enseignants, l'organisation des filières d'orientation, la répartition des dotations horaires des établissements, etc. Il s'agit des services déconcentrés de l'État. Certains établissements scolaires, en dépit de la décentralisation, sont entièrement restés à la charge de l'État. Il s'agit du centre d'enseignement zootechnique de Rambouillet (Yvelines) qui dépend du ministère de l'Agriculture ainsi que de neuf établissements qui dépendent du ministère de l'Éducation nationale : le lycée d'État d'Hennemont à sections internationales de Saint-Germain-en-Laye et celui franco-allemand de Buc (Yvelines), les collèges et lycées d'État à sections internationales de Ferney-Voltaire (Ain), de Sèvres (Hauts-de-Seine), des Pontonniers de Strasbourg (Bas-Rhin), de Valbonne (Alpes-Maritimes), le Foyer des lycéennes de Paris, le collège et lycée d'État de Font-Romeu (Pyrénées-Orientales) et le lycée polyvalent et professionnel de Saint-Pierre (Saint-Pierre et Miquelon).

- **Les compétences des collectivités territoriales (école, collège, lycée)**

Les lois de décentralisation ont attribué aux collectivités territoriales une compétence propre. C'est ainsi que les communes ont en charge l'école primaire tandis que les départements ont celle des collèges et les régions, celle des lycées (hormis ceux qui relèvent directement de l'État).

La charge des écoles primaires est un héritage ancien pour les communes. L'entretien d'une école communale est obligatoire depuis la loi Guizot* (1833) pour les garçons et les lois Falloux* (1850) et Duruy (1867) pour les filles. La loi du 30 octobre 1886 impose déjà aux communes d'inscrire à leur budget les crédits nécessaires à l'établissement des "écoles primaires publiques, au logement des instituteurs, à l'entretien des écoles, à l'acquisition du mobilier scolaire, au chauffage et à l'éclairage des classes ainsi qu'à la rémunération des gens de service". Aujourd'hui encore, l'échelon communal est intimement lié au fonctionnement des écoles primaires. La commune doit pouvoir offrir à la population un périmètre scolaire: elle a la charge de la construction, de la rénovation et des réparations des écoles maternelles et primaires. En termes de personnel, la commune a la charge des agents municipaux qui travaillent dans l'école comme par exemple les ATSEM*. D'une manière générale, la mairie assume les dépenses des écoles. En tant qu'officier de l'état civil, le maire se doit de recenser la population en âge d'être scolarisée. Les écoles travaillent donc en concertation avec les services compétents de la mairie pour l'inscription des futurs élèves.

Sans aller jusqu'à parler de modèle, cette organisation au niveau de l'école primaire a été étendue aux collèges et aux lycées par les lois de 1983 et de 2004. Les départements ont reçu la charge des collèges et les régions celle des lycées. Chacune de ces collectivités territoriales doit assumer pour les établissements dont elles ont la responsabilité les mêmes devoirs que la commune vis-à-vis de l'école primaire, à savoir: la construction, la reconstruction, l'extension, les grosses réparations, l'équipement des établissements; mais aussi l'accueil, la restauration (s'il y a une cantine), l'hébergement (s'il y a un internat) des élèves; et même l'entretien général et technique des locaux.

Par exemple, si un département souhaite construire un collège, il doit saisir le préfet pour lui faire part de la proposition de la collectivité territoriale qui, au demeurant, est le résultat d'un travail préparatoire en amont car il faut en effet tenir compte des besoins locaux, du bassin démographique, du tissu social et économique. Le projet est soumis au conseil départemental de l'éducation nationale ou CDEN* (au conseil académique de l'éducation nationale, CAEN*, pour un lycée) qui donne son accord. Il faut également l'autorisation de la commune du département du lieu d'implantation (pour le collège) ainsi que celle du département de la région du lieu d'implantation, puis de la commune de ce département, pour le lycée. Les collectivités territoriales sont propriétaires des établissements scolaires. Elles peuvent les utiliser à des fins culturelles ou sociales en dehors du temps scolaire.

Au sujet du personnel non enseignant, les départements et les régions sont chargés du recrutement et de la gestion des agents techniques, ouvriers et de service (TOS*). Ces personnels font donc partie de la fonction publique territoriale: bien que rémunérés par leur collectivité de rattachement, ils sont placés sous l'autorité du chef d'établissement (représentant de l'État) et font partie de la communauté éducative.

Les régions ont également la charge de la formation professionnelle (initiale ou continue) auprès des jeunes ou des adultes (v. Éducation nationale, contexte économique et enseignement professionnel). En matière de transport, et sauf en Île-de-France, le ramassage scolaire dépend des collectivités territoriales.

**• Les limites de ces répartitions de compétences**

Il y a deux sortes de limites: la première est d'ordre pratique, c'est-à-dire que l'on est loin de cette séparation théorique des compétences lorsqu'on aborde la réalité des faits. La seconde est d'ordre politique dans la mesure où la décentralisation a suscité des oppositions ou des interrogations quant à son fonctionnement ou à ses finalités propres.

Dans les faits, la décentralisation ne s'apparente pas à une séparation *stricto sensu* de compétences. En réalité, il s'agit davantage d'un partage si bien que les compétences sont réparties entre l'État et les collectivités territoriales. Autrement dit, la conjonction des compétences de l'État et des collectivités territoriales doit amener ces différents acteurs à coopérer et à travailler en concertation (ce qui en soi peut aussi devenir une limite car le processus de prise de décision se complique). En matière de formation professionnelle, son élaboration et son application sont confiées à la fois à la région, au rectorat, aux lycées professionnels mais aussi aux acteurs économiques locaux et aux représentants de l'État. Autre exemple: au sein d'un collège, le chef d'établissement possède de multiples interlocuteurs pour assurer sa mission. Il communique avec les représentants de la collectivité territoriale pour ce qui concerne les personnels TOS, avec le rectorat pour l'organisation du DNB* et les questions relatives aux enseignants (notation, paiement d'heures supplémentaires, etc.). La décentralisation a juxtaposé organisation hiérarchique et organisation systémique. Les acteurs sont reliés les uns aux autres par des réseaux dont chaque pôle détient une compétence partagée.

Pour certains, si la décentralisation représente une formidable occasion d'adaptation d'un système éducatif devenu gigantesque, elle n'est, pour d'autres, qu'une architecture juridique bizarre et complexe dont le principal motif est d'alléger les charges de l'État en les transférant aux collectivités territoriales. Sans compter les effets aléatoires que peut engendrer une telle imbrication de compétences, notamment à cause des résultats électoraux: c'est notamment le cas lorsqu'un gouvernement en place doit composer avec l'opposition lorsque celle-ci dirige une région par exemple. Ce cas de figure se rencontre aussi au niveau des communes, par exemple lors de grèves d'enseignants du primaire. Ayant autorité sur ces personnels, l'État a imposé aux communes l'obligation d'assurer l'accueil des enfants si au moins 25 % de l'équipe enseignante se déclare gréviste 48 heures avant le début de la grève. Certains maires qui appartenaient au parti de l'opposition ont délibérément refusé de mettre en place ce service d'accueil. Il y avait donc un conflit politique entre l'État (volonté d'assurer la continuité d'un service public aux usagers) et des collectivités territoriales (volonté de le faire échouer ou défense du principe du droit de grève ?).

Par conséquent, le problème central qui se pose est celui des interdépendances liées à un univers décisionnel fragmenté (collectivités territoriales d'un côté, services déconcentrés de l'État de l'autre). Le risque est d'aboutir à des situations de blocage car les acteurs politiques locaux manquent de légitimé et de visibilité dans le monde de l'éducation (quel enseignant a déjà été en contact direct avec un conseiller général ?) et, par symétrie, parce que les personnels de l'éducation nationale ont une proximité plus grande avec les inspections académiques. Ces problèmes révèlent donc les difficultés de la coexistence d'un héritage administratif (hiérarchie académique) et de nouvelles compétences locales (autonomie des collectivités territoriales liée à la décentralisation).

### • Vers un accroissement de compétences des collectivités territoriales ?

De ce fait, beaucoup d'acteurs soulignent que la situation actuelle n'est pas convenable en raison d'un manque de cohérence d'ensemble même si, pour certains, les collectivités territoriales ont prouvé qu'elles étaient capables d'absorber les tâches qui leur ont été confiées. Pour les décentralisateurs, elles font même mieux et plus vite que l'État. Par conséquent, résoudre les problèmes actuels équivaudrait à clarifier la situation d'un point de vue institutionnel en franchissant une étape supplémentaire (un acte III de la décentralisation ?). Il est vrai que, dans le domaine de la construction et de l'entretien d'établissements, les collectivités locales ont mis fin à la paupérisation croissante du patrimoine immobilier scolaire. Les conseils généraux ont largement contribué à la modernisation de l'équipement des établissements (ordinateurs, TNI*, ressources numériques, CDI*, etc.). La région est apparue comme un partenaire adapté au développement de l'enseignement professionnel (proximité du tissu économique et donc aptitude à prendre en compte les besoins des acteurs du monde du travail, notamment par le développement des BTS*), des lycées (gratuité des manuels, lutte contre l'échec scolaire…).

Mais une question se pose : les collectivités locales peuvent-elles accepter de financer de tels équipements sans revendiquer une plus grande participation dans le pilotage pédagogique de leur territoire ? Cette pression des collectivités locales s'exerce déjà car certaines font preuve d'un réel dynamisme en la matière même si les situations sont fort disparates d'un endroit à un autre. La plupart ont recours à des contrats établis avec les établissements scolaires (en vertu de leur statut d'EPLE*), notamment pour soutenir des projets scientifiques ou d'échanges. Les régions, comme l'ensemble des collectivités territoriales, investissent dans l'éducation (les collectivités locales représentent près de 23 % de la DIE* en 2007), faisant de ce domaine leur premier poste de dépense budgétaire.

Certains présidents de régions pensent que le département devrait prendre la charge des collèges et des lycées afin que les régions puissent investir massivement dans l'enseignement supérieur ; d'autres pensent que les lycées devraient à terme concentrer en un même lieu toutes les formations professionnelles initiales (apprentissage, lycée professionnel pour les jeunes) et continues (formation auprès des adultes). Quant aux maires, ils répondent à une demande sociale forte : les parents sont sensibles aux questions d'éducation pour leurs enfants. Les municipalités ont engagé de véritables politiques éducatives se traduisant par l'accueil avant et après les classes des élèves, l'amélioration de l'encadrement sur le temps du déjeuner, la transformation du temps d'études par des activités culturelles et sportives, la sécurité et l'aménagement des transports scolaires, etc. Certaines mairies se dotent de services d'éducation qui regroupent l'école primaire, les services jeunesse, loisirs, sport et culture. Il faut à cet égard souligner le travail important réalisé par certaines communes dans la perspective de **projets éducatifs locaux**. Le projet éducatif local est un dispositif qui s'inscrit dans le cadre d'une politique, généralement urbaine, et qui vise à développer la cohérence de mesures éducatives transversales (écoles et collèges, associations sportives, infrastructures jeunesse...). Ce type de projet entend également assurer une continuité entre les différents temps de l'enfant : temps scolaire, périscolaire et extrascolaire. L'idée étant de ne pas favoriser l'oisiveté des jeunes afin de permettre leur épanouissement. Le projet éducatif local regroupe différents acteurs dont les collectivités territoriales (maires, services municipaux d'éducation ou de jeunesse, conseillers généraux), les personnels de l'Éducation nationale (administration des EPLE*, directeurs d'école, professeurs), les parents et le monde associatif.

| **Régions** | **Enseignement général (1)** *millions €* | **Formation professionnelle Apprentissage (2)** *millions €* | **Dépense totale (1) + (2)** *millions €* | **Population (en 2008)** | **Dépense/habitant (en €)** |
|---|---|---|---|---|---|
| Alsace | 169,9 | 154,8 | 324,7 | 1 837 500 | 176,7 |
| Aquitaine | 290,2 | 247,3 | 537,5 | 3 175 500 | 169,3 |
| Auvergne | 151,9 | 111,6 | 263,5 | 1 341 500 | 196,4 |
| Basse-Normandie | 127,4 | 147,9 | 275,3 | 1 464 000 | 188,1 |
| Bourgogne | 164,5 | 158,3 | 322,8 | 1 636 000 | 197,3 |
| Bretagne | 256,6 | 230,6 | 487,2 | 3 141 000 | 155,1 |
| Centre | 213,9 | 215,8 | 429,7 | 2 535 000 | 169,5 |
| Champagne-Ardenne | 151,9 | 131,8 | 283,7 | 1 338 500 | 212,0 |
| Corse | 39,0 | 20,4 | 59,4 | 303 000 | 196,0 |
| Franche-Comté | 120,2 | 105,9 | 226,1 | 1 163 000 | 194,1 |
| Haute-Normandie | 208,7 | 207,7 | 416,4 | 1 819 500 | 228,9 |
| Île-de-France | 1 084,0 | 806,2 | 1 890,2 | 11 672 500 | 161,9 |
| Languedoc-Roussillon | 316,0 | 201,4 | 517,4 | 2 587 500 | 200,0 |
| Limousin | 100,7 | 77,0 | 177,7 | 739 000 | 240,5 |
| Lorraine | 212,2 | 181,8 | 394,0 | 2 341 000 | 168,3 |
| Midi-Pyrénées | 362,8 | 206,1 | 568,1 | 2 837 500 | 200,1 |
| Nord - Pas-de-Calais | 405,3 | 312,3 | 717,6 | 4 022 000 | 178,4 |
| Pays de la Loire | 276,7 | 303,6 | 580,3 | 3 510 500 | 165,3 |

| | | | | | |
|---|---|---|---|---|---|
| Picardie | 238,2 | 195,4 | 433,6 | 1 903 500 | 227,8 |
| Poitou-Charentes | 192,8 | 138,2 | 331,0 | 1 749 500 | 189,2 |
| PACA | 394,3 | 359,9 | 754,2 | 4 900 500 | 153,9 |
| Rhône-Alpes | 583,0 | 449,1 | 1 032,1 | 6 113 000 | 168,8 |
| **Régions Métropole (i)** | **6 060,0** | **4 963,0** | **11 023,0** | **62 131 000** | **177,4** |
| | | | | | |
| Guadeloupe | 59,4 | 34,4 | 93,8 | 402 500 | 233,0 |
| Martinique | 42,9 | 52,1 | 95,0 | 399 500 | 237,8 |
| Guyane | 33,4 | 16,7 | 50,1 | 221 500 | 226,2 |
| La Réunion | 76,7 | 130,2 | 206,9 | 805 500 | 256,9 |
| **Régions Outre-Mer (ii)** | **212,4** | **233,4** | **445,8** | **1 829 000** | **243,7** |
| | | | | | |
| **TOTAL (i + ii)** | **6 272,4** | **5 196,4** | **11 468,8** | **63 960 000** | **179,3** |

**Source**: ministère de l'Intérieur, de l'Outre-mer et des Collectivités territoriales/DGCL, "Les budgets primitifs 2008 des régions" et INSEE, "Estimation de population par région, sexe et grande classe d'âge, années 1990 à 2008", dernière mise à jour en janvier 2010.

**Tableau 5/6 Dépenses d'enseignement par région**

• **Les critiques formulées à l'encontre de cette évolution**

Ce dynamisme inquiète parmi les services déconcentrés de l'État, tels que les rectorats ou les inspections académiques. Certains acteurs de l'éducation nationale se sentent dépossédés, ou plutôt en voie de dépossession, de leurs attributions traditionnelles. Alors qu'au départ la plupart des collectivités territoriales dénonçaient l'effet d'aubaine pour l'État d'une décentralisation qui s'apparentait à un transfert de charges financières, il se trouve aujourd'hui que, pour certaines d'entre elles, la volonté de prendre en charge (et pas seulement sur le plan financier) l'éducation et la formation professionnelle est clairement affichée. Les critiques rappellent dès lors que la constitution affirme le caractère national de l'éducation. Celle-ci doit donc se traduire par une homogénéité de situations. Or, les initiatives des collectivités territoriales ont tendance à multiplier les expériences, à dessiner des projets différents qui, au final, créent une offre d'éducation bien différente selon les lieux. À cela s'ajoute l'argument des crédits alloués à l'enseignement et force est de constater que toutes les régions n'ont pas la même capacité d'investissement. Le conseil général des Hauts-de-Seine finance des actions pédagogiques systématiques et ambitieuses : études dirigées en classe de 6e, classes de re-socialisation pour les élèves décrocheurs, affectation de médiateurs censés prévenir les risques de violence dans les collèges les plus exposés, etc. Ces actions sont possibles pour un département tel que celui-ci (le plus riche de France) mais il n'en va pas forcément de même pour d'autres collectivités territoriales (sans compter celles qui refusent de pallier les insuffisances financières de l'État). Les différences en matière de capacité d'investissement entre les régions posent les mêmes problèmes. Les dépenses budgétées en 2008 pour l'ensemble des régions métropolitaines et d'outre-mer étaient d'environ 6,3 milliards d'euros pour l'enseignement général et de 5,2 milliards d'euros pour la formation professionnelle et l'apprentissage. La part de l'Île-de-France est bien supérieure aux autres régions (respectivement 17 % et 15 % des dépenses) mais encore faut-il rapporter le montant des dépenses au nombre d'habitants : la moyenne des dépenses régionales par habitant est de 179,30 € (France et DROM) avec des écarts allant de 153,90 euros (PACA) à 256,90 euros (La Réunion). L'Île-de-France se situe en dessous de la moyenne avec 161,90 €/hab. Néanmoins, la situation n'est pas encore aussi tranchée car, s'il fallait conclure, l'idée qui se dégage est celle d'une grande hétérogénéité de cas. Car si certaines collectivités territoriales se lancent avec beaucoup d'ambition dans des projets locaux, pour d'autres, les dépenses liées à l'éducation sont davantage liées à leurs obligations qu'à des choix. En outre, les inspections académiques sont très attentives aux contrats signés entre les collectivités et les établissements. Par conséquent, l'évolution vers une décentralisation plus forte n'est pas forcément désirée par tout le monde, notamment parmi les acteurs de l'éducation nationale (administrateurs et enseignants) et les collectivités territoriales elles-mêmes (celles qui n'ont pas les moyens d'assumer de nouvelles charges).

# ÉDUCATION NATIONALE, CONTEXTE ÉCONOMIQUE ET ENSEIGNEMENT PROFESSIONNEL

Ce chapitre consacre essentiellement sa première partie à l'enseignement professionnel car c'est le domaine du système éducatif qui est le plus proche du monde du travail. Les candidats qui se destinent à devenir enseignants ont pour la plupart suivi la voie générale puis intégré l'université. Cependant, il existe aussi une voie professionnelle qui est composée de multiples dispositifs qui seront expliqués, notamment pour les candidats au CAPLP. Cette voie professionnelle s'adresse aux élèves désireux de rejoindre rapidement la vie active ; elle est censée leur laisser la possibilité de poursuivre leurs études à un niveau supérieur.

## Contexte économique et budgétaire

La réussite économique d'un pays dépend largement de la qualité de ses formations professionnelles. Les lieux d'apprentissage seront d'autant plus attractifs qu'ils offriront l'assurance d'une formation qualifiante et diplômante débouchant sur un métier. Or la qualité des filières de formation dépend en grande partie du budget que peut y consacrer la nation, et l'état de ce budget dépend lui-même des performances économiques du pays. Autrement dit, contextes économiques et budgétaires sont interdépendants. Il ne sera ici traité que du budget ayant un rapport avec l'enseignement professionnel (sur la question du budget de l'Éducation nationale, v. Histoire, spécificités et enjeux de l'éducation nationale).

### • Les grandes tendances

Quand on évoque l'état de l'industrie en France, les termes négatifs s'accumulent : déclin, crises cycliques, délocalisation, chômage. C'est vrai pour certains secteurs qui ont été durement frappés par la mise en concurrence de la main-d'œuvre à l'échelle mondiale mais en réalité la situation est plus complexe. Certes les lieux de la production mondiale ont changé depuis une trentaine d'années mais il existe encore un espace productif en France. Les filières industrielles les plus innovantes (métallurgie, mécanique, chimie) tirent leur épingle du jeu. L'impact des nouvelles technologies, en perpétuel renouvellement, a également changé la donne industrielle.

Par ailleurs, la capacité d'investissement en ces différents domaines dépend du niveau de richesse. Le basculement du centre de gravité de l'économie mondiale a constitué le grand bouleversement de ces dernières décennies comme l'atteste la nouvelle place occupée par l'Asie qui pèse plus du tiers de la richesse mondiale contre un sixième en 1950. Les acteurs économiques français doivent faire face à de nouveaux rivaux qui, en raison d'une internationalisation croissante de l'économie, peuvent paradoxalement devenir des partenaires. Le cas de l'automobile est très illustratif de cette imbrication des économies nationales comme le montre l'exemple, parmi bien d'autres, de la création du groupe franco-japonais Renault-Nissan dans une logique de complémentarité des marchés mais aussi des compétences. De ce fait, le tissu industriel d'un territoire national a, du point de vue des firmes transnationales, de moins en moins de pertinence. Cela étant dit, il n'existe pas que des entreprises de taille mondiale et l'une des difficultés dans la formation des jeunes consiste à les préparer à entrer sur un marché du travail très composite (grandes entreprises, PME* et TPE*, artisanat) même si celui-ci se compose de réseaux de sous-traitance qui génèrent certaines formes de dépendance. Quelques activités, en particulier de services, dépendent tout de même d'une demande locale propre. Le vieillissement de la population française va ainsi créer des besoins immenses en matière de services aux personnes, qui par nature ne sauraient être délocalisés. Il existe également des filières d'enseignement agricole qui dépendent du ministère de l'Agriculture. Les enseignants de l'Éducation nationale y sont détachés. L'agriculture est un secteur très dynamique de l'économie française. Les situations sont variées entre les grandes exploitations céréalières, les élevages de volailles intégrés dans une filière industrielle, les exploitations biologiques, les vignobles, l'agriculteur-ingénieur qui gère l'irrigation au goutte à goutte, l'autre qui expérimente des OGM et les biotechnologies, les exploitations forestières en taillis sous futaie, etc., si bien que les métiers liés à l'agriculture sont très diversifiés et nécessitent des apprentissages relatifs aux techniques de production et de gestion : il faut que les exploitations soient économiquement viables dans un contexte difficile (agriculture mondiale, forte concurrence, dépendance à l'égard de subventions publiques) et socialement acceptables dans un contexte où la notion d'environnement durable devient de plus en plus pertinente (pollution agricole, consommation d'eau, OGM).

De cette conjoncture mondiale associée à des réalités locales diverses et à de multiples domaines professionnels, il ressort que les acteurs économiques ont besoin d'une main-d'œuvre ou de salariés qualifiés. Inversement, pour accéder au marché du travail, les jeunes ont besoin d'avoir accès à des formations qualifiantes tout en bénéficiant d'une formation suffisamment large pour pouvoir se reconvertir en cas de besoin. Tel est l'enjeu de l'enseignement professionnel qui concerne aussi bien les formations techniques, industrielles ou agricoles. Les acteurs de l'économie ont souvent une vision à court terme et raisonnent en termes de réactivité alors que ceux de l'Éducation nationale se doivent de créer des structures plus durables et une lisibilité en matière d'orientation pour les élèves: il est impossible de changer du jour au lendemain les offres de formation en fonction des besoins conjoncturels des entreprises. Néanmoins, tous les ans, des dizaines de diplômes sont créés ou modifiés en concertation avec les professionnels des secteurs concernés dans le cadre de commissions professionnelles consultatives (CPC*). Cela suppose pour les enseignants de la voie technologique et professionnelle d'être très réactifs et d'avoir une grande capacité d'adaptation au niveau pédagogique.

- **Aspects budgétaires de la formation professionnelle**

Les dépenses concernant la formation des jeunes en vue de les aider à intégrer le monde du travail concernent le second cycle professionnel et l'apprentissage. Les dépenses respectives en ces domaines ont été de 9 et 2,7 milliards d'euros, soit 11,7 milliards en 2008, à comparer aux 130 milliards d'euros du budget de l'Éducation nationale (v. Histoire, spécificités et enjeux de l'éducation nationale). La part consacrée à l'enseignement professionnel est donc relativement faible (9 % des dépenses consacrées au système éducatif et 0,6 % du PIB). Cependant, il faudrait ajouter les 12,5 milliards d'euros investis dans la formation continue (qui concerne les adultes) et les formations extrascolaires telles que celles du Conservatoire national des arts et métiers, de ses associations régionales et des conservatoires municipaux. Car en effet, la formation professionnelle ne s'adresse pas seulement aux adolescents. Des adultes peuvent valider les acquis de leur expérience (VAE) en suivant une formation diplômante au sein d'un lycée professionnel ou d'une autre structure. En ce cas, l'investissement financier total s'élève à 24,2 milliards d'euros, soit 18,7 % des dépenses consacrées au système éducatif.

Qui finance cette somme? D'après la DIE*, l'État assure 54,1 % des dépenses totales, 23,8 % pour les collectivités territoriales et 6,6 % pour les entreprises si l'on ne tient compte que des principaux contributeurs au financement de la formation professionnelle. Il faudrait ajouter les familles (7,9 %) car l'enseignement professionnel induit souvent des dépenses d'équipement (par exemple, acheter une batterie de cuisine pour le BEP* "Métiers de la restauration et de l'hôtellerie"'). Les chiffres en valeur relative ci-dessus concernent aussi bien les dépenses de l'enseignement général et technologique que professionnel. Il faut noter la part importante des **régions** dans le financement du système éducatif. Les collectivités territoriales (communes pour les écoles, départements pour les collèges et régions pour les lycées) sont devenues des acteurs à part entière de l'éducation depuis les lois de décentralisation de 1982 et de 2004 (v. Les décisionnaires de la politique éducative : État, régions, départements, communes). L'article 8 de la loi du 13 août 2004 stipule que c'est à la région de définir et de mettre en œuvre une politique régionale d'apprentissage et de formation professionnelle des jeunes et des adultes à la recherche d'un emploi ou d'une nouvelle orientation professionnelle. L'instrument de cette programmation régionale est le PRDFP* qui concerne aussi bien la formation des jeunes que des adultes. Ce plan régional est un instrument qui permet à la région de centraliser toutes les initiatives en matière de formation. Comme l'Éducation nationale est un acteur parmi d'autres en ce domaine, elle en fait partie. Les instances régionales et académiques décident ensemble des filières à ouvrir ou à fermer et la région contribue financièrement à ces programmes. Avec d'importantes variations (33 % en Guyane, 63 % à La Réunion), la formation professionnelle absorbe ainsi près de la moitié (45 % en moyenne) des budgets que les régions consacrent à l'éducation.

La Martinique est un bon exemple pour montrer que les actions de formations sont menées dans une grande variété de secteurs : l'agriculture (dynamiser la filière bananes), la santé (vieillissement de la population), le tourisme (de plus en plus tourné vers l'international et le développement durable), le BTP (infrastructures touristiques aux nouvelles normes de construction), les services (pour soutenir l'activité des TPE* qui forment l'essentiel du tissu économique de l'île), etc. L'Éducation nationale a l'obligation de mettre en œuvre des formations correspondantes dans les lycées martiniquais pour que le PRDFP soit un succès. Au final, il est possible de distinguer des régions qui affirment leur volontarisme en la matière en établissant de véritables stratégies de pilotage, d'autres qui s'inscrivent plus dans une démarche de régulation des formations existantes.

Outre les collectivités territoriales, les entreprises financent une partie de la formation professionnelle. Ce financement provient de la **taxe d'apprentissage**. Créée en 1925, elle permet de financer les dépenses nécessaires au développement de l'enseignement technologique et professionnel mais aussi de l'apprentissage. Pour les établissements, cela se traduit par la possibilité d'acheter ou de louer des biens d'équipement pédagogiques ou professionnels, de rémunérer des intervenants extérieurs ou de financer des voyages d'études (visite d'une usine à l'étranger par exemple), etc. La taxe d'apprentissage est due par les entreprises employant des salariés et exerçant une activité commerciale, industrielle ou artisanale. Son montant est calculé sur la base des salaires versés par les employeurs et les entreprises qui ont une masse salariale inférieure à six fois le SMIC* annuel en sont exonérées. Le taux actuellement en vigueur est de 0,5 % (0,6 % pour les entreprises de plus de 250 salariés). Les entreprises d'Alsace-Moselle ont des taux respectifs de 0,26 % et de 0,312 %. En 2005 s'ajoute une contribution au développement de l'apprentissage (CDA) qui est due par les entreprises qui paient la taxe d'apprentissage. Les entreprises de plus de 250 salariés doivent payer une contribution supplémentaire à l'apprentissage (CSA) lorsqu'elles n'atteignent pas le seuil de 3 % de salariés en apprentissage. Pour ces trois impositions (taxe d'apprentissage, CDA et CSA), les entreprises doivent verser leur participation à un organisme collecteur agréé mais elles ont la possibilité de choisir le destinataire de leur contribution. Cela signifie qu'une entreprise peut reverser une partie de sa taxe d'apprentissage au centre de formation initiale de son choix. Ce point est d'une importance capitale car il induit une concurrence forte entre les lieux de formation (EPLE*, établissements privés, universités). Dans ce contexte, enseignants et chefs d'établissements professionnels ont un rôle à jouer en entretenant des liens avec les entreprises locales, à travers des visites ponctuelles, des échanges, l'organisation de portes ouvertes. Il s'agit d'un vrai travail de relations publiques qui pose la question des relations entre monde scolaire et monde professionnel.

## Monde scolaire et monde du travail

### • Entre méfiance et coopération

En juin 2000, à la fin de l'année scolaire, une centaine d'artisans faisant partie d'une fédération professionnelle a mené une opération choc : ils ont muré l'entrée de l'inspection académique de Colmar dans le Haut-Rhin afin de protester contre le niveau scolaire, jugé lamentable, des apprentis. Le monde du travail juge l'école : elle fabrique des jeunes ne sachant rien faire. Et pourtant, quand des acteurs économiques tentent de se faire formateurs, ils rencontrent aussi des difficultés : l'entreprise Bigard a ouvert en Bretagne une école d'apprentis en 2003 qu'elle a fermée en… 2004 à cause d'un taux d'abandon extrêmement élevé. Le directeur de l'entreprise a alors décidé de travailler avec les partenaires existants. Ces deux exemples montrent combien les rapports entre monde du travail et monde scolaire sont empreints de méfiance, de jugement de valeurs mais aussi de dépendance et de complémentarité.

Du côté des entrepreneurs, il existe un discours qui consiste à dire que l'école livre une formation trop théorique, déconnectée de la réalité économique de terrain et qui dispense une faible connaissance du monde de l'entreprise au point que, finalement, c'est à l'entreprise elle-même de qualifier les jeunes qu'elle recrute. Du côté des acteurs de l'éducation, il existe un discours tout aussi réducteur qui stipule que la mission de l'école est d'élever la culture générale des élèves, de les ouvrir au raisonnement intellectuel plutôt que de les conduire à atteindre un objectif utilitariste et matérialiste. Il existe par ailleurs un point de vue qui consiste à cliver l'école et l'entreprise dans une sorte de conviction de laïcité économique : la culture ne se mélange pas à l'argent. En tout état de cause, et sans doute parce que cela correspondait à une tendance de fond de la société, les filières générales ont connu beaucoup plus de succès que la voie professionnelle longtemps assimilée à une voie de garage. Dans les années 1980, "aller en LEP" était, pour certains parents d'élèves, synonyme de déchéance scolaire. Dans les années 1990, une prise de conscience collective réhabilite l'enseignement manuel, technique et professionnel, d'une part parce qu'une pénurie de savoir-faire se fait sentir dans certains corps de métier et, d'autre part, parce que l'on accepte aussi l'idée que tous les enfants ne sont pas disposés à faire des études longues. L'enseignement technique et professionnel devient un vaste chantier et l'enjeu primordial est de le rendre attractif. Pour que cette voie d'enseignement soit reconnue et de qualité, il faut qu'elle soit choisie par des jeunes motivés, ambitieux et désireux de s'y engager par goût et non par défaut. La mise en place du baccalauréat professionnel en 1985 s'inscrit dans cette ligne d'action et son succès est indéniable (près de 30 000 candidats en 1990 ; 125 000 en 2010, soit 20 % des inscrits au baccalauréat). Pour autant, l'enseignement professionnel ne se limite au "Bac Pro" mais aussi au CAP, au BEP, au Brevet professionnel et, dans une certaine mesure, aux formations technologiques (transformation en 1993/1994 des séries F et G en séries STI, STG, etc.) bien que ces dernières soient de plus en plus couplées avec l'enseignement général. Parallèlement, des actions sont entreprises pour rapprocher les acteurs du monde du travail de ceux de l'Éducation nationale. Que l'on songe ici à l'action menée, parmi d'autres, par l'académie de Lille et l'Union des industries et métiers de la métallurgie (UIMM) à destination des élèves de 3e de découverte professionnelle avec le projet Bravo l'industrie. Il s'agit de valoriser les filières industrielles et de les faire découvrir à un public qui ne les connaît pas (notamment les filles). Pour optimiser les chances de résultats, l'État a confié le pilotage de cette politique de rapprochement aux régions car elles semblaient être le levier le plus efficace (connaissance du tissu économique local). Au final, il apparaît que le paysage de la formation professionnelle a considérablement évolué mais son organisation reste compliquée à décrypter. Pour faire simple, quatre questions méritent d'être posées : quelles sont les grandes filières de formation à disposition d'un élève ? Quels diplômes peut-il obtenir ? Comment peut-il les préparer ? Où peut-il s'inscrire ?

**• Les filières de formation**

Il est impossible de dresser la liste des formations tant elles sont nombreuses. En revanche, on peut distinguer quatre familles thématiques : les services, l'industrie, l'artisanat et, bien que cela dépende d'un autre ministère, l'agriculture.

Les formations qui concernent le secteur des services touchent une très large gamme de spécialités: services à la personne, enfance, sanitaire et social, sécurité, surveillance, coiffure, hôtellerie, tourisme, administration, comptabilité… Les demandes d'orientation dans ces voies sont élevées si bien qu'il n'y a pas toujours suffisamment de places pour satisfaire toutes les candidatures. Lorsqu'un jeune professeur débute dans le métier, il doit être en état, dans la mesure du possible, de renseigner ses élèves sur cette délicate question des débouchés. En les prévenant en amont, il leur donne la possibilité de préparer au mieux leur dossier scolaire (bons bulletins, bonnes appréciations) car s'il doit y avoir une sélection, elle se fera au vu des efforts fournis et de l'attitude (dans la classe et dans la vie de l'établissement).

En dépit d'une forte exposition aux crises cycliques en raison d'une concurrence à l'échelle mondiale, l'industrie reste un secteur qui recrute en fonction des domaines d'activité. La connaissance des métiers de l'industrie par la population est en réalité très floue car ils correspondent à des spécialités très diffuses, donc difficilement lisibles, et parce que l'industrie souffre d'un déficit d'image. Pour certains en effet, l'état industriel de la France est catastrophique (la part des emplois industriels par rapport à l'emploi total était seulement de 13,6 % en 2007 et plus de 500 000 emplois ont été détruits depuis 2000) ; mais pour d'autres, le secteur industriel est encore très dynamique dans certaines branches (matériel médico-chirurgical, aéronautique, pharmacie, composants électroniques, énergie). La vision négative l'emporte le plus souvent et c'est pourquoi les métiers de l'industrie attirent peu les jeunes, au contraire des services. Or, il y a des places à prendre ! Il ne faut pas se focaliser sur les données macroéconomiques. Dans certains secteurs comme la chaudronnerie, les débouchés existent avec de réelles opportunités de carrière. Tous ces métiers sont, encore une fois, méconnus. Il en va de la responsabilité du professeur, en fonction de sa spécialité, de connaître les secteurs porteurs afin de susciter l'intérêt des jeunes pour qu'ils se dirigent ensuite vers le conseiller d'orientation psychologue (COP*).

L'artisanat est un secteur porteur. Plusieurs dizaines de milliers d'artisans vont partir à la retraite et ils ne trouvent pas de repreneurs. C'est particulièrement vrai dans les métiers de bouche comme la boucherie ou la charcuterie. Ceux de la boulangerie et de la pâtisserie sont toujours très demandés. L'artisanat offre une gamme de métiers variés pour satisfaire tous les profils d'élèves: les bricoleurs (plomberie, menuiserie, maçonnerie…), les gourmands (confiseur, chocolatier…), les artistes (facteurs d'instruments, restaurateur de monuments…), etc. L'avantage des métiers de l'artisanat c'est qu'il y a une forte demande sur le marché du travail et qu'il y a forcément un métier qui correspond aux goûts des élèves ou à ses centres d'intérêt. Là encore, ce qui fait défaut c'est la diffusion de l'information. Le professeur doit jouer ce rôle: aider un élève à trouver sa voie fait aussi partie du métier (et pas seulement le faire progresser dans sa discipline). Cela nécessite de l'expérience (observer un élève, cerner ses centres d'intérêt), de discuter avec lui après la classe pour ensuite lui signaler des idées de métier et des sites internet. Souvent l'échec scolaire vient du fait que l'élève ne sait pas quoi faire, ni où il va. Lorsqu'il a un projet, un but qui le motive, l'élève sait pourquoi il travaille et son implication en classe s'en trouve d'autant plus grande.

Il existe aussi des filières agricoles qui ne dépendent pas du ministère de l'Éducation nationale mais de l'Agriculture, qui, d'ailleurs, organise son propre concours de recrutement (les professeurs de l'éducation nationale peuvent obtenir un détachement, ce qui est rare). Il s'agit des métiers liés à l'agriculture, à l'élevage, aux industries agroalimentaires, à la sylviculture, à la pêche, à l'aquaculture, à la gestion et à la maîtrise de l'eau, à l'aménagement du paysage, etc. Ces filières sont souvent de grande qualité et porteuses ne serait-ce qu'en raison du développement de l'agriculture scientifique (OGM, agriculture raisonnée) mais aussi de la thématique du développement durable appliquée à l'économie. Si un professeur constate que, parmi ses élèves, certains semblent intéressés par ces domaines, il faut là aussi faire un travail de communication pour diffuser l'information auprès des élèves.

Quelles que soient les filières retenues dans le domaine de la formation professionnelle, la qualification comporte des connaissances et des compétences de deux ordres : celles du domaine professionnel et celles qui restent plus générales. Les premières concernent directement le métier avec l'apprentissage des savoir-faire (méthodes, techniques, gestes) et le développement des bonnes attitudes (face au travail, la recherche de la qualité, préserver l'outillage) et du bon comportement (application des règles de sécurité). À côté de ces heures de cours au contenu très concret, les élèves acquièrent des connaissances et des compétences générales dans des cours classiques à ceci près que leurs professeurs sont bivalents (anglais-lettres, lettres-histoire-géographie, mathématiques-sciences physiques, etc.). Les programmes ne sont pas les mêmes que ceux de la voie générale. Les professeurs qui enseignent dans la voie professionnelle sont titulaires du CAPLP.

La voie professionnelle, qu'il ne faut pas confondre avec la voie technologique, souffre de deux maux persistants : d'une part, elle fait encore peur ou bien elle reste dévalorisée en raison du public d'élèves qui s'y inscrivent et, d'autre part, elle reste méconnue parce que la plupart des parents ne connaissent pas les itinéraires scolaires autres que la voie générale (manque de lisibilité de la voie professionnelle). Pour remédier à cela, près de 90 % des collèges mettent en place une option facultative de découverte professionnelle de trois heures au niveau de la 3$^{e}$. Ces classes s'appellent 3$^{e}$ DP3. L'objectif est de permettre aux enfants de se familiariser avec la voie professionnelle. Ils gardent les mêmes cours que dans un collège classique (mathématiques, français, histoire-géographie, arts plastiques, EPS, éducation musicale, technologie, sciences-physiques et SVT*) auxquels s'ajoutent trois heures de découverte professionnelle. Cela signifie que l'élève découvre régulièrement un métier (infirmier, webmestre, pâtissier…), un milieu (l'entreprise, un technocentre, l'hôpital…), une formation (CAP*, BEP*, voie professionnelle, apprentissage…). Un stage en entreprise est également prévu. Il existe aussi des classes de 3e DP6 (six heures de découverte professionnelle mais en ce cas, l'enseignement de la seconde langue vivante disparaît). Parfois, le collège ouvre une telle structure mais le plus souvent ces classes de 3e se trouvent dans le lycée professionnel du district. Dans l'un ou l'autre cas (DP3 ou DP6), à l'issue de la 3e, l'élève peut continuer dans la voie générale si l'expérience n'a pas été concluante. Sinon, il peut opter pour la voie professionnelle ou l'apprentissage. Bien que cette option soit aujourd'hui la plus demandée par les familles, elle ne concernait en 2009 que 12 % des élèves de 3e.

### • Les diplômes

Au premier trimestre 2010, d'après l'INSEE et selon la définition du Bureau international du travail, le taux de chômage de la population active en France était de 9,5 %. Celui des jeunes (15-24 ans) de 23 % avec peu d'écart selon les sexes. Les jeunes sont donc particulièrement vulnérables lorsqu'ils sortent du système éducatif avec ou sans qualification. Toutes les études montrent cependant que le niveau du diplôme reste la meilleure garantie contre le chômage.

| | **Hommes** | **Femmes** | **Total** |
|---|---|---|---|
| **Taux de chômage (en %)** | **6,9** | **7,9** | **7,4** |
| Sans diplôme | 12,3 | 13,2 | 12,7 |
| DNB, CAP, BEP | 6,6 | 9,1 | 7,7 |
| Baccalauréat | 6,0 | 7,5 | 6,8 |
| Bac +2 | 4,0 | 4,5 | 4,3 |
| > Bac +2 | 4,4 | 4,9 | 4,7 |

**Tableau 7. Taux de chômage selon le sexe et le diplôme en 2008**
(source : INSEE)

Quels sont les diplômes qui permettent d'obtenir une qualification professionnelle ?

Le plus ancien est le certificat d'aptitude professionnelle (**CAP**) qui remplace, en juillet 1919, le certificat de capacité professionnelle, créé en octobre 1911. Le CAP* se prépare en deux ans après la 3e ou après une seconde professionnelle (accès direct en seconde année de CAP). L'objectif du CAP consiste à mener rapidement l'élève vers la vie professionnelle avec le statut d'ouvrier ou de salarié. C'est pourquoi l'enseignement technique y est particulièrement concret (entre 12 heures et 17 heures par semaine selon les filières) et que le CAP est affilié à un métier (charpentier, boucher, plâtrier-plaquiste, horloger). Certains CAP sont très demandés (esthétique, prothèse dentaire, tous ceux liés aux métiers d'art) tandis que d'autres recueillent les candidats qui n'ont pu obtenir une place en BEP. Parmi les enseignements généraux, on distingue les matières obligatoires (français, histoire-géographie, éducation civique juridique et sociale, langue vivante, EPS) et des matières optionnelles qui sont variables selon les établissements. Bien qu'apprécié des employeurs en ce qui concerne certaines spécialités, le CAP attire de moins en moins de candidats puisque l'on ne comptait que 50 000 inscrits en première année lors de la rentrée 2007-2008. Si les lauréats du CAP ne souhaitent pas entrer sur le marché du travail, ils ont plusieurs possibilités : suivre une formation d'un an pour obtenir une mention complémentaire (MC), s'inscrire en première professionnelle pour rattraper la filière du baccalauréat professionnel ou, pour certaines filières, préparer un brevet des métiers d'art (BMA*). Le brevet professionnel (BP*) s'avère le diplôme le plus attractif pour les titulaires de CAP.

Le Brevet d'étude professionnelle (**BEP**) a été créé en 1967 et, à la différence du CAP, il s'inscrit dans un champ professionnel plus large, d'où la mention introductive de "Métiers de…". En raison de la profonde réforme du baccalauréat professionnel en 2009, le BEP est appelé à se fondre dans ce cursus. Deux BEP* perdurent dans leur forme traditionnelle : BEP "Carrières sanitaires et sociales" et BEP "Métiers de la restauration et de l'hôtellerie" en attendant d'être intégrés, à leur tour, à la réforme. À partir de la rentrée 2010, un BEP rénové est intégré au cycle professionnel. Jusqu'à présent, les secteurs les plus demandés sont ceux de la comptabilité, du secrétariat, de l'électrotechnique, de la vente et des carrières sanitaires et sociales. Après un BEP, les élèves intègrent de moins en moins la voie technologique au profit d'une première professionnelle dans l'optique de préparer un Bac Pro. Le Baccalauréat professionnel (**Bac Pro**), créé en 1985, a en effet été considérablement réformé en 2009. Dorénavant, il se prépare en 3 ans après la classe de 3e et des épreuves orales de rattrapage sont instituées. Le Bac Pro* devient le cœur du cycle professionnel avec des passerelles et trois niveaux : seconde professionnelle (avec voie de sortie vers un CAP), première professionnelle (niveau où les élèves passent le BEP rénové) et terminale professionnelle (année du bac). Les titulaires d'un CAP peuvent intégrer directement la première professionnelle ; un élève en seconde année qui souhaite arrêter ses études essaye de décrocher un BEP* rénové. Un élève qui n'obtient pas son BEP rénové en première professionnelle peut néanmoins accéder à la terminale et réussir son baccalauréat : le BEP n'est donc pas obligatoire.

Les élèves qui souhaitent passer un Bac Pro doivent choisir une spécialité (parmi 88 dont certaines entreront en vigueur en 2011 ou 2012). Tous les établissements ne proposent pas l'ensemble de ces spécialités. Les professeurs principaux de collège doivent donc connaître l'offre de formation des lycées professionnels de leur zone afin de pouvoir aiguiller leurs élèves de 3e. Tous les ans, des brochures de l'ONISEP* leur sont distribuées à cette fin. Il faut encore noter que les lycées n'offrent parfois que très peu de places (de l'ordre d'une douzaine ou d'une quinzaine) d'où l'importance des dossiers scolaires. La spécificité pédagogique du Bac Pro réside dans l'articulation de trois éléments : la moitié du temps scolaire environ est occupé par des enseignements généraux ; l'autre moitié correspond à des enseignements professionnels ; et les élèves doivent suivre des périodes de formation en entreprise. La durée des stages en milieu professionnel oscille entre 12 et 26 semaines sur les trois années de formation. L'examen est composé de 7 épreuves et, le cas échéant, d'une épreuve facultative. À titre d'exemple, le Bac Pro "Travaux publics" est composé des épreuves suivantes, elles-mêmes décomposées (pour certaines) en unités :

**Bac Pro "Travaux publics"**

(disponible dans 54 établissements en France, DROM, COM)

| | | | |
|---|---|---|---|
| E1 | Épreuve scientifique et technique | U11 | Analyse d'un ouvrage |
| | | U12 | Mathématiques |
| E2 | Épreuve de préparation, organisation et suivi de chantier | U21 | Gestion quantitative des besoins et des moyens |
| | | U22 | Organisation des travaux et suivi de réalisation |
| E3 | Épreuve de réalisation d'un ouvrage | | |
| E4 | Épreuve de langue vivante (au choix) | U40 | Allemand |
| | | U40 | Anglais |
| | | U40 | Arabe littéral |
| | | U40 | Espagnol |
| E5 | Épreuve de français, d'histoire-géographie | U51 | Français |
| | | U52 | Histoire-géographie |
| E6 | Épreuve d'éducation artistiques, arts plastiques | U6 | EAAA |
| E7 | Épreuve d'éducation physique et sportive | U7 | EPS |
| EF1 | Épreuve facultative | Hygiène, prévention, secourisme | |

**Tableau 8. Exemple d'organisation des épreuves au baccalauréat professionnel**

Le Brevet de technicien supérieur (**BTS**), créé en 1952 mais ainsi dénommé depuis 1962, est un diplôme de l'enseignement supérieur professionnel préparé en deux années après le baccalauréat. Il est particulièrement apprécié par le monde du travail et c'est un outil facile à mettre en place par les EPLE* pour développer une image positive de leur offre de formation. Sa particularité est double : les candidats le préparent dans un lycée (et non à l'université comme le DUT) et il est ouvert à tous les types de bacheliers, généraux (L, ES, S), technologiques (STG, STI, STL, ST2S...) et professionnels (avec des pondérations plus ou moins fortes selon les spécialités). Le BTS* est un diplôme qui concerne tous les domaines d'activité (production, services...). Il existe plus d'une centaine de spécialités.

**France métropolitaine**

| Domaine et *diplôme initial* | Répartition des candidats (en %) | Taux de réussite au BTS (en %) |
|---|---|---|
| **Production** | **100** | **78,6** |
| *Bac général* | 13,0 | 87,9 |
| *Bac pro* | 21,7 | 64,9 |
| *Bac techno** | 61,6 | 82,0 |
| *Divers*** | 3,8 | 68,5 |
| **Services** | **100** | **65,9** |
| *Bac général* | 32,0 | 80,2 |
| *Bac pro* | 16,6 | 43,9 |
| *Bac techno** | 46,9 | 65,4 |
| *Divers*** | 4,5 | 51,2 |
| **Ensemble** | **100** | **68,8** |
| *Bac général* | 27,6 | 81,1 |
| *Bac pro* | 17,8 | 49,8 |
| *Bac techno** | 50,3 | 70,1 |
| *Divers*** | 4,3 | 54,6 |

* : y compris agricole

** : Brevet des métiers d'art (BMA), Brevet des métiers du spectacle (BMS), Brevet de technicien (BT) et Brevet professionnel (BP)

**Tableau 9. Réussite au BTS**
selon domaine de spécialité et diplôme initial en 2008

### • Les principales modalités de formation

Toutes les modalités de formation décrites dans les lignes ci-dessous concernent les CAP*, les Bac Pro* (les BEP* rénovés y sont intégrés) et les BTS*. Celle qui est implicitement le plus évoquée depuis le début de ce chapitre correspond à la **formation scolaire**. Il s'agit d'une formation qui se déroule au sein d'un lycée public (ou privé). L'élève y est inscrit et suit des cours généraux et pratiques. L'immersion dans le milieu professionnel se fait sous la forme d'un stage en entreprise pendant lequel l'élève conserve son statut scolaire. Cette formation scolaire est assurée par des professeurs de l'Éducation nationale titulaires du CAPLP* ou du CAPET* selon les voies concernées (professionnelle ou technologique) (v. Le système éducatif, ses acteurs et ses dispositifs).

L'autre modalité de formation concerne **l'alternance** qui est elle-même composée de plusieurs formules: le contrat d'apprentissage, le contrat de professionnalisation et l'enseignement à distance pour les matières générales. La première est celle de *l'apprentissage* qui correspond à un contrat entre l'élève (l'apprenti) et un employeur (entreprises privées, artisans, service public...), lequel fournit un maître d'apprentissage. Celui-ci forme l'apprenti, qui doit avoir entre 16 et 25 ans, au sein de l'entreprise dans des conditions "réelles"; l'apprenti peut mettre en application ce qu'il apprend à l'école tout en bénéficiant de l'expérience de son tuteur. Les cours de formation générale sur le métier sont dispensés au sein d'un Centre de formation d'apprentis (CFA*). Le rythme d'alternance est variable: il peut correspondre à une semaine de cours puis une semaine en entreprise ou bien de 15 jours en 15 jours. Tous les types de diplôme de la voie professionnelle peuvent être préparés par apprentissage (CAP*, les deux BEP* "ancienne version" jusqu'en 2011, le Bac Pro*, le BTS*) ainsi que les BTS de la voie technologique. La voie d'apprentissage doit faire face à deux obstacles: l'élève doit mener une double démarche qui consiste à trouver une école (le CFA) mais aussi un employeur. S'il n'a pas de contrat de travail, il ne peut pas entrer en CFA. En outre, les centres de formation d'apprentis conservent une image négative auprès de la plupart des jeunes (ou de leurs parents). Mis à part l'apprentissage, il existe une seconde forme d'alternance qui est celle du *contrat de professionnalisation*. Il s'adresse également à des jeunes de 16 à 25 ans en cours de formation initiale. Seuls les employeurs du secteur privé peuvent recruter sous la forme d'un contrat de professionnalisation. En fonction de l'âge et du diplôme (avec ou sans Bac Pro), la rémunération varie entre 55 % du SMIC* (cas d'un jeune de 16 ans préparant un CAP) à 80 % du SMIC (cas d'un jeune de 21 ans préparant un BTS). Les enseignements généraux sont dispensés par un organisme de formation ou par l'entreprise elle-même si elle dispose d'une école interne. Il existe donc une formation professionnelle qui est dispensée par d'autres acteurs que l'Éducation nationale. La troisième formule d'alternance consiste à combiner le travail en entreprise avec un *enseignement à distance*. Ce cas, relativement rare, est particulièrement difficile notamment pour des jeunes qui ont déjà des difficultés scolaires. Les résultats concernant les BTS en 2008 sont significatifs (cf. tableau 9).

Il existe donc pour se former plusieurs façons possibles mais quelle est celle qui offre les meilleures garanties ? Les résultats au BTS* selon les modalités d'apprentissage sont les suivants :

| | **France métropolitaine** |
|---|---|
| Voie de formation des candidats | Taux de réussite au BTS (en %) |
| Scolaire | 76,7 |
| Public | 78,4 |
| Privé | 72,8 |
| -Hors contrat | 58,8 |
| -Sous contrat | 79,6 |
| Apprentissage | 70,9 |
| Formation continue (adultes) | 58,4 |
| Enseignement à distance | 35,8 |
| Individuel | 38,2 |
| TOTAL | 68,8 |

**Tableau 10. Réussite au BTS selon la voie de formation choisie**

Les titulaires d'un CAP ou d'un BEP qui ont été apprentis ont une insertion sur le marché de l'emploi bien plus satisfaisante que ceux ayant suivi une formation scolaire (ce phénomène est moins probant au niveau de l'enseignement supérieur). En 2002, l'Union des industries et métiers de la métallurgie avait d'ailleurs construit une campagne publicitaire avec le slogan "L'apprentissage : obtenez un bac avec mention emploi". Concernant les salaires, ceux qui ont suivi la formation scolaire ont des revenus plus élevés que les apprentis (qui s'insèrent davantage dans des petites entreprises). Donc, même en incluant ces paramètres, il semble malgré tout que la formation en milieu scolaire soit la plus efficace, du moins pour ceux qui ne quittent pas le système scolaire en cours de route, et ils sont nombreux, d'où l'enjeu de cette question (v. Histoire, spécificités et enjeux de l'éducation nationale). Une attention particulière doit par ailleurs être portée aux résultats des établissements privés hors contrat : les taux particulièrement faibles s'expliquent par l'existence d'un "marché du BTS" en raison de la popularité de ce diplôme (études courtes et spécialisées). Il existe donc de nombreux établissements dont les ambitions ne correspondent pas forcément avec celles de réussite des candidats. Le professeur doit être capable d'en informer les familles lors des réunions parents-professeurs lorsque ces derniers préparent l'orientation de leur enfant.

Après avoir vu quels étaient les diplômes de la voie professionnelle et leur modalité de préparation, il reste à expliciter davantage les lieux de la formation : où se déroule la formation scolaire et qu'est-ce qu'un CFA ?

• **Les lieux d'apprentissage et de formation professionnelle**

En ce qui concerne la formation professionnelle, les lieux d'apprentissage sont multiples au point même que le panorama de la formation professionnelle peut paraître d'une complexité extrême à cause de l'imbrication entre des établissements de la voie technologique qui accueillent des sections de formation de la voie professionnelle ou bien des établissements de la voie professionnelle qui accueillent des élèves de niveau collège dans des sections d'initiation, etc.

Le lycée professionnel (**LP**) fait figure de "temple" de la voie professionnelle ; il offre des formations du CAP* au BTS* et accueille des élèves après leur classe de 3e, soit en première année de CAP, soit en classe de seconde professionnelle. Un lycée polyvalent (**LPO**) correspond à un regroupement de deux lycées : un lycée professionnel et un lycée d'enseignement général et technologique (**LGT**). Par exemple, un LPO peut proposer une filière scientifique (Bac S) avec en parallèle des formations professionnelles (Bac Pro). Les sections d'enseignement supérieur préparant au BTS accueilleront alors les élèves des deux voies (le plus souvent avec davantage de candidats venus de la voie générale et technologique car les élèves qui ont obtenu leur Bac Pro ont tendance à intégrer le marché du travail). La tendance la plus générale est celle d'une organisation entre voie générale et technologique d'un côté et voie professionnelle de l'autre.

Tous les établissements de type LP, LGT ou LPO mettent en œuvre des formations à partir de la nomenclature des spécialités de formation (NSF*) sans pour autant que les offres soient identiques d'un lieu à l'autre. Il existe quatre domaines de classement : les domaines disciplinaires (classe 1), les domaines technico-professionnels de la production (classe 2), les domaines technico-professionnels des services (classe 3), les domaines du développement personnel (classe 4).

Enfin, il existe des centres de formation d'apprentis (**CFA**). Ce sont des établissements qui ont passé une convention avec l'État (CFA nationaux) ou avec la région (CFA Régionaux) ainsi qu'avec des partenaires économiques (tels que les chambres de métiers, de commerce, d'industrie, d'agriculture ou des grandes entreprises...) et institutionnels (collectivités territoriales*, EPLE*, établissements privés sous contrat...). Il existe environ 1 500 CFA sous tutelle du ministère de l'Éducation nationale et une centaine sous celle du ministère de l'Agriculture. Ces organismes dispensent environ 430 heures de cours par an pour le CAP*, 500 heures pour les BEP* et 675 heures pour les baccalauréats professionnels et les BTS* (temps d'enseignement plus court qu'en formation scolaire). L'apprenti y perd son statut d'élève et doit signer un contrat de travail.

# FONCTION PUBLIQUE D'ÉTAT ET LÉGISLATION DU TRAVAIL, CODE DE L'ÉDUCATION ET RESPONSABILITÉ PROFESSIONNELLE

## Les principes du droit du travail

### • Qu'est-ce que le droit du travail ?

Le droit consiste en l'ensemble des règles juridiques socialement sanctionnées qui s'appliquent au fonctionnement des institutions d'un État et fixent les rapports entre les citoyens qui le composent. Parmi ces règles, il y a celles qui ont une valeur législative : ce sont les lois. Le pouvoir législatif est confié au Parlement, composé de l'Assemblée nationale et du Sénat. Une loi peut avoir deux sources d'émanation. Lorsqu'un parlementaire souhaite légiférer, il fait une *proposition* de loi mais lorsque ce souhait émane du gouvernement, il s'agit d'un *projet* de loi. Dans les deux cas, seul le Parlement peut créer la loi qui, au demeurant, reste soumise à la Constitution (le Conseil constitutionnel surveille si la loi est légale). Les règles juridiques peuvent également avoir une valeur réglementaire. Il en existe deux types : les **ordonnances** et les **règlements**. L'ordonnance est un acte réglementaire décidé par le gouvernement qui doit néanmoins demander au Parlement l'autorisation de l'exécuter. C'est une procédure plus courte que celle du projet de loi. Les règlements sont des décisions prises à plusieurs niveaux : **décrets** au niveau du Président de la République ou du Premier ministre, **arrêtés** au niveau d'un ou plusieurs ministères, décisions réglementaires au niveau des autorités déconcentrées de l'État (préfet, recteur...) ou des autorités décentralisées (collectivités territoriales*) (v. Les décisionnaires de la politique éducative : État, régions, départements, communes). L'ensemble de ces règles à valeur législative et réglementaire est ensuite consolidé dans des codes. Un code est donc une sorte de recueil de lois (l'article est précédé d'un L), de règlements (l'article est précédé d'un R) et de décrets (l'article est précédé d'un D). Le contenu d'un code change donc régulièrement au fur et à mesure du temps. Le code civil de 2011 n'est plus le même que celui de 1804 et il en va ainsi de tous les codes, car certaines lois en abrogent d'autres alors que s'en créent de nouvelles. Toute loi qui n'est pas abrogée perdure encore et reste donc valable. Les domaines d'application du droit sont très vastes : l'intérêt sera ici principalement porté sur le code du travail, de la fonction publique, et de l'éducation car il concerne principalement les futurs professeurs de l'Éducation nationale.

Le **code du travail** traite de tous les domaines de la vie des salariés et des employeurs dans le cadre de l'entreprise : contrat de travail, sécurité, droits et obligations des parties, discriminations (à l'embauche, harcèlement...), temps de travail, congés, institutions représentatives du personnel, comités d'entreprise, médecine du travail, travail illégal, travail à domicile, etc.

Le droit du travail se nourrit également des décisions prises par les employeurs et les syndicats de salariés en fonction de branches professionnelles (ensembles des entreprises exerçant la même activité sur un territoire donné) ou d'entreprises. Il existe deux types de décision : les **conventions collectives** et les accords collectifs. Les premières définissent l'ensemble des conditions de travail et des garanties sociales applicables aux salariés des structures concernées. Les accords collectifs ne concernent qu'un domaine particulier (salaires, temps de travail...). Des accords peuvent être inclus dans une convention collective. Les conventions collectives cherchent à adapter des dispositions générales du code du travail aux situations particulières d'un secteur d'activité ou d'une entreprise. Elle s'applique, quel que soit l'effectif, aux salariés de toutes les branches professionnelles concernées ou seulement à ceux d'un secteur d'activité.

**• Qui est concerné par le droit du travail dans l'Éducation nationale ?**

Les personnes concernées par le code du travail dans l'Éducation nationale sont peu nombreuses par rapport aux effectifs des fonctionnaires qui y sont employés. En valeur absolue, cela représente plusieurs dizaines de milliers d'individus tout de même. Deux catégories peuvent être distinguées : les personnes qui bénéficient d'un service éducatif et ceux qui le dispensent.

Au niveau des élèves, certains ont perdu leur statut scolaire. Les **apprentis** en CFA sont les principaux concernés car le contrat d'apprentissage est un contrat de travail. 386 000 apprentis ont été recensés en 2006, du CAP au BTS. De ce fait, ils deviennent des salariés, sont soumis aux conventions collectives mais, s'ils sont mineurs, bénéficient de dispositions particulières (notamment sur les horaires de travail). La durée du contrat varie entre un et trois ans. La rémunération de l'apprenti est encadrée par la loi et s'établit comme suit :

| Âge de l'apprenti | *- de 18 ans* | *18 à 20 ans* | *21 ans et plus* |
|---|---|---|---|
| 1re année | 25 % du SMIC | 41 % du SMIC | 53 % du SMIC |
| 2e année | 37 % du SMIC | 49 % du SMIC | 61 % du SMIC |
| 3e année | 53 % du SMIC | 65 % du SMIC | 78 % du SMIC |

**Tableau 12. Rémunération des apprentis selon leur âge et leur niveau de formation**

Les apprentis doivent avoir l'âge minimum légal (16 ans) pour avoir le droit de travailler mais les élèves de 15 ans sont exceptionnellement admis à l'apprentissage s'ils ont réussi leur classe de 3e. Les élèves de 14 ans ne peuvent donc pas devenir apprentis à cause de la loi, même s'ils sont motivés par une telle formation et que leur niveau scolaire les empêche de suivre avec profit les cours en collège. À condition que l'élève le demande et avec l'autorisation de ses parents, il a la possibilité d'intégrer une classe d'initiation préprofessionnelle à l'apprentissage (CLIPA*). Ce sont des classes où pendant un an l'élève visite des entreprises, effectue des stages pour découvrir des métiers tout en gardant son statut scolaire d'élève. Il existe aussi des classes préparatoires à l'apprentissage (CPA*) qui consistent en une initiation plus ciblée vers un groupe de métiers.

Mis à part les élèves, les adultes sont également concernés car tous les professeurs de l'Éducation nationale ne sont pas des fonctionnaires d'État. Dans certains cas, les services académiques recrutent des personnes avec des contrats de droit public soumis à la législation du travail. Il s'agit essentiellement des assistants d'éducation ainsi que des professeurs vacataires ou contractuels.

Les **assistants d'éducation** (AE*) remplacent peu à peu les maîtres d'internat et les surveillants d'externat (MI-SE*). Le contrat de recrutement prévoit un engagement maximum de trois ans, renouvelable une fois. Leur niveau de rémunération correspond à l'indice brut 267, ce qui équivaut à 14 835,45 € par an (en valeur brute au 1er juillet 2010). Les AE agissent selon les cas pour appuyer les enseignants dans leurs accompagnements pédagogiques (on parle alors d'Assistant Pédagogique, AP*), pour faciliter l'accueil et l'intégration des élèves handicapés (on parle alors d'Assistant Vie Scolaire, AVS*), pour aider à la diffusion des nouvelles technologies et pour participer à toute activité éducative, sportive, sociale ou culturelle. Concrètement, ils assurent la surveillance des élèves dans l'établissement et à ses abords, à la cantine, enregistrent les absences, etc. Dans le cadre de l'autonomie accordée aux EPLE*, le chef d'établissement recrute, en concertation avec le CPE*, les assistants d'éducation sauf ceux destinés à accompagner les élèves handicapés (recrutement au niveau du rectorat). Quant à l'assistant pédagogique, il ne peut être affecté à aucune autre tâche dans l'établissement que celle d'aider le professeur dans le domaine des lettres, des sciences et des langues. Un AP est obligatoirement recruté pour un mi-temps car dans l'esprit du contrat les places sont réservées en priorité à des étudiants se destinant à l'enseignement (il a donc besoin de travailler pour réussir ses études). Ils disposent en outre d'un temps de travail différent : la durée maximale est de 36 semaines et le temps de préparation est déductible à raison de 100 heures maximum par an.

Du côté des enseignants, les professeurs **vacataires** temporaires sont également recrutés sous la forme d'un contrat entre le professeur et le chef d'établissement. Le recours à des vacataires est possible dans deux situations distinctes. La première, pour couvrir les petites suppléances correspondant à moins de 200 heures (cela correspond à 6 heures par semaine sur une année scolaire). La seconde, pour faire appel à un intervenant extérieur dans le cadre d'actions spécifiques, notamment dans les matières technologiques ou professionnelles. Les candidats doivent justifier d'un diplôme équivalent à la licence ou d'une expérience professionnelle pour les disciplines technologiques et professionnelles. La rémunération des vacataires correspond à 34,30 € par heure réellement effectuée (soit 28,30 € nets). Ils ne bénéficient ni de congés payés, ni des ISO*. Le contrat de professeur vacataire temporaire ouvre les droits à l'assurance chômage et à la sécurité sociale.

Il existe également des postes de **contractuels** (professeurs, documentalistes, CPE*). Ils sont recrutés en qualité d'agents non titulaires de l'État pour le compte duquel ils assurent ponctuellement un service. Lorsque dans un EPLE*, un poste de professeur n'a pu être pourvu par les procédures prévues, les recteurs d'académie peuvent recruter un professeur contractuel. Il délègue ce pouvoir au chef d'établissement dans le cas des centres de formation professionnelle. Les postulants doivent justifier leurs titres ou leur expérience professionnelle leur permettant de pourvoir le poste et avoir au moins 35 ans (sauf s'il n'y a pas de concours ouvert pour la discipline enseignée ou si le poste à pourvoir concerne l'insertion des jeunes). La durée des contrats est d'un an si le poste est vacant, sinon pour la durée de la suppléance. Pour les professeurs des disciplines d'enseignement technologique ou professionnel, la durée du contrat est de 3 ans. Dans les deux cas, les contrats sont renouvelables par reconduction expresse (les deux parties signent un nouveau contrat). S'il y a une reconduction du contrat au-delà de la sixième année, le contrat se transforme en contrat à durée indéterminée. L'autorité académique classe les candidats en quatre catégories (hors catégorie, première catégorie, deuxième catégorie, troisième catégorie) en fonction de leurs diplômes ou de leur expérience professionnelle. En termes d'évolution de carrière, les professeurs contractuels peuvent s'inscrire aux concours internes (CAPES*, CAPET*, CAPLP*) s'ils remplissent les conditions d'inscription. En tant qu'agents non titulaires de l'État, les professeurs contractuels sont soumis aux dispositions du code de la fonction publique sans pour autant avoir le statut de fonctionnaire d'État. Depuis plusieurs années, l'administration privilégie le recrutement de vacataires plutôt que de contractuels.

## Le code de la fonction publique appliqué aux fonctionnaires de l'enseignement

Les professeurs certifiés (premier et second degrés) et agrégés ont un statut particulier qui est celui de la fonction publique d'État. À côté de ce statut général, ils sont également dépendants des dispositions juridiques du code de l'éducation: en tant que membres de l'Éducation nationale, ils ont des obligations particulières vis-à-vis de leurs fonctions mais aussi des élèves et des familles.

• **Qu'est-ce qu'être fonctionnaire de l'Éducation nationale ?**

Commençons par la négation : les fonctionnaires n'occupent pas un statut privilégié par rapport à d'autres catégories professionnelles. Ils ne disposent pas de la sécurité de l'emploi car des procédures disciplinaires de révocation existent, et si les aléas économiques ne menacent pas leur emploi, ils se répercutent néanmoins au niveau des recrutements (moins de création de postes en phase de gel de dépenses budgétaires). Ils possèdent, certes, un temps de vacances estival mais qui n'est pas rémunéré (le salaire correspond à un traitement de dix mois étalé sur douze). De plus, l'accès à l'emploi est particulièrement sélectif puisqu'il faut réussir un concours où les postes sont rares par rapport au nombre d'inscrits. Les taux d'admission oscillent généralement entre 5 % et 30 %. Les variations s'expliquent en fonction du niveau du concours (l'agrégation est le plus difficile) et des matières (les taux sont plus bas dans les disciplines littéraires et en EPS* qu'en langues et en sciences). Un fonctionnaire de l'Éducation nationale est donc très qualifié dans son domaine de compétence. En outre, de part leur mission de service public, les fonctionnaires s'astreignent à respecter des principes et des valeurs quelles que soient les conditions d'exercice de leur métier (v. Les valeurs de la République). Il paraît dès lors possible de formuler la définition suivante : *être fonctionnaire de l'Éducation nationale, c'est agir conformément à la loi pour exercer un métier hautement qualifié dans le cadre d'un service public*. C'est aussi un choix : réussir le concours n'est pas une fin (si ce n'est celle des études). C'est un commencement.

Deux textes concernent les futurs enseignants. **La loi n° 83-634 du 13 juillet 1983 portant droits et obligations des fonctionnaires** et la loi n° 84-16 du 11 janvier 1984 portant dispositions statutaires relatives à la fonction publique d'État, qui constituent en partie le code la fonction publique. Le premier, assez court, est divisé en quatre chapitres abordant successivement les dispositions générales (7 articles), les garanties (14 articles), les questions relatives aux carrières (17 articles) et, enfin, les obligations (6 articles). Ce texte rappelle que le fonctionnaire est, vis-à-vis de l'administration, dans une position statutaire et réglementaire. Néanmoins, sa liberté de conscience est garantie et il est protégé des discriminations au sens de l'article 225-1 du code pénal dans le déroulement de sa carrière. Tout fonctionnaire a un droit d'accès à son dossier administratif et les notations qui lui sont attribuées sont communiquées. Le droit syndical est garanti ainsi que le droit de grève dans les dispositions prévues par la loi. En termes d'obligations, le fonctionnaire doit satisfaire aux demandes d'information du public (donc des parents d'élèves) tout en veillant à se conformer au principe du secret professionnel. Il est responsable des tâches qui lui sont confiées et doit se conformer aux instructions de son supérieur hiérarchique sauf si l'ordre est manifestement illégal et de nature à compromettre gravement un intérêt public. Un enseignant du second degré possède deux autorités hiérarchiques : la première est administrative en la personne du chef d'établissement qui est le représentant de l'État dans le collège ou le lycée, la seconde est pédagogique en la personne de l'IA-IPR*. Les professeurs du premier degré sont sous l'autorité de l'inspecteur d'académie (IEN*) (v. Le système éducatif, ses acteurs et ses dispositifs). Toute faute commise dans l'exercice de ses fonctions peut entraîner une sanction disciplinaire.

**La loi de 1984** concerne les **statuts des fonctionnaires**. Elle aborde des questions plus concrètes telles que l'accès à la fonction publique (concours), la structure des carrières, la position de l'enseignant (en activité, en congé, en détachement, en disponibilité…), son évaluation (notation, avancement, mutation, reclassement…), la rémunération, la discipline, la cessation définitive de fonction (retraite) et quelques dispositions secondaires. La structure des carrières correspond au classement des fonctionnaires entre eux. Ils sont répartis en corps, en grades et en catégorie. Les situations existantes sont les suivantes :

| **Statut** | **Fonctionnaire de l'éducation nationale** | | | |
|---|---|---|---|---|
| Corps | Professeurs certifiés | | Professeurs agrégés | |
| Grade | Classe normale | Hors classe | Classe normale | Hors classe |
| Échelon | 1* à 11 | 1 à 7 | 1* à 11 | 1 à 6 |

* depuis 2010, les stagiaires débutent à l'échelon 3.

**Tableau 13. Structures des carrières des professeurs de l'Éducation nationale**

Après le succès au concours et la titularisation, le lauréat devient professeur certifié ou agrégé, de catégorie A de la fonction publique, de classe normale, au premier échelon (au troisième depuis 2010), sauf s'il bénéficie d'un statut particulier antérieur qui lui permet de bénéficier d'un reclassement. Par exemple, deux candidats qui obtiennent le même concours la même année n'auront pas le même échelon si l'un était auparavant simple étudiant et l'autre surveillant d'externat dans un collège (il débutera alors sa carrière avec des échelons d'avance). Les reclassements éventuels s'effectuent à la fin de l'année de stage. Le corps, le grade et l'échelon déterminent le salaire du professeur qui est fixé par des points d'indice dont la valeur est actualisée par décret en conseil des ministres : depuis 2007, l'augmentation de la valeur du point d'indice est de 0,8 % par année civile. La grille des salaires applicable depuis le 1er juillet 2010 est la suivante (montants bruts mensualisés sur 12 mois, arrondis à l'unité supérieure):

**Agrégés**

| | | | | | | | | |
|---|---|---|---|---|---|---|---|---|
| 3 | 4 | 5 | 6 | 7 | 8 | 9 | 10 | 11 |
| 489 | 526 | 561 | 593 | 635 | 684 | 734 | 783 | 821 |
| 2 264 € | 2 436 € | 2 598 € | 2 746 € | 2 940 € | 3 167 € | 3 399 € | 3 626 € | 3 802 € |
| (*hors classe*) : | | *1* | *2* | *3* | *4* | *5* | *6* | *[échelon]* |
| | | 658 | 696 | 734 | 783 | 821 | 963 | [indice] |
| | | 3 047 € | 3 223 € | 3 399 € | 3 626 € | 3 802 € | n.d.* | [salaire] |

**Certifiés (CAPE, CAPES, CAPET, CAPLP)**

| | | | | | | | | |
|---|---|---|---|---|---|---|---|---|
| 3 | 4 | 5 | 6 | 7 | 8 | 9 | 10 | 11 |
| 410 | 431 | 453 | 467 | 495 | 531 | 567 | 612 | 658 |
| 1 898 € | 1 996 € | 2 098 € | 2 162 € | 2 292 € | 2 459 € | 2 625 € | 2 834 € | 3 047 € |
| (*hors classe*) : | | *1* | *2* | *3* | *4* | *5* | *6* | *7* |
| | | 495 | 560 | 601 | 642 | 695 | 741 | 783 |
| | | 2 292 € | 2 593 € | 2 783 € | 2 973 € | 3 218 € | 3 431 € | 3 626 € |

*n.d.: non donné dans le décret n° 2010-761 du 7 juillet 2010. Peut être estimé à 4 460 €.
La grille démarre à l'échelon 3 depuis le 1er juillet 2010 ; les indices des échelons 3 à 5 ont été majorés dans le cadre d'une revalorisation des débuts de carrière.

**Tableau 14. Grille indiciaire et salaires mensuels bruts**
arrondis au 1er juillet 2010 (étalés sur 12 mois)

L'accès à la hors classe est réglementé. Le professeur doit en exprimer la demande pour figurer sur le tableau d'avancement. Il doit être au moins au 7e échelon ; les certifiés et les professeurs d'EPS* doivent justifier de sept années de services effectifs. Au moment du dépôt du dossier, les professeurs doivent être en activité. Cette procédure vise à récompenser les professeurs les plus impliqués dans leur travail. La valeur individuelle est prise en compte par la notation mais aussi par l'investissement professionnel : l'ancienneté, les activités spécifiques (formateur à l'IUFM*, enseignement dans le supérieur, formateur pour adulte dans un GRETA*, classe européenne, conseiller pédagogique, responsable d'un projet académique, membre de jury de concours, élaboration de sujets d'examen…). Il est également tenu compte de l'implication dans la vie de l'établissement, dans sa manière d'exercer ses responsabilités, dans son aptitude à mener des actions de partenariat avec les acteurs locaux ou au dialogue avec les familles. Le mérite s'évalue aussi par la capacité à enseigner dans des établissements difficiles ou isolés et par l'aptitude à la mobilité car cela répond à la nécessité d'assurer un service public en tout point du territoire. Enfin, les qualifications et les compétences sont prises en ligne de compte : diplômes, maîtrise des TICE*, formation pluridisciplinaire, etc. Les modalités d'avancement des enseignants sont expliquées dans la partie consacrée aux enseignants ainsi que tout ce qui concerne la notation et la mobilité professionnelle (v. Le système éducatif, ses acteurs et ses dispositifs).

### • Code de l'éducation et responsabilité de l'enseignant

Le code de l'éducation est un recueil de lois et de règlements incontournable. Il détermine très clairement les principes de l'école et le statut des acteurs du système éducatif. Pour le dire autrement, le code de l'éducation fixe les responsabilités éthiques du professeur. Il est prescriptif en matière de liberté, de laïcité, de gratuité et, même si aucun chapitre ne l'aborde directement, d'égalité (égalité des chances, égalité entre les hommes et les femmes, etc.).

Ce code est divisé en deux : la seconde partie, qui est réglementaire, correspond aux modalités d'application de la première, qui est législative. Par exemple, si la partie législative affirme que les élèves ont un droit d'expression, on trouvera dans la seconde partie comment mettre ce droit à exécution et dans quel cadre. La partie législative comprend elle-même quatre parties (Dispositions générales, Enseignements scolaires, Enseignements universitaires, Personnels). Ces différentes parties sont divisées en livres, en titres, en chapitres, en sections. Cette subdivision permet d'accéder très vite à des points précis si bien que la lecture du code s'en trouve facilitée. Il paraît opportun d'avoir une connaissance, même partielle, de ce texte pour être en mesure de comprendre l'esprit de l'Éducation nationale et les valeurs éthiques qu'elle porte. Sa fréquentation sera particulièrement bénéfique à tous ceux qui veulent devenir enseignants. L'accès direct au texte est le meilleur moyen de forger une opinion personnelle qui ne peut être qu'utile pour s'approprier la notion de responsabilité inhérente au statut de professeur. Voici une liste des thèmes de la partie législative les plus utiles ici :

**Première partie : Dispositions générales**

*Livre I : Principes généraux de l'éducation*

Titre I : le droit à l'éducation

Titre II : objectifs et missions du service public de l'enseignement

Titre III : l'obligation scolaire, la gratuité et l'accueil des élèves des écoles maternelles et élémentaires

Titre IV : la laïcité de l'enseignement public

Titre V : la liberté de l'enseignement

**Deuxième partie : Les enseignements scolaires**

*Livre III : L'organisation des enseignements scolaires*

Titre I : l'organisation générale des enseignements

Titre II : l'enseignement du premier degré

Titre III : l'enseignement du second degré

Titre IV : l'enseignement agricole et maritime

Titre V : les enseignements pour les enfants et adolescents handicapés

Titre VI : les enseignements préparant aux professions artistiques et sportives

*Livre IV : Les établissements d'enseignement scolaire*

Titre I : les écoles

Titre II : les collèges et les lycées

Titre III : les centres de formation d'apprentis

Titre VI : les établissements pour l'enseignement des professions artistiques et sportives

Titre VII : dispositions communes

*Livre V : La vie scolaire*

Titre I : les droits et obligations des élèves

Titre II : l'organisation du temps et de l'espace scolaires

Titre III : les aides à la scolarité

Titre IV : la santé scolaire

**Quatrième partie : Les personnels**

*Livre IX : les personnels de l'éducation*

Titre I : dispositions générales

Titre II : les personnels du premier degré

Titre III : les personnels du second degré

Titre VI : les personnels de l'enseignement spécialisé

**Tableau 15. Principaux éléments du code de l'éducation intéressant les candidats à la fonction publique d'État**

Cette connaissance du code permet de comprendre et de mesurer les enjeux du métier : même si ce point est fortement débattu, du point de vue de l'Éducation nationale, enseigner ne signifie pas seulement transmettre une connaissance disciplinaire (v. Histoire, spécificités et enjeux de l'éducation nationale).

Si l'on définit la responsabilité par la capacité à tenir un engagement, et si l'engagement n'est pas tenu, cela ouvre le droit à une compensation pour la partie qui s'en trouverait lésée. Or il se trouve que lorsqu'un État prend l'engagement d'assurer un service d'éducation vis-à-vis des citoyens qui le composent et qu'un individu obtient le statut de fonctionnaire de cet État, alors celui-ci prend la responsabilité de tenir l'engagement de celui-là, à savoir assurer un **service d'éducation**. La question de la contrainte légale se trouve posée et ce n'est pas une mince affaire à un moment où la demande sociale à l'égard de l'école est d'autant plus forte que les individus sont prompts à régler leurs différends par voie de justice.

En effet, une tendance à la **judiciarisation** des rapports sociaux se dessine depuis une quinzaine d'années comme l'illustrent les épisodiques campagnes de communication, sur les ondes radios, en faveur des avocats dont les fonctions ne se veulent plus simplement de défense mais aussi de conseil et d'expertise. Il arrive que des avocats soient présents lors de conseils de discipline pour défendre les élèves (v. Les différents conseils et intervenants des établissements). Ces nouvelles pratiques sont très déstabilisantes pour les professeurs et les personnels d'administration car, pendant plusieurs années, l'école a vécu à côté de la société, tel un isolat où les règles scolaires étaient souveraines. Ce n'est plus le cas aujourd'hui, le droit commun tend à s'appliquer à l'intérieur des murs scolaires et les professeurs se trouvent désemparés lorsqu'ils doivent s'adapter à de nouvelles pratiques comme la procédure disciplinaire (un élève qui a commis des fautes peut être sanctionné mais il existe des règles de procédures qui, si elles ne sont pas appliquées, peuvent annuler la sanction elle-même). Les règles de procédure en matière de discipline sont explicitées dans un numéro spécial du BOEN*, n° 8, du 13 juillet 2008. Il ne faut pas pour autant noircir le tableau car le nombre de recours devant les tribunaux administratifs reste stable (2 848 en 1995; 2 790 en 2007). Il est aussi intéressant de noter que 80 % à 90 % de ces recours sont le fait des personnels de l'Éducation nationale et de leurs organisations syndicales et que la part des familles s'élève autour de 10 % à 20 %. En outre, les attaques des parents contre les professeurs (ou plutôt contre le contenu de leurs cours ou de leurs méthodes) sont très rares. Les motifs d'insatisfaction portent essentiellement sur la rupture du service publique (professeurs non remplacés) et, phénomène plus récent, sur le contenu des programmes: il existe de fortes réticences à propos de l'éducation à la sexualité quand bien même ce thème s'inscrit dans une démarche de prévention et de santé ainsi que d'égalité homme femme.

La responsabilité est donc éthique mais aussi juridique. En ce domaine, la **responsabilité** des professeurs est triple: elle est **disciplinaire** en raison de l'existence d'un rapport hiérarchique entre l'enseignant et l'administration, de la même manière qu'elle existe entre lui et ses élèves. La responsabilité est également civile et pénale.

Toute faute commise par un professeur dans l'exercice de ses fonctions l'expose à des sanctions disciplinaires telles que définies dans le code de la fonction publique: "tout fonctionnaire, quel que soit son rang dans la hiérarchie, est responsable de l'exécution des tâches qui lui sont confiées" (*Code de la fonction publique*, Titre I, art. 28). Cette responsabilité n'est pas définie de manière explicite mais relève de l'appréciation de l'autorité hiérarchique (celle qui a nommé le fonctionnaire) et après avis de la commission administrative paritaire siégeant en conseil de discipline. Les sanctions sont fixées par l'article 66 de la loi n° 84-16 du 11 janvier 1984 et réparties en quatre groupes (par ordre croissant de gravité). Les sanctions du premier groupe sont l'avertissement et le blâme. Celles du deuxième groupe: la radiation du tableau d'avancement, l'abaissement d'échelon, l'exclusion temporaire de fonctions (15 jours maximum), le déplacement d'office. Celles du troisième groupe: la rétrogradation et l'exclusion temporaire de fonctions (de 3 mois à 2 ans). Celles du quatrième groupe: la mise à la retraite d'office et la révocation.

La **responsabilité** des enseignants est également **civile** quoique en ce domaine ils sont protégés par le code de la fonction publique. En effet, en matière civile (celle qui a pour objet de réparer les dommages causés à autrui, exclusivement sous forme pécuniaire) et en ce qui concerne un agent public, distinction est faite entre faute personnelle et faute du service. La faute personnelle est imputable à l'agent en tant qu'individu tandis que la faute de service est imputable à l'agent dans l'exercice de ses fonctions. Or les collectivités publiques se substituent le plus souvent à l'agent dès lors que les dommages ont été causés lors de son service. Les fonctionnaires sont ainsi protégés. Par exemple, pour un professeur qui organiserait une sortie scolaire sans avoir demandé au préalable une autorisation et lors de laquelle un enfant viendrait à se blesser, le service prendrait en charge les dommages causés à la famille. En outre, il existe des assurances pour couvrir la responsabilité civile, soit au niveau des enseignants (la fameuse Autonome de solidarité laïque), soit au niveau des établissements.

La **responsabilité** des enseignants est enfin **pénale**. La faute pénale est une faute personnelle dont l'individu est responsable devant la société, quel que soit son statut. Contrairement au droit civil, toute faute pénale commise dans le cadre du service expose son auteur à des poursuites même si cette dernière n'a eu aucune conséquence pour la victime. Le Code pénal prévoit la définition des fautes qui se classent en trois catégories : les contraventions, les délits, les crimes. La responsabilité pénale est particulièrement lourde mais la loi distingue des fautes intentionnelles et non intentionnelles. Or, dans la plupart des cas où la responsabilité pénale des enseignants a été engagée, il s'agissait d'une responsabilité non intentionnelle du fait de nombreuses négligences ou d'imprudence. Les cas sont extrêmement rares mais toujours dramatiques : l'affaire du Drac (un affluent de l'Isère) avait causé la mort de six enfants et d'une accompagnatrice, en 1995, emportés par un lâcher d'eau provenant d'un barrage d'EDF situé en amont.

Il apparaît au final que la responsabilité des professeurs est permanente, et ce d'autant plus dans le cadre d'un métier où des parents confient leurs enfants à d'autres adultes. L'enseignant doit donc être absolument persuadé que la législation n'est pas une entrave à son action ou un instrument de réduction à l'obéissance. Au contraire, **la loi est une forme de protection**. La connaître et agir dans le périmètre d'action qu'elle délimite permet au professeur d'évoluer en toute sécurité (et sérénité) d'autant plus que, si d'aventure il était amené à devoir répondre de sa personne devant un tribunal, la méconnaissance des textes lui serait reprochée à trois titres : à cause de son statut de professeur (vis-à-vis d'un élève), d'adulte (vis-à-vis d'un enfant) et de citoyen car “nul n'est censé ignorer la loi” (Code civil, article premier).

RESSOURCES :

- http://www.legifrance.gouv.fr. Permet d'accéder aux codes de l'éducation, civil et pénal. Le code de la fonction publique n'y est pas référencé.

http://bifp.fonction-publique.gouv.fr. Base de données juridiques de la fonction publique. Permet de consulter les lois, les décrets, les arrêtés et les circulaires.

# HISTOIRE, SPÉCIFICITÉS ET ENJEUX DE L'ÉDUCATION NATIONALE

## Repères historiques

Alors que d'autres parties de l'ouvrage (v. Les projets d'éducation nationale à la fin de l'Ancien Régime) s'intéressent à la génèse de l'idée d'éducation nationale, il s'agit ici d'en souligner une constance sur le long terme et d'évoquer un moment clef dans la mise en place du système en vigueur. La constance, c'est que l'élaboration du système éducatif autour de trois niveaux (l'école, le collège et le lycée) résulte d'un long, et très débattu, processus de construction. Le moment clef fait référence à la constitution du collège unique dans les années 1970 pour répondre aux exigences de l'enseignement de masse du point de vue de sa démocratisation.

### • L'organisation du triptyque école, collège, lycée

Lors de la Révolution française et au cours du XIXe siècle, le législateur s'est emparé des questions relatives à l'enseignement et à son organisation. Pour différentes raisons, deux réseaux publics d'instruction vont se mettre en place et coexister pendant plus de 150 ans. Parallèlement à cette situation, il existe un réseau d'écoles privées tenues par des congrégations religieuses. Enfin, l'enseignement pour les filles se met lui aussi progressivement en place et complète ce dispositif. La constitution d'une organisation scolaire à trois niveaux (école, collège et lycée) concerne l'enseignement public. Dans un souci de clarté, l'exposé se limitera aux écoles de garçons et celles des filles intégreront ce cadre au moment de la mise en place de la mixité. Les indications d'âge qui figurent dans les tableaux sont des ordres de grandeur théoriques car au XIXe et au début du XXe siècle, une même classe était composée d'élèves d'âges différents.

L'enseignement public est donc à l'origine composé de deux réseaux : l'un, issu de la création des lycées par Napoléon Bonaparte (loi de 1802), est rattaché à une administration centrale, l'Université, et l'autre, issu de la création d'écoles primaires, s'est construit dans le cadre communal (loi inappliquée de 1816 et **loi Guizot*** de 1833). Chacun de ces réseaux avait son public. Pour les lycées, il s'agissait d'offrir une instruction pour les fils de notables en vue d'intégrer l'université (droit, médecine), les écoles militaires ou la haute administration. Pour les écoles primaires, il s'agissait de faire reculer l'illettrisme auprès des enfants issus des milieux populaires urbain ou rural. L'école n'est donc pas un creuset social au XIXe siècle mais il faut se garder de toute conception structuraliste dans la mesure où beaucoup d'enfants n'allaient pas à l'école, ou du moins que de façon épisodique, à une époque où la scolarité n'était pas encore obligatoire. Le travail des enfants était même une réalité sociale tangible, que ce soit en ville (usines, mines…) ou à la campagne (domestiques de ferme, petits travaux…). D'ailleurs, les mois de vacances estivales avaient été institués pour que les enfants aident leurs parents lors des travaux des champs afin de rendre plus acceptables les mesures d'obligation scolaire imposées aux familles à partir de 1882.

Le schéma ci-après montre l'organisation duale des scolarités et la complexité qui en découle. Les lycées et les collèges (le nom diffère mais ce sont des établissements qui dispensent un enseignement à peu près équivalent) ont développé en amont une voie d'enseignement élémentaire: il s'agit des petits lycées qui dispensent des cours élémentaires. De son côté, l'école primaire cherche à développer ses débouchés en aval. Dans les villes de plus de 6 000 habitants, des écoles primaires supérieures accueillent des enfants qui souhaitent poursuivre leurs études. Pour les communes plus petites, il existe des cours complémentaires dans des écoles primaires qui remplissent les mêmes fonctions.

La différenciation de ces deux voies au niveau pédagogique concerne l'apprentissage des humanités, c'est-à-dire des langues classiques telles que le latin et le grec. Dans les petits lycées, le latin est enseigné dès la classe de 8e avant que des réformes ultérieures ne décalent son enseignement à la 6e en 1880 (l'apprentissage du grec commence en 4e). En outre, à partir du milieu du XIXe siècle, le qualificatif d'enseignement secondaire s'impose et les lycées y sont rattachés.

Dans les écoles communales, qui constituent alors la voie primaire, point de langues anciennes. Au niveau de la pédagogie, elles proposent un enseignement plus pratique, ce qui correspond davantage aux aspirations de parents qui souhaitent voir leurs enfants reprendre leur commerce ou leur échoppe d'artisan. L'école apporte les éléments nécessaires pour lire, écrire, compter et s'informer. À partir de 1865, un enseignement secondaire “spécial” est mis en place, par Victor Duruy, pour prolonger l'école primaire supérieure. Le cursus scolaire dure 4 ans avant d'être porté à 5 ans (1881) puis 7 ans (1886). Cette nouvelle voie, qui prolonge le primaire, est qualifiée de “moderne” car le latin n'y est pas enseigné et la scolarité est ponctuée par un baccalauréat en 1891.

En 1900, la situation est donc la suivante. Au niveau élémentaire, les écoles primaires côtoient les petits lycées. Au niveau post-élémentaire, les collèges (ou premier cycle des lycées) du secondaire cohabitent avec les écoles primaires supérieures. Au-delà de ces niveaux d'études, il ne reste que l'enseignement secondaire. L'enseignement traditionnel et élitiste est dispensé dans les seconds cycles de lycée (on évoque alors les lycées classiques). Bien qu'appartenant à la voie secondaire, les lycées modernes correspondent à une prolongation de la voie primaire pour les élèves qui souhaiteraient poursuivre leurs études et qui en ont la capacité.

| | | | | |
|---|---|---|---|---|
| SECONDAIRE | (Cursus latin/grec) | Petits lycées *(niveau élémentaire)*/ payant | Lycée ou collège *(1er cycle)* | Lycée (= > Bac classique) *(2e cycle)* |
| | | | | Enseignement pratique (= > Bac moderne) *(niveau secondaire spécial après EPS)* |
| PRIMAIRE | (Cursus populaire) | École primaire *(niveau élémentaire)*/ gratuit | École primaire supérieure (EPS) | |
| | | | Cours complémentaires | |
| | | 6 à 12 ans | 13 à 15 ans | 16 à 18 ans |

Sens de lecture : de gauche à droite, progression dans l'une des deux voies (primaire ou secondaire). L'âge est un indicateur théorique.

**Tableau 16a. Schéma simplifié des voies primaire et secondaire en France en 1902** (hors niveau pré-élémentaire)

Cette situation complexe qui mélange des cursus avec ou sans latin et de multiples structures enchevêtrées (collège, primaire supérieur, enseignement moderne) suscite un mouvement de réforme en vue d'une simplification de l'organisation scolaire. Le projet de Fernand Buisson (1909) part du constat que ce n'est pas le mérite ou l'intelligence qui permet d'accéder à une scolarité supérieure mais bien le milieu social d'autant plus que la gratuité imposée par les lois Ferry ne s'appliquait pas au niveau secondaire. Ce projet n'aboutit pas en raison de fortes résistances d'une partie de l'opinion.

La guerre de 1914-1918 change quelque peu la donne. Les souffrances partagées dans les tranchées se traduisent aux lendemains de la guerre par la proposition de réunir sur les mêmes bancs d'école tous les enfants du pays. Le mouvement est initié aussi bien par des instituteurs que par des professeurs du second degré et de l'université mais ils sont très minoritaires parmi les membres de leur profession. L'idée de supprimer la juxtaposition de deux organisations scolaires et la formulation d'une école unique se fait pourtant jour. Cette thématique anime de nombreux débats sur l'école dans les années 1920 et 1930. Une caricature de Marcel Prunier parue dans l'*Espoir français* de février 1935 présente l'école unique comme une machine à déclasser et à broyer les élèves. L'école unique ne voit pas le jour mais des passerelles sont mises en place : en 1933, l'enseignement secondaire devient gratuit et l'accès en 6e de lycée (premier cycle) devient possible pour les enfants ayant suivi une scolarité en école primaire à condition de réussir un examen d'entrée. Cette nouvelle possibilité ne draine cependant pas beaucoup d'élèves du primaire vers le secondaire et les écoles primaires supérieures restent bien plus attractives. En 1937, les écoles élémentaires de lycée (jusque-là payantes) se rapprochent des écoles primaires pour former le premier degré. Le second degré reste clivé entre différentes branches. En 1941, les écoles primaires supérieures sont néanmoins transformées en collèges modernes mais les cours complémentaires subsistent aux côtés des premiers cycles de lycée. Cet ensemble disparate constitue alors le second degré.

En 1947, le projet Langevin-Wallon prévoit de créer un tronc commun au niveau de l'enseignement du secondaire sans connaître plus de succès que les projets précédents. Les enseignants sont très divisés quant à la question de savoir qui va investir ce tronc commun : sera-t-il une prolongation de l'école primaire favorable aux instituteurs ou bien sera-t-il une antichambre du lycée et favorable aux professeurs ? Instituteurs et professeurs s'opposent vigoureusement par l'intermédiaire de leurs syndicats respectifs. Les premiers aspirent à une promotion professionnelle en enseignant dans un niveau secondaire dont l'accès est barré par les professeurs qui refusent que des personnels moins diplômés exercent les mêmes fonctions. Du point de vue des parents, des réticences existent également car unifier les scolarités, c'est aussi mélanger les enfants de milieux sociaux qui ne se fréquentaient pas jusqu'alors. Il y a enfin un enjeu de société : quel doit être le contenu du tronc commun ? Doit-il dispenser un enseignement concret et pratique ou bien apporter une culture générale et classique qui vise l'excellence ? L'arrivée au pouvoir de De Gaulle en 1958 fait avancer le dossier. L'enjeu politique est symbolique : il s'agit pour lui de montrer que la République des partis a été impuissante à résoudre la question de l'uniformisation de l'enseignement secondaire. Dans un contexte de pression démographique scolaire croissante (génération du *baby-boom*), la réforme Berthoin (1959) simplifie la situation sémantique et clarifie l'organisation du secondaire qui est dorénavant composé : des écoles techniques ou d'apprentissage qui deviennent des CET (collège d'enseignement technique), des cours complémentaires qui deviennent des CEG (collège d'enseignement général) et des premiers cycles de lycée qui deviennent des collèges classiques. La scolarité devient obligatoire jusqu'à 16 ans.

| | | |
|---|---|---|
| | Collèges classiques<br>puis C.E.S (latin/grec)<br>*(1er cycle secondaire)* | Lycée (= > Bac général)<br>*(2e cycle secondaire)* |
| École primaire<br>*(niveau élémentaire)* | C.E.G<br>*(1er cycle secondaire)* | |
| | C.E.T<br>*(1er cycle secondaire)* | Lycée technique<br>*(2e cycle secondaire)*<br>(CAP = > Bac techno) |
| 6 ; 7 ; 8 ; 9 ; 10 ; 11 ans | 12 ; 13 ; 14 ; 15 ans | 16 ; 17 ; 18 ans |
| **PRIMAIRE** | **SECONDAIRE** | |

Lecture de gauche à droite. Les deux voies primaire et secondaire ont disparu. Ces termes renvoient dorénavant à un niveau successif d'enseignement.

**Tableau 16b. Schéma simplifié de la scolarité en France en 1959-1963**

(hors niveau pré-élémentaire)

Pour toutes les classes de 6e et de 5e des CET, CEG et collèges classiques, un cycle d'observation est mis en place afin d'orienter les élèves vers la filière qui leur conviendrait le mieux : soit la filière générale (subdivisée en études courtes ou longues), soit la filière technique (subdivisée de la même manière). Par exemple, un élève de CET qui présente de bonnes dispositions générales en fin de 5e pourrait intégrer une classe de 4e de la filière générale. L'idée était que, grâce à l'orientation, une promotion sociale puisse se dessiner. L'esprit de la réforme visait donc à démocratiser l'accès des collèges classiques.

Les procédures d'orientation sont pourtant un échec, la plupart des élèves restant dans leurs filières d'origine : les élèves de CEG restent en CEG et ceux de CET en CET. Pour y remédier, la réforme Fouché-Capelle prévoit d'ajouter un palier d'orientation à la classe de 3e. En outre, des collèges d'enseignement secondaire (CES) sont créés en 1963. Ils s'organisent en trois filières : la filière I pour les études longues, la filière II pour les études courtes et une filière III qui consiste à observer pendant deux ans les élèves. À l'issue de cette phase d'observation, ils accèdent aux filières I ou II. Sinon, ils poursuivent en 4e/3e pour suivre des cours de préparation à la vie professionnelle. La création des CES accompagne la mise en place de la mixité obligatoire.

Après 1963, l'organisation de l'enseignement en réseaux parallèles entre un premier degré destiné à diffuser une instruction publique au plus grand nombre et un second degré qui correspond à un cursus élitiste a totalement disparu. Dorénavant, le premier degré correspond au niveau de l'enseignement primaire dans sa globalité (l'école). Le second degré est divisé en deux cycles : l'enseignement du premier cycle se fait en CEG, CES ou CET (6e-3e) tandis que l'enseignement du second cycle se fait au lycée (de la seconde à la terminale).

**• La création du collège unique**

Le collège unique répond en partie à la massification de l'enseignement. En partie seulement car la croissance des effectifs scolaires est antérieure à sa constitution et a pu être jugulée : entre 1965 et 1975, plus de 2 350 collèges ont été construits. Le collège unique correspond surtout à la mise en œuvre de la démocratisation de l'enseignement, souhaitée depuis les années 1920. L'objectif est de faire converger le flux des élèves sortant de l'école primaire vers un guichet unique (le collège) qui deviendrait ainsi un lieu de brassage à l'issue duquel il y aurait une orientation, soit vers le second cycle général du second degré (le lycée), soit vers une voie technique, représentée par les CET qui deviennent en 1976 des lycées d'enseignement professionnel (LEP). Dorénavant, tous les établissements du second cycle de l'enseignement secondaire s'appellent des lycées. Le triptyque école, collège, lycée est né.

La réforme Haby qui crée le collège unique est adoptée en juillet 1975 mais son décret d'application date de décembre 1977. Le collège unique prend forme par la fusion des CES et des CEG. Les filières I, II et III des CES disparaissent. Des enseignements optionnels sont créés et un enseignement technologique est mis en place (l'éducation manuelle et technique ou EMT).

Les espoirs placés dans le collège unique en vue de créer un brassage social porteur d'une réussite scolaire partagée sont vite déçus. En 1981, le ministre Savary lance une mission d'étude afin d'évaluer la situation jugée très préoccupante de l'enseignement dans les nouveaux collèges. Moins de cinq ans après la mise en place du collège unique, les résultats ne sont pas au rendez-vous. Tout d'abord, les anciennes filières III ne se sont pas adaptées au collège et beaucoup d'élèves ont été orientés par défaut vers les lycées d'enseignement professionnel (LEP) ce qui, au passage, grève considérablement le développement de cette voie d'enseignement originale. En outre, l'hétérogénéité des niveaux des classes, mais aussi des établissements en fonction de leur localisation, a déconcerté plus d'un professeur dont les pédagogies se trouvaient inadaptées. La progressive mise en place de pédagogies différenciées apporte des solutions inégales : elles sont efficaces pour des élèves faibles mais motivés tandis que, pour ceux dont les lacunes sont plus marquées et la motivation réduite à néant, elle ne leur permet pas de s'épanouir dans leur scolarité qui devient, dès lors, subie. Peu à peu, la formation des enseignants et la didactique apparaissent comme des leviers d'action qui permettraient de corriger ces mauvais résultats. La création des IUFM* en 1991 va dans ce sens. De nouvelles pratiques pédagogiques et didactiques se diffusent par la promotion des savoir-faire et des savoir-vivre tout en mettant en cause les institutions sociales traditionnelles (l'autorité magistrale du professeur par exemple). L'idée était que l'élève trouve les conditions de son épanouissement sans subir la pression du savoir savant en vue de créer le sien à son propre rythme. Cet idéal, au fil du temps, est devenu un enjeu social et se justifie encore notamment en ce qui concerne le respect de l'individualité de chaque élève (prise en compte des aptitudes différentes de chacun) mais il se révèle finalement inadapté car il ne peut y avoir d'apprentissage sans connaissances fondamentales. En effet, l'importance de la transmission de connaissances organisées (les savoirs cognitifs) a été largement ignorée. Les élèves ont besoin de contenus pour que la mise en activité soit bénéfique. Ainsi, les nouvelles méthodes n'ont pas permis de réduire les inégalités scolaires dans le cadre du collège unique sans doute par un effet de balancier trop brutal en voulant corriger une situation nouvelle et déconcertante.

Est-ce à dire que le collège unique n'a plus ses raisons d'être ? L'idéal d'égalité des chances et de démocratie sociale qu'il incarne mérite de plaider sa cause. Mais force est de constater que plus de trente ans après sa mise en place, il ne fonctionne qu'imparfaitement. Pour certains, le collège unique n'a jamais existé sinon dans l'esprit de ses promoteurs et les moyens de le contourner sont multiples. Pour d'autres, l'existence du collège unique se justifie parce qu'il est le seul moyen d'offrir à tous un dispositif commun d'enseignement. Il est donc un moyen d'assurer l'égalité républicaine sur le territoire. Donner une chance ne signifie pas qu'elle sera saisie mais, dans un État qui se veut démocratique, il se doit de la proposer par principe d'équité. Il apparaît, par ailleurs, que les élèves qui ont de grandes difficultés au niveau du collège ont souvent accumulé leurs lacunes bien plus tôt dans leur scolarité, dès l'école primaire, et que les réponses doivent être aussi apportées en amont.

Actuellement, le constat à propos du collège unique peut se résumer à l'idée qu'il reste utile mais qu'il ne fonctionne pas correctement. Sa mission est en train d'être redéfinie avec des perspectives de rénovation autour du couplage école primaire-collège (afin de ne plus faire du collège un petit lycée), d'une redéfinition des contenus d'enseignement (davantage de pédagogie par objectifs de compétences et par thèmes de connaissances dans le cadre du  commun) et de la redéfinition des missions d'éducation (travail transdisciplinaire et en équipe, investissement de tous les adultes dans la vie de l'établissement, soutien aux élèves les plus fragiles).

| | | |
|---|---|---|
| École primaire *(niveau élémentaire)* | Collège unique *(premier cycle secondaire)* | Lycée général et technologique (= > Bac) *(2e cycle secondaire)*<br>Lycée professionnel *(2e cycle secondaire)* (CAP = > Bac pro) |
| 6 ; 7 ; 8 ; 9 ; 10 ; 11 ans | 12 ; 13 ; 14 ; 15 ans | 16 ; 17 ; 18 ans |
| **PRIMAIRE** | **SECONDAIRE** | |

**Tableau 16c. Schéma simplifié de la scolarité en France en 2010**
(hors niveau pré-élémentaire)

## Les spécificités de l'Éducation nationale

L'Éducation nationale possède au moins trois caractéristiques spécifiques. La première correspond à la dénomination du ministère qui n'a pas toujours été la même. Il y a eu un passage d'"instruction" à "éducation" et de "publique" à "nationale". La seconde concerne le gigantisme de ce ministère qui est le premier employeur de l'État. Cette particularité en implique une troisième qui intéresse les finances publiques : l'Éducation nationale est le premier budget de la nation.

### • De l'instruction publique à l'Éducation nationale

Chaque mot renferme une signification particulière qui a suscité, et suscite encore parfois, de nombreuses oppositions en termes de finalités de l'enseignement. L'instruction publique a laissé la place à une éducation nationale.

D'après le dictionnaire, l'instruction est le fait d'instruire quelqu'un, former son esprit par un enseignement, des leçons, lui donner des connaissances nouvelles. Ce peut être aussi un donné : avoir de l'instruction, des connaissances, de la culture. Dans un sens juridique, l'instruction d'une affaire correspond à l'enquête, à l'élaboration de la connaissance des faits. L'idée sous-jacente est celle de la construction de l'esprit, d'une culture, de connaissances mais aussi d'un processus intérieur à soi-même. Quant à l'éducation, dans son acception première, c'est le fait d'éduquer quelqu'un : lui faire acquérir des principes, des habitudes. C'est là encore un donné : avoir de l'éducation c'est connaître les règles de la bienséance. Le mot a donc une connotation plus exogène : l'éducation renvoie à la dispense de règles, de méthodes, de savoir-faire tandis que l'instruction renvoie aux choses de l'esprit et de la culture.

Au-delà des ressemblances, ces définitions comportent une différence, mais à quel moment historique les enjeux éducatifs ont-ils dépassé ceux liés à l'instruction ? Le ministère de l'Instruction publique a connu une existence continue (même si d'autres portefeuilles lui ont été tour à tour attachés puis détachés tels que l'Administration des cultes ou les Beaux-Arts) de 1828 à 1932. Cette année-là, il devient le ministère de l'Éducation nationale et le contexte y est pour beaucoup. C'est à cette époque, en effet, que les esprits s'agitent autour de la question de l'école unique. Pour les partisans de "l'instruction", il était hors de question d'ouvrir les écoles du secondaire aux élèves du primaire et d'en supprimer l'enseignement du latin et du grec : sans latin, point de culture car la langue de Cicéron élève l'esprit. Les langues latine et grecque forment l'excellence de la culture générale. À l'opposé, la démocratisation de l'enseignement semblait inconciliable avec cette instruction élitiste. En revanche, la notion d'éducation correspondait mieux à l'élaboration d'un enseignement destiné au plus grand nombre en vue d'acquérir des principes (républicains), des habitudes (citoyennes) et de former un esprit (pratique) en vue de trouver une place dans la société et dans la vie politique.

C'est dans ce même contexte que la dimension du terme national avait cette connotation de rassemblement, et son utilisation est une forme d'identification à la Révolution de 1789. La nation évoque la force commune de tous les Français et, de ce fait, s'il y a une nation de citoyens unis, il ne peut y avoir de raison valable à ce qu'ils se trouvent dans des écoles différentes. Quant au sens de l'adjectif "publique", il faut le replacer dans le contexte du XIX^e^ siècle où les congrégations religieuses avaient une influence considérable en matière d'enseignement (efficacité d'organisation liée au maillage des archidiocèses, évêchés et paroisses). L'instruction publique signifiait qu'il s'agissait de celle de l'État par opposition à l'instruction libre ou privée. Or en 1932 la séparation de l'Église et de l'État est acquise ; le mot avait perdu de sa force.

**• Une institution gigantesque**

L'expression de système éducatif apparaît dans les années 1970 et la notion même de système renvoie à un objet complexe, organisé et fonctionnel. Cette complexité vient en grande partie du nombre croissant des effectifs à gérer dans un contexte de massification de l'enseignement depuis près de

50 ans. En 2009, les sonneries de tous les établissements scolaires de France ont marqué le début des cours pour environ 12 millions d'élèves et 798 000 professeurs des premier et second degrés. En comptant les personnels administratifs et les enseignants du supérieur, l'Éducation nationale est le premier employeur de l'État (973 600 agents au 31 janvier 2009). Tous les ans, l'organisation d'événements d'envergure nationale mobilise toutes les énergies et à tous les échelons administratifs : rentrée scolaire, DNB* et baccalauréat sont de véritables temps forts.

À la tête du système figure un ministre et un cabinet ministériel dont les membres sont choisis par ce dernier. Il représente la direction politique qui varie selon les circonstances (démission du ministre, remaniement ministériel par un gouvernement, changement de ministre lors d'une phase d'alternance). Le cabinet du ministre travaille avec une **administration centrale** qui reste en place quelles que soient les circonstances politiques. Elle contrôle un réseau d'administrations déconcentrées (les rectorats). Il s'agit de ne s'intéresser ici qu'à l'administration centrale, les autres structures étant traitées plus loin (v. Le système éducatif, ses acteurs et ses dispositifs).

En 2011, le ministère de l'Éducation nationale, de l'Enseignement supérieur et de la Recherche était dirigé par deux ministres, l'un pour l'éducation nationale (MEN*) et l'autre pour l'enseignement supérieur et de la recherche (MENSR*). Cette organisation peut changer à tout moment au gré des évolutions de la vie politique. Par le passé, d'autres ministères ont été rattachés ou détachés de celui de l'Éducation nationale (la Jeunesse et les Sport par exemple). À ce jour, tous les professeurs du premier et du second degré dépendent du MEN, sauf s'ils sont détachés dans des fonctions d'enseignement supérieur. Les CPGE* et les STS* font partie de la compétence du ministère de l'Éducation nationale car ces enseignements sont délivrés dans des établissements du second degré, bien qu'ils le soient après l'obtention du baccalauréat. Chacun de ces ministères dispose de trois directions générales, une pour le MEN (la DGESCO*) et deux pour le MENSR (la DGESIP* et la DGRI*). Ces trois directions générales partagent un service commun de gestion, le **secrétariat général**, qui dépend des deux ministres. Celui-ci doit notamment définir et mettre en œuvre une politique de modernisation administrative et coordonner l'action des trois directions générales. En matière budgétaire, il veille à ce que les objectifs de performance des programmes définis dans le cadre de la LOLF* soient pris en compte et bien exécutés. L'administration centrale est donc composée des trois directions générales ( DGESCO, DGESIP, DGRI) et du secrétariat général.

| **Ministère de l'Éducation nationale** | ***Ministère de l'Enseignement supérieur et de la Recherche*** |
|---|---|

**Secrétariat général**

(service commun de coordination, de gestion et de contrôle aux 3 directions générales des 2 ministères)

Direction générale des ressources humaines (DGRH)
Direction des affaires financières (DAF)
Direction des affaires juridiques (DAJ)
Direction de l'évaluation, de la prospective et de la performance (DEPP)
Direction des relations européennes et internationales et de la coopération (DREIC)
Délégation à la communication (DELCOM)
Service de l'action administrative et de la modernisation (SAAM)
Service des technologies et des systèmes d'information (STSI)

| DGESCO | *DGESIP* | *DGRI* |
|---|---|---|
| Direction générale de l'enseignement scolaire | *Direction générale de l'enseignement supérieur et de l'insertion professionnelle* | *Direction générale pour la recherche et l'innovation* |

**Tableau 17a. L'administration centrale** hors IGAENR*, IGEN* et divers services

Les organes centraux dont dépendent principalement les professeurs sont la DGESCO* et, au sein du secrétariat général, la DGRH (Direction générale des ressources humaines). La DGRH, en liaison avec la DGESCO et la DGESIP*, prépare la politique de recrutement du ministère (concours). Elle s'occupe de la gestion de carrière des personnels (les mutations) et s'assure de la mise en œuvre par les autorités académiques des actions de formation continue des enseignants des premier et second degrés (entre autres : préparation aux concours internes, formation disciplinaire et didactique).

La **DGESCO** est composée de deux services et ses compétences s'exercent à cinq niveaux : les établissements (réglementation, fonctionnement des écoles, collèges et lycées), les personnels (formation initiale et continue, définition des besoins de recrutement), les élèves (intégration des élèves handicapés, orientation, vie scolaire, prévention), les enseignements (éducation spécialisée, éducation prioritaire, tutelle pédagogique sur les établissements privés sous contrat et les établissements français à l'étranger) et les partenaires (aide financière envers les associations éducatives). Un sixième niveau, d'importance, concerne ses compétences en matière budgétaire : elle alloue aux autorités académiques les moyens nécessaires aux écoles et aux EPLE* (crédits, postes) et elle fixe des objectifs à atteindre avec évaluation des résultats.

## MINISTRE DE L'ÉDUCATION NATIONALE

### DIRECTION GÉNÉRALE DE L'ENSEIGNEMENT SCOLAIRE (DGESCO) [1]

| SERVICE DES ENSEIGNEMENTS ET DES FORMATIONS | | *SERVICE DU BUDGET ET DE L'ÉGALITÉ DES CHANCES* | | |
|---|---|---|---|---|
| **Sous-direction des écoles, des collèges et des lycées généraux et technologiques [2]** | **Sous-direction des formations professionnelles [3]** | ***Sous-direction des moyens, des études et du contrôle de gestion [4]*** | ***Sous-direction de l'orientation, de l'adaptation scolaire et des actions éducatives [5]*** | ***Sous-direction de la vie scolaire et des établissements [6]*** |
| 1. Bureau des écoles<br>2. Bureau des collèges<br>3. Bureau des lycées<br>4. Bureau des programmes scolaires<br>5. Bureau de la formation continue des enseignants<br>6. Bureau des relations internationales | 1. Bureau du partenariat avec le monde professionnel et des commissions professionnelles consultatives<br>2. Bureau de la réglementation des diplômes professionnels<br>3. Bureau de la formation professionnelle initiale, de l'apprentissage et de l'insertion<br>4. Bureau de la formation professionnelle et continue | *1. Bureau du programme du 1er degré*<br>*2. Bureau du programme du 2nd degré*<br>*3. Bureau du programme vie de l'élève*<br>*4. Bureau de la coordination et du contrôle de gestion* | *1. Bureau de l'orientation*<br>*2. Bureau de l'adaptation scolaire et de la scolarisation des élèves handicapés*<br>*3. Bureau des actions éducatives, culturelles et sportives* | *1. Bureau de l'action sanitaire et sociale*<br>*2. Bureau des établissements d'éducation prioritaire et des dispositifs d'accompagnement*<br>*3. Bureau de la réglementation et de la vie des écoles et des établissements* |

sont rattachés : [1] un délégué à l'éducation prioritaire et une mission de suivi des performances académiques ; [2] une mission de valorisation des innovations pédagogiques ; [3] une mission de la validation des acquis de l'expérience ; [4] une mission "suivi des systèmes d'information" ; [5] une mission "parité hommes-femmes" ; [6] une mission "outre-mer".

**Tableau 17b. Organigramme de la DGESCO (juin 2010)**

Cette présentation sommaire montre la complexité de l'organisation de l'administration centrale mais encore faut-il parvenir à en comprendre le fonctionnement, notamment dans l'articulation entre le pouvoir central et les services locaux d'éducation. Au début des années 1960, le cabinet du général de Gaulle consolide la structure pyramidale de l'administration avec comme principe de gestion un pilotage par le haut. La massification de l'enseignement au cours des années 1970 et 1980 change la donne à deux niveaux avec, d'un côté, une croissance des effectifs telle que la gestion du personnel devient de plus en plus compliquée et, de l'autre, une quantité de données à traiter et à diffuser auprès d'un nombre croissant d'établissements. L'inflation des textes réglementaires et la difficulté de traitement ont pour conséquence de faire réfléchir à de nouvelles façons d'administrer, ce que permettent les lois de décentralisation. Pour autant, encore en 2002, une note de l'IGAEN* adressée au ministre déclare : il faut cesser "de croire à une unicité de fonctionnement possible des établissements qu'illustre cette façon constante de mêler le niveau réglementaire et les notes de service pour expliquer jusque dans le détail [...] comment mettre en œuvre les réformes". En dépit de ce constat qui laisse supposer, en apparence au moins, une centralisation encore vivace, l'administration centrale a, en réalité, entamé un inéluctable transfert de compétences vers des acteurs locaux (v. Les décisionnaires de la politique éducative : État, régions, départements, communes).

En effet, depuis une vingtaine d'années, l'Éducation nationale intègre de nouvelles pratiques empruntées aux modèles anglo-saxons de *management*. Les notions clefs qui s'y rattachent sont celles de projets, de contrats, de globalisation et rationalisation des moyens, d'objectifs, d'évaluation des résultats... Même la conception de ce que doit être une administration centrale change : doit-elle être un instrument de régulation ou une source d'impulsion ? La réponse, pour les décideurs centraux, correspond à la seconde hypothèse et aboutit au principe de subsidiarité : la régulation doit se faire au plus près des besoins tandis que l'administration centrale doit se recentrer sur des missions de conception, d'impulsion et d'évaluation. Les opérations de gestion doivent se limiter à la sienne propre. Le réceptacle de cette déconcentration se trouve au niveau de l'académie : ce sont les rectorats (v. Le système éducatif, ses acteurs et ses dispositifs).

À côté de l'administration centrale (DGESCO*, DGESIP*, DGRI* et secrétariat général) figurent deux corps d'inspection générale : l'Inspection générale de l'administration et de l'éducation nationale et de la recherche (IGAENR*) et l'Inspection générale de l'éducation nationale (IGEN*). Le corps de l'**IGAENR** a été créé en 1965 et conçu pour mener des missions de contrôle (dans les domaines administratif, financier, comptable et économique), d'étude, d'information, de conseil et d'évaluation. Son action se fait à tous les niveaux (du primaire à l'université) et elle rend publique ses conclusions dans des rapports, signalant les innovations aux résultats positifs comme les dysfonctionnements (suivi de la politique éducative, des services et des établissements). En 2009, l'IGAENR comptait 98 membres et s'organisait en six groupes territoriaux (Île-de-France, Est, Sud-Est, Midi, Ouest et Nord-Ouest).

L'autre corps d'inspection, celui de l'**IGEN** à la tête duquel figure un doyen, est composé de 14 groupes dont 12 sont disciplinaires (ils correspondent aux matières enseignées dans les collèges et les lycées) et 2 sont qualifiés de "spécialité" (enseignement primaire ; établissements et vie scolaire). Les missions d'évaluation sont multiples et concernent les formations, les enseignements, les programmes (et leur mise en œuvre) ainsi que les méthodes pédagogiques. L'IGEN travaille en étroite collaboration avec les autorités académiques (chacune dispose d'un correspondant avec l'IGEN qui est nommé par le ministre parmi les inspecteurs généraux). En 2009, le ministère comptait 157 inspecteurs généraux. L'inspection pédagogique au niveau de l'académie s'organise différemment selon le premier ou le second degré (v. Le système éducatif, ses acteurs et ses dispositifs).

**• Le premier budget de la nation**

En 2009, la France (État, collectivités territoriales, entreprises, familles) a dépensé 132,1 milliards d'euros pour l'ensemble du système éducatif dont une dépense de 38,2 milliards d'euros pour le premier degré (5 690 euros par écolier) et de 55,4 milliards pour le second degré (9 380 euros par collégien ou lycéen).

Sur le long terme, les dépenses consacrées à l'éducation sont allées croissant ; trois raisons l'expliquent : une croissance des effectifs jusqu'en 2006-2007, le développement de filières plus coûteuses (voie technologique qui suppose du matériel spécial), des dépenses d'investissement et de fonctionnement en progression constante (constructions d'établissements par les collectivités territoriales, hausse des effectifs enseignants). Ces dernières années, la croissance de la DIE* s'est ralentie (+5 milliards d'euros à prix constants depuis 2000) et a été moins rapide que celle du PIB* conduisant à un recul de la DIE dans la richesse nationale : en 2009, la DIE représentait 6,9 % du PIB en comparaison des 7,3 % en 2000. Cette tendance s'explique par des efforts de maîtrise budgétaire, notamment en limitant le recrutement de personnels administratifs et enseignants. En outre, le coût de la scolarité d'un élève est particulièrement élevé :

| Coût d'une scolarité | **Premier degré** | | **Second degré** | | | **Enseignement supérieur** | | | | |
|---|---|---|---|---|---|---|---|---|---|---|
| | *Pré-élémentaire* | *Élémentaire* | *1er cycle* | *2nd cycle* GT | Pro | *STS* | *CPGE* | *Univ.* | *Grande école* | Nombre total d'années effectives moyennes de scolarité et coût total |
| Dépense théorique par élève et par an | 5 310 | 5 700 | 8 000 | 10 170 | 11 230 | 13 220 | 14 510 | 9 400 | 13 000 | |
| Durée théorique | 3 ans | 5 ans | 4 ans | 3 ans | 3 ans | 2 ans | 2 ans | 3 ans | 3 ans | |
| BEP (2 ans) | *3 ans*<br>15 930 | *5 ans*<br>+ 28 500 | *5 ans*<br>+ 40 000 | | *2 ans*<br>+ 22 460 | | | | | *15 ans de scolarité totale*<br>= 106 890 |
| Bac pro | *3 ans*<br>15 930 | *5 ans*<br>+ 28 500 | *5 ans*<br>+ 40 000 | | *4 ans*<br>+ 44 920 | | | | | *17 ans de scolarité totale*<br>= 129 350 |
| Bac GT | *3 ans*<br>15 930 | *5 ans*<br>+ 28 500 | *4 ans*<br>+ 32 000 | *4 ans*<br>+ 42 300 | | | | | | *16 ans de scolarité totale*<br>= 119 970 |
| BTS | *3 ans*<br>15 930 | *5 ans*<br>+ 28 500 | *4 ans*<br>+ 32 000 | *3 ans*<br>+ 32 130 | | *2 ans*<br>+ 26 440 | | | | *17 ans de scolarité totale*<br>= 135 000 |
| Licence | *3 ans*<br>15 930 | *5 ans*<br>+ 28 500 | *4 ans*<br>+ 32 000 | *3 ans*<br>+ 32 130 | | | | *4 ans*<br>+ 37 600 | | *19 ansde scolarité totale*<br>= 146 160 |
| Grande école | *3 ans*<br>15 930 | *5 ans*<br>+ 28 500 | *4 ans*<br>+ 32 000 | *3 ans*<br>+ 32 130 | | | *3 ans*<br>+ 43 530 | | *3 ans*<br>+ 39 000 | *21 ans de scolarité totale*<br>= 191 090 |

**Tableau 18. Dépense théorique pour quelques scolarités types** (aux prix 2008, en euros), d'après DEPP, note d'information, janvier 2010 [en tenant compte des moyennes de redoublement].

Ce tableau montre que la scolarité d'un élève qui obtient son BEP* dure 14 ans s'il ne redouble pas (3 ans de maternelle, 5 ans de primaire, 4 ans de collège, 2 ans de BEP). Ce parcours coûte 98 890 euros. S'il redouble une fois au collège, il faut inclure un surcoût de 8 000 euros. Il est ainsi possible de mettre en lien les impératifs d'ordre budgétaire avec le déploiement des offres de formation. C'est notamment pour rationaliser les dépenses que la réforme du Bac Pro* et la rénovation du BEP ont été menées. Ramener la durée de préparation du Bac Pro de 4 à 3 ans permet d'économiser 11 230 euros par an et par élève. Pour répondre aux objectifs des projets de loi de finance (dégager des gisements financiers sans compromettre les performances scolaires), les filières BEP ont été pratiquement toutes intégrées dans la filière du Bac Pro : ainsi, en fin de première professionnelle, les élèves passent un examen (BEP rénové) et si, l'année suivante, ils n'obtiennent pas leur baccalauréat, ils ne se trouvent pas sans diplôme.

Cette culture des chiffres est à l'origine de tensions au sein du système éducatif entre d'un côté les gestionnaires, dont la mission consiste à maintenir la pérennité d'un service du seul point de vue comptable, et de l'autre, les acteurs de terrain dont les logiques de raisonnement diffèrent. Cette dichotomie entre deux logiques (la comptabilité publique et le service public d'éducation) induit forcément une conception opposée sur la question des moyens. Pour les uns, il faut les économiser et les ajuster au plus près des besoins, pour les autres leur déploiement est une condition nécessaire à la réussite des élèves. Les indicateurs internationaux montrent une situation quelque peu paradoxale : l'augmentation des moyens consacrés au budget de l'Éducation nationale s'est longtemps accompagnée d'une amélioration des résultats si l'on admet que l'augmentation des taux de réussite en est l'expression. Néanmoins, il apparaît que depuis quelques années cette augmentation de moyens ne s'accompagne plus d'une amélioration des résultats comme si, en la matière, un palier avait été atteint : par exemple, les taux de réussite au bac augmentent (un peu plus de 80 %) mais, si on les rapporte à la génération d'une classe d'âge, ils oscillent entre 60 % et 65 %. Dès lors, la question des moyens est devenue d'autant plus sensible que la situation des finances publiques se dégrade fortement.

La mise en place de la **LOLF*** en 2001 constitue une grande évolution dans ce domaine. La loi organique des lois de finances a remplacé l'ordonnance de 1959 qui régissait jusqu'alors les finances publiques. Elle modifie les règles budgétaires et comptables de l'État en définissant des missions. Ces objectifs sont découpés en programmes qui comportent chacun des actions à mener en vue de remplir les missions assignées au départ. Le budget de l'État n'est plus alloué à chaque ministère pris isolément mais en fonction des objectifs, si bien qu'une enveloppe budgétaire peut être allouée à plusieurs ministères chargés d'une même mission (on parle alors de missions interministérielles). Le ministère de l'Éducation nationale, de l'Enseignement supérieur et de la Recherche est impliqué, avec d'autres, dans deux missions : la Mission interministérielle d'enseignement scolaire (MIES*) et la Mission interministérielle de recherche et enseignement supérieur (MIRES). Plus spécifiquement, les professeurs des écoles et du second degré sont concernés par la MIES qui est composée de cinq programmes. Les crédits qui y étaient affectés s'élevaient en 2009 à 58,7 milliards d'euros. Ils permettent le financement de dispositifs tels que l'accompagnement éducatif après les cours ou la scolarisation des élèves handicapés. Pour équilibrer les comptes publics cependant, ces mesures s'accompagnent également de restrictions budgétaires (13 500 ETP* non remplacés). Le projet de loi de finance de 2009 a alloué pour 2010 les crédits de la manière suivante :

| Secteurs de dépenses | Montant (milliards €) | Part relative (en %) |
|---|---|---|
| Enseignement scolaire 1er degré | 17,6 | 29,5 |
| Enseignement scolaire 2nd degré | 29,0 | 48,6 |
| Vie de l'élève | 3,8 | 6,3 |
| Enseignement privé (1er et 2nd degrés) | 7,1 | 11,9 |
| Soutien de la politique de l'Éducation nationale | 2,2 | 3,7 |
| Total | 59,7 | 100 |

**Tableau 19. Crédits de l'État proposés par programme pour 2010**
(hors dotations et pour le MEN)

Il ne faut pas confondre cette somme qui s'inscrit dans le cadre d'un PLF* (environ 60 milliards d'euros) avec la DIE* (environ 130 milliards d'euros) car cette dernière représente la somme des dépenses effectuées par tous les acteurs, y compris les familles. En 2009, la part respective de financement de chacun était la suivante :

| | Part dans le financement ) de la DIE (en % | Variation depuis 1980 |
|---|---|---|
| Ministère de l'Éducation nationale | 54,1 | - 11,2 % |
| Collectivités territoriales | 24,6 | + 73,2 % |
| Ménages | 7,9 | - 26,9 % |
| Entreprises | 6,7 | + 21,8 % |
| Autres ministères* | 5,1 | - 37,8 % |
| Caisses d'allocations familiales | 1,6 | + 300 % |
| Total | 100 | |

* À considérer comme des dépenses de l'État qui contribue au total à 59,2 % de la DIE.

**Tableau 20. Part relative des contributeurs à la DIE en 2008**
et son évolution depuis 1980 (MEN)

Le premier constat qui se dégage est que la part de l'État reste majoritaire mais marque un très net recul alors que, dans le même temps, les collectivités territoriales contribuent de plus en plus à la dépense intérieure d'éducation (construction, entretien et équipement d'établissements scolaires par les départements et par les régions). Cela est à mettre en relation avec la décentralisation (v. Les décisionnaires de la politique éducative : État, régions, départements, communes). Le recul de la contribution des familles est un second constat. Celles-ci ne peuvent échapper complètement à des dépenses d'éducation en dépit du principe de gratuité de l'école car il faut acheter les fournitures scolaires (une paire de basket en fait partie si son usage est destiné au cours d'EPS*). En outre, il faut souligner l'importance d'un phénomène nouveau qui ne cesse de se développer : celui du recours à des cours complémentaires privés à domicile. Des entreprises de soutien scolaire prolifèrent et connaissent un vif succès. Enfin, certains ménages choisissent de scolariser leur enfant dans le privé. Pour soulager les dépenses des familles, des dispositifs d'aides financières sont mis en place : par exemple, le montant des bourses et des aides sociales a représenté une dépense de 2,5 milliards d'euros. L'apparition de la Caisse d'allocations familiales comme contributeur est aussi un moyen de soulager les familles : elle finance l'allocation de rentrée scolaire (ARS*) à hauteur de 1,4 milliard d'euros mais aussi divers projets dans le cadre de contrats éducatifs locaux*. Les entreprises financent également le système éducatif par l'intermédiaire de la taxe d'apprentissage (v. Éducation nationale, contexte économique et enseignement professionnel). La forte croissance de leur contribution depuis 1980 permet d'évoquer une éventuelle évolution vers un évergétisme entrepreneurial : serait-il possible qu'un jour une entreprise X finance un équipement scolaire Y qui porterait le nom du bienfaiteur ? Cette question soulève notamment des problèmes d'ordre éthique.

## Les enjeux actuels

Dans ce contexte d'orthodoxie budgétaire, les enjeux pédagogiques deviennent d'autant plus cruciaux qu'à moyens constants l'école doit faire face à de véritables défis qui, s'ils ne sont pas relevés, risquent d'accentuer les disparités entre les individus qui composeront la société de demain.

### • L'échec scolaire

L'échec scolaire est un phénomène qui touche le système éducatif : en 2005, 42 000 jeunes métropolitains ont quitté l'école sans un niveau de qualification reconnu par la loi. La diminution constante de ce chiffre est un signe positif mais l'échec scolaire n'en demeure pas moins une réalité hétérogène. En effet, toute sortie sans qualification du système éducatif de la part d'un élève est une manifestation brutale d'un échec scolaire qui reflète souvent un parcours chaotique. L'échec scolaire ne saurait se résumer à cette seule dimension et il importe de s'intéresser aussi à d'autres manifestations qui lui sont liées.

Le **redoublement** est l'un des premiers signes qui peut manifester une forme d'échec scolaire. Sur les 741 200 élèves faisant leur entrée en classe de 6e en 2008, près de 15 % avaient une année de retard. Cette statistique diminue avec le temps en raison de choix éducatifs qui consistent à limiter les redoublements. Pour autant, doubler une classe ne signifie pas être en échec scolaire car il arrive parfois qu'une telle option s'avère bénéfique. Certaines études néanmoins montrent que, dans la majorité des cas, le redoublement est un facteur de risque d'échec scolaire : sur le long terme, les élèves ayant redoublé précocement ont moins de chance de faire des études longues et, dans le pire des cas, ont tendance à sortir précocement du système éducatif. Dans ce cas, le redoublement s'avère inefficace, coûteux et stigmatisant pour l'élève concerné. Deux facteurs, l'un social et l'autre spatial, sont statistiquement associés au risque de redoublement. En effet, la catégorie socioprofessionnelle du responsable légal de l'enfant est un critère de différenciation : la proportion des enfants de parents inactifs est la plus grande parmi ceux qui cumulent au moins une année de retard, ce qui pose la question de l'égalité des chances (v. Les valeurs de la République). Le second critère est géographique. Le nombre d'enfants en retard d'une année est plus important dans les établissements d'un réseau RAR*, dans une proportion qui varie du simple au double par rapport à un établissement qui n'appartient pas à ce type réseau. De ce point de vue, le redoublement est aussi inéquitable.

Le deuxième indicateur d'échec scolaire concerne les élèves qui suivent un enseignement adapté. Ils sont scolarisés dans des structures particulières telles que les **SEGPA*** ou les **EREA***. Lors de l'année scolaire 2008-2009, plus de 106 000 élèves y ont été scolarisés. Ces établissements sont quasi exclusivement liés à l'enseignement public (96 % des effectifs). L'enseignement adapté concerne principalement les garçons. Ils représentent 60 % des élèves de SEGPA et 70 % de ceux des EREA. Le cycle pédagogique des SEGPA se calque sur celui du collège (de la 6e à la 3e). Ces classes accueillent des enfants qui ne maîtrisent pas toutes les connaissances et compétences requises en fin de CM2 en raison de lourdes difficultés d'apprentissage. Le dispositif pédagogique repose sur la prise en compte des difficultés individuelles et des situations d'apprentissage actives, l'idée étant de donner aux élèves une nouvelle confiance en soi, le goût de l'effort et des repères afin de les aider à construire un projet professionnel. Après leur passage en SEGPA, les élèves doivent être capables d'accéder à une formation diplômante, de maîtriser le plus possible les éléments du socle commun de connaissances et de compétences et d'obtenir un certificat de formation générale (CFG).

Le troisième élément caractéristique de l'échec est l'abandon scolaire. Le problème est de savoir comment définir cette forme d'échec scolaire. Imaginons les trois situations suivantes :

| **Élève 1** | **Élève 2** | **Élève 3** |
|---|---|---|
| Je n'ai pas eu mon brevet en 3e. J'ai fait un CAP, j'ai effectué ma formation en apprentissage mais n'ai pas eu le diplôme J'ai décidé d'arrêter l'école. | J'ai eu mon brevet des collèges et je me suis inscrit en BEP qui dure deux ans. Au cours de la première année, j'ai quitté l'école. | Je n'ai pas eu mon brevet en 3e mais je suis passé en seconde. Le niveau était trop difficile. J'ai arrêté je l'école. |
| **Je suis qualifié mais non diplômé.** | **Je suis diplômé mais sans qualification.** | **Je suis non diplômé et sans qualification.** |

Ces trois profils montrent que ces élèves ont tous arrêté l'école mais qu'aucun d'entre eux n'a le même parcours. Cela pose la question du seuil à partir duquel on comptabilise l'échec scolaire : est-ce sortir du système éducatif sans *diplôme* ou sans *qualification* ? Poser la question en ces termes montre que cela change la donne. Dans le premier cas, on recenserait les élèves 1 et 3 dans l'autre, les élèves 2 et 3. Or les organismes statistiques français et européens diffèrent sur ce point. En France, on privilégie le comptage des jeunes qui sortent du système sans qualification tandis que les instances européennes comptent les jeunes sans diplôme. En 2005, la part de jeunes d'une classe d'âge qui sortait du système scolaire sans qualification était de 6 % contre 17 % pour ceux qui n'ont pas de diplôme. On mesure combien la sémantique est ici lourde de sens : en introduction du thème, on a signalé que 42 000 jeunes abandonnaient leur scolarité sans qualification mais le chiffre s'élève à 120 000 pour ceux qui n'ont aucun diplôme. Pour pallier à ces difficultés de dénomination, l'usage du terme "**sortie précoce**" s'impose et correspond à l'ensemble de ces populations. L'échec scolaire ne concerne pas seulement le niveau du premier cycle du secondaire. Au lycée, 50 000 jeunes cessent leurs études sans avoir le baccalauréat et, en moyenne, un étudiant sur deux échoue en première année universitaire. En ce sens, l'échec scolaire est bien un enjeu de taille pour l'Éducation nationale qui, de multiples façons, prévoit des dispositifs pour y remédier (v. Le système éducatif, ses acteurs et ses dispositifs).

### • La fracture numérique

Les enjeux numériques sont également présents et relativement complexes à cerner car la jeunesse qui peuple les écoles, les collèges et les lycées a grandi avec un environnement technologique que les personnes ayant plus de 50 ans aujourd'hui n'avaient pas, de telle sorte que l'on peut se demander qui est concerné par la fracture numérique. Il y aurait néanmoins une certaine faiblesse à croire que le fait de baigner dans un environnement technologique suffise à le maîtriser. La question de la fracture numérique renvoie aussi bien à l'accès aux équipements (ordinateurs), qu'à leurs outils (logiciels, Internet) et à leurs usages.

La France est peu concernée par la question de l'équipement. Selon l'INSEE, 69 % des ménages ont un ordinateur en 2007 mais seulement 6 % déclarent ne pas en avoir à cause de ressources financières insuffisantes. Selon une étude du CREDOC de juin 2009, la part des familles possédant un ordinateur est passée à 74 %. De grandes variations existent selon l'âge (les personnes âgées demeurent les moins équipées), le niveau d'études, le milieu socioprofessionnel et la géographie (les taux d'équipement sont plus élevés en ville). Le taux record d'équipement est détenu par les élèves et les étudiants (94 %). Les futurs professeurs peuvent donc avoir la quasi-certitude que leurs élèves seront équipés d'au moins un ordinateur.

En revanche, la possession d'un ordinateur n'induit pas forcément une connexion à Internet, d'où la question des outils de communication. La même étude du CREDOC montre que 65 % de la population possède une connexion internet à haut débit à domicile. On retrouve les mêmes critères de pondération que pour les taux d'équipement. Les jeunes sont plus connectés que les autres classes d'âge : parmi les 12-17 ans, 79 % ont une connexion à haut débit mais 5 % ne disposent que d'une connexion à bas débit. Au total, 84 % des adolescents sont connectés mais il faut noter une première disparité, qui reste somme toute marginale, entre ceux qui ont une connexion haut débit et les autres. La fracture numérique ne se situe donc pas encore à ce niveau : les technologies de l'information et de la communication sont largement diffusées.

Le phénomène concerne finalement les pratiques et les usages (internet ou logiciels). La principale utilisation du réseau qu'en font les élèves concerne l'accès à des sites de loisirs et surtout à ceux de dialogue en direct pour “chatter” avec des camarades. Autant dire que les pratiques sont pauvres ou du moins que l'Internet est sous-exploité. L'utiliser à des fins de recherches pour un exposé conduit souvent les élèves sur un site d'encyclopédie libre et ils se limitent à la seule visite de celui-ci. Par conséquent, l'enjeu du numérique consiste à éduquer les élèves à ses usages, à développer leur sens critique par rapport au contenu et, d'une manière générale, à s'approprier les outils informatiques. La fracture numérique existe en ce sens qu'il y a un fossé entre ce dont ils disposent et ce qu'ils sont capables de faire. Ce fossé est d'autant plus grand que les conditions d'utilisation à la maison sont variables : l'exploitation d'Internet diffère selon les milieux (usage culturel ou non). C'est de ce constat qu'est née l'idée du B2i*.

Par conséquent, cet apprentissage du numérique relève de la mission de l'école et en dernier lieu des enseignants. Ceci offre un intéressant renversement de tendance car, ce phénomène étant nouveau, cela place les professeurs dans une situation qu'ils ne connaissaient pas et ils se trouvent à leur tour dans une situation d'apprentissage (qui est d'autant plus forte pour les enseignants les plus âgés) : comment intégrer des savoir-faire informatiques à des pratiques pédagogiques jusque-là adaptées à une transmission des savoirs disciplinaires ? Le métier d'enseignant est en train de connaître une évolution sans précédent en raison d'une dimension numérique incontournable : les TICE* prennent une place croissante dans l'enseignement. Ils soulèvent trois problèmes. Le premier est d'ordre stratégique en raison de la nécessité de créer des logiciels pédagogiques et des manuels numériques qui répondent aux impératifs des programmes. La question des agréments se pose, ainsi que celle du partenariat entre l'Éducation nationale et les concepteurs de programme. Le deuxième enjeu est d'ordre didactique : les TICE offrent de nouvelles possibilités aux enseignants, notamment en termes d'exploitation documentaire. Il va être désormais possible d'introduire très facilement de la vidéo, de construire des cartes ou des schémas animés, de travailler à distance avec des classes d'autres pays (programme e-Tweanning pour les langues). L'outil informatique offre des perspectives intéressantes en mathématiques pour la géométrie dans l'espace. Cela suppose que les enseignants soient formés à ces nouvelles possibilités et c'est la raison pour laquelle a été créé le C2i2e (certificat informatique et internet de niveau 2 pour enseignant) qui figure dorénavant parmi les compétences requises pour les candidats au concours de recrutement de l'enseignement. Le troisième enjeu est pédagogique : les TICE doivent permettre d'apporter aux élèves des compétences en matière informatique mais aussi constituer une nouvelle source de motivation pour travailler. Au final, si l'école entend réduire la fracture numérique (au sens de l'inaptitude des élèves à maîtriser et exploiter les ressources numériques), elle doit aussi se préparer à le faire. Cela passe par une mobilisation de tous les acteurs (État, collectivités territoriales, entreprises, enseignants) afin de réussir ce basculement dans l'ère numérique (ce qui ne signifie pas non plus réduire l'enseignement à cette seule dimension). À ce jour, les établissements sont bien équipés mais la pénétration des outils numériques en milieu scolaire pose la question de la maintenance des réseaux (au niveau technique) et des droits d'auteurs (au niveau de l'utilisation des ressources telles que les images, les vidéos, les extraits sonores). Actuellement, un professeur de l'équipe pédagogique est le référent informatique (généralement un professeur de sciences ou de technologie) mais la complexité croissante des outils fait que la réactivité pour répondre aux dysfonctionnements informatiques est parfois lente si bien que les établissements se trouvent parfois dans une situation paradoxale : les outils existent mais restent sous-exploités. Quant à la question des droits d'auteurs, des conventions sont passées entre les syndicats d'auteurs et l'Éducation nationale afin d'en permettre un usage strictement pédagogique et restreint à l'environnement scolaire.

• **L'adaptation à un environnement mondial et européen**

Lorsqu'on se destine à devenir professeur, découvrir l'univers interne de l'Éducation nationale demande un effort important car le sujet est vaste. Aborder celui-ci à une échelle encore plus large peut paraître secondaire, voire décourageant. Si toutefois l'on se place du point de vue des enjeux stratégiques à l'échelle d'un pays, il en va tout autrement. En effet, le monde change : des pays comme la Chine, l'Inde ou le Brésil (et même la Corée du Sud en matière de recherche scientifique) affichent des ambitions qui remettent en cause la position de l'Amérique du Nord, de l'Europe et du Japon. La concurrence entre les États au niveau mondial aboutit à mettre les laboratoires de recherche et de développement ainsi que les systèmes éducatifs et universitaires en compétition. La notion de puissance ne peut plus se concevoir comme auparavant à sa seule dimension de population, de production, de richesse, etc. La matière grise, la recherche et l'innovation sont des critères déterminants car ils configurent la puissance future d'un État, notamment par son aptitude à développer de nouvelles technologies et à les protéger par des brevets. Au premier abord, l'enseignement universitaire et scientifique semble davantage concerné mais des organismes internationaux tels que l'OCDE* prennent en compte l'ensemble des systèmes éducatifs et créent des outils d'évaluation afin d'établir des comparaisons. Ce point de vue, s'il est décrié par beaucoup, inspire toutefois l'orientation de bon nombre de politiques éducatives actuelles des pays développés.

Tel est le sens du **PISA** (Programme international sur le suivi des acquis des élèves). À partir de 2000 et tous les trois ans, des élèves de 15 ans sont tirés au sort (entre 4 500 et 50 000 selon les pays membres ou partenaires de l'OCDE*) et répondent pendant deux heures à des questionnaires qui évaluent la lecture, les mathématiques et les sciences. En France, les élèves de l'enseignement adapté sont exclus du panel ainsi que les élèves de La Réunion. La population statistique couvre donc 95 % de la génération des jeunes de 15 ans. L'échantillon a concerné, pour l'enquête de 2006, 187 établissements scolaires de tout type (collège, LGT*, LP*, lycée agricole) à raison d'une trentaine d'élèves par établissement. Les objectifs des enquêtes PISA consistent à mesurer des compétences liées au concept de "*littératie*" qui se définit selon l'OCDE par "l'aptitude à comprendre et à utiliser l'information écrite dans la vie courante, à la maison, au travail et dans la collectivité en vue d'atteindre des buts personnels et d'étendre ses connaissances et ses capacités". Ce type d'évaluation ne vise donc pas à déterminer si les programmes scolaires sont assimilés ou non mais si les élèves savent être autonomes et dégourdis selon le principe des têtes bien faites plutôt que des têtes bien pleines. Pour autant, ce type d'enquête ne cherche pas à évaluer seulement les élèves car leurs réponses sont prétexte à analyser les performances des systèmes éducatifs (politique éducative, organisation des établissements…) et l'influence des facteurs socioculturels. En France, les résultats suscitent toujours de vives polémiques en raison de scores insuffisants par rapport à d'autres pays et la question de la baisse du niveau scolaire est à chaque fois posée. Inépuisable source de querelles, d'ailleurs anciennes, il ne nous appartient pas ici d'apporter une réponse. Il importe néanmoins de signaler que la pertinence d'une comparaison n'est forte que lorsque les données sont comparables. Or les systèmes des 56 pays de l'enquête ne le sont pas forcément. Il existe plusieurs facteurs qui limitent l'interprétation de ces données. Le premier concerne la nature même de l'évaluation : il s'agit de questionnaires à choix multiples, forme d'exercice peu pratiquée en France. Lorsqu'on demande une seule réponse, les élèves français ont tendance à en donner plusieurs (celles qui leur semblent les plus probables). Le taux de réponses doubles atteint 13 % chez les Français contre 1 % pour les Américains (ces derniers sont plus familiers de ce type d'exercice). Autre élément : lorsqu'il s'agit de rédiger une réponse argumentée, en cas de doute, les élèves français s'abstiennent de répondre tandis que d'autres répondent quitte à se tromper. En ce domaine, les Français sont plus à l'aise pour répondre à des questions ouvertes (familiarité de l'exercice). Par conséquent, il faut rester prudent quant à l'interprétation de ces résultats mais ils sont néanmoins riches d'enseignement (donner plusieurs réponses quand la consigne stipule qu'il n'y en a qu'une seule dénote un manque d'attention). En outre, ces données ramenées à d'autres éléments statistiques tels que ceux de la DEPP* permettent d'établir des objectifs nationaux à l'aune des comparaisons internationales.

L'Union européenne s'est également emparée du sujet bien que devant respecter la souveraineté des États en matière d'éducation. Les dirigeants européens ont défini, en 2000 à Lisbonne, une ligne de conduite en vue de faire de l'Union européenne un espace où l'économie de la connaissance serait la plus compétitive et la plus dynamique du monde. Pour atteindre cet objectif, différents moyens ont été mis en place qui ont eu des répercussions dans l'organisation des systèmes éducatifs nationaux de l'Union, soit en créant de nouveaux dispositifs, soit en accélérant des projets qui étaient déjà en cours ou à l'état de réflexion. En ce qui concerne la France, trois conséquences sont visibles.

La première concerne la nécessité d'une lisibilité accrue du système éducatif afin d'en améliorer sa connaissance. Cela a induit un essor des évaluations quantitatives qui se traduit par la publication régulière des notes d'information de la DEPP* sur tous les sujets (niveau scolaire, effectifs d'élèves, de personnels, d'établissements, analyses thématiques…). Ces données sont standardisées afin de permettre les comparaisons internationales et d'évaluer la performance européenne en matière d'éducation.

Le second élément visible de cette stratégie de Lisbonne concerne l'harmonisation des cycles universitaires en trois paliers (licence, master, doctorat) et la formation des enseignants. Dans la plupart des pays européens, la formation au métier d'enseignant précède le recrutement (idée de développer les compétences professionnelles avant d'être en situation réelle). En France prévalait une formation disciplinaire avec un recrutement par concours et la formation professionnelle, dispensée par l'IUFM*, ne venait qu'ensuite. La réforme du concours s'inscrit donc, entre autres, dans le cadre d'une harmonisation européenne. À partir de 2012, tous les candidats à l'enseignement se présentant devant un jury seront censés avoir été placés dans des situations réelles et avoir reçu une formation professionnelle dans le cadre de leur master préparé à l'université.

Le troisième élément, enfin, qui illustre la prise en compte de références internationales au sein du système éducatif, concerne la mise en place du **socle commun de connaissances et de compétences**. Le principe d'évaluation par compétence doit permettre une harmonisation des systèmes éducatifs européens. La définition donnée à la compétence par le Parlement européen et le Conseil de l'Europe consiste en une combinaison de connaissances, d'aptitudes et d'attitudes. Le 11 juillet 2006, un décret intègre le socle commun au code de l'éducation dont l'article L122-1-1 stipule que : “La scolarité obligatoire doit au moins garantir à chaque élève les moyens nécessaires à l'acquisition d'un socle commun constitué d'un ensemble de connaissances et de compétences qu'il est indispensable de maîtriser pour accomplir avec succès sa scolarité, poursuivre sa formation, construire son avenir personnel et professionnel et réussir sa vie en société”. Sont identifiées sept compétences que doivent maîtriser les élèves en fin de 3e pour l'obtention du DNB*. Il s'agit de la maîtrise de la langue française, de la pratique d'une langue étrangère, des principaux éléments de mathématiques, de culture scientifique et technologique, des TIC*, de la culture humaniste, des compétences sociales et civiques et, enfin, de l'autonomie et de l'initiative. En France, la compétence est définie comme la combinaison de connaissances, d'attitudes et de capacités. La connaissance correspond au savoir, la capacité au savoir-faire et l'attitude à une démarche (face au travail, avec les autres, par rapport à soi-même…).

Dans un tout autre domaine, le soutien de la francophonie correspond également à un enjeu international. L'AEFE* (Agence pour l'enseignement français à l'étranger) travaille sous la conduite du ministère de l'Éducation nationale et du ministère des Affaires étrangères. Depuis 1991, elle passe des conventions avec des établissements situés sur tous les continents. En 2008, on recensait 413 établissements français à l'étranger dans 128 pays qui scolarisaient plus de 200 000 élèves (tous n'ont pas de convention avec l'AEFE). Ces établissements scolarisent des enfants des pays locaux en vue de favoriser la diffusion du français dans un monde largement anglophone. Surtout, les expatriés français qui travaillent à l'étranger peuvent scolariser leurs enfants dans le cadre du système national (programmes, diplômes, etc.). Certaines grandes entreprises recrutent également des professeurs pour que les enfants de leurs salariés expatriés puissent bénéficier d'une scolarité sur le même modèle qu'en France.

Cette ouverture au monde se fait également dans l'offre scolaire au sein du système éducatif français. Le développement de l'enseignement des langues étrangères en primaire fait partie de cette tendance, de même que le déploiement des sections européennes ou orientales depuis 1992 dans le second degré. Plus récemment, des sections internationales ou classes binationales ont été créées en lycée et devraient se généraliser (v. Les différents conseils et intervenants des établissements). Ce processus d'ouverture se concrétise aussi par la possibilité de développer les mobilités internationales. Les étudiants connaissent forcément le programme Erasmus mais d'autres programmes européens sont mis en œuvre, soit pour la mobilité des enseignants, soit pour faciliter les échanges entre les écoles ou les élèves. Le programme Comenius s'adresse aux acteurs de l'enseignement scolaire (premier et second degrés). Il permet d'organiser des correspondances entre les classes de deux établissements européens, ou plus, dans le cadre de projets multilatéraux. Les professeurs peuvent également découvrir de nouvelles pratiques dans le cadre de séjours de formation (jusqu'à six semaines). Pour les professeurs de langue, cela leur permet de faire venir un assistant. Le projet Leonardo da Vinci concerne quant à lui l'enseignement technique et la formation professionnelle, toujours dans la même optique de mobilités, de partages, de partenariats et de réseaux. Quoi qu'il en soit, ces évolutions correspondent à une forme d'adaptation de la mise en relation de plus en plus forte des différents pays européens.

# LE SYSTÈME ÉDUCATIF, SES ACTEURS ET SES DISPOSITIFS

Le système éducatif français est souvent assimilé à une machinerie imposante et difficilement appréhendable. Cette spécificité a été évoquée dans la présentation de l'administration centrale (v. Histoire, spécificités et enjeux de l'Éducation nationale). Il s'agit maintenant d'aborder le système éducatif à une échelle plus concrète et qui correspond davantage à la réalité quotidienne de l'enseignant. C'est la raison pour laquelle ce chapitre se bornera à la présentation de l'académie et de sa structure hiérarchique, de l'équipe pédagogique, du rôle des parents et des dispositifs mis en œuvre par l'Éducation nationale pour assurer ses missions de réussite scolaire.

## L'organisation hiérarchique au niveau académique

### • Les rectorats

Chaque académie s'organise autour d'un rectorat qui constitue la tête de pont entre l'administration centrale et les acteurs de terrain : c'est l'organe essentiel de l'administration déconcentrée. L'échelon académique se calque sur les régions administratives à trois exceptions près. La France compte 30 académies dont 4 se situent en outre-mer (La Réunion, la Guyane, la Guadeloupe et la Martinique). En métropole, sept académies ne coïncident pas totalement avec la région. Il s'agit de la région Île-de-France qui est composée de trois académies (Paris, Créteil et Versailles), de la région Rhône-Alpes, scindée en deux académies (Lyon et Grenoble) ainsi que la région PACA qui compte les académies d'Aix-Marseille et de Nice (v. Outils, Les académies, Carte).

Chaque académie est dirigée par un recteur qui représente le ministre de l'Éducation nationale dans sa circonscription. En tant que tel, la première mission du recteur est de faire exécuter les décisions ministérielles au moyen de circulaires. La déconcentration des pouvoirs du niveau central vers les académies a donné une importance accrue au recteur et a engendré une concentration à l'échelle régionale ; les services administratifs du rectorat fonctionnent sur le modèle de l'administration centrale. C'est la raison pour laquelle les rectorats sont parfois qualifiés de "petites centrales". Bien que tous les rectorats n'aient pas la même organisation en raison de tailles sensiblement différentes (l'académie de Limoges n'est en rien comparable à celle de Versailles), des similitudes apparaissent néanmoins en raison de cet accroissement de compétences. Le recteur dispose d'une équipe qui forme une sorte d'état-major, composée d'un directeur de cabinet, d'un secrétaire général et de conseillers techniques dont les domaines de compétence concernent aussi bien la formation initiale et continue des enseignants que l'orientation scolaire, l'enseignement technique ou les services de santé (notamment pour la mise en œuvre de la scolarisation des enfants handicapés). Le recteur est également entouré par deux corps d'inspection : celui des inspecteurs de l'éducation nationale (IEN*) pour le premier degré et celui des inspecteurs d'académie-inspecteurs pédagogiques régionaux (IA-IPR*) pour le second degré (certains étant spécifiquement chargés de la vie scolaire ou de l'administration des établissements tandis que d'autres sont attachés à des missions spécifiques). À côté de ces conseillers, le recteur dispose des services administratifs du rectorat : division des personnels enseignants (DPE), vie scolaire, affaires financières, examen et concours, documentation, etc.

Les compétences du recteur sont très larges puisque son autorité s'exerce de l'enseignement primaire jusqu'à l'université, y compris dans le domaine de l'enseignement privé sous contrat. Il est à noter cependant que les rectorats ont eu tendance à privilégier l'administration du second degré, celle du premier degré étant déléguée aux inspections académiques. Le recteur doit veiller à la concertation de tous les acteurs de l'éducation (communes, départements, région, État, entreprises, associations…). Il est aussi le garant de la bonne administration des moyens et particulièrement du budget opérationnel de programme dans le cadre des lois de finance, de la gestion des effectifs de personnels ou d'élèves : il décide de l'ouverture ou de la fermeture de classes par exemple. Il doit également prévoir les offres de formation de son académie et veiller aux conditions de la scolarisation des élèves. Sur proposition des chefs d'établissement et des inspecteurs, il note les professeurs et les personnels administratifs. Le recteur préside de droit, en l'absence du préfet, le conseil académique de l'éducation nationale (CAEN*) lorsque des affaires de la compétence de l'État y sont introduites.

**• Les inspections académiques**

Les académies sont subdivisées en inspections académiques qui correspondent à l'échelon départemental. Il existe donc 100 inspections académiques en France métropolitaine (96) et outre-mer (4). À la tête de chacune d'elles se trouve un inspecteur d'académie-directeur des services départementaux de l'Éducation nationale (IA-DSDEN*). Le recteur de l'académie de Paris exerce les fonctions de directeur des services départementaux et bénéficie d'un adjoint (le directeur de l'académie) qui est assisté d'IA-DSDEN. L'inspecteur d'académie-directeur des services départementaux est un personnage qui prend une importance d'autant plus grande que l'échelon académique se renforce. Les IA-DSDEN peuvent être considérés comme les représentants du recteur dans le département (fonction historique). Toutefois, le code de l'éducation établit un lien direct entre le ministre et l'IA-DSDEN au titre de l'article R.222-24 du code de l'éducation : "il est chargé d'animer et de mettre en œuvre, dans le département, la politique d'éducation du ministre de l'Éducation nationale". Ils sont également sous la tutelle du préfet qui est habilité à juger leur manière de servir.

Le recteur d'académie peut nommer des IEN* auprès de l'IA-DSDEN* comme conseillers dans les domaines des enseignements primaire, technique, professionnel et de l'apprentissage, de l'information et de l'orientation, de l'adaptation, de l'intégration et de la psychologie scolaires. Les compétences des IA-DSDEN deviennent de plus en plus larges mais leur principale mission reste le premier degré. L'inspecteur d'académie élabore la carte scolaire des écoles primaires, décide de l'ouverture ou de la fermeture d'une classe, de la création d'un poste de professeur et, par l'intermédiaire des IEN, il décide de la gestion des personnels et peut inspecter les écoles. L'IA-DSDEN attribue à chaque IEN la gestion d'une partie des écoles du département et de leur personnel. D'une manière très variable selon les académies, les compétences de l'IA-DSDEN peuvent également concerner le second degré notamment dans les fonctions d'inspection des établissements et d'organisation de la vie scolaire. Ces compétences sont donc partagées avec les IA-IPR*.

En matière de gestion, l'IA-DSDEN* est un ordonnateur, c'est-à-dire qu'il peut ordonner des dépenses (bourses des élèves, salaires des professeurs des écoles et des professeurs de l'enseignement privé sous contrat). Il préside le conseil départemental de l'Éducation nationale (CDEN*) qui est compétent pour les questions relatives à l'organisation et au fonctionnement de l'éducation dans le département. Enfin, il met en œuvre les politiques interministérielles dans le département comme, par exemple, celle qui concerne la réussite éducative qui se situe au carrefour des compétences de plusieurs ministères (Éducation nationale, Intérieur, Ville et solidarité…).

De profondes évolutions sont en cours en raison de la réforme générale des politiques publiques car l'essor des administrations déconcentrées à l'échelle des académies et des inspections a entraîné un accroissement des effectifs. Pour éviter les doublons et les effets négatifs induits par des infrastructures trop lourdes, des tentatives de mutualisation des moyens ont cours, notamment pour les fonctions de logistique et de gestion. Certaines administrations départementales se spécialisent au service de l'académie. Cela permet des économies d'échelle par effet de concentration mais oblige une partie des personnels administratifs à davantage de mobilité professionnelle. À terme, les missions de l'IA-DSDEN* devraient être redéfinies sans qu'il soit possible aujourd'hui de dire comment.

### • Les établissements scolaires

L'établissement scolaire est la cellule de base du système éducatif : il s'agit du lieu de la vie quotidienne des professeurs et des élèves. Les écoles primaires sont constituées d'écoles maternelles et élémentaires, le plus souvent dans le cadre d'un groupement scolaire (deux écoles sur un même site). Le niveau secondaire est constitué de collèges et de lycées (voie générale et technologique d'un côté, voie professionnelle de l'autre). Il existe également des établissements d'enseignement spécialisé (EREA*). Ces structures peuvent être publiques ou privées (sous contrat avec l'État ou hors contrat). En 2009, leur répartition était la suivante :

| | Établissements publics | Établissements privés | Total | Part du privé |
|---|---|---|---|---|
| **Premier degré** | | | | |
| Écoles maternelles | 16 748 | 194 | 16 942 | 1,2 % |
| Écoles élémentaires | 32 750 | 5 183 | 37 933 | 13,7 % |
| Total premier degré (i) | 49 498 | 5 377 | 54 875 | 9,8 % |
| **Second degré** | | | | |
| Collèges | 5 260 | 1 771 | 7 031 | 25,2 % |
| Lycées | 1 567 | 1 063 | 2 630 | 40,4 % |
| LP | 1 012 | 660 | 1 672 | 39,5 % |
| EREA | 80 | 0 | 80 | 0 % |
| Total second degré (ii) | 7 919 | 3 494 | 11 413 | 30,6 % |
| **Total (i + ii)** | **57 417** | **8 871** | **66 288** | **13,4 %** |

**Tableau 21. Nombre d'établissements scolaires** en 2008/2009 en France métropolitaine et DOM (MEN)

Tous niveaux confondus, il y a plus de 66 000 établissements scolaires en France dont 82 % sont des établissements du premier degré. Les écoles privées occupent une place inégale selon le niveau d'enseignement : les écoles maternelles sont quasi exclusivement publiques et le niveau élémentaire est relativement peu affecté par l'enseignement privé (moins de 14 %). En revanche, un collège sur quatre et deux lycées sur cinq relèvent du privé. Ces proportions sont loin d'être négligeables.

Au niveau des **écoles primaires**, l'organisation est collégiale : chaque professeur des écoles dispose d'une classe et la direction de l'école est confiée à l'un d'entre eux qui n'occupe pas de position hiérarchique parmi ses pairs puisqu'il remplit une fonction qui est indépendante d'un grade (le grade de directeur d'école n'existe pas). Les personnes chargées d'une direction d'école sont en contact avec les IEN* et avec les services de la mairie pour toutes les questions relatives à l'administration et à la gestion de l'établissement ou de la vie scolaire. En 2008-2009, il y avait 3 950 écoles élémentaires publiques qui étaient constituées d'une classe unique (soit 12 % des effectifs) : dans ce cas, le professeur est automatiquement nommé directeur d'école. Sinon la procédure consiste à s'inscrire sur une liste et les directeurs d'école sont désignés par l'inspection académique.

Au niveau des **collèges** et des **lycées**, il y a une distinction entre les personnels enseignants et les personnels de direction qui appartiennent à un corps spécifique depuis 1988. Les chefs d'établissement dans les collèges ont le titre de principal et, dans les lycées, celui de proviseur. Ils sont le plus souvent assistés d'un adjoint (principal adjoint, proviseur adjoint). Les chefs d'établissement sont les supérieurs hiérarchiques des enseignants au niveau administratif : ils représentent l'État dans le collège ou dans le lycée. Le supérieur hiérarchique pour la discipline enseignée est l'IA-IPR* mais cela ne signifie pas pour autant que le chef d'établissement soit incompétent en matière pédagogique. Il est aussi un administrateur civil en raison du statut d'EPLE* attribué aux collèges et aux lycées (v. L'organisation, le fonctionnement et les indicateurs des établissements). Les professeurs se trouvent donc au bout d'une chaîne hiérarchique qui commence au niveau de l'administration centrale et se poursuit au niveau du rectorat, des inspections académiques et des établissements avec une différence notable entre le premier degré (le supérieur hiérarchique est en dehors de l'école) et le second degré (le supérieur hiérarchique est présent dans l'établissement).

## L'organisation pédagogique auprès des élèves

Les élèves bénéficient d'un encadrement pédagogique à tous les niveaux, qu'il s'agisse de leur parcours scolaire global, de leur encadrement au sein de l'établissement par une équipe pédagogique ou de dispositifs individualisés mis à leur disposition. Il s'agit ici de ne traiter que des deux premiers points, le troisième est présenté plus loin parmi l'ensemble de tous les dispositifs mis en œuvre par l'Éducation nationale.

### • Les degrés, les cycles et les voies d'enseignement

Les classes ne constituent pas des unités désincarnées par lesquelles les élèves passent bon an mal an, au gré de leurs résultats à court terme. La scolarité des enfants et des adolescents s'inscrit dans une perspective globale car il est aujourd'hui tenu pour acquis que la progression des élèves n'est ni uniforme ni linéaire. Chaque enfant avance à un rythme plus ou moins variable selon la nature des apprentissages et il doit être tenu compte de son évolution psychologique et physiologique. Dans cette perspective, l'année scolaire est une temporalité trop courte pour évaluer l'acquisition d'une connaissance ou d'une pratique méthodologique, d'où la notion de cycles : l'élève dispose de deux ou trois années pour acquérir les éléments caractéristiques d'un niveau requis.

Il faut distinguer les cycles du premier degré (l'enseignement primaire) des cycles du second degré (l'enseignement secondaire). Dans le **premier degré** se succèdent deux niveaux (l'école pré-élémentaire et l'école élémentaire) qui comptent trois cycles :

| PREMIER DEGRÉ OU ENSEIGNEMENT PRIMAIRE | | | | |
|---|---|---|---|---|
| **école pré-élémentaire (maternelle)** | | | **école élémentaire** | |
| Petite section | Moyenne section | Grande section | CP CE1 | CE2 CM1 CM2 |
| *cycle 1* | | *cycle 2* | | *cycle 3* |

**Tableau 22a. Niveaux d'enseignement et cycles pédagogiques du premier degré**

le cycle 1 du premier degré correspond à la petite et à la moyenne section de maternelle et concerne les apprentissages premiers (fonctions et capacités motrices, sensorielles, sociales, cognitives et langagières). Le cycle 2 est celui des apprentissages fondamentaux (lire, écrire, compter) et commence à la grande section de maternelle. Le cycle 3 concerne les approfondissements. Cette organisation a été décidée en 1989 et mise en place en 1991. De nombreux rapports de l'inspection générale ont montré qu'il existe un décalage entre l'organisation théorique en cycles et leur mise en œuvre effective. La coordination entre les professeurs des écoles pré-élémentaires (grande section de maternelle) et ceux de CP et de CE1 de l'école élémentaire semble se faire difficilement. Au début du CE2 a lieu une évaluation nationale qui doit permettre de déterminer l'aide et le soutien scolaire à apporter aux élèves en difficulté (ceux qui ne maîtrisent pas les connaissances et les compétences du cycle 2). Dans certains départements, de nouveaux protocoles d'inspection par les IEN* sont à l'étude comme par exemple l'inspection de cycle.

Quant au **second degré**, il ne faut pas confondre la division entre cycles institutionnels et cycles pédagogiques. Il y a deux cycles institutionnels qui correspondent au niveau collège (1er cycle) et au niveau lycée (2e cycle). Les cycles pédagogiques sont au nombre de cinq et ont été mis en place en 1995 :

| Second degré ou enseignement secondaire | | | | |
|---|---|---|---|---|
| **Collège** (1er cycle du secondaire) | | | **Lycée** (2e cycle du secondaire) | |
| *Cycle d'adaptation* | *Cycle central* | *Cycle d'orientation* | *Cycle de détermination* | *Cycle terminal* |
| 6e | 5e 4e | 3e => | 2e GT | 1re terminale |
| | | => | 2e Pro | 1re terminale |

*voie GT* : générale (L, ES, S) et technologique (STI, STG, ST2S…)

*voie Pro* : professionnelle (multiples spécialités entre production et services); mène au CAP (deux ans), Bac Pro (trois ans).

**Tableau 22b. Niveaux d'enseignement et cycles pédagogiques du second degré**

Au *collège*, il y a trois cycles pédagogiques. Le cycle d'adaptation consiste à affermir les acquis fondamentaux de l'école élémentaire mais aussi à initier l'élève aux méthodes propres à l'enseignement secondaire. L'élève doit aussi se familiariser avec les changements de salle, s'habituer à avoir un professeur par matière, à changer d'affaires scolaires tous les jours selon l'emploi du temps, etc. Le cycle central se déroule en deux ans (5e et 4e). Les élèves élargissent leurs connaissances et leurs méthodes d'analyse et de travail. Comme pour les enseignements primaires, il est ici reconnu que les acquis des élèves se font progressivement. Le niveau requis est évalué en fin de classe de 4e et non en fin de 5e. La conséquence est que le passage entre les classes du cycle est de droit pour les familles. Le conseil de classe ne peut statuer sur un redoublement que si la famille en fait la demande. Le cycle d'orientation, enfin, a lieu à l'issue de la dernière année de collège. L'élève a plusieurs possibilités : il peut s'orienter en lycée général et technologique ou en lycée professionnel pour préparer un baccalauréat en trois ans ou un CAP* en deux ans. Malgré la baisse chronique des effectifs, ce diplôme est encore apprécié dans certaines branches professionnelles (v. Monde scolaire et monde du travail). Par ailleurs, certains élèves reçoivent un enseignement adapté. Ils sont répartis également en deux cycles : le premier cycle général adapté de la 6e à la 3e (SEGPA*). Ensuite, ils rejoignent un second cycle professionnel adapté en vue de préparer un CAP dans un EREA*.

Une fois au *lycée*, en seconde générale et technologique ou en seconde professionnelle, l'élève doit déterminer la suite de son parcours scolaire : c'est le cycle de détermination. Dans la voie générale et technologique (voie GT), l'élève doit déterminer s'il opte pour une filière générale (L, ES, S) ou une filière technologique (STI*, STG*, ST2S*, STL*). Dans la voie professionnelle, l'élève doit choisir entre les spécialités de production qui mènent vers les métiers de l'industrie et les spécialités de services qui mènent vers de nombreux secteurs tels que la comptabilité, le tourisme, les carrières sanitaires et sociales… (v. Monde scolaire et monde du travail). À la différence avec le premier degré, la notion de cycle dans l'enseignement secondaire n'est pas totalement découplée de la succession annuelle des classes, hormis pour le cycle central du collège et pour le cycle terminal au lycée qui correspond à la préparation du baccalauréat. Des passerelles existent au niveau du cycle terminal entre les voies générales, technologiques et professionnelles afin de permettre une adaptation des parcours individuels.

• **La notion d'équipe pédagogique (premier et second degrés)**

Au sens propre, une équipe pédagogique se définit comme l'ensemble des professeurs ayant en charge une même classe. Cette définition exclut les professeurs des écoles qui forment pourtant eux aussi, au sein d'un même établissement, une équipe.

Dans le **premier degré** les professeurs sont en effet amenés à travailler en concertation en raison de l'organisation en cycles d'enseignement. Ce travail est plus ou moins effectif en fonction des lieux (la liaison école pré-élémentaire et école élémentaire n'est pas toujours pratique) ou des personnes (pas de compatibilité d'humeur ou différences trop fortes dans la manière de travailler…) mais il existe une culture d'élaboration pédagogique et de concertation beaucoup plus forte chez les professeurs des écoles qu'ailleurs. Dans un tout autre domaine et en raison de l'absence d'un supérieur hiérarchique au sein même de l'école, les professeurs chargés de la fonction de directeur participent à des réunions d'information organisées par l'IEN*. Les directeurs diffusent ensuite au sein de leur école le contenu de ces réunions ce qui suppose un travail en équipe. L'équipe pédagogique dans l'enseignement primaire ne s'articule pas autour de la classe mais à l'échelle de l'école tout entière et la coordination des maîtres relève de la mission du directeur d'école. L'équipe pédagogique dans le premier degré se compose donc du directeur d'école, des professeurs, des remplaçants exerçant dans le cycle et des membres du réseau d'aide spécialisée. On parle d'équipe éducative lorsqu'on intègre aux équipes pédagogiques les parents d'élèves concernés, les personnels de santé (médecin, infirmière et psychologue scolaires) et les intervenants extérieurs spécialisés, notamment pour les élèves handicapés.

Au **niveau secondaire**, l'équipe pédagogique concerne l'ensemble des professeurs d'une classe. Chaque professeur appartient à plusieurs équipes car les professeurs de collège ou de lycée ont plusieurs classes. Le travail en équipe est inégalement répandu dans les établissements du second degré car chaque professeur centre son travail sur sa matière. Il arrive parfois que deux ou trois collègues prennent l'habitude de travailler ensemble. Lorsqu'il s'agit d'un travail collectif au sein d'une équipe disciplinaire (tous les professeurs de la même matière), cela se traduit par une homogénéisation des objectifs de connaissances et des compétences à transmettre aux élèves de différentes classes (programmation annuelle, contrôle commun, brevet ou bac blanc). Le travail en équipe transdisciplinaire existe mais il demeure peu courant ou très ponctuel. Les rapports publics de l'IGEN* ou de l'IGAENR* soulignent l'importance de cette façon de travailler et cette pratique sera de plus en plus encouragée à l'avenir. Le travail en équipe pédagogique doit permettre de lutter contre l'échec scolaire dans l'idée que l'échange d'informations entre professeurs doit donner plus de cohérence aux apprentissages. C'est aussi en ce sens que doit se comprendre la mise en place du socle commun de connaissances et de compétences car certaines sont transversales et peuvent être évaluées par toute l'équipe et pas seulement par un professeur.

D'une manière générale, le travail en équipe relève du concept d'intelligence collective. Lorsqu'on travaille à plusieurs, les compétences s'additionnent et l'efficacité du travail peut s'en trouver renforcée. Ce travail d'équipe n'est pas spécifiquement à mener dans le domaine pédagogique : il concerne aussi l'encadrement éducatif. L'équipe d'un établissement du second degré devient éducative lorsqu'une concertation existe entre les professeurs et les membres de la vie scolaire (CPE* et assistants d'éducation). Cette mutualisation des énergies permet de mieux lutter contre la violence en milieu scolaire ou de venir en aide aux élèves en difficulté sur un plan plus personnel. Le dialogue entre acteurs scolaires est primordial pour assurer la sécurité des élèves car il permet la circulation des informations. De la même manière, lorsqu'un parent d'élève signale au professeur principal que son fils ou sa fille subit des brimades d'autres élèves dans la cour, ce professeur peut le signaler à un membre de la vie scolaire afin qu'une surveillance s'enclenche pour vérifier l'information et trouver une solution. Les futurs enseignants doivent savoir à quel point les assistants d'éducation ont une connaissance fine des élèves : ils discutent avec eux et font un travail de prévention important. En retour, les élèves les informent aussi de tout ce qui peut se passer dans une salle de classe et que ne saurait voir un professeur. Les surveillants sont donc des éléments essentiels dans la vie de l'établissement et travailler en équipe avec eux permet d'agir indirectement auprès des élèves et de capter des informations utiles pour la gestion des conflits. Il s'agit ici d'un travail en équipe sous la forme d'activation du réseau scolaire propre à l'établissement.

Quant au travail collégial proprement dit, il ne fait pas encore partie de la culture des professeurs car cela nécessite une véritable organisation. En effet, il se trouve que les différences d'emplois du temps, si elles n'empêchent pas les professeurs de se retrouver, compliquent la mise en relation des intervenants. Certains professeurs choisissent de travailler sur place en dehors des heures de cours tandis que d'autres fonctionnent par l'intermédiaire des médias sociaux. Tout travail en équipe nécessite d'être coordonné et l'attribution de ce rôle de pilotage s'avère souvent incompatible avec les susceptibilités personnelles. L'action d'équipe peut être conduite en vue d'atteindre des objectifs d'où la nécessité de définir un projet. Ce dernier peut s'articuler autour du projet d'établissement. Les étapes préalables consistent à diagnostiquer les besoins, à déterminer les moyens d'action (qui fait quoi, comment, où...) et à généraliser la mise en pratique. Une fois le dispositif mis en place, il reste à l'évaluer régulièrement pour éventuellement l'adapter. Cette façon de travailler est dévoreuse de temps, ce qui limite aussi sa généralisation parmi les pratiques enseignantes. En outre, comme dans tous les groupes, des processus inéquitables se mettent en place car il arrive, inévitablement, que certains acteurs cumulent toute la charge de travail tandis que d'autres l'évitent.

## Les enseignants

### • Une grande diversité de statuts

L'image du professeur en train de faire cours avec sa classe est universelle. Pour autant, le statut des enseignants est empreint d'une grande diversité, que ce soit au niveau primaire ou secondaire.

Dans le **premier degré**, il existe deux statuts : le professeur des écoles (depuis 1990) et l'instituteur. Le **professeur des écoles** est titulaire du CAPE*. Les premiers concours externes ont eu lieu en 1992 à l'échelle académique. Le choix de l'académie d'inscription est déterminant car, en cas de titularisation, le candidat sera affecté dans l'un des départements de cette académie. Les salaires des professeurs des écoles sont équivalents à ceux des professeurs certifiés. Leur temps de travail est fixé statutairement à 972 heures par an, soit 24 heures par semaine (largement dépassé en règle générale). En 2010, l'Éducation nationale comptait environ 323 000 professeurs des écoles, soit 96 % des enseignants du premier degré, dont 81 % étaient des femmes. À leurs côtés, près de 10 000 instituteurs exercent leurs fonctions dans le premier degré en 2010. Le statut des professeurs des écoles est défini par le décret n° 90-680 du 1er août 1990 et modifié par le décret n° 2009-917 du 28 juillet 2009.

Les **instituteurs**, figures historiques de l'enseignement primaire, sont remplacés peu à peu par les professeurs des écoles. Les premiers professeurs des écoles ont été des instituteurs reclassés par concours internes départementaux en 1990. Ce reclassement s'inscrivait dans le cadre d'une revalorisation de la profession. Les instituteurs ont eu le choix de conserver leur statut ou bien de passer un concours interne pour devenir professeur des écoles. L'avantage était de bénéficier d'une revalorisation salariale mais bon nombre d'instituteurs ont préféré ne pas changer de corps pour continuer à jouir de leur logement de fonction, surtout dans les grandes villes où l'augmentation de salaire n'équivalait pas le prix d'un loyer. En outre, un instituteur pouvait faire valoir ses droits à une pension de retraite à partir de 55 ans s'il présentait au moins 15 années de services effectifs. en 2009, la répartition des enseignants du premier degré se faisait à hauteur de 27 % pour le niveau pré-élémentaire et 52 % pour le niveau élémentaire. Le reste des professeurs est affecté sur des postes à besoins éducatifs particuliers (RASED*, professeurs référents dans les RAR*, classes relais…) ou des postes de remplacement (ZIL*).

Dans le **second degré**, la multiplicité des statuts est encore plus grande. Il existe trois corps principaux et un en voie de disparition. Les **agrégés** sont titulaires de l'agrégation qui est le concours externe le plus difficile en termes d'exigences disciplinaires. L'Éducation nationale comptait près de 47 500 agrégés en 2009 dont 51 % étaient des femmes. Le service hebdomadaire d'un agrégé est de 15 heures (17 heures pour les agrégés d'EPS*) et il bénéficie de la plus haute grille indiciaire. Un professeur agrégé est affecté en lycée (plus exceptionnellement en collège) ou en CPGE*. Certains agrégés sont détachés à l'université avec le statut de PRAG* ou alors poursuivent une activité de recherche (thèse de III^e cycle) et espèrent devenir maîtres de conférences. Le statut des agrégés est défini par le décret n° 72-580 du 4 juillet 1972.

Les **certifiés** sont les lauréats du CAPES* ou du CAPET* et ils représentent les gros bataillons du second degré avec environ 247 000 professeurs en 2009 (soit à peu près 63 % des effectifs). Leurs effectifs sont en forte baisse depuis quelques années en raison du non-renouvellement des départs à la retraite. Le taux de féminisation de 62 % est supérieur à celui des agrégés mais inférieur à celui des professeurs des écoles. L'obligation réglementaire de service d'un certifié est de 18 heures par semaine sauf pour les professeurs d'EPS* qui effectuent 20 heures (ils animent l'Association Sportive le mercredi après-midi). Le temps de travail dépasse largement ce temps de présence devant élève (environ 39 heures par semaine selon certaines enquêtes diffusées par la DEPP*). Les affectations se font essentiellement en collège et parfois en lycée de la voie générale et technologique. Les certifiés de l'enseignement technique enseignent en lycée technique (électronique, électrotechnique, productique, etc.) et sont parfois d'anciens professionnels qui ont décidé d'entamer une seconde carrière dans l'enseignement. Le statut des professeurs certifiés est défini par le décret n° 72-581 du 4 juillet 1972. Les professeurs d'EPS ont un statut particulier (décret n° 80-627 du 4 août 1980). Une place doit être faite aux professeurs documentalistes qui travaillent au CDI*. Ce sont des professeurs certifiés qui ont passé un CAPES de documentation. En 2009, il y avait environ 2 000 candidats pour 135 postes, ce qui en fait l'un des concours les plus sélectifs (près de 15 personnes pour une place). Le documentaliste effectue un service de 36 heures dont trente dans l'établissement (les heures restantes étant utilisées à l'extérieur de l'établissement pour rencontrer leurs partenaires, notamment les éditeurs et libraires scolaires).

Pour la voie professionnelle, il existe des professeurs certifiés titulaires du CAPLP*. On distingue les professeurs qui enseignent une matière professionnelle de ceux qui sont bivalents, c'est-à-dire qui enseignent deux matières générales comme par exemple les lettres et l'anglais, les lettres et l'histoire ou les mathématiques et la physique, etc. Ils ont le même statut que les titulaires du CAPES* ou du CAPET* (salaires identiques, obligation réglementaire de service de 18 heures hebdomadaires). Les professeurs de la voie professionnelle étaient encore récemment répartis entre les PLP1 (premier grade) et les PLP2 (deuxième grade). Cette distinction se traduisait par une différence de statut qui n'existe plus aujourd'hui. En 2009, il y avait près de 61 000 titulaires du CAPLP* qui enseignaient en lycée professionnel (CAP*, BMA*, Brevet de technicien, Baccalauréat professionnel). Le statut des professeurs de lycée professionnel est défini par le décret n° 92-1189 du 6 novembre 1992.

Il existe enfin un dernier statut qui est celui des **PEGC*** : professeur d'enseignement général des collèges. Ils n'étaient plus que 7 663 en 2009 (moins de 2 % des effectifs du second degré). Ces professeurs sont issus des anciens corps d'instituteurs et étaient destinés à constituer les équipes pédagogiques des collèges d'enseignement général (1959) ; ils ont une moyenne d'âge élevée : plus de la moitié des PEGC a un âge supérieur ou égal à 57 ans en décembre 2009. Ils ne peuvent enseigner qu'en collège et sont bivalents (deux matières). Leur grille indiciaire est inférieure à celle de tous les autres professeurs du secondaire. Ce corps a été placé en voie d'extinction (23 décembre 2003) suite à une procédure de reclassement : entre 1993 et 2003, plus de 10 000 professeurs d'enseignement général des collèges ont bénéficié d'une promotion par liste d'aptitude exceptionnelle pour devenir professeurs certifiés. Pour les autres, et afin de compenser la différence de salaire avec les certifiés, le taux de promotion à la classe exceptionnelle a été porté à 42 % en juin 2009, ce qui signifie que 3 professeurs sur 5 accèdent à la meilleure des grilles indiciaires de PEGC. Le statut des PEGC est défini par le décret n° 86-492 du 14 mars 1986.

Tous ces enseignants ont le statut de cadre A de la fonction publique d'État mais il existe aussi des enseignants qui ont une situation particulière parce qu'ils sont recrutés en contrat à durée déterminée (200 heures ou contrat à l'année). Certains contractuels ont obtenu un contrat à durée indéterminée. Ces professeurs dépendent de contrats de droit public (v. Fonction publique d'État et législation du travail...).

Ces différents statuts se doublent d'une identité professionnelle, voire culturelle, forte. Il faut d'abord se souvenir de la construction laborieuse d'une scolarité en deux degrés successifs où instituteurs et professeurs de lycée avaient des intérêts divergents. Cet héritage historique était encore marqué, d'une certaine manière, au niveau des salaires : l'égalité salariale entre instituteurs et professeurs n'existe que depuis 1990. Le terme professeur des écoles n'est pas neutre non plus car il montre que les instituteurs sont reconnus comme les égaux des enseignants de collège et de lycée. Les professeurs des écoles conservent encore parfois quelques rancœurs contre leurs homologues du second degré en raison d'obligations de service réglementaire distinctes (24 heures de cours contre 18 heures). S'il y a eu une revalorisation pour les enseignants du premier degré, bon nombre de ceux du second l'ont ressenti comme la dévalorisation du leur. Ils restent pour la plupart attachés à un modèle universitaire, à sa maîtrise disciplinaire et à sa rigueur méthodologique. Les pratiques pédagogiques des certifiés et des agrégés sont davantage orientées vers le savoir que l'éducatif. Il existe un hiatus entre leurs références intellectuelles et les sciences de l'éducation dont ils perçoivent les réformes pédagogiques successives comme invasives. Quant aux professeurs des lycées professionnels, ils se sentent peu de points communs avec leurs collègues de la voie générale, en partie parce que le monde du travail, et principalement technique et ouvrier, est davantage prégnant. Le travail manuel y est valorisé par opposition à la pensée intellectuelle et à la culture générale.

• **Les principales actions de l'enseignant**

Le métier se compose de multiples tâches qui vont de la préparation des cours à la rencontre avec les parents en passant par l'organisation de sorties ou de voyages.

Le déroulement du cours est l'activité centrale. Dans le **premier degré**, le professeur doit organiser sa progression de séquence en cycles d'apprentissages et chaque journée est découpée en différentes activités. La principale difficulté consiste à articuler les différentes matières entre elles. Cette spécificité fait des professeurs des écoles des "spécialistes de la polyvalence". Il ne s'agit pas d'être spécialisé dans une seule discipline mais de savoir en enseigner plusieurs sans en négliger aucune.

| Disciplines | Horaires annualisés | Horaires hebdomadaires |
|---|---|---|
| **Cycle des apprentissages fondamentaux (CP-CE1)** | | |
| Français | 360 heures | 10 heures |
| Mathématiques | 180 heures | 5 heures |
| EPS | *108 heures* | |
| Langue vivante | *54 heures* | |
| Pratiques artistiques et histoire des arts | *81 heures* | *9 heures* |
| Découverte du monde | *81 heures* | |
| TOTAL | 864 heures | 24 heures |
| **Cycle des approfondissements (CE2-CM1-CM2)** | | |
| Français | 288 heures | 8 heures |
| Mathématiques | 180 heures | 5 heures |
| EPS | *108 heures* | |
| Langue vivante | *54 heures* | |
| Sciences expérimentales et technologie | *78 heures* | *11 heures* |
| Culture humaniste : | | |
| Pratiques artistiques | *78 heures* | |
| (dont histoire des arts | 20 heures) | |
| histoire-géographie, instruction civique et morale | *78 heures* | |
| TOTAL | 864 heures | 24 heures |

**Tableau 23. Heures de cours dans le premier degré**
d'après le BO, hors série, n° 3 du 19 juin 2008

Les deux matières qui occupent la majeure partie de la journée des professeurs des écoles sont le français et les mathématiques et ils organisent librement la répartition des autres matières en fonction de leurs projets pédagogiques mais en veillant à respecter le volume horaire annuel. Il arrive que des intervenants extérieurs prennent une partie des enseignements notamment pour les cours d'EPS*, de pratiques artistiques ou de langue étrangère. En plus de ces 24 heures hebdomadaires d'enseignement, les professeurs des écoles doivent consacrer 3 heures hebdomadaires moyennes (en fait 108 heures par an) à diverses activités annexes : aide personnalisée ou soutien scolaire en groupes restreints (60 heures annuelles), travaux en équipes pédagogiques, relations avec les parents, suivi des projets pour les élèves handicapés (24 heures annuelles), animation et formation pédagogiques (18 heures annuelles), participation aux conseils d'école (6 heures annuelles).

Le déroulement d'un cours **dans le secondaire** diffère sensiblement. Chaque professeur ne doit gérer que sa progression disciplinaire mais cela ne l'empêche pas (bien au contraire) de regarder les programmes des matières qui lui sont proches afin de travailler en interdisciplinarité. Par exemple, un professeur d'histoire-géographie peut établir des liens privilégiés avec les professeurs d'arts plastiques, de musique et de français. Le cours se déroule généralement en trois phases : la phase d'accueil avec l'appel des élèves, le cours proprement dit avec la leçon, les activités, les questions des élèves, la correction des devoirs, etc., et la phase finale où le professeur donne le travail à faire pour le prochain cours.

Chaque cours, quel que soit le niveau, demande une longue **préparation**. Il s'agit de mettre en œuvre un programme national qu'il faut parvenir à traiter dans sa globalité tout en prenant en compte le niveau des élèves. Il faut par ailleurs prévoir des exercices adaptés au contenu du programme et aux exigences des compétences définies dans le socle commun. Il faut également prévoir le matériel dont on aura éventuellement besoin pour réaliser le cours. D'où l'importance pour un professeur nouvellement nommé dans un établissement de vérifier lors de la journée de prérentrée l'état et la disponibilité du matériel. Il est toujours désagréable d'avoir préparé un cours et de ne pas pouvoir le mettre en œuvre faute de précaution en amont.

Outre la préparation et le déroulement des cours, le professeur doit également prévoir des **évaluations** et des **corrections**. L'évaluation peut avoir deux objectifs. Le premier est d'évaluer un niveau global atteint par l'élève afin de détecter la maîtrise des acquis d'ordre cognitif ou méthodologique : c'est une évaluation finale (à la fin d'une séquence). Il existe aussi des évaluations qui permettent au professeur d'aider l'élève à se former et elles n'ont pas le but de se solder par l'attribution d'une note. L'idée est de faire en sorte que l'élève tire un enseignement de l'exercice qu'il vient d'accomplir.

La thématique de l'évaluation a fourni une abondante littérature et les avis des spécialistes de la question sont nombreux. La tendance actuelle est de remettre en cause la notation chiffrée qui serait forcément partiale et de promouvoir une évaluation des connaissances et des compétences sous la forme de niveaux : acquis, en cours d'acquisition, non acquis. Cette forme d'évaluation est très répandue dans le premier degré et beaucoup moins au collège et au lycée. Elle suppose un changement culturel dans le domaine de l'évaluation qui est d'autant plus difficile à réaliser que les livrets scolaires et les procédures d'orientation reposent essentiellement sur des moyennes chiffrées. Un livret numérique de compétences est expérimenté dans certains établissements pour l'année 2010-2011 et doit se généraliser ensuite. Du côté des familles, les notes conservent une lisibilité immédiate : elles permettent de classer, de situer l'enfant par rapport à une moyenne alors que l'appréciation ne le permet pas. De ce fait, les deux formes d'évaluation coexistent et la valeur de l'élève est à la fois définie par sa moyenne et par son appréciation. Le travail de correction est aussi important car il permet à l'élève de comparer sa réponse avec celle qui était attendue. Cette activité ne se limite pas seulement aux exercices ou aux devoirs. À tout moment le professeur doit corriger ses élèves : lorsqu'un élève commet une faute de grammaire à l'oral ou qu'il répond sans faire de phrases, le professeur doit le reprendre. Celui-ci ne doit pas hésiter à se montrer, ponctuellement, comme modèle et mettre la main à la pâte lorsque l'élève n'arrive pas à élaborer sa réponse. Le travail de correction est permanent, d'où le caractère usant du métier : un professeur répète souvent la même chose et prodigue souvent les mêmes conseils tout simplement parce que dans leurs processus d'apprentissage les élèves commettent souvent les mêmes erreurs.

En dehors de ses heures de cours, le professeur **s'investit dans l'établissement**. Il y a une part d'intervention qui dépend des obligations de services telles que les conseils de maîtres, de cycle, pédagogiques, de classe, d'administration, d'école… (v. Les différents conseils et intervenants des établissements). Il peut aussi y avoir un investissement personnel pour mener à bien un projet éducatif. Les enseignants peuvent organiser des clubs dans lesquels les élèves découvrent une pratique éducative dans un cadre ludique. L'inscription d'une classe à un concours scolaire peut également constituer un investissement pédagogique fort, tout comme se porter volontaire pour l'accompagnement éducatif qui consiste à encadrer les élèves après la classe dans une pratique culturelle, artistique, sportive ou pédagogique (aide aux devoirs, renforcement de la pratique d'une langue vivante…). Il existe aussi des projets qui se préparent toute l'année en vue de réaliser un spectacle de fin d'année (théâtre, danse, chant).

Le métier d'enseignant est aussi fait de relations publiques. À tout moment, il peut demander à rencontrer des parents d'élèves et inversement. Dans la très grande majorité des cas, les parents souhaitent établir une relation constructive avec les professeurs de leurs enfants car ils considèrent les professeurs comme des spécialistes de l'enfance et de l'adolescence. Les principaux sujets de rencontre portent sur le niveau scolaire de l'enfant, son comportement (qu'il soit amorphe ou hyperactif), un problème de vie de classe, un problème de vie d'établissement, un problème d'ordre plus intime (v. Les droits de l'enfant). Ce temps de présence avec les parents est indispensable car il permet d'établir un travail de fond qui sera toujours utile. Par exemple, nouer le dialogue avec un élève qui est en 6^e^ permettra de mieux aborder sa mutation adolescente lorsqu'il sera en 3^e^. De la même manière et à condition que le professeur soit affecté sur un poste fixe, si un petit frère ou une petite sœur arrive plus tard au collège, le professeur connaît déjà la famille et bénéficie d'un capital de confiance (le nouvel élève connaît son professeur par le témoignage positif que lui porte la famille). C'est aussi un moyen de clarifier auprès des parents ses objectifs éducatifs : l'explication des sanctions permet aux parents de mieux les comprendre et, au final, de les accepter. Tous ces petits détails permettent de faciliter la vie et les missions quotidiennes de l'enseignant. Cette relation à construire avec les parents suppose d'être relativement disponible car ces derniers n'ont pas forcément les mêmes horaires que les professeurs (mais ceci n'est pas toujours évident lorsque les professeurs sont eux-mêmes parents…).

Dans le cadre de son service, l'enseignant peut être amené à organiser des **sorties** ou des **voyages scolaires**. Il existe deux types de sorties, obligatoires et facultatives. Les sorties obligatoires doivent se dérouler sur le temps scolaire et être gratuites. Les sorties deviennent facultatives lorsqu'elles dépassent les horaires scolaires ou lorsque l'objectif pédagogique n'est pas forcément lié au programme. Une participation financière modeste peut être demandée aux familles. Les sources de financement sont nombreuses. Certains proviennent de subventions de l'État ou de collectivités territoriales. Une subvention d'une entreprise peut être recevable pour un voyage à condition qu'elle ne donne pas prétexte à publicité (principe de neutralité). Les foyers socio-éducatifs peuvent également financer une sortie (en faisant un don à l'établissement qui ne peut l'accepter qu'en conseil d'administration). L'établissement peut puiser dans ses fonds de réserve pour financer une sortie. Toute sortie ou voyage doit avoir un but pédagogique et le professeur organisateur doit tenir compte des coûts pour l'établissement (d'où la nécessité de faire des devis pour le transport) et adapter la sortie à l'âge des enfants (temps de marche à pied supportable par exemple). Le projet doit tout prévoir. Au niveau matériel, le mode de déplacement, l'itinéraire, les horaires, l'hébergement sont déterminés avec précision. Il faut prévenir le gestionnaire afin que les repas des demi-pensionnaires soient décommandés et qu'un panier pique-nique leur soit distribué le jour de la sortie. Au niveau financier, le montage doit être en équilibre et les sommes doivent être rigoureusement collectées en cas de participation des familles. Pour toutes ces questions, l'interlocuteur principal est le gestionnaire dans un établissement du second degré ou le directeur d'école pour le premier degré. Au niveau juridique, les vérifications d'usages s'imposent : assurance des enfants, assistance médicale, vérification des élèves ayant une allergie, personnes à joindre en cas de problème, etc. Au niveau pédagogique, un travail préparatoire doit permettre d'orienter les élèves dans leurs visites afin qu'ils tirent un bénéfice du voyage ou de la sortie (dossier à réaliser, trace écrite, évaluation…). Vis-à-vis de l'équipe pédagogique, il faut informer les collègues que la classe est en sortie car cela leur libère des créneaux horaires. Il faut également avertir le CPE* afin que les professeurs accompagnateurs soient affichés sur le tableau des professeurs absents. Le nombre de personnels encadrants est d'un adulte pour 12 enfants mais, pour les voyages collectifs, le chef d'établissement détermine le nombre d'accompagnateurs. C'est également lui qui donne l'autorisation de sortie ou de voyage dans le cadre d'une déconcentration des pouvoirs décisionnels. Le professeur organisateur peut demander à des parents de participer à l'encadrement de la sortie. Il y a de fortes chances pour que la pratique des voyages scolaires diminue dans les prochaines années car les sommes demandées aux familles ne peuvent plus servir à financer le billet du professeur qui doit trouver d'autres subsides. Les fonds de réserve des établissements étant des plus limités pour y suppléer, la charge de travail considérable et le niveau des responsabilités élevé font que beaucoup de professeurs hésitent à engager des frais personnels pour une expédition qui n'a rien d'un voyage d'agrément.

Les **punitions** et les sanctions disciplinaires font également partie du métier des enseignants. Une punition consiste à réprimander une faute mineure telle que les perturbations de la vie de classe ou de l'établissement mais aussi l'attitude d'un élève à l'égard de ses obligations imposées par le règlement intérieur (oubli chronique du matériel par exemple). La punition est une réponse immédiate à de tels manquements et correspond à une mesure interne à l'établissement. De ce fait, elle ne peut faire l'objet d'un recours devant le tribunal administratif mais certaines pratiques sont bannies comme les châtiments corporels. La punition est un acte éducatif car elle doit amener l'élève à se responsabiliser. Les élèves apprécient les professeurs qui défendent les règles tout en étant justes et mesurés, c'est-à-dire lorsque la punition est sans équivoque, proportionnée à la faute et que l'ensemble de la classe sait que le comportement sanctionné était répréhensible. Cette rigueur est indispensable, même si maintenir la discipline prend du temps. Dans les collèges, les professeurs disposent du carnet de liaison de l'élève pour avertir les parents. Il s'agit par exemple d'un système de croix pour des fautes communément répandues (oubli du matériel, exercice non fait, attitude incorrecte). À partir de la cinquième croix, l'élève est placé en heure de retenue.

À la différence des punitions qui sont données par le professeur, les **sanctions disciplinaires** sont prononcées par le chef d'établissement ou le conseil de discipline. Elles concernent des atteintes aux personnes ou aux biens ainsi que les manquements graves aux obligations des élèves. Les sanctions les moins graves sont l'avertissement de travail et/ou de conduite donné en conseil de classe. Celui-ci peut également attribuer un blâme, ce qui est rare. Lorsqu'une situation grave se produit lors d'un cours ou dans l'enceinte de l'établissement, le professeur doit impérativement rédiger un rapport disciplinaire qui sera versé au dossier de l'élève. Cette procédure est indispensable si un jour l'élève commet un acte qui relève du conseil de discipline car la défense (la famille de l'élève), si elle plaide le premier faux pas, ne pourra pas contester les faits de désobéissances chroniques signalées par les rapports successifs. Ne pas laisser de traces écrites, c'est laisser la voie libre à l'impunité car aujourd'hui l'institution scolaire ne décide plus unilatéralement des sanctions à donner. En effet, les procédures de droit commun se généralisent et les parents d'élèves sont en droit de se présenter à un conseil de discipline accompagnés d'un avocat. En outre, seul le chef d'établissement peut infliger une sanction et il ne pourra le faire qu'avec les éléments lui permettant de déterminer la décision à prendre. Plus le dossier sera vide, plus la sanction sera légère, voire impossible, et ne correspondra pas aux fautes réellement commises par l'élève. L'écrit est la mémoire des faits. Eux seuls comptent et la parole du professeur, jadis prépondérante, ne vaut pas plus, dans ce contexte d'extension du droit commun en milieu scolaire, que celle de l'élève. L'institution doit apporter la preuve que l'élève est gravement perturbateur. De son côté, c'est à lui de démontrer qu'il ne l'est pas. Enfin, les procédures doivent être respectées car les sanctions prononcées en conseil de discipline peuvent faire l'objet d'un appel devant le tribunal administratif (v. Les différents conseils et intervenants des établissements). Il est donc indispensable que les professeurs connaissent les textes et agissent dans le cadre de procédures bien définies.

Dans l'enseignement secondaire, il arrive qu'un professeur soit nommé **professeur principal** par le chef d'établissement. Son rôle consiste à coordonner et à animer l'équipe pédagogique. C'est à lui de remplir le livret de compétences du socle commun après avoir consulté l'ensemble des professeurs de l'équipe (mais cette tâche est confiée au professeur référent dans les EREA*). Il prépare les conseils de classes (synthèse des appréciations de chaque professeur, proposition des récompenses et des avertissements de travail ou de conduite, aide auprès des délégués d'élèves...). Pour assurer cette mission, des heures de vie de classe ont été instituées : le professeur est tenu d'animer 10 heures dans l'année scolaire pour aborder des questions qui concernent la vie de la classe. Il peut préparer les conseils de fin de trimestre avec les délégués et les élèves ou même aborder des sujets qui sont sources de tension entre certains élèves. C'est aussi un moment où les élèves peuvent interpeller leur professeur sur une question précise. Le professeur principal s'assure de l'orientation et du suivi des élèves. Il doit leur expliquer ce que signifie l'orientation et présenter son importance stratégique : il s'agit de faire ce que l'on aime en fonction de ses possibilités. L'objectif est donc de porter à la connaissance des élèves l'information sur les enseignements des différentes filières et les métiers possibles. Le professeur principal est également l'intermédiaire entre l'administration et les familles : il fait passer et relève tous les documents administratifs dont le secrétariat a besoin pour la scolarité de l'enfant (fiches de vœux de conseils de classe, dossiers d'affectation scolaire, demandes de bourse...). Il reste tout au long de l'année le professeur référent pour les parents.

**• La notation et l'évaluation des enseignants**

Les professeurs sont évalués et notés. Ces paramètres exercent une influence sur le déroulement de carrière qui se traduit par une progression plus ou moins rapide de la rémunération. Les professeurs des écoles et les professeurs du second degré ne connaissent pas les mêmes conditions de notation même si la rémunération et l'amplitude des carrières sont identiques. Seuls les professeurs agrégés ont une grille de rémunération différente.

Les professeurs des écoles ont une seule note pédagogique de 0 à 20 qui est attribuée par l'IEN*. La note et l'appréciation pédagogique sont toujours communiquées à l'intéressé qui peut établir un recours auprès de la personne qui l'a noté. L'échelle de variation pour un professeur des écoles débutant (échelon compris entre 1 et 3) s'établit entre 9 et 13,5/20.

Les professeurs du second degré ont deux notes. La première est administrative (de 0 à 40) ; elle est attribuée, sur proposition du chef d'établissement, par le recteur d'académie. En début de carrière, chaque professeur débute avec une note de 33/40. Elle évolue en fonction de la manière de servir du professeur. Sont pris en compte son assiduité et sa ponctualité, son rayonnement dans l'enceinte de l'établissement, son activité et son efficacité. Le chef d'établissement accompagne toujours sa note d'une appréciation. Avant de transmettre la note provisoire au recteur, le professeur en prend connaissance. La seconde note est pédagogique (de 0 à 60). Chaque professeur débute avec une note pédagogique qui dépend de son classement au concours. Les lauréats du premier quartile obtiennent une note de 42, ceux du second de 40, du troisième de 38 et du dernier de 36. Cette note varie ensuite en fonction des inspections pédagogiques. La note pédagogique est attribuée par l'IA-IPR* pour les certifiés et par le collège des IGEN* de la discipline de spécialité pour les agrégés (même si dans les faits, l'inspection est le plus souvent conduite par un IA-IPR). La somme des deux notes correspond à une note sur 100.

La notation des professeurs permet de définir leur vitesse d'avancement d'échelon. Pour tous les degrés, il y a trois formes d'avancement : la promotion au grand choix, la promotion au choix et la promotion à l'ancienneté.

Pour les professeurs des écoles, toutes les personnes promouvables sont inscrites sur une liste établie dans chaque département tous les ans. Le nombre de promus au grand choix et au choix ne peut excéder respectivement 30 % et 5/7e de l'effectif inscrit sur la liste. Les autres sont promus à l'ancienneté.

Pour les professeurs du second degré, agrégés et certifiés partagent les mêmes procédures à la différence près que les agrégés sont gérés par une commission paritaire nationale tandis que les certifiés le sont par une commission paritaire académique. Tous les ans, une liste de professeurs qui atteignent l'ancienneté d'échelon requise pour être promus au grand choix est établie. 30 % des professeurs inscrits sur cette liste sont promus au grand choix. Une liste est également dressée pour les professeurs ayant l'ancienneté suffisante pour être promus au choix. Dans la limite de 5/7e, les professeurs de cette liste sont promus au choix. Tous ceux qui n'ont été promus au grand choix ou au choix le sont à l'ancienneté. Le tableau d'avancement est le suivant :

| | **Grand choix** | **Choix** | **Ancienneté** |
|---|---|---|---|
| Du 1er au 2e échelon | 3 mois | | |
| Du 2e au 3e | 9 mois | | |
| Du 3e au 4e | 1 an | | |
| Du 4e au 5e | 2 ans | 2,5 ans | 2,5 ans |
| Du 5e au 6e | 2,5 ans | 3 ans | 3,5 ans |
| Du 6e au 7e | 2,5 ans | 3 ans | 3,5 ans |
| Du 7e au 8e | 2,5 ans | 3 ans | 3,5 ans |
| Du 8e au 9e | 2,5 ans | 4 ans | 4,5 ans |
| Du 9e au 10e | 3 ans | 4 ans | 5 ans |
| Du 10e au 11e | 3 ans | 4,5 ans | 5,5 ans |
| **Temps d'accès au 11e échelon** | **20 ans** | **26 ans** | **30 ans** |

**Tableau 24. Les trois vitesses de promotion d'échelon**
(PE*, certifiés, agrégés, CPE*)

L'avancement du 1er au 4e échelon est commun à tous les professeurs. L'accès plus ou moins rapide à l'échelon supérieur permet d'accéder plus vite à d'autres grades ou classes. En effet, les échelons 1 à 11 correspondent à ceux de la classe normale. Un professeur peut accéder à un autre grade, celui de la hors classe, à partir du 7e échelon de la classe normale (v. Fonction publique d'État et législation du travail…). La grille indiciaire est alors plus avantageuse. La classe exceptionnelle (pour les certifiés uniquement) est accessible à partir du 5e échelon de la hors-classe.

**• La mobilité professionnelle**

La mobilité professionnelle revêt de multiples formes. Elle est le plus souvent choisie mais parfois subie. À l'issue du concours, les lauréats reçoivent une affectation. Pour les professeurs des écoles, elle est dans le ressort de l'académie où ils ont passé leur concours. Pour les professeurs du secondaire, la mobilité se fait à l'échelle nationale. Beaucoup de lauréats de province sont affectés dans la région parisienne, essentiellement dans les académies de Créteil et de Versailles.

Dans le **premier degré**, au cours de sa carrière, un professeur peut décider de changer de poste. S'il souhaite changer de département, il doit prendre part au mouvement national qui est décomposé en deux phases : le mouvement interdépartemental et le mouvement complémentaire. Pour obtenir sa mutation au mouvement interdépartemental, il faut avoir un barème de points suffisants. Le nombre de points dépend de sa situation professionnelle : ancienneté de carrière (échelon) et ancienneté de fonctions (nombre d'années passées dans le département au moment de la demande ; au-delà de la troisième année, il y a une bonification). Il y a des bonifications légales en cas de rapprochement de conjoints (les années de séparation et le nombre d'enfants à charge comptent), de handicap, du nombre d'années passées en zone sensible. Il y a des bonifications individuelles lorsqu'on formule le même vœu. Le mouvement complémentaire est une phase d'ajustement du mouvement interdépartemental lorsqu'il n'y a pas eu satisfaction. Il répond à deux objectifs : lorsque le conjoint d'un professeur des écoles connaît une mutation professionnelle après la clôture du mouvement interdépartemental et lorsque la demande du professeur des écoles pour rapprochement de conjoint n'a pas été satisfaite lors de la première phase. Il faut alors demander un bon de sortie du département (exeat) et un bon d'entrée dans le département souhaité (ineat).

Un professeur des écoles qui souhaite changer de poste dans un même département doit participer au mouvement départemental qui concerne l'attribution des postes vacants ou susceptibles de l'être. Les professeurs qui n'obtiennent pas de poste à titre définitif peuvent être affectés à titre provisoire sur des postes vacants. Chaque IA-DSDEN* fixe par circulaire les règles du mouvement départemental dans le respect des principes communs déterminés par une note de service. Il n'y a donc pas de procédure uniforme. Le mouvement départemental permet d'obtenir des postes de professeur des écoles, de directeurs d'école ou d'établissement spécialisé, des postes à fonction spécifique, des postes implantés en brigades départementales (remplacements longue durée) ou en ZIL* (remplacements courte durée), des postes d'enseignants spécialisés, ou des postes de conseillers pédagogiques auprès des IEN* ou de l'IA-DSDEN.

Dans le **second degré**, deux situations sont possibles après la titularisation : le professeur devient titulaire d'un poste ou titulaire sur une zone de remplacement (TZR*). Dans le premier cas, le professeur est en poste fixe : tant qu'il ne demande pas à partir, il reste dans l'établissement sauf mesure de carte scolaire. Sinon, il n'a pas de poste fixe et tous les ans il est réaffecté sur un poste de sa zone de remplacement. En ce cas, il peut y avoir une mobilité quotidienne si le professeur effectue son service sur deux, voire trois, établissements. Il obtient alors une décharge horaire si les communes des établissements ne sont pas limitrophes. L'avantage d'être en poste fixe permet de prendre ses marques plus facilement, d'avoir un suivi pédagogique des élèves et de s'intégrer plus rapidement à l'établissement. À cela s'ajoute une conséquence pécuniaire dans la mesure où le chef d'établissement peut confier des heures supplémentaires (HSA*) ou la charge de professeur principal qui donne droit à une prime. En effet, les TZR ne sont pas forcément connus de l'administration qui hésite alors à leur confier de telles responsabilités, sauf si le remplaçant est nommé à plusieurs reprises dans l'établissement. En revanche, être TZR en début de carrière pendant quelques années permet d'être confronté à de multiples situations de terrain ce qui forge rapidement une solide expérience. En trois ou quatre ans, un professeur peut fréquenter successivement un établissement de centre-ville, de zone sensible et de milieu rural.

Un titulaire de poste fixe peut perdre son poste lors d'une mesure de carte scolaire. Lorsque les effectifs d'un établissement diminuent, la DGH* est également réduite. Cela signifie que l'on accorde moins d'heures d'enseignement à cet établissement. Le nombre de classes diminue et les professeurs deviennent trop nombreux. Par exemple, lorsqu'un collège à une DGH de 90 heures dans une matière, il aura besoin de cinq professeurs certifiés (5 x 18 heures = 90 heures). Si la DGH passe à 81 heures, il y aura un professeur en trop car il n'aura que 9 heures à effectuer. En ce cas, le poste est supprimé (sauf s'il accepte un service partagé, c'est-à-dire d'avoir un poste fixe sur deux établissements). C'est le professeur dernièrement arrivé qui doit partir (sauf si l'un des professeurs de l'équipe disciplinaire a obtenu une mutation car, en ce cas, c'est son poste qui disparaît). Si deux professeurs sont arrivés en même temps, c'est le plus âgé qui reste. Le professeur qui doit partir devra participer au mouvement de mutation avec une bonification de 1 500 points sur les établissements environnants. Autrement dit, il est prioritaire sur tous les autres demandeurs (pour mesurer l'importance de cette bonification, un professeur gagne 10 points d'ancienneté par an ; elle équivaut donc à une ancienneté théorique de 150 ans). Les professeurs qui restent représentent un volume horaire de 4 x 18 heures = 72 heures. La DGH étant de 81 heures, le chef d'établissement aura besoin d'un complément de service de 9 heures. Ce complément sera éventuellement assuré par un TZR* qui effectuera son service à cheval sur un autre établissement.

Lorsqu'un professeur souhaite quitter son poste, il fait une demande de mutation. Deux cas de figure se présentent alors. Soit il veut changer d'académie, et en ce cas il devra participer à deux phases. La première correspond au mouvement interacadémique. En fonction de son barème, il obtiendra ou non sa demande. S'il obtient son changement d'académie, il participe alors à la seconde phase, le mouvement intra-académique. Il s'agit alors de faire des vœux qui peuvent être plus ou moins précis : un établissement, une commune, un groupe de communes, un bassin, toute l'académie. Un professeur qui ne souhaite pas changer d'académie participe uniquement au mouvement intra-académique. Il existe plusieurs façons de gagner des points de mutation (qui n'ont rien à voir avec les points de la note administrative et de la note pédagogique). Un professeur gagne 7 points par échelon et 10 points d'ancienneté par an. Il peut obtenir des bonifications selon sa situation personnelle (marié, enfants) et professionnelle (affectation en zone sensible). La somme des points permet de classer les candidats. Une barre d'entrée est fixée et tous ceux qui sont en dessous n'obtiennent pas leur mutation. En fonction des matières, les académies sont très difficiles à obtenir. Par exemple, il est plus facile à un professeur d'EPS* d'obtenir Paris qu'à un professeur d'histoire-géographie. En revanche, il aura plus de mal à gagner les académies de montagnes (ski) ou littorales (voile) car elles sont très demandées.

Un professeur peut également demander un détachement et les possibilités sont nombreuses. Il y a d'abord le détachement, voire même l'affectation définitive, dans l'enseignement supérieur (maître de conférences, ATER*, PRAG*, PRCE*). Les professeurs du second degré ont également la possibilité d'être détachés dans un autre ministère. Le ministère de la Défense a besoin d'enseignants pour les établissements militaires ou dans le cadre du service de l'enseignement des forces françaises et de l'élément civil stationné en Allemagne (SEFFECSA). Le ministère de l'Agriculture et de la Pêche offre quelques postes dans les lycées agricoles ou maritimes. Des postes sont également à pourvoir dans les maisons d'éducation de la Grande Chancellerie de la Légion d'honneur. Dans le cadre d'une coopération avec le ministère de la Justice, il est possible d'exercer ses fonctions en milieu pénitentiaire. Les conditions sont difficiles et le taux d'illettrisme est particulièrement élevé. Ce type de poste n'est pas pourvu par la voie du détachement mais apparaît au mouvement de mutation (intradépartemental pour le premier degré, intra-académique pour le second degré). Chaque région pénitentiaire est dotée d'une UPR*.

L'enseignement à l'étranger est une autre forme de mobilité. Chaque année, des postes sont proposés dans des établissements français ou franco-étrangers du réseau de l'AEFE*. Ils sont diffusés dans le BOEN*. Si le candidat est retenu, il doit alors demander son détachement. Ce sont les professeurs qui ont le plus d'ancienneté qui sont généralement retenus mais ils doivent être tout de même à plus de six ans de la retraite (en raison de la durée du détachement qui équivaut au maximum à cette durée). La maîtrise de la langue du pays d'accueil est un critère souvent déterminant. Il existe aussi des écoles européennes en Belgique, aux Pays-Bas, en Grande-Bretagne, en Allemagne, au Luxembourg et en Italie. Les postes vacants apparaissent au BOEN. Ces postes sont ouverts aux professeurs du premier ou du second degré. Il ne s'agit pas d'une procédure par détachement mais d'une affectation pour neuf ans maximum. Toujours dans un cadre européen, le programme Jules Verne a été mis en place à la rentrée 2009. C'est un programme de mobilité internationale ouvert à tous les enseignants titulaires de l'enseignement public (premier et second degrés). Il s'agit de travailler en immersion dans un pays européen pendant un an, voire deux. Les candidatures se font à l'échelon académique et doivent répondre à un objectif précis : formation linguistique, poursuite d'études, développement d'un projet pédagogique. Cette expérience doit amener le professeur à réinvestir ses acquis dans son académie d'origine. La dernière possibilité consiste à trouver une école, un établissement privé, un poste en université à l'étranger par ses propres moyens (contrat local de recrutement) pour demander ensuite à être détaché. Les mutations dans les DROM* ou les COM* font partie des procédures de mutation classique avec quelques modalités particulières mais elles ne s'apparentent pas à des détachements.

## Les élèves et parents d'élèves

### • L'élève : un acteur du système éducatif ?

De droit, l'élève est un acteur du système éducatif. En pratique, la question mérite d'être toutefois posée car, s'il ne fait aucun doute que les élèves de lycée participent aux décisions concernant la vie de leur établissement, il n'en est pas de même pour ceux de maternelle. Quant aux collégiens, la situation est plus contrastée.

En effet, il a été mis en place un conseil de la vie lycéenne (**CVL***) qui est composé de 10 représentants d'élèves (3 sont élus pour un an par les délégués des élèves et 7 sont élus pour deux ans par l'ensemble des lycéens) et de 10 adultes répartis de la façon suivante : 5 professeurs ou membres de la communauté éducative (CPE*, assistants d'éducation), 3 membres du personnel administratif (y compris personnel ATOSS*) et 2 représentants de parents d'élèves. Les adultes n'ont qu'une voix consultative et ne peuvent prendre part aux votes. Le CVL est obligatoirement consulté pour les questions relatives à l'organisation du temps scolaire et de la vie lycéenne. Le CVL peut également formuler des propositions dans certains domaines (v. Les différents conseils et intervenants des établissements). Le CVL permet donc aux lycéens d'émettre un avis sur les décisions de la vie de leur établissement ; cet organe se retrouve à différents échelons du système éducatif dans la mesure où il existe un échelon académique (CAVL) et national (CNVL).

En revanche, il n'existe pas de telle structure au niveau du collège même si les élèves participent à la vie de l'établissement. Cette participation est néanmoins beaucoup plus formelle. Chaque classe de collège, comme au lycée d'ailleurs, désigne lors d'un vote en début d'année deux **délégués** de classe qui représentent les élèves au conseil de classe. Ils n'y exercent qu'un rôle consultatif et peuvent alerter les membres de l'équipe pédagogique ou éducative sur des dysfonctionnements (problèmes à l'intérieur de la classe, présence d'une bande à la sortie du collège, toilettes saturées aux récréations, problème de rationnement de la nourriture au service de cantine…). Parfois, ils jouent le rôle d'avocats de leurs camarades auprès des professeurs réunis collégialement afin de susciter leur clémence au moment de l'attribution des avertissements. Le conseil de classe répond aux délégués qui répercutent l'information auprès de la classe. Le rôle des délégués en tant qu'interlocuteurs est essentiel mais en tant qu'acteurs décisionnels, il est inexistant sauf pour les deux délégués d'établissement. En effet, tous les délégués de classe sont réunis pour élire les deux ou trois délégués de l'établissement et leurs suppléants. Ces délégués d'établissement siègent au conseil d'administration et participent au vote. Eux seuls ont donc un pouvoir décisionnel dans l'établissement.

En droit, la place de l'élève comme acteur du système éducatif est clairement affirmée. Dans la pratique, celle-ci s'avère plus ou moins grande en fonction de l'âge des élèves : au niveau primaire, ce rôle est presque nul car les enfants manquent encore beaucoup d'autonomie. Au collège, un rôle initiatique se met en place et certains élèves, plus que d'autres, se l'approprient. Ainsi les **FSE*** (Foyers socio-éducatifs) sont un bon moyen d'investissement. Sur le modèle d'une association de type loi 1901, le foyer est organisé et animé à l'initiative des élèves, les adultes n'y apportant qu'aide et conseils techniques. La durée de vie des FSE est variable car tout dépend de l'implication des élèves et de la disponibilité des enseignants qui n'agissent qu'en tant que bénévoles. Les élèves sont également les principaux acteurs des associations sportives (AS). L'animation des **AS** fait partie des obligations de service des professeurs d'EPS* qui proposent une ou plusieurs activités sportives le mercredi après-midi. L'élève joue un rôle important dans ce cadre éducatif : apprentissage des règles, efforts et assiduité à l'entraînement, représentation de son établissement dans le cadre des compétitions, etc. Le sport scolaire s'appuie sur deux associations : l'Union sportive de l'enseignement primaire (USEP) pour le premier degré et l'UNSS (Union nationale pour le sport scolaire) pour le second degré. Toutes les AS sont affiliées à l'UNSS qui organise des stages d'arbitrage et des compétitions à l'échelle nationale.

Le lycée marque la véritable dimension de l'élève comme acteur de la vie de son établissement, à un âge où l'aspiration à l'indépendance devient plus forte. Pour certains élèves, il s'agit même des premières expériences politiques dans le sens d'un apprentissage responsable de la revendication. Certains de ces acteurs de la vie lycéenne rejoignent ensuite les syndicats étudiants. L'idée de responsabiliser davantage les élèves est en tout cas en train de prendre forme, notamment par la mise en place de ressources numériques.

RESSOURCES :

- http://www.skyrock.com/waka/. Il s'agit d'un blog très officiel qui permet de trouver des renseignements utiles sur les études, l'orientation, la formation, les aides, la santé, le logement, la sécurité routière, etc.
- http://www.histoire.ac-versailles.fr/spip.php?article742. Cet article fait preuve d'une réflexion intéressante au sujet de blogs pédagogiques. Le cas présenté concerne l'histoire-géographie mais peut s'appliquer à d'autres disciplines.

Les élèves sont des consommateurs de médias tels qu'Internet et la forme des blogs leur est familière. Dans cet environnement, ils peuvent retrouver des informations qui leur sont utiles et qui n'auraient sans doute pas été entendues par une voie descendante (du professeur vers l'élève). L'élève peut interagir dans le cadre d'un réseau. Ces nouveaux outils contribuent à faire des élèves des acteurs autonomes et responsables.

### • Le rôle des parents au sein de l'école et de l'EPLE

Les parents d'élèves sont reconnus, de par la loi, comme des membres à part entière de la communauté éducative au même titre que les professeurs, les responsables de la vie scolaire et l'administration. Ils participent, plus ou moins activement selon les lieux, à la vie de l'établissement. Le dialogue avec les enseignants est de droit (un enseignant ne peut refuser de rencontrer un parent d'élève et doit motiver sa décision par écrit si tel était le cas). Les parents participent, au moyen de leurs représentants, aux conseils d'écoles, aux conseils de classes, aux conseils d'administration des établissements scolaires. Avant de distinguer les différences entre les premier et second degrés, quelques principes généraux doivent être posés.

Les parents disposent de plusieurs droits dont le premier concerne le droit d'*association*. Les trois principales associations de parents d'élèves sont la FCPE*, la PEEP* et, plus minoritaire, l'UNAAPE*. Il existe aussi des associations de parents dans l'enseignement privé comme l'APEL*. Elles regroupent exclusivement des personnes ayant la responsabilité légale d'un ou plusieurs élèves. Leur but est de défendre les intérêts moraux et matériels communs aux parents d'élèves. Les représentants de parents au sein d'un établissement ne sont pas obligés d'appartenir à une association mais c'est presque toujours le cas. Celles-ci ont le droit d'obtenir une copie de la liste des parents d'élèves d'une école ou d'un établissement si les parents ne se sont pas opposés à la diffusion de leurs coordonnées. Chaque association a le droit d'obtenir la diffusion de la liste de ses fédérations dans l'enceinte de l'établissement afin que les parents puissent la contacter en cas de besoin. Elles disposent d'un droit d'affichage qui s'apparente à un autre droit : celui à la *communication*. Les parents peuvent faire diffuser par l'intermédiaire des élèves des tracts d'information à partir du moment où le contenu respecte les règles de laïcité, de la vie privée et de neutralité (politique ou commerciale). Ce droit est intimement lié à celui de l'*information*. C'est en ce sens que des rencontres individuelles ou collectives sont organisées entre parents et professeurs. Toutes questions relatives au niveau scolaire ou au comportement de l'enfant doivent avoir une réponse y compris sur le programme, le déroulement des cours, la nature et la fréquence des évaluations. Lors de réunions telles qu'un conseil de classe ou d'administration, les parents doivent avoir accès aux mêmes documents que les autres membres de ces instances. Les parents disposent également d'un droit de *participation* à la direction de la vie de l'établissement. Les associations de parents interviennent auprès du chef d'établissement ou dans le cadre des instances éducatives par le biais de leurs représentants élus. Elles se prononcent dans divers domaines tels que la vie scolaire (élaboration du règlement intérieur, l'aménagement du temps scolaire, projet pédagogique…) ou périscolaire (temps d'accueil, cantine, transport, activités sportives et culturelles hors temps scolaire…). Enfin, les associations de parents d'élèves disposent d'un droit de *réunion*. Les parents d'élèves peuvent solliciter la tenue d'une réunion à l'intérieur de l'établissement. Une salle doit leur être attribuée pour l'occasion. Il peut s'agir d'une réunion de travail ou d'information à l'attention des autres parents mais aussi d'entraide (bourses de livres ou de fournitures pour les lycées).

La participation des parents aux instances de la vie de l'établissement varie selon les niveaux. En primaire, les parents participent au conseil d'école. Ils y sont élus et leur nombre est identique à celui des classes de l'école. La durée du mandat est d'un an. Dans le second degré, les parents participent à de nombreux conseils. Ils siègent à la commission permanente de l'établissement (trois représentants pour le collège et deux pour le lycée). Cette commission peut siéger en conseil de discipline et elle prépare les décisions du conseil d'administration qui est l'organe central d'un EPLE*. Il peut se comparer au conseil d'école. Les parents d'élèves élisent tous les ans leurs représentants qui sont au nombre de cinq dans les lycées, six dans les collèges de moins de 600 élèves et sept pour les autres. Au sein de chaque conseil de classe figurent deux parents d'élèves (mais il arrive parfois qu'il n'y en ait aucune faute d'implication de leur part). Ils sont choisis par le chef d'établissement sur proposition des responsables des listes au prorata du nombre de voix obtenus par chacune lors des élections des représentants de parents d'élèves. Dans les lycées, les parents du conseil d'administration, ou ceux désignés par eux, siègent également au conseil d'hygiène et de sécurité. D'autres parents peuvent s'y joindre mais leurs voix ne sont alors que consultatives. La présence des parents est bien établie dans le fonctionnement des établissements et ils ont la possibilité d'y jouer un rôle actif notamment par leur présence délibérative au sein des instances décisionnelles énumérées ici mais expliquées ailleurs (v. Les différents conseils et intervenants des établissements).

## Les principaux dispositifs du système éducatif

La répartition des dispositifs en une classification économique, géographique et pédagogique n'a d'autre usage que de clarifier l'énonciation des multiples actions entreprises par l'Éducation nationale pour venir en aide aux familles et aux élèves. Dans la réalité, tous ces dispositifs se mélangent, se complètent et ont pour vocation de favoriser la réussite des élèves.

### • Au niveau économique

Les aides économiques sont des dispositifs de soutien direct et individualisé aux familles. La **bourse sur critères sociaux** est la principale forme d'aide financière. Elle concerne les élèves du second degré qui doivent retirer un dossier auprès du secrétariat de leur établissement (en réalité, souvent distribué par le professeur principal). La bourse est payée en trois fois (une fois par trimestre) mais il existe des différences entre les bourses de collège et les bourses de lycée.

Au collège, les élèves scolarisés dans un établissement public ou privé sous contrat ou suivant un enseignement à distance, peuvent faire une demande de bourse. Le montant des bourses est périodiquement réévalué ; pour l'année 2010-2011, il y avait trois types de montants annuels (79,71 €, 220,80 € et 344,85 €) qui étaient attribués en fonction d'un plafond de ressources et du nombre d'enfants à charge. La demande de bourse se fait tous les ans auprès du chef d'établissement. Si un collégien fréquente un internat, il bénéficie d'une prime de (243,72 € en 2010-2011) qui complète le montant de sa bourse.

Au lycée (public ou privé sous contrat), dans un EREA* ou un CFA*, les modalités de demande sont les mêmes. En revanche, les montants sont plus élevés (entre 127,71 € et 595,98 €) et s'appliquent pour toute la durée de la scolarité au lycée. Les primes sont également plus nombreuses et diversifiées. Pour les élèves intégrant la voie professionnelle en vue de préparer un CAP* ou un BEP*, il existe une prime de qualification (435,84 €). Pour ceux qui intègrent une première année d'une formation spécialisée, il existe des primes d'équipement (341,71 € versés une seule fois). Pour les autres, il existe une bourse d'entrée en classe de seconde, de première ou de terminale (217,06 € versés une seule fois et non cumulables avec la prime de qualification). Pour récompenser les meilleurs élèves de 3^e^, il existe une bourse complémentaire dite **bourse au mérite**. En 2010, son montant était de 800 euros et elle était attribuée aux élèves ayant obtenu une mention "Bien" ou "Très bien" au DNB*. Certains élèves méritants peuvent également l'obtenir sur la proposition du conseil de classe du troisième trimestre (la décision d'attribution appartient à l'IA-DSDEN*). L'élève s'engage par écrit à faire ses études avec assiduité, ce qui conditionne, avec de bons résultats, le paiement de la bourse. Cette bourse est accordée pour toute la durée des études en lycée. Tout comme les élèves de collège, il existe des primes d'internat et le recours possible à des fonds sociaux.

Il existe des bourses dans le premier degré mais qui ne sont mises en place que par certains conseils généraux. Cette bourse cherche à promouvoir l'assiduité scolaire. Elle s'adresse aux familles de conditions modestes obligées de scolariser leur(s) enfant(s) dans une école d'une commune voisine lorsque la leur en est dépourvue. En 2004, 11 599 communes n'avaient pas d'école.

L'allocation de rentrée scolaire (**ARS***) est une aide financière qui touche un public beaucoup plus large en raison de plafonds de ressources plus élevés que pour les bourses. Les familles en font la demande auprès d'une CAF*. Le montant de l'allocation est progressif en fonction de l'âge de l'enfant. Pour la rentrée 2010, le montant était de 280,76 € pour un enfant de 6 à 10 ans, de 296,22 € pour un enfant de 11 à 14 ans et de 306,51 € pour un enfant de 15 à 18 ans. Les parents doivent scolariser leurs enfants dans un établissement public ou privé sous contrat. Les élèves inscrits au CNED* donnent droit à la perception de l'ARS.

Il existe aussi dans tous les établissements des fonds sociaux qui permettent d'obtenir une subvention ponctuelle pour assumer les dépenses de scolarité (frais d'internat, de demi-pension, de transport, de sorties scolaires, achat de matériel ou de fournitures...). La demande doit en être faite également auprès du chef d'établissement, l'anonymat de l'enfant est préservé et l'aide est versée en nature ou en argent.

• **Au niveau géographique**

L'idée de créer des aides par zone géographique vient d'Angleterre où, à la suite du rapport Plowden (1967), des politiques de discrimination positive ont été organisées au sein d'*Educational Priority Areas* dans les années 1970. Ces expériences ont directement inspiré la création de Zones d'éducation prioritaire (**ZEP***) en 1981. Le principe consiste à corriger les inégalités scolaires et sociales, en renforçant de façon sélective l'action pédagogique et éducative dans les zones, généralement urbaines, socialement défavorisées et aux taux d'échec scolaire importants. À la fin des années 1990, le bilan s'avère décevant et le dispositif est étendu à des zones plus larges en essayant d'articuler les écoles et les établissements du second degré : d'une logique de zone, le système évolue vers une logique de réseau avec les REP* (Réseau d'éducation prioritaire) qui intègrent des ZEP.

L'éducation prioritaire a été relancée en 2005-2006 avec le dispositif ambition réussite. La notion de réseau est conservée et la sémantique est plus positive (l'ambition est une projection vers l'avenir). L'objectif de cette relance de l'éducation prioritaire consiste à rationaliser les moyens d'aides en les concentrant sur les territoires les plus nécessiteux. C'est ainsi que les REP qui concentraient les plus grandes difficultés scolaires et sociales ont été transformées en **RAR*** (Réseau ambition réussite) et les autres en **RRS** (Réseau de réussite scolaire). En 2009, le dispositif était composé de 254 RAR et 851 RRS. L'éducation prioritaire concentre 5 % des effectifs scolarisés. Les établissements classés en RAR reçoivent des moyens supplémentaires : lors de leur création, 1 000 professeurs et 3 000 assistants pédagogiques y ont été affectés (écoles, collèges). L'échelle de pilotage se situe au niveau des collèges dans le cadre de bassins d'établissements. Chaque collège est relié aux écoles primaires qui forment ses effectifs. C'est ainsi que les 254 collèges RAR sont reliés à 1 725 écoles. Le réseau est dirigé par les chefs d'établissement, les directeurs d'école et les IEN*. Le développement d'une articulation avec le lycée est en cours afin de maintenir une aide aux élèves sortant des collèges ambition réussite. L'objectif des lycées ambition réussite est de conduire les élèves vers une orientation positive et ambitieuse (notamment grâce à un soutien scolaire gratuit d'autant plus nécessaire lorsque les enfants n'ont pas la chance de bénéficier de fortes ressources économiques de la part de leur famille). L'idée de ces réseaux est d'accompagner le plus possible les élèves individuellement, ce qui suppose de repérer leurs difficultés et de cibler les aides. Le recours à de nouvelles possibilités pédagogiques telles que les TICE*, l'aide d'assistants d'éducation pendant l'heure de classe et l'implication personnelle des enseignants sont des moyens d'y parvenir.

Pour les élèves en risque de rupture scolaire (absentéisme chronique, problèmes de comportement, rejet radical de l'institution…), des **dispositifs**

**relais** ont été mis en place sous forme de classes ou d'ateliers. Le dispositif s'organise géographiquement autour d'un établissement de rattachement, le plus souvent un collège et parfois un lycée professionnel. Les élèves qui intègrent ce type de structure ont épuisé toutes les aides qui leur ont été données. Leurs finalités sont identiques mais se différencient par la durée du séjour des élèves et les partenariats. Les classes relais reposent sur une coopération avec les services du ministère de la Justice (PJJ*). Les ateliers fonctionnent avec des associations agréées et des éducateurs spécialisés. Les collectivités territoriales participent au fonctionnement de ces dispositifs. Les élèves y travaillent en petits groupes (6 à 12 élèves) avec des professeurs volontaires. Le suivi, pour une durée de quelques semaines à quelques mois en classe relais et de quatre à seize semaines en atelier relais, y est beaucoup plus personnalisé. Ces classes ou ateliers relais permettent d'extraire temporairement l'élève de son établissement d'origine. En général, il est réintégré mais les résultats sont plus ou moins heureux : certains récidivent immédiatement tandis que d'autres inscrivent leurs efforts dans la durée. Les dispositifs relais concernent entre 7 000 et 8 000 jeunes par an.

À la rentrée 2010 ont été mis en place des établissements de réinsertion scolaire (**ERS***) : dont 20 unités devraient être créées d'ici juin 2011. Ces établissements doivent accueillir, loin de leur foyer d'origine, jusqu'à une trentaine d'élèves âgés de 13 à 16 ans, d'où l'existence d'internat au sein de ces structures. Le profil de ces derniers correspond à des jeunes très perturbateurs qui ont été plusieurs fois exclus des collèges qu'ils ont fréquentés. La scolarisation se fait sur un rythme adapté : cours le matin et activités sportives et culturelles l'après-midi. Les élèves sont encadrés, comme dans les classes relais, par des enseignants, des éducateurs spécialisés et des personnels de la protection judiciaire de la jeunesse (PJJ*).

• **Au niveau pédagogique**

Parce que les dispositifs pédagogiques sont nombreux et variés, seuls les plus importants ou les plus récents sont présentés.

Dans le premier degré, il existe des réseaux d'aides spécialisées aux élèves en difficulté (**RASED**). Ils sont constitués de professeurs des écoles titulaires d'un certificat complémentaire (CAPA-SH*). Ce dispositif est destiné à lutter contre l'échec scolaire ou à le prévenir dès le niveau de la maternelle. Les professeurs spécialisés des RASED viennent renforcer les équipes pédagogiques en leur apportant une expertise en matière d'évaluation et de remédiation des difficultés scolaires lorsque toutes les aides classiques sont restées sans effet. L'aide spécialisée peut revêtir deux formes : elle peut être pédagogique (méthodes pour comprendre, pour apprendre, etc.) ou rééducative (aider l'élève à adopter un bon comportement, à avoir les bonnes attitudes de travail, etc.).

Les professeurs spécialisés n'agissent pas seuls et travaillent en concertation avec le conseil des maîtres. Leur action peut se faire dans le cadre de la classe animée par le professeur habituel de l'élève ou bien en dehors, en constituant des groupes d'élèves en difficulté par niveau. La mission des enseignants spécialisés est temporaire et ils interviennent donc de façon mobile dans plusieurs écoles d'une circonscription. Dans les collèges classés RAR*, il existe des professeurs des RASED parmi l'équipe pédagogique afin d'assurer une continuité pédagogique entre le premier et le second degré.

Le **PPRE*** (Programme personnalisé de réussite éducative) est mis en place dès lors qu'un écolier ou un collégien manifeste des difficultés importantes dans l'apprentissage des connaissances et des compétences du socle commun. Le repérage de ces difficultés se fait de différentes manières : après l'évaluation de fin de cycle III à l'école primaire (CM2), à l'issue d'une année scolaire par le conseil des maîtres ou le conseil de classe et par tout professeur, à n'importe quel moment de l'année, lorsqu'il constate une difficulté soudaine laissant présager des difficultés durables. Le PPRE est préalablement proposé aux parents mais il est obligatoire en cas de redoublement. Le niveau de l'élève est diagnostiqué par une évaluation qui permet de déterminer les causes des difficultés (comportement, concentration, problèmes personnels…), les compétences acquises par l'élève et ses points forts sur lesquels s'appuyer ainsi que l'écart entre son niveau réel et celui défini par le socle commun (écart que le PPRE doit combler). Ce n'est qu'ensuite que le dispositif est mis en place dans le cadre d'un travail d'équipe. La transversalité de l'aide apportée à l'élève doit lui permettre de retrouver le goût des apprentissages et une confiance personnelle dans un laps de temps déterminé. Les professeurs apportent leur expertise en matière pédagogique pour remédier aux difficultés de l'élève tandis que les personnels spécialisés (médecin ou infirmière, psychologue et assistante sociale) travaillent sur leurs causes lorsqu'elles sont sociales, familiales, ou médicales. Les parents sont associés au PPRE* faisant de ce dispositif un moyen de créer une synergie collective autour de l'enfant. En effet, le PPRE revêt la forme d'un contrat entre l'établissement, la famille et l'équipe pédagogique. Il n'a pas de durée prédéterminée mais, en ce domaine, l'aide ne doit être que temporaire et correspondre aux besoins de l'enfant : tant qu'il rencontre des difficultés et que ses progrès ne sont pas significatifs, le programme est maintenu. En revanche, les objectifs sont volontairement réduits afin d'éviter que l'élève ne se disperse. Le français, les mathématiques et la langue vivante sont les matières prioritairement prises en charge.

Pour les enfants handicapés, il existe également un dispositif de ce type : il s'agit du **PPS** (Projet personnalisé de scolarisation). Il concerne la scolarisation des enfants à l'école primaire ou au collège. Un diagnostic est d'abord établi afin d'évaluer les besoins précis de l'élève. Dans la plupart des cas, une scolarisation au sein d'un établissement traditionnel est privilégiée mais il peut arriver que l'enfant soit scolarisé dans des structures spécialisées. Ce dispositif pédagogique vise à socialiser l'enfant handicapé afin de lui permettre un épanouissement le plus total sur le plan personnel, moral et, à terme, professionnel.

L'**accompagnement éducatif** est une autre forme d'aide qui intervient le soir après la classe. Il est destiné aux élèves du primaire ou aux collégiens du réseau de l'éducation prioritaire. L'accompagnement éducatif est un dispositif pédagogique qui relève de la politique d'égalité des chances. Il doit aider les élèves qui n'ont pas la possibilité de faire leurs devoirs dans de bonnes conditions à la maison ou bien offrir un accès à l'art, à la culture ou au sport pour ceux qui n'en ont pas les moyens. Il s'agit donc d'une offre éducative complémentaire à l'enseignement traditionnel. L'élève y trouve des conditions de travail plus souples et plus individualisées dans quatre types de formats : l'aide aux devoirs, la pratique sportive, la pratique artistique et culturelle, la pratique orale des langues vivantes (uniquement pour le collège). L'accompagnement éducatif est proposé toute l'année quatre fois par semaine. L'encadrement dépend de professeurs volontaires ou d'assistants d'éducation.

RESSOURCES :

- http://media.eduscol.education.fr/file/socle_commun/72/9/evaluation-grillesDNB_117729.pdf

# LES DROITS DE L'ENFANT

La société reconnaît des droits aux enfants. La France y consacre une journée nationale (le 20 novembre). C'est parce que l'enfant est avant tout un être en construction qu'il en va de la responsabilité de l'adulte de veiller à sa protection mais aussi de l'aider à fixer des limites.

Au préalable, il faut s'arrêter sur un problème de définition : qu'est-ce qu'un enfant ? La question mérite d'être posée car, dans le cadre d'une scolarité, il n'y a rien de comparable entre un élève de maternelle et un lycéen. D'après la Convention internationale des droits de l'enfant, celui-ci est défini comme étant un être humain dont l'âge est inférieur à 18 ans sauf si la législation fixe la majorité à un âge inférieur : l'enfant est donc assimilé à un mineur. Il semble pourtant pertinent de distinguer l'enfant de l'adolescent et ce d'autant plus que, dans la temporalité scolaire, cette transition se marque nettement à partir de l'âge de 13 ou 14 ans (classe de 4e au collège, réputée pour être la plus difficile à gérer).

En tout état de cause, cela implique la prise en compte d'une différence vis-à-vis d'un être majeur, d'où l'idée d'un traitement particulier qui doit être accordé à l'enfant. Il faut donc aborder successivement plusieurs points : quels sont les principaux textes qui ont fondé le droit des enfants ? Comment, dans le cadre d'une relation scolaire, se traduit l'égalité des droits entre enfants et adultes ? Si la condition mineure de l'enfant appelle une protection particulière, il faut alors se demander ce que doivent être la nature de cette protection et les modalités de son exercice. Subsidiairement, il n'est pas inutile d'envisager la relation entre professeurs et parents dans le cadre de cette protection des mineurs.

## Les textes fondateurs

### • La convention de Genève (1924)

Rédigé en 1923 par Eglantyne Jebb pour en faire la charte de l'Union internationale de secours de l'enfant (UISE), ce texte est adopté par la Société des nations (SDN) en septembre 1924. Il s'agit de la première convention internationale affirmant la nécessité de protéger les enfants. C'est un document extrêmement court composé d'un préambule et de cinq articles. Il est préalablement affirmé que l'humanité doit donner ce qu'elle a de meilleur à l'enfant en dehors de toute considération de race, de nationalité ou de croyances (reflet de l'influence marquante du séjour d'Eglantyne Jebb dans les Balkans en 1919). La convention détermine deux critères de développement : la situation matérielle mais aussi psychologique de l'enfant. Les cinq fléaux identifiés par le texte concernent la faim, la maladie, le retard de développement, la délinquance juvénile et l'abandon (qui est associé au sort des orphelins). En revanche, aucune disposition n'affirme la nécessité de scolariser les enfants. Au contraire même, la problématique des années 1920 porte sur le travail quoique l'interprétation de l'article prête à confusion : "l'enfant doit être mis en mesure de gagner sa vie et doit être protégé contre toute exploitation" (article 4).

**• La Déclaration des droits de l'enfant (1959)**

La Déclaration des droits de l'enfant affirme dans son préambule sa double filiation à la convention de Genève (droits de l'enfant, dévouement de l'humanité à son égard) et à la Charte des Nations unies (progrès social et universalisme). Le texte pose comme considération préalable que l'enfant a droit à une protection en raison de son manque de maturité intellectuelle et physique, avant et après la naissance.

La déclaration est composée de dix articles. Les principes en sont que l'enfant a droit à une identité, à tous les moyens possibles pour favoriser son développement sur le plan physique, mental, moral, spirituel et social. À ce titre, il bénéficie de la sécurité sociale et de conditions matérielles adéquates (logement, alimentation, loisirs). D'une manière plus novatrice et loin de la forme juridique conventionnelle, il est fait référence au besoin d'amour, de compréhension et d'une atmosphère d'affection pour assurer le développement harmonieux de sa personnalité. La déclaration fait explicitement référence à l'éducation et à l'instruction qui doit être gratuite et obligatoire au moins pour les niveaux élémentaires. Le principe d'égalité des chances est aussi posé. L'éducation doit permettre le développement du jugement personnel de l'enfant ainsi que le sens de ses responsabilités en vue de devenir un membre "utile" (tel est le terme du texte) à la société. Quant à la responsabilité de l'éducation, elle incombe en priorité aux parents. La fin de la déclaration est consacrée à la protection de l'enfance (négligence, cruauté, exploitation, traite, travail nocif pour sa santé) et à la promotion de valeurs universelles (tolérance, refus des discriminations, paix et fraternité entre les peuples).

**• La Convention internationale des droits de l'enfant (1989)**

La convention internationale est sans aucune contestation possible le texte le plus complet sur la protection de l'enfance mais aussi le plus rassembleur dans la mesure où il vise l'adhésion du plus grand nombre de pays. Il est composé d'un préambule et de 54 articles répartis en trois parties. Cette convention dépasse le simple cadre de la déclaration de principes et engage plus nettement les États signataires qui sont à ce jour au nombre de 192. Le dénominateur commun s'avère le plus large possible et pour cette raison la France a émis une réserve sur trois articles : l'article 6 fait référence au droit à la vie de l'enfant mais la France a rappelé que cette disposition ne pouvait remettre en cause le droit à l'avortement des femmes. L'article 30 fait référence au droit pour un enfant issu d'une minorité ethnique, religieuse ou linguistique d'avoir le droit de s'exprimer dans sa langue au sein de l'État où réside cette minorité. La France invalide ce point en vertu de l'article 2 de la Constitution de 1958 : "la langue de la République est le français". La troisième réserve concerne une adaptation de l'article 40 au droit pénal français.

Le préambule rappelle les mêmes valeurs universelles des textes précédents en ajoutant des dispositions relatives à l'adoption et à la situation des femmes et de leurs enfants dans des pays en guerre. En outre, il est précisé que le texte tient compte de l'importance des traditions de chaque peuple et rappelle la nécessité de la coopération internationale dans le domaine de la protection de l'enfance. L'article 1 donne la définition d'un enfant : tout être humain âgé de moins de 18 ans (et donc, contrairement à la déclaration de 1959, ne mentionne pas l'enfant à naître).

Les articles 2 à 5 rappellent que les États doivent s'engager à protéger les enfants de toutes formes de discrimination, à leur apporter tous les soins nécessaires à leur bien-être et à reconnaître leurs droits aux responsables légaux de l'enfant. Les articles 6 à 8 concernent l'identité de l'enfant. Les articles 9 à 11 définissent les rapports entre l'enfant et sa famille, la séparation et le regroupement familial ainsi que la mobilité illicite des enfants. Les articles 12 à 17 concernent la promotion et la défense des libertés des enfants (expression, conscience, association, information...). L'article 18 reconnaît la responsabilité parentale. L'article 19 prévoit les mesures de protection contre les enfants (violence physique et psychologique, y compris familiale, règles de précaution pour l'adoption, protection humanitaire en cas de statut de réfugié). Les articles 23 à 26 traitent des dispositions relatives à la santé des enfants (handicap, services médicaux, protection sociale). Les articles 27 à 31 font référence au développement humain (niveau de vie suffisant, éducation et scolarisation, égalité des chances, prise en compte de la différence culturelle, religieuse et linguistique, loisirs et récréation). Les articles 32 à 38 concernent la protection des enfants face aux organisations criminelles civiles ou en temps de guerre (exploitation économique ou sexuelle, consommation de produits stupéfiants, trafic d'enfants, torture, enrôlement dans les armées, emprisonnement). Les articles 39 à 41 font référence à la réinsertion sociale d'enfants après avoir subi des sévices ou bien lorsqu'ils doivent faire face à la justice.

La seconde partie concerne la procédure que les États doivent mettre en place afin de tenir les engagements qu'ils ont pris dans la première partie. Les articles 42 à 43 préconisent que les pays signataires doivent instaurer un comité des droits de l'enfant qui est composé de dix membres de "haute moralité", élus pour quatre ans. Ces comités sont financés par l'ONU et sont censés surveiller l'efficacité de la protection des droits de l'enfant dans chaque État membre, de mener des actions au cas où des manquements seraient constatés et indiquer les facteurs qui expliquent les carences en la matière. La troisième partie concerne des dispositions sur le fonctionnement juridique de la convention (proposition d'un amendement, procédure de résiliation, etc.).

## Autorité du professeur et droits de l'enfant

### • Démocratie scolaire ou école démocratique ?

Dans un contexte d'ouverture croissante de l'école sur la cité, on assiste à une évolution considérable dont il reste à déterminer s'il s'agit de la mise en place d'une démocratie scolaire ou d'une transformation démocratique de l'école.

Les deux termes comportent une notion différente. La démocratie scolaire correspondrait à un système où l'école aurait été absorbée par la démocratie. Il y aurait ainsi confusion entre l'école et la cité, la première devant s'appliquer les règles de la seconde. Ce modèle est appliqué dans quelques rares établissements autogérés extérieurs à l'Éducation nationale ou dans certains systèmes scolaires comme en Suisse, en Israël ou en Grande-Bretagne. En tant que représentants des enfants, les parents y exercent l'essentiel du pouvoir tout en déléguant l'autorité quotidienne aux enseignants.

La seconde expression, bien qu'elle recoupe la première, est plus nuancée. L'école demeure centrale et comme ayant une place à part dans la cité. Son fonctionnement intègre les règles démocratiques de la cité mais ne s'y substitue pas. Les enfants ont des droits parmi d'autres droits (ceux des adultes), les sanctions sont réglementées mais un règlement intérieur* leur impose également des obligations, les élèves s'expriment en conseil d'administration mais parmi d'autres voix. En ce sens, l'école s'adapte à son temps dans une perspective de projet démocratique. Les Lumières comptaient sur l'école pour éradiquer l'obscurantisme ; la démocratie compte aussi sur l'école pour apprendre à la pratiquer. En ce sens, il y a une école démocratique car, pour apprendre la démocratie à des enfants, il faut en adopter les principes et les actions. L'école est un lieu où la démocratie s'apprend par la démocratie. Les enfants y ont un double statut : celui d'élève (au sens étymologique, pour s'élever intellectuellement) et celui d'apprentis citoyens.

• **Un renouvellement de l'autorité**

L'étymologie du mot éduquer renvoie à conduire, mener. Celui qui conduit, qui mène l'enfant vers un savoir possède un droit de direction qui fonde l'autorité. Pour éduquer à la liberté, il faut bien exercer une autorité et, vouloir l'une sans l'autre, ce serait comme si l'individu voulait l'éducation sans vouloir être éduqué. C'est en cela que la définition de l'autorité du professeur est délicate : on lui reconnaît le droit d'éduquer mais son action est sujette à caution.

L'autorité du professeur ne doit donc pas se comprendre, dans un premier temps, comme un moyen de coercition. Étant donné que l'éducation confère une parcelle d'autorité, celle-ci doit reposer d'abord sur le savoir disciplinaire de l'enseignant. Un professeur qui maîtrise parfaitement son art impose une autorité qui éduque car il met de la distance entre lui, le savant, et les élèves, qui ne savent pas encore. Leur prise de conscience de ce rapport asymétrique doit les conduire à accepter cette autorité professorale.

L'autorité par le savoir est donc légitime. Le professeur fonde ici une autorité d'adhésion. L'erreur serait de confondre autorité et pouvoir sur un mode de fonctionnement tyrannique : "je possède l'autorité, donc tu exécutes". Cette forme de conception de l'autorité s'apparente à de l'autoritarisme. L'autorité fondée sur le savoir est plus constructive : "je sais mais si tu écoutes mes conseils, tu sauras aussi". Il y a donc la promesse d'un don : celui de la connaissance. Ceci étant posé, se pourrait-il que l'autorité fondée sur le savoir engendre une autre forme d'autorité coercitive ? Par exemple, en privant l'élève de la faculté de penser librement puisque seule l'autorité du professeur fait foi ? Non, car l'autorité doit aussi être sagesse : une démarche d'honnêteté intellectuelle s'impose et elle consiste à reconnaître que nul ne peut être omniscient et le doute, l'erreur même font partie de l'apprentissage. Par conséquent, postuler que l'autorité du professeur repose sur le savoir ne signifie pas déconsidérer les enfants qui ne savent pas. Un élève qui se trompe ne peut pas subir les foudres de l'autorité : elle serait injuste (et ingrate car, dans les faits, l'enseignant n'est pas lui-même à l'abri de l'erreur).

Est-ce à dire que l'autorité du professeur se limite seulement au savoir disciplinaire et à la sagesse empreinte d'humanité ? Ce serait très incomplet. Il est courant qu'un élève manifeste des signes de mauvaise volonté et qu'il empêche les autres de travailler. Le professeur ne peut pas accepter un tel comportement. C'est une limite qui ne peut être ni franchie, ni négociée. L'autorité, à ce stade, devient aussi force coercitive. Néanmoins, il faut souligner dans ce genre de situation que le sens de l'observation du professeur est très important : le refus d'un élève est-il l'expression d'un malaise ou d'une volonté délibérée ? Est-ce une maladresse d'expression ou un argument solidement opposable au discours du professeur ? Agit-il seul ou l'ensemble de la classe est-il agité par un vent de révolte ? Le sens de l'observation est en effet déterminant car il permet une réponse adaptée : parfois l'humour est une arme qui peut retourner toute une classe à son avantage en quelques secondes et pour quelques mois. Un élève qui a posé une question pertinente mais dérangeante mérite qu'on lui réponde avec attention car toute réponse provenant de l'autorité dans le cadre du dialogue qui se noue marque la reconnaissance implicite de celle-ci par l'élève.

Il reste que l'autorité de l'enseignant est parfois ouvertement contestée dans une démarche d'irrévérence, de mépris, voire de méchanceté. Le contrôle de ce genre de situation dépasse le simple cadre de l'autorité. Certains élèves adoptent un comportement de provocation systématique qui expose le professeur à une perte de contrôle de soi et une prise de pouvoir symbolique par l'élève concerné qui se dira "choqué" qu'un professeur manque de respect à des "enfants". La situation se trouve alors totalement inversée. Ce genre de situation, lorsqu'elle est vécue, est d'autant plus blessante que le professeur se trouve seul : les autres élèves, par *a priori*, quand ils n'ont rien vu ou rien entendu, soutiennent leur camarade ("le professeur n'aurait jamais dû... ; s'il veut qu'on le respecte, il faut qu'il nous respecte d'abord"). Dans certains établissements, ces comportements sont tellement quotidiens que leur gestion consiste à demander aux professeurs d'avoir un degré d'acceptation élevé, ce qui se traduit par un fort sentiment d'impunité chez les élèves en question. Travailler dans ces conditions rend vitale la compréhension des codes sociaux des élèves (ce qui n'est pas évident lorsqu'on les découvre) et ces conditions de travail demandent des ressources psychologiques fortes : patience, contrôle de soi, énergie, résistance nerveuse. Il faut à tout prix éviter d'entrer dans le jeu de la provocation et inscrire son comportement dans une stratégie qui s'inscrit dans la durée.

Enfin, l'autorité du professeur s'applique dans un cadre collectif de référence qui est le **règlement intérieur***. Adopté en conseil d'école dans le premier degré ou en conseil d'administration dans le second degré (v. Les différents conseils et intervenants des établissements), le règlement intérieur présente les règles de bonne conduite à tenir dans l'enceinte de l'établissement ainsi que l'organisation des cours et de la vie scolaire. Ce document n'est ni un contrat, ni une charte. Il a force de loi dans l'établissement et doit être conforme aux dispositions juridiques en vigueur, y compris internationales. Ce document est donc très important car il permet au professeur d'appuyer son autorité sur un texte qui a été lu, ou au moins signé, par l'enfant et ses parents. En contrepartie, le professeur est également tenu d'avoir un comportement conforme à la norme édictée par le règlement intérieur. Les prescriptions du texte ne sauraient en effet s'appliquer qu'aux seuls enfants car, en matière éducative, l'autorité d'un professeur se fonde aussi sur son exemplarité : un élève aura beaucoup de mal à obéir à un professeur qui s'exempte de ses propres obligations. Le règlement intérieur, pour les collégiens, se trouve dans leur carnet de liaison*. Lorsqu'une infraction est commise, les professeurs disposent de pages intérieures sur lesquelles ils peuvent préciser la nature de l'observation. En règle générale, tous les établissements ont à peu près la même présentation :

| | | **Observations** | | | | **Sanctions** | | |
|---|---|---|---|---|---|---|---|---|
| Date | Professeur Matière | Attitude incorrecte | Oubli du matériel | Travail non fait | Devoir non rendu | Simple avertissement | Travail supplémentaire | Signature des parents |

Le professeur inscrit la date, sa matière et son nom avant de cocher le motif de la sanction qui peut être accompagnée d'un travail supplémentaire. Les parents doivent contresigner la croix. Le carnet de liaison peut également contenir une rubrique de récompenses. Les professeurs y apposent des mérites personnels lorsque l'attitude ou les résultats de l'élève sont en progrès durable ou bien qu'il témoigne d'un comportement exemplaire dans une situation ponctuelle.

Le professeur impose son autorité par son savoir, sa sagesse et la justesse de son positionnement par rapport à une situation donnée ainsi que par l'existence de règles communes qui s'appliquent à tous les membres de la communauté éducative. Il accepte les erreurs de ses élèves mais pas le refus de travailler. Il sait écouter mais ne se laisse pas entraîner dans des digressions, voire des négociations, préjudiciables à l'apprentissage commun. Il accepte la liberté d'expression de l'élève mais refuse tout usage abusif ou que celle-ci s'exerce au détriment de celle des autres. L'autorité du professeur se révèle par une manière d'être et une manière d'agir en respectant des règles qu'il fait lui-même courtoisement mais fermement respecter de façon identique à tous. La contrainte ne fonde pas l'autorité mais en est un des instruments auquel il faut recourir intelligemment car l'autorité de l'enseignant doit être utilisée pour aider l'élève à faire l'apprentissage de la liberté. L'expérience montre que les élèves acceptent l'autorité d'un professeur exigeant lorsqu'il est par ailleurs juste, équitable et finalement humain. Cet équilibre est difficile à trouver car on redoute, à juste titre, l'excès d'autorité et ses effets néfastes. Assumer son autorité revient, en définitive, à assurer la protection des enfants, ce qui constitue l'un des piliers des droits de l'enfant.

## Le droit à la protection

### • Pourquoi protéger les enfants ?

L'enfance est parfois assimilée à un âge tendre mais, dès l'école primaire, les jeux de cours de récréation montrent que les enfants sont parfois très durs entre eux. Les plus émotifs peuvent se retrouver dans des situations peu confortables, voire douloureuses, impliquant par la suite une moindre capacité à développer des rapports sociaux épanouis. L'adolescence, soit qu'elle prolonge une enfance difficile, soit qu'elle fasse surgir brutalement des questions complexes, est aussi une période parfois vécue difficilement par les jeunes. L'épanouissement personnel se trouve affecté pour de multiples raisons, qu'elles proviennent de blocages psychologiques ou d'un environnement social/familial chaotique. Protéger les enfants signifie d'abord veiller à ce qu'ils ne se mettent pas en danger vis-à-vis d'eux-mêmes dans de telles situations. Mais il peut aussi arriver que des jeunes enfants ou des adolescents soient en danger par faiblesse, d'esprit ou de corps, se trouvant ainsi exposés à la violence d'un autre enfant (ou plusieurs s'il s'agit d'une bande) ou d'un adulte mal intentionné.

Lorsqu'un professeur débute sa carrière, il s'interroge le plus souvent sur ses premiers cours, sur sa pédagogie, sur la manière d'imposer son autorité. Jamais, ou rarement, il ne pense aux situations que peuvent vivre les élèves. Or, la part de ceux qui connaissent une situation difficile, voire dramatique, est loin d'être négligeable même si aucune donnée statistique n'est, par définition, disponible. Tous les milieux géographiques et sociaux sont concernés mais la détresse est plus souvent cachée en milieu rural ou dans les couches sociales aisées. Gare aux idées toutes faites qui ont tendance à noircir le tableau mais la probabilité reste forte qu'un professeur soit un jour confronté à un enfant en danger. Si la plupart du temps, en effet, les soucis des enfants (dont la capacité de résilience est forte) ou ceux des adolescents parviennent à se régler heureusement avec le temps, pour d'autres les risques de rupture existent réellement. Le suicide est la deuxième cause de mortalité chez les jeunes de 15 à 24 ans après les accidents de la route. Faire preuve de vigilance s'avère nécessaire : il en va de la responsabilité avant tout morale de l'adulte et du devoir de porter assistance à une personne dont on a pris conscience qu'elle était en danger. Il n'est pas toujours évident de déceler un enfant en souffrance mais certains signes doivent attirer l'attention comme par exemple l'isolement, le mutisme ou des traces corporelles (scarification sur les avant-bras par exemple). Les cas les plus difficiles concernent des enfants extravertis en apparence comme pour cacher une certaine détresse. Toujours est-il que tout changement brutal de comportement chez un enfant doit interpeller le professeur.

• **Les principaux dangers**

Il existe une grande diversité de situations à risques suivant la nature variée des dangers auxquels sont exposés les enfants et suivant leur âge. Par exemple, un enfant peut se trouver en danger par sa candeur tandis qu'un adolescent aura une attitude inconsciente mais volontairement dangereuse.

Les situations les plus fréquentes en milieu scolaire concernent les violences physiques et morales. Le collège est le niveau principalement touché mais les écoles primaires, dans certaines villes, se trouvent de plus en plus exposées. Outre les traditionnelles insultes et bagarres de cours de récréation, la violence devient plus inquiétante lorsqu'elle s'organise (racket, recel, expédition punitive...). Comme il est souvent difficile d'appréhender les auteurs de tels méfaits, il est indispensable de rappeler aux élèves quelques règles de précaution : ne pas traîner aux abords de l'établissement après les cours (surtout l'hiver quand la nuit tombe tôt), rester en groupe, ne pas exhiber des objets de valeurs tels que téléphones portables, baladeurs mp3, argent, etc. Il est important de rappeler que la violence est un moyen d'arriver à ses fins en s'appuyant non pas sur ses propres forces mais sur la faiblesse ou la vulnérabilité des autres. D'où l'importance d'agir en groupe et de ne pas hésiter à appeler à l'aide car la violence va souvent de pair avec la lâcheté.

Dans le cadre de l'enseignement avec les TICE*, il faut également rappeler aux enfants les dangers de l'Internet. Des campagnes de spots télévisés passent à intervalles réguliers pour sensibiliser les jeunes et leurs parents autour de ces questions. Beaucoup de collégiens et de collégiennes utilisent des sites de communication instantanée. Si la plupart du temps ils discutent avec des camarades, ils peuvent, via les liens de blog en blog, finir par entrer en contact avec des personnes dont ils ne connaissent pas l'identité. Or, par l'intermédiaire de pseudonymes, n'importe qui peut créer un personnage et les risques de mauvaise rencontre existent. En outre, l'exposition d'images à caractère sexuel ou violent n'est pas soumise à un contrôle comme il peut y en avoir avec la télévision. Il existe par exemple des sites où les jeunes peuvent télécharger des images de mise à mort, trouver des recettes pour fabriquer des cocktails explosifs, des méthodes de suicide, etc. Ces sites sont illégaux.

La consommation de produits dangereux pour la santé (tabac, alcool) ou stupéfiants (drogue) constitue également un danger auquel peuvent être exposés les jeunes. L'enquête ESCAPAD (Enquête sur la santé et les comportements lors de l'appel de préparation à la défense) réalisée auprès des filles et des garçons de 17 ans, montre qu'il existe à cet âge une consommation de produits psycho-actifs. La dernière enquête date de 2008 et révèle la situation suivante :

| | Île-de-France | | | Métropole |
|---|---|---|---|---|
| | Filles (en %) | Garçons (en %) | F + G (en %) | F + G (en %) |
| Tabac (au moins 1 cigarette par jour) | 24 | 25 | 25 | 28,9 |
| Alcool | | | | |
| au moins 10 fois dans le mois | 4 | 10 | 7 | 8,9 |
| usage ponctuel sévère (fêtes, soirées…) | 9 | 20 | 15 | 19,7 |
| ivresse répétée (au moins 3 fois dans l'année) | 16 | 24 | 20 | 25,6 |
| Cannabis | | | | |
| expérimentation (au moins 1 fois dans sa vie) | 38 | 46 | 42 | 42,2 |
| usage régulier (au moins 10 fois par mois) | 4 | 11 | 8 | 7,3 |
| Expérimentations diverses | | | | |
| poppers | 15 | 17 | 16 | 13,7 |
| ecstasy | 2 | 4 | 3 | 2,9 |
| cocaïne | 3 | 5 | 4 | 3,2 |
| héroïne | < 0,5 > | 1 | 1 | 1,1 |

**Tableau 25. Consommation de produits psycho-actifs à 17 ans**
en Île-de-France et en métropole, 2008 (OFDT*)

La consommation de cannabis peut engendrer ou accélérer la manifestation de troubles psychiatriques, tels que la schizophrénie, qui peuvent mener à des actes suicidaires ou entraîner des lésions cérébrales, souvent mineures mais irréversibles. Bien que réputée être une drogue douce et conviviale, il n'est pas possible de considérer le cannabis comme un produit inoffensif. La relative faiblesse des “expérimentations diverses”, et leur baisse depuis quelques années, ne doit pas pour autant conduire à une conclusion trop optimiste. En effet, dès la première prise, les conséquences peuvent s'avérer irréversibles : que l'on songe ici au GHB (dite “drogue du viol”) qui plonge la victime dans un état consentant avec tous les risques que cela comporte pour la santé (rapport non protégé, séquelle psychologique). Que ce soient l'alcool, la cigarette et toutes les autres drogues, le professeur doit avoir un propos très clair et précis sur les conséquences directes ou indirectes de la consommation de tels produits. C'est en ce sens que des cours d'éducation à la santé ou à la sexualité sont prévus dans les programmes car dans certaines familles l'accès à la prévention n'existe pas.

RESSOURCES :

- http://www.drogues.gouv.fr/

- http://www.lcpan.fr/Les-souffrances-des-adolescents.html (durée : 26 mn), avril 2010. Très intéressante interview de Xavier Pommereau, pédopsychiatre au CHU de Bordeaux et directeur du Centre Abadie.

- http://www.adosen-sante.com. Site d'information remarquable sur la prévention des risques (santé des adolescents).

### • Comment protéger les enfants ?

Il n'est pas possible de donner une liste d'actions détaillées qui permette de répondre à la question. En revanche, certains réflexes sont indispensables lorsqu'on travaille auprès des jeunes. La première habitude à prendre consiste à développer son sens de l'observation, que ce soit pour éviter les situations d'accident (proximité d'objets dangereux en école primaire, tables mal rangées qui pourraient être percutées…) ou pour détecter les changements de comportement chez les adolescents.

Le professeur doit ensuite avoir le sens de l'écoute. Pour un enfant de l'école primaire, c'est particulièrement difficile car le raisonnement est parfois confus. L'enfant peut vouloir faire passer un signal mais la maladresse de ses propos fait qu'il n'est pas bien perçu. La vigilance s'impose. Pour les adolescents, il est plus rare qu'ils se tournent spontanément vers un adulte et *a fortiori* un professeur. En général, la famille reste la cellule d'écoute de base et le réseau des amis est aussi mobilisé. Par conséquent, lorsqu'un adolescent se dirige vers son professeur pour se confier à lui, l'acte n'en est que plus fort et symbolique : c'est que l'on vous témoigne une grande confiance et votre rôle consiste alors à répondre à un appel. Il ne faut absolument pas négliger ce genre de situation même s'il y a les photocopies à faire pour le contrôle de l'heure d'après (en ce cas, on demande à l'élève de descendre jusqu'à la photocopieuse pour l'écouter et on lui donne un rendez-vous mais il ne faut surtout pas couper le contact ou que l'élève se sente négligé).

Lorsqu'on découvre qu'un jeune rencontre un problème, il ne faut pas agir seul, ce qui peut soulever des problèmes d'ordre éthique. Si un élève se confie et qu'il demande de ne rien dire, alors les événements prennent une tournure cornélienne : en parler c'est trahir l'élève avec le risque qu'il ne fasse plus confiance à l'institution mais agir seul c'est prendre des responsabilités trop lourdes si jamais l'élève est très instable et que la situation tourne mal. Il faut donc **en parler** avec toutes les précautions d'usage et même lorsque les faits surviennent en fin d'année scolaire (les problèmes d'un enfant ne s'arrêtent pas pendant les vacances…). Plusieurs acteurs sont à mobiliser. Au niveau des collègues d'abord, il faut en premier lieu se tourner vers le CPE* qui connaît déjà l'élève et peut-être sa situation familiale ; on peut en parler à un collègue de confiance capable de vous donner des conseils. Mais surtout, il faut **s'adresser à l'infirmière scolaire et à l'assistante sociale** de l'établissement. En général, les élèves qui ont des problèmes sont déjà connus mais leur situation n'est pas divulguée en raison du secret médical et professionnel. Cette obligation de discrétion s'applique également au professeur. Enfin, le chef d'établissement est une personne à avertir prioritairement en certains cas d'urgence (vous soupçonnez par exemple qu'une tentative de suicide est imminente dans l'enceinte de l'établissement ; il ne faut surtout pas laisser l'enfant seul et envoyer quelqu'un chercher du secours).

Référence juridique. Code civil, article 375 :

Si la santé, la sécurité ou la moralité d'un mineur non émancipé sont en danger, ou si les conditions de son éducation ou de son développement physique, affectif, intellectuel et social sont gravement compromises, des mesures d'assistance éducative peuvent être ordonnées par justice à la requête des père et mère conjointement, ou de l'un d'eux, de la personne ou du service à qui l'enfant a été confié ou du tuteur, du mineur lui-même ou du ministère public. […] Le juge peut se saisir d'office à titre exceptionnel.

Elles peuvent être ordonnées en même temps pour plusieurs enfants relevant de la même autorité parentale.

La décision fixe la durée de la mesure sans que celle-ci puisse, lorsqu'il s'agit d'une mesure éducative exercée par un service ou une institution, excéder deux ans. La mesure peut être renouvelée par décision motivée.

Cependant, lorsque les parents présentent des difficultés relationnelles et éducatives graves, sévères et chroniques, évaluées comme telles dans l'état actuel des connaissances, affectant durablement leurs compétences dans l'exercice de leur responsabilité parentale, une mesure d'accueil exercée par un service ou une institution peut être ordonnée pour une durée supérieure, afin de permettre à l'enfant de bénéficier d'une continuité relationnelle, affective et géographique dans son lieu de vie dès lors qu'il est adapté à ses besoins immédiats et à venir.

Un rapport concernant la situation de l'enfant doit être transmis annuellement au juge des enfants.

Lorsqu'un professeur prend connaissance d'un crime ou d'un délit commis à l'encontre d'un enfant, notamment sexuel, il est tenu par la loi d'en informer lui-même le procureur de la République (Code de procédure pénale, article 40). Ce signalement ne peut être apparenté à une forme de délation. S'il est informé indirectement et que les faits reposent sur un soupçon (signes de souffrance) ou sur des rumeurs, l'action collective prévaut et le professeur doit prévenir toujours les mêmes acteurs de l'établissement (directeur d'école ou chef d'établissement, médecin ou infirmière scolaires, assistante sociale) afin qu'une enquête préliminaire soit menée pour répondre à la fois au respect de la protection de l'enfant et du droit à la présomption d'innocence de la personne incriminée (dans le cas de rumeurs). Les familles doivent être informées lorsque leur enfant est la victime sauf si la personne mise en cause en est un membre.

| | | | |
|---|---|---|---|
| **Révélation directe à l'assistant(e) social(e)** | Enfant encore en contact avec son agresseur | Oui => | Signaler à l'inspection académique **le jour même** pour transmission immédiate au procureur de la République |
| | | Non => | Signaler dès que possible dans les mêmes conditions. |
| **Révélation directe à un tiers** | Le tiers est majeur | Oui => | Signaler au procureur de la République |
| | | Non => | Si le tiers mineur informe un adulte, travailler en concertation pour recueillir la parole de la victime |
| **Soupçons fondés sur témoignages indirects ou rumeurs** | Mener un travail collectif de concertation pour recueillir des éléments objectifs afin d'évaluer l'opportunité d'un signalement. Si le mis en cause est un personnel de l'éducation nationale, l'inspecteur d'académie est saisi par voie hiérarchique. | | |

**Tableau 26. Procédures en cas de prise de connaissance d'une agression sexuelle sur mineur**

Enfin, un moyen de protéger les enfants est de savoir qu'il existe des réseaux de protection de l'enfance, de diffuser des coordonnées utiles (le n° 119 ou http://www.allo119.gouv.fr pour l'enfance maltraitée) et de connaître les principales associations de prévention. Il s'agit en somme de faire circuler l'information dans une démarche préventive afin que les élèves puissent trouver, dans leur intimité, les réponses qui leur conviennent. Un site est recommandable pour la qualité de son contenu et l'éventail des sujets abordés : http://www.adosen-sante.com.

## Le professeur et l'autorité parentale

Le professeur détient une autorité qui ne peut en aucune façon se substituer à celle des parents. Pour éviter les incompréhensions entre enseignants et parents au sujet de la scolarité des enfants, il importe d'établir de bonnes relations. Cela passe par la communication. Cependant, celle-ci n'est pas toujours facile en raison de situations parentales complexes.

• **Communiquer avec les parents**

Le contact avec les parents est primordial. C'est un facteur déterminant dans la constitution d'un climat positif au sein de l'établissement. À l'école primaire, la sortie d'école est un moment qui favorise le contact avec les parents d'élèves ; c'est l'occasion pour signaler des informations que le professeur juge importantes pour la vie de la classe ou pour l'épanouissement de l'enfant. Au collège et au lycée, comme à l'école primaire, dès le début de l'année, une rencontre entre parents et professeurs est toujours organisée pendant laquelle chaque professeur explique le fonctionnement de sa classe, le déroulement des séances, la nature et la fréquence des évaluations, les grandes lignes du programme ; il rappelle aussi l'importance d'avoir son matériel de travail et comment s'organiser à la maison, etc. Avant de partir, demander si les parents ont des questions marque le signe le plus manifeste d'ouverture au dialogue. Il est bon de rappeler que l'on est disponible à tout moment de l'année. Plus tard dans le calendrier scolaire, généralement à la mi-trimestre, des réunions individuelles sont organisées pour que parents et professeurs puissent avoir un échange plus personnel. Il est tout à fait envisageable de créer une adresse mail professionnelle que l'on diffuse auprès des parents et cette solution a l'avantage d'être souple et rapide (cela évite les allers-retours du carnet de liaison pour fixer une date de rendez-vous).

Les relations entre parents et professeurs sont très variables : dans certaines circonstances, il arrive que les parents se reposent totalement sur le professeur en disant, avec des formes plus ou moins directes, que leur enfant c'est aussi le vôtre et que vous pouvez faire tout ce qu'il faut pour le mettre dans le droit chemin ; inversement, certains parents ont une grande méfiance vis-à-vis de l'institution et vont parfois jusqu'à demander des explications sur tel contenu du cours ou sur telle appréciation. Dans la très grande majorité des cas, les parents font confiance aux enseignants, en attendent des conseils et les considèrent comme des experts de leur discipline et de la pédagogie. Dans de telles situations, la communication est alors aisée et s'établit sur un mode de confiance mutuelle. C'est la raison pour laquelle la communication facilite toujours le travail du professeur et permet de trouver des solutions à des pannes de motivation scolaire ou à un coup de blues passager. L'enfant sent que les parents et l'école sont derrière lui et cette présence s'avère très rassurante à un âge où l'on se pose beaucoup de questions même si une attention trop systématique peut créer un sentiment de rejet chez l'adolescent.

Les motifs d'échange sont également très variés, que ce soit à la demande des parents ou des enseignants. Le principal d'entre eux relève du comportement : un enfant qui ne parvient pas à canaliser son énergie, un enfant agressif envers les autres, un enfant totalement effacé, un enfant complètement dans la lune, etc. Lorsque la demande vient du professeur, c'est généralement pour obtenir des explications en vue de comprendre et d'agir. Lorsque l'initiative est parentale, c'est surtout pour être rassurés car les parents connaissent leur enfant et s'inquiètent de savoir comment il vit en société. Les résultats scolaires ont également une incidence dans les rencontres parents-professeurs. Généralement, ce sont les enseignants qui sollicitent l'entretien mais il peut arriver aussi que des parents demandent à rencontrer un professeur parce que leur fils ou leur fille n'a "que" 14/20 de moyenne. La rencontre doit permettre de faire le point sur la façon d'évaluer et de situer l'élève par rapport à un niveau général. Il faut tantôt faire comprendre aux parents que l'élève ne fournit pas suffisamment d'efforts, tantôt les mettre en garde contre tout excès de pression au niveau des résultats scolaires. C'est aussi l'occasion de sensibiliser les parents sur les dispositifs de soutien scolaire qui existent. Le troisième motif de rencontre est lié à l'orientation des élèves. Le COP* est parfois un acteur peu connu des parents qui ont alors, à juste titre, le réflexe de se tourner vers l'enseignant. Il faut donc faire le tour de la question : intérêts de l'enfant, présentation du niveau d'étude à venir, les formations, les débouchés. Il s'agit ensuite d'aiguiller les parents vers un CIO* et leur recommander de prendre contact avec le COP* qui est le spécialiste de la question tout en les incitant à s'informer par eux-mêmes et à ne pas dépendre d'une seule source.

**• Les situations complexes**

La communication avec les parents n'est pas toujours possible lorsque le professeur souhaite établir un contact. Il y a des cas où les parents refusent le dialogue ou sont dans le déni : leur enfant n'a aucun problème, ses résultats ne reflètent aucun souci, etc. Dans ce genre de situation, la sensation de désemparement est totale mais il faut toujours faire preuve de diplomatie. De plus, il faut avoir à l'esprit que certains comportements peuvent refléter un malaise vis-à-vis de l'institution scolaire, surtout si les parents ont eux-mêmes vécu des situations d'échec à l'école.

Il existe également des cas où la situation familiale complique les relations entre l'école et les parents. C'est notamment le cas lorsque des parents divorcent et que l'enfant devient un enjeu dans la séparation. Dans ce genre de situation, le professeur peut être amené à voir alternativement le père ou la mère, où chacune des parties accuse l'autre ne pas s'occuper de l'enfant de façon satisfaisante d'où ses difficultés, etc. Ce sont souvent des situations tragiques et dans lesquelles le sentiment d'impuissance est grand. Lorsque le conflit entre père et mère est trop aigu, il arrive que l'élève soit gardé par les grands-parents, donnant ainsi lieu à une autre configuration de communication.

Un autre cas de figure se rencontre en présence de familles "polystructurées". Parfois le père est absent (à l'étranger par exemple) et les interlocutrices (car ce sont souvent des femmes) peuvent être une mère fonctionnelle (qui n'est pas la mère biologique), une grande sœur, une tante, etc. La communication peut très bien fonctionner mais l'enfant, surtout s'il s'agit d'un garçon en pleine adolescence, peut ne pas tenir compte de cette autorité de substitution et tout le travail élaboré avec la "famille" (et non plus les "parents") devient très fragile.

Il peut arriver que le professeur découvre que la famille est à l'origine de la maltraitance de l'élève. Cette maltraitance peut être volontaire (enfant battu) ou involontaire (négligence, état de grande pauvreté morale ou économique qui ne permet d'assurer les conditions matérielles propres à l'épanouissement de l'enfant...). En ce cas, le professeur a le devoir de le signaler. Cette démarche est grave, l'enseignant ne saurait y avoir recours qu'avec discernement. Dans le cadre collégial du métier, il convient d'agir en concertation avec le chef d'établissement, l'infirmière ou le médecin scolaire et le CPE* (ou directeur de l'école dans le primaire). Le service d'Aide sociale à l'enfance (ASE) est alors prévenu afin qu'une enquête soit menée. La famille peut recevoir de l'aide. S'il existe un danger immédiat, l'enfant peut être retiré à la famille et placé (en ce cas les parents sont dépossédés de leur autorité parentale mais le lien de filiation n'est pas rompu). Il existe deux sortes de placements : dans une famille d'accueil ou dans un foyer. Dans cette situation, le professeur est amené à rencontrer des tuteurs ou des éducateurs, voire des parents adoptifs dans le cas de pupilles de l'État.

# L'ORGANISATION, LE FONCTIONNEMENT ET LES INDICATEURS DES ÉTABLISSEMENTS

## L'organisation des établissements scolaires

| Nbre de classes | France métropolitaine – Écoles maternelles – Public | Écoles maternelles – *Privé* | Écoles élémentaires et spécialisées – Public | Écoles élémentaires et spécialisées – *Privé* | Total – Public | Total – *Privé* | DOM – Écoles maternelles – Public | Écoles maternelles – *Privé* | Écoles élémentaires et spécialisées – Public | Écoles élémentaires et spécialisées – *Privé* | Total – Public | Total – *Privé* |
|---|---|---|---|---|---|---|---|---|---|---|---|---|
| 1 | 1 274 | *37* | 3 948 | *149* | 5 222 | *186* | 5 | *2* | 12 | *4* | 17 | *6* |
| 2 | 2 304 | *32* | 4 402 | *505* | 6 706 | *537* | 14 | *1* | 20 | *2* | 34 | *3* |
| 3 | 3 990 | *36* | 3 583 | *591* | 7 573 | *627* | 43 | *5* | 29 | *0* | 72 | *5* |
| 4 | 3 386 | *20* | 3 290 | *610* | 6 676 | *630* | 42 | *1* | 39 | *2* | 81 | *3* |
| 5 | 2 537 | *16* | 3 687 | *545* | 6 174 | *561* | 55 | *0* | 62 | *4* | 117 | *4* |
| 6-10 | 2 720 | *32* | 10 086 | *1 756* | 12 806 | *1 788* | 209 | *1* | 272 | *25* | 481 | *26* |
| 11-15 | 79 | *8* | 2 698 | *675* | 2 777 | *683* | 42 | *0* | 255 | *15* | 297 | *15* |
| > 16 | 0 | *3* | 352 | *281* | 352 | *284* | 1 | *0* | 112 | *19* | 113 | *19* |
| **Total** | **16 290** | ***184*** | **31 996** | ***5 112*** | **48 286** | ***5 296*** | **411** | ***10*** | **801** | ***71*** | **1 212** | ***81*** |
| | **16 474** | | **37 108** | | **53 582** | | **421** | | **872** | | **1 293** | |

Lecture : en métropole, 1 274 écoles maternelles publiques sont à classe unique contre 37 dans le privé. 3 948 écoles primaires publiques sont à classe unique contre 149 dans le privé. Il y a 5 222 écoles publiques à classe unique contre 186 dans le privé.

**Tableau 26. Nombre d'établissements par nombre de classes en 2009** (MEN)

• **L'école primaire**

L'organisation d'une école primaire est relativement simple. Le personnel qui y est employé est composé de professeurs des écoles qui sont recrutés par l'État et d'agents territoriaux recrutés par la commune. La direction de l'école est assurée par un professeur qui est inscrit sur une liste d'aptitude et a été désigné par l'inspection académique. Le professeur qui assume les fonctions de directeur reçoit une décharge horaire partielle ou totale lorsqu'une école compte au moins quatre classes. L'ampleur de cette décharge varie selon la taille des établissements et selon la commune (Paris et les zones d'éducation prioritaire ayant des conditions plus favorables). 40 % des écoles publiques en France métropolitaine sont de petites structures puisqu'elles comprennent trois classes et moins. Ce sont le plus souvent des écoles rurales. Les écoles qui comptent entre 6 et 10 classes sont les plus répandues. Les grosses structures sont rares sauf dans les départements d'outre-mer. Les situations de direction sont donc très différentes selon les lieux : un directeur d'école peut avoir à gérer une équipe de trois collègues tandis que d'autres peuvent être amenés à gérer un groupe de plus d'une douzaine de personnes. Les **directeurs d'école** sont confrontés à d'importantes tâches de gestion et d'animation. Il faut tout d'abord souligner que deux paramètres ne font pas partie de leurs attributions : ils ne disposent d'aucune compétence financière (le budget de l'école est inclus dans celui de la mairie) et ils n'ont aucun pouvoir hiérarchique sur les professeurs. Ses fonctions sont définies par le décret n° 89-122 du 24 février 1989.

Un directeur veille tout d'abord à la bonne marche de l'école et au respect de la réglementation. Il procède à l'inscription des élèves sur présentation du certificat d'inscription délivré par le maire. Il constitue les classes et les répartit entre les professeurs. Il confie les tâches au personnel communal chargé de l'entretien des locaux. Il organise les élections des délégués de parents d'élèves au conseil d'école. L'organisation de l'accueil et de la surveillance des élèves lui incombe également. Le directeur d'école représente aussi l'institution scolaire auprès des autorités locales au premier rang desquelles figure le maire. Il doit organiser les relations entre professeurs et parents (réunions d'école) et éventuellement entre l'école et les associations locales. En termes de responsabilités éducatives, il contribue à la protection des enfants en partenariat avec les services compétents. De ce fait, il a une attention particulière sur les absences régulières et non justifiées. Au niveau pédagogique, enfin, le directeur d'école assure la coordination entre tous les professeurs et veille à la diffusion des programmes officiels. Il encourage les initiatives pédagogiques dès lors qu'elles ne contreviennent pas aux règles en vigueur. Il accueille dans les meilleures conditions les professeurs des écoles débutants ainsi que les remplaçants de passage ou tout intervenant extérieur. Il prend part aux actions destinées à assurer la liaison grande section de maternelle/CP et CM2/6e.

À côté de l'équipe enseignante, l'organisation de l'école dépend d'un personnel qui est recruté par la mairie et dont la majeure partie possède le statut de fonctionnaire territorial. Les ATSEM* travaillent aux côtés des professeurs pour le temps d'accueil du matin, les aider à animer leurs séquences pédagogiques et à veiller sur les conditions d'hygiène des enfants, des objets et des locaux. En 2004, l'INSEE* recensait environ 60 000 ATSEM dont le taux de féminisation est impressionnant (99 %). Le personnel de cantine dépend également de la mairie et les services techniques municipaux s'occupent de l'entretien des bâtiments.

Des personnes extérieures interviennent pour certains enseignements comme les activités sportives ou artistiques et l'enseignement précoce des langues. L'enseignement doit être dispensé par l'un des professeurs de l'école mais cela nécessite une organisation spécifique car lorsqu'un professeur enseigne l'anglais à une classe qui n'est pas la sienne il faut qu'un autre prenne en charge ses élèves. Il peut arriver que les langues soient enseignées par un intervenant extérieur comme par exemple un professeur du second degré qui viendrait effectuer des heures supplémentaires ou un assistant étranger dans le cadre d'un programme européen de mobilité des enseignants. Les activités sportives sont le plus souvent, mais pas toujours, confiées à un animateur sportif qui est recruté par la mairie ou l'inspection académique. Il en va de même pour les enseignements artistiques mais à condition que l'intervenant possède un diplôme dans une discipline artistique ou l'agrément de la direction régionale des affaires culturelles.

**• Le collège et le lycée**

L'organisation des collèges et des lycées est plus lourde que celle des écoles du premier degré. La direction de l'établissement est confiée à une administration constituée du chef d'établissement (principal dans un collège, proviseur dans un lycée), de son adjoint et du service de l'intendance.

Le **chef d'établissement** occupe une fonction stratégique au sein de la direction d'un collège et d'un lycée. En tant que subordonné hiérarchique de l'autorité académique, le chef d'établissement doit veiller au bon déroulement des enseignements, de l'information, de l'orientation et du contrôle continu des connaissances des élèves. Il prend toutes les dispositions pour garantir la sécurité des biens et des personnes ainsi que la salubrité des locaux. Il est également responsable de l'ordre au sein de l'établissement (application du règlement intérieur*). À ce sujet, en cas de risques graves, il peut interdire l'accès de l'établissement ou suspendre le déroulement des enseignements. Concernant le public scolaire, il doit procéder à l'inscription des élèves. En matière de discipline, il est le seul à pouvoir prononcer une exclusion temporaire (de 8 jours maximum et ce après avoir recherché les mesures éducatives les mieux appropriées).

En tant que directeur d'un établissement public, et donc administrateur civil, il dispose de certaines prérogatives comme engager l'établissement auprès d'un partenaire (collectivité territoriale, autre établissement…) par l'intermédiaire d'un contrat. En tant que représentant de l'État, il a autorité sur tous les personnels de l'État, et donc les enseignants, mais aussi sur toutes les personnes qui sont affectées dans son établissement (fonctionnaires territoriaux, employés sous contrat de droit public ou privé). Il donne son accord pour les activités éducatives, culturelles ou sportives qui se déroulent dans l'établissement. Dans les lycées, il doit veiller à ce que les délégués d'élèves disposent d'un panneau d'affichage et, dans la mesure des moyens disponibles, d'une salle de réunion. Sur le plan financier, c'est un ordonnateur des dépenses et des recettes : lui seul peut engager une somme d'argent au nom de l'établissement ou en encaisser. En revanche, le chef d'établissement doit rendre compte de sa gestion devant le conseil d'administration. Il est également l'interlocuteur de la collectivité de rattachement de son établissement (département pour le collège, région pour le lycée). Cette double responsabilité du chef d'établissement (application d'une politique d'éducation nationale au niveau local et administrateur d'un établissement public) l'oblige à assurer des fonctions quotidiennes qui mêlent à la fois action pédagogique, administrative et financière et dont chacune est empreinte d'une lourde responsabilité juridique : gestion du budget, passation des marchés publics, maintien de l'ordre, hygiène et sécurité, inscription des élèves, veiller au bon déroulement des enseignements, etc.

Si le chef d'établissement délègue parfois certaines de ces compétences, il doit néanmoins veiller à leur organisation et à leur bon déroulement. Par ailleurs, ses responsabilités juridiques sont larges (civile, administrative, pénale, financière). Les conditions de travail sont difficiles, sans compter que les chefs d'établissement doivent travailler sous la pression conjuguée et contradictoire des familles, des enseignants et du rectorat. Outre de réelles compétences pratiques, la fonction nécessite une capacité d'adaptation et de souplesse afin de conserver une marge de manœuvre dans la direction du collège ou du lycée.

Dans sa tâche de direction, le proviseur ou le principal est assisté d'un adjoint qui l'aide au niveau administratif, pédagogique et éducatif. Pour les attributions financières, le bras droit du chef d'établissement reste le **gestionnaire** qui est encore appelé l'intendant. Celui-ci fait partie de la catégorie des personnels de l'administration scolaire et universitaire. Il a vocation à être le référent en matière économique et financière. L'intendant assure la gestion matérielle de l'établissement. À ce titre, il dirige les personnels de gestion (secrétaires) et de service (TOS*). Il s'occupe de l'approvisionnement de la cantine et s'assure du bon équilibre alimentaire des menus dans le cadre de la commission des menus. C'est lui, enfin, qui achète les fournitures et les équipements nécessaires (feuilles A4 pour la photocopieuse, transparents, craies ou feutres pour tableaux blancs, vidéoprojecteurs, TNI*…). En termes de gestion financière et administrative, l'intendant doit préparer le budget qui est voté en conseil d'administration, il dresse un état mensuel des dépenses, établit les bons de commandes et réceptionne le matériel. Les fonctions de comptabilité sont le plus souvent exercées par un agent comptable qui, au demeurant, a souvent en charge plusieurs établissements. Par exemple, l'agent comptable d'un lycée tient la comptabilité des collèges environnants. Parfois, le gestionnaire d'un collège assure lui-même la comptabilité de l'établissement. Cela pose néanmoins un problème d'ordre éthique dans la mesure où, si le chef d'établissement a délégué sa signature au gestionnaire, il y a une entorse au principe général de séparation des fonctions : l'ordonnateur des dépenses ne peut aussi en être le comptable pour empêcher le risque de détournement de fonds.

Les établissements du second degré s'organisent également autour d'une vie scolaire qui est dirigée par le CPE* (**conseiller principal d'éducation**). L'article 4 du décret n° 70-738 du 12 août 1970 qui définit le statut des CPE précise ses fonctions : "Sous l'autorité du chef d'établissement et éventuellement de son adjoint, les conseillers principaux d'éducation exercent leurs responsabilités éducatives dans l'organisation et l'animation de la vie scolaire, organisent le service et contrôlent les activités des personnels chargés des tâches de surveillance. Ils sont associés aux personnels enseignants pour assurer le suivi des élèves et procéder à leur évaluation. En collaboration avec les personnels enseignants et d'orientation, ils contribuent à conseiller les élèves dans le choix de leur projet d'orientation". La première fonction concerne l'organisation et l'animation de la "vie scolaire", expression qui désigne toutes les activités des élèves en dehors des heures de classe. Il s'agit notamment de l'accueil des élèves lors de l'ouverture des portes le matin, de leur surveillance pendant les intercours, les récréations et l'heure du déjeuner ainsi que de leur prise en charge en salle de permanence lorsqu'un professeur est absent. Pour mener à bien ces tâches de surveillance, le CPE dirige une équipe d'assistants d'éducation en leur assignant des missions quotidiennes (rotation entre surveillance de cantine, de récréation, de permanence…). La troisième fonction du CPE concerne l'évaluation du comportement et de l'assiduité des élèves. L'obligation scolaire induit un contrôle des absences des élèves. Les surveillants centralisent tous les jours les billets d'appel afin que la vie scolaire prévienne les familles et obtienne un motif d'absence valable. Le code de l'éducation en prévoit seulement cinq (maladie de l'enfant, maladie contagieuse d'un membre de la famille, réunion solennelle de famille, impossibilité d'accès à l'établissement par rupture des voies de communication, absence temporaire des parents qui entraînent conséquemment celle des enfants), les autres motifs étant "appréciés par l'inspecteur d'académie". En pratique, les motifs avancés et acceptés sont légion. Pour évaluer les élèves, il existe un dispositif particulier au collège. Il s'agit de la note de vie scolaire* qui comprend quatre volets : l'assiduité, le respect du règlement intérieur*, la participation de l'élève à la vie de l'établissement et l'obtention de l'ASSR* et de l'attestation aux premiers secours. Le CPE travaille à la fois en étroite collaboration avec la direction de l'établissement et avec les professeurs. Il permet à ces derniers d'avoir une compréhension plus globale des élèves, notamment par l'intermédiaire de l'équipe des surveillants qui fréquentent quotidiennement les élèves dans un autre rapport d'autorité que celui professeurs/élèves. Les CPE ont l'habitude de privilégier les mesures éducatives : temps de dialogue et d'écoute, engagement des élèves à respecter un contrat écrit, instauration de fiches de suivi lorsqu'un élève a des difficultés de comportement en classe (à chaque fin de cours, le professeur note le comportement de l'élève par une appréciation ; le CPE la contrôle en fin de journée et les parents en prennent connaissance en fin de semaine). Le travail conjoint des chefs d'établissement, des CPE et des professeurs est indispensable pour instaurer un bon climat d'établissement. Il en va de l'intérêt de chaque membre de la communauté éducative de travailler en concertation, dans un esprit de solidarité et de complémentarité et avec comme souci permanent le bien de l'élève.

L'interlocuteur privilégié des élèves en matière d'orientation est le **conseiller d'orientation psychologue** (COP*). Ses fonctions sont définies par le décret n° 91-290 du 20 mars 1991. L'article 2 précise que les COP assurent "l'information des élèves et de leurs familles. Ils contribuent à l'observation continue des élèves, ainsi qu'à la mise en œuvre des conditions de leur réussite scolaire. Ils participent à l'élaboration ainsi qu'à la réalisation des projets scolaires, universitaires et professionnels des élèves et des étudiants en formation initiale afin de satisfaire au droit des intéressés au conseil et à l'information sur les enseignements et les professions. Outre cette mission prioritaire, ils participent à l'action du centre d'information et d'orientation en faveur des jeunes qui, à l'issue de la scolarité obligatoire, n'ont pas atteint le premier niveau de qualification reconnu et en faveur d'autres publics, notamment d'adultes". Les élèves rencontrent rarement spontanément le conseiller d'orientation psychologue. En revanche, les COP travaillent en étroite collaboration avec les professeurs et la vie scolaire. Lorsqu'un élève rencontre des difficultés, le COP est alerté. Par son travail d'observation et son rôle de psychologue, il tente d'esquisser un projet scolaire avec comme condition première de répondre aux aspirations de l'élève et de le rendre acteur de son projet. Le COP est parfois directement contacté par la famille. Le travail d'information est varié : il s'agit d'expliquer les différents diplômes et leurs chemins d'accès, de présenter les établissements scolaires et les offres de formations qui existent à proximité du lieu de résidence de l'élève et enfin, de décrire les métiers qui correspondent aux goûts et aux possibilités des élèves. Le COP n'est pas toujours présent dans l'établissement car il partage son temps de service entre le CIO* (Centre d'information et de documentation) et son (ou ses) établissement(s) d'exercice où il tient des permanences. Il convient cependant d'encourager les élèves et les familles de ne pas s'en remettre passivement à l'avis d'un COP, qui, par définition, ne saurait connaître de l'intérieur tous les parcours qu'il est amené à évoquer mais son rôle doit être conçu un peu comme celui d'un aiguilleur et un premier avis.

Un établissement scolaire ne fonctionne pas sans un service de soins au sens large. Les **médecins scolaires** interviennent dans les établissements des premier et second degrés, notamment pour mener des actions de prévention et de promotion de la santé, et pour établir les bilans de santé obligatoires (lors de l'entrée à l'école élémentaire, lors du passage dans le secondaire, lors de l'orientation scolaire ou professionnelle). En fonction des pathologies dominantes sur leur secteur, les médecins scolaires doivent créer des programmes d'intervention et conduisent à cet effet des bilans épidémiologiques. Ils veillent aux conditions d'hygiène, de sécurité et d'ergonomie au sein des bâtiments scolaires. Ils assurent également des tâches médicales et psycho-pédagogiques concourant à l'adaptation des élèves qui nécessitent une prise en charge spécialisée. Ils travaillent notamment en amont avec d'autres structures pour élaborer un PPS* et faciliter l'intégration en milieu scolaire d'enfants handicapés. Ces dernières années, des efforts considérables ont été faits, notamment dans l'accueil d'élèves souffrant de dyspraxie, de dyslexie ou de dysphasie mais aussi d'autisme.

RESSOURCES :

- http://www.lcpan.fr/La-sante-a-t-elle-encore-une-place-01925.html (durée : 25 minutes), mars 2010. Visionner le reportage sur la médecine scolaire et l'évolution de ses missions.
- http://blog.crdp-versailles.fr/ressourcesdysgarches Site d'information et de documentation sur les handicaps méconnus de dyspraxie, de dyslexie et de dysphasie. Des exemples de copies d'élèves (premier et second degrés).

Le médecin scolaire ne travaille pas au sein de l'établissement au contraire des **infirmières**. La plupart d'entre elles sont affectées sur plusieurs sites, c'est la raison pour laquelle il y a des jours où l'infirmerie reste fermée. Le travail de l'infirmière consiste à prendre en charge les soins des enfants concernés par un PAI*. Elle doit également faire face aux cas ponctuels mais très répandus des petits bobos, maux de têtes ou de ventres qui peuvent être l'expression d'autres troubles ou souffrances. Le travail de prévention et d'écoute est d'ailleurs non négligeable, surtout auprès des jeunes filles qui trouvent une oreille attentive concernant les questions de contraception et de sexualité. En raison d'un travail qui n'est pas dénué de points communs, **l'assistante de service social**, affectée parfois à tout un bassin, peut d'une certaine façon être classée parmi le personnel de santé dans la mesure où son action s'inscrit dans la prévention des difficultés sociales. Elle doit assurer écoute, soutien et conseil auprès des élèves mais aussi des personnels. Le travail de l'assistante sociale consiste également à diagnostiquer, dans la mesure du possible, les causes des problèmes rencontrés par les familles en vue de les aider à trouver des remèdes. Lorsque certains parents d'élèves rencontrent des difficultés financières, le service social de l'établissement propose des solutions ponctuelles de secours (financement de la cantine sur les fonds sociaux en accord avec le chef d'établissement par exemple).

Enfin les établissements scolaires ne pourraient pas fonctionner sans le **personnel TOS***. Les agents techniques, ouvriers et de service sont placés sous la direction de l'intendant et l'autorité hiérarchique du chef d'établissement. Ils appartiennent à la fonction publique territoriale lorsqu'ils sont titulaires d'un concours de catégorie C mais peuvent aussi être recrutés sous la forme d'un contrat de droit public : c'est pourquoi, dans tous les cas, ils dépendent également de leur autorité de rattachement statutaire (la commune, le département ou la région selon l'employeur). La taille des effectifs varie en fonction de l'importance de l'établissement. Les agents techniques et ouvriers s'occupent des menues réparations (changement d'ampoules, réparation de serrures, entretien des espaces verts du collège ou du lycée...) tandis que les agents de service s'occupent de la cantine et du ménage (le matin avant le début des cours, d'où la coutume de faire mettre les chaises sur les tables après la dernière heure de la journée).

Dans les lycées technologiques ou professionnels, il existe une fonction particulière qui est celle de **chef des travaux**. Il travaille sous la responsabilité du proviseur. Sa mission consiste à organiser et coordonner les enseignements technologiques et professionnels d'une part et à assurer la gestion des moyens mis en œuvre pour ces enseignements d'autre part. Pour ce faire, il joue un rôle de conseiller auprès du chef d'établissement pour le choix, l'installation et l'utilisation des équipements pédagogiques. Il exerce également une fonction de communication auprès des entreprises afin de promouvoir l'établissement et de faciliter les relations de partenariat, surtout utiles pour les lycées professionnels (v. Éducation nationale, contexte économique et principes du droit du travail et de la fonction publique).

**• L'organisation financière des établissements**

Les **écoles primaires** ne disposent pas de budgets propres car elles dépendent de la commune. Celle-ci intègre les dépenses de celles-là dans son budget de fonctionnement. Les fonds municipaux accordés aux écoles font généralement partie d'un budget spécifique rattaché au service de l'éducation et de la jeunesse de la commune. Par ailleurs, la caisse des écoles est un fonds alimenté par les crédits municipaux pour financer les repas de cantine mais aussi un organisme de gestion chargé de l'élaboration des menus.

Les **établissements du second degré** (collèges, lycées, EREA*) disposent d'un budget propre. Un budget est un acte administratif par lequel sont prévues, et autorisées, les recettes et les dépenses. Tout budget doit être validé par le conseil d'administration avant le 1er décembre, soit très tôt dans l'année scolaire (v. Les différents conseils et intervenants des établissements). Ce conseil d'administration valide le budget de l'année écoulée et établit le budget prévisionnel de l'année civile à venir. En tant que document comptable, un budget est toujours divisé en deux parties (les recettes et les dépenses) qui doivent impérativement s'équilibrer (le montant des dépenses doit être strictement égal à celui des recettes). La complexité des questions financières vient du fait qu'un établissement dispose de plusieurs sources de recettes et de plusieurs catégories de dépenses qu'il s'agit de ventiler et d'ajuster au plus juste.

L'origine des ressources financières des EPLE* est de trois ordres : il y a tout d'abord les ***ressources propres*** qui se composent des produits scolaires (la vente des tickets de cantine mais ce produit ne peut être affecté qu'aux dépenses d'alimentation) et des revenus divers comme, par exemple, la taxe d'apprentissage (v. Éducation nationale, contexte économique et enseignement professionnel), la vente d'objets confectionnés*, la location des locaux de l'établissement, les dons et legs, les prestations de restauration dans les lycées hôteliers, etc. Parfois, il se constitue un reliquat qui forme un fonds de réserve dans lequel l'établissement peut puiser des ressources en cas d'urgence.

Les ***subventions*** forment la deuxième catégorie de ressources qui est aussi la plus importante. Il faut en distinguer deux sortes. Il y a d'une part les *subventions de l'État* qui servent à financer des dépenses spécifiques : bourses, fonds sociaux, activités pédagogiques (manuels scolaires, carnets de liaison*, paiement des droits d'auteur et de reprographie...). Elles correspondent à des enveloppes budgétaires globales que le chef d'établissement utilise en fonction des besoins spécifiques à l'établissement dans le cadre de son autonomie et avec l'accord du conseil d'administration. Il y a d'autre part les *dotations des collectivités territoriales* qui sont de loin supérieures aux subventions de l'État. Les départements pour les collèges et les régions pour les lycées, attribuent à l'EPLE* une dotation globale de fonctionnement (DGF*) dont le montant varie en fonction de la taille, du type d'établissement (général, technique, professionnel) et du nombre d'élèves. Les collectivités territoriales peuvent, en complément à la DGF, attribuer en cours d'exercice une dotation spécifique pour financer des dépenses soudaines ou non prévues à caractère social (aide aux familles en difficulté), technique (mise aux normes, entretien, achat de matériel...) ou pédagogique (équipement informatique, voyage scolaire, manuels...). La DGF est versée en intégralité au début de l'année d'exercice comptable tandis que les dotations spécifiques sont versées au fur et à mesure de l'année.

Enfin, la troisième source de revenu des EPLE* est constituée par les ***crédits spécialisés***. Il s'agit de fonds attribués par l'État ou les différentes collectivités (région, département, commune) afin de répondre à un projet spécifique.

L'ensemble de ces recettes doit permettre à l'établissement d'assumer ses dépenses. D'un côté figurent les ***dépenses d'investissements*** (exemple : création de nouveaux locaux) et d'équipement (exemple : achat de nouveaux matériels). De l'autre, figurent les ***dépenses de fonctionnement*** qui se subdivisent en deux catégories dans le budget de l'établissement. La première, celle du service général, concerne essentiellement les dépenses pédagogiques et éducatives, le chauffage, l'éclairage, la maintenance du matériel, l'entretien des locaux, les charges générales, la cantine et éventuellement l'internat. La seconde, celle des services spéciaux, concerne les dépenses liées à l'enseignement technique, la formation continue, les activités périscolaires et parascolaires, les projets d'actions éducatives, les groupements de services, les sections sports-études et les transports scolaires organisés par l'établissement.

RESSOURCES :

- http://www.fcpe06.org/reglem/reglem_sec_budget.htm

Ce site d'une association de parents d'élèves a mis en ligne un exemple de budget détaillé dans le respect de l'anonymat de l'établissement concerné (2005). Utile pour comprendre l'ampleur et la ventilation des dépenses.

## Les transformations en cours dans le fonctionnement des établissements

### • L'école primaire : une difficile mutation

L'école primaire a, depuis son origine, été une école de proximité, encore appelée école communale tant l'imbrication avec la commune était importante. Deux paramètres tendent depuis plusieurs années à faire évoluer l'école primaire : le premier est externe et concerne les rapports entre école et collectivité territoriale tandis que le second est interne et renvoie au pilotage de l'école primaire.

La diversité des lieux induit des situations locales scolaires très variables. En effet, certaines écoles sont confrontées soit à une forme d'isolement géographique, soit à un fragile équilibre démographique. Les communes rurales sont les plus concernées ainsi que les petites communes périurbaines. Pour faire face à une multiplication des coûts de fonctionnement, certaines d'entre elles se sont organisées en communauté de communes avec le statut d'EPCI (établissement public de coopération intercommunale). Dans ce cadre, elles organisent des plans de regroupement pédagogique intercommunal (RPI*) qui permettent aux communes d'établir un contrat fixant les conditions de répartition des charges pour chaque école lorsque le RPI est dispersé : l'école de telle commune accueille les élèves de tel niveau, telle autre pour un autre niveau, etc. Cela nécessite la mise en place d'un service de transport scolaire mais, en contrepartie, il y a la possibilité de s'appuyer sur les infrastructures existantes. Parfois, les communes choisissent de construire un nouveau pôle scolaire sur l'une des communes (RPI concentré). L'investissement est plus lourd mais la gestion et le transport scolaires s'en trouvent simplifiés. Cette stratégie de fonctionnement s'inscrit dans une politique de mutualisation des moyens afin de dégager des économies d'échelle mais aussi d'offrir des prestations de service qu'une commune isolée ne pourrait pas offrir à ses administrés. Cela permet de limiter les effets négatifs de la ruralité et la fuite des familles actives vers la ville. De ce point de vue, l'école communale se mue en une école intercommunale.

L'intérêt pour les communes de se regrouper ne va pas toujours de pair avec celui des personnels qui enseignent dans de telles structures car la concentration de plusieurs écoles en un seul point du territoire provoque une croissance interne des effectifs (élèves et professeurs) qui a des répercussions dans la façon de diriger et de gérer l'école. Par conséquent, les directeurs d'écoles se trouvent confrontés à de nouvelles lourdeurs administratives alors même qu'ils ne disposent pas, à la différence des principaux de collèges, d'un adjoint, d'un gestionnaire et d'un secrétariat. En effet, le directeur d'école remplit une fonction et, en tant que tel, ne possède aucun statut. Le professeur des écoles touche une simple indemnité de sujétion spéciale (108 € par mois) pour la direction d'une école ainsi qu'une bonification indiciaire en fonction du nombre de classes. L'augmentation de la taille d'une école et la complexité croissante de sa gestion posent la question de son pilotage. La solution envisagée est celle de la création d'un statut d'établissement public d'enseignement primaire (EPEP*) pour les écoles comptant au moins quinze classes.

Ce modèle d'organisation se rapprocherait alors de l'EPLE* (collège et lycée). L'école primaire deviendrait ainsi distincte de la commune avec une personnalité morale et juridique à part entière. Des procédures d'expérimentation sont actuellement en cours.

### • Les EPLE : un fonctionnement en cours d'évolution

Collèges et lycées, à quelques rares exceptions, possèdent le statut d'EPLE* (établissement public local d'enseignement). Créé par les lois du 22 juillet 1983 et 25 janvier 1985, l'EPLE se caractérise par deux aspects : il s'agit d'une part d'une administration publique dont le pouvoir exécutif est confié à un conseil d'administration et à un chef d'établissement et d'autre part d'un établissement local qui entretient des relations étroites avec les collectivités territoriales environnantes. Dans les deux cas, la loi prévoit d'accorder une **autonomie** aux collèges et aux lycées dans le cadre d'une politique de décentralisation qui a sans cesse été confirmée (lois d'orientation pour l'école de juillet 1989 et d'avril 2005, loi de décentralisation d'août 2004).

La création des EPLE* instaure un jeu à trois acteurs. En premier lieu figure l'État qui, au fur et à mesure des années, confie de plus en plus de compétences en matière de gestion aux échelons déconcentrés tels que les académies et les inspections académiques pour se réserver une mission d'orientation du système éducatif. En second lieu, les collectivités territoriales héritent d'un certain nombre de compétences partagées avec l'État, notamment en matière d'équipement et de formation professionnelle. Les locaux scolaires peuvent, en outre, être exploités. En effet, en tant que propriétaires des lieux, les collectivités territoriales peuvent jouir de l'usage des locaux hors temps scolaire. Elles possèdent des représentants au conseil d'administration des EPLE. En troisième lieu, l'EPLE lui-même qui, en dépit de son autonomie clairement affirmée, se trouve pourtant coincé entre d'un côté l'autorité hiérarchique propre au lien ministériel et, de l'autre, les collectivités territoriales propriétaires des locaux et sources essentielles de financement.

L'autonomie repose sur la définition d'objectifs locaux dans le cadre d'un **projet d'établissement***. Le projet d'établissement, obligatoire depuis 1989, détermine les choix éducatifs et pédagogiques à mettre en œuvre afin de réaliser les objectifs nationaux qui ont été assignés aux recteurs puis transmis, à l'échelle de leur académie, aux chefs d'établissement. Il est réalisé à partir d'indicateurs spécifiques (environnement du collège ou du lycée, résultats scolaires, etc.) au sein du conseil pédagogique et il est adopté par le conseil d'administration (v. Les différents conseils et intervenants des établissements). Il ne devient exécutoire qu'après validation par l'autorité académique. Autrefois stéréotypé dans sa forme et ses intentions, la volonté actuelle est de faire du projet d'établissement une véritable référence. Depuis la loi du 23 avril 2005, le principe d'expérimentation pédagogique est intégré au projet d'établissement afin de donner une plus grande latitude d'action aux équipes enseignantes. Dans cette nouvelle conception, la gestion ne se limite plus seulement à ses aspects quantitatifs (accumulation de moyens) mais se veut plus qualitative (comment les utiliser au mieux). Concrètement, cela se traduit par une offre éducative plus importante : rationalisation de l'aide individualisée, extension de la présence scolaire après les cours dans le cadre éducatif et articulation des dispositifs scolaires (Éducation nationale) et périscolaires (collectivités territoriales). Cette offre éducative dépend d'une plus grande implication des acteurs de l'école sur le terrain en termes d'investissement horaire et d'élaboration de projets. La raison qui explique cette évolution réside dans le constat d'un échec scolaire qui, sans être généralisé, est latent et qu'il faut résorber par de nouvelles pratiques, y compris en matière de gestion des établissements. Pour mettre en œuvre tous les dispositifs pédagogiques et éducatifs, le rôle du chef d'établissement en la matière est réaffirmé. Or il n'est pas non plus possible d'ajouter aux multiples tâches de ce dernier une nouvelle strate de responsabilités, ce qui force là encore à une nouvelle redéfinition des attributions des EPLE*. Les pistes proposées par le rapport de l'IGEN* et de l'IGAENR* de 2006 consistent à externaliser certaines fonctions administratives et de gestion (mutualisation des achats de fournitures par des centrales, délégation accrue des fonctions comptables…), à modifier l'esprit des circulaires ministérielles et rectorales (les faire plus courtes, plus efficaces en déterminant clairement les objectifs et cessant d'imposer les moyens de les atteindre), à simplifier les procédures (par exemple, il existait sept statuts pour les personnels de surveillance jusqu'à l'instauration du CUI*).

Le projet d'établissement participe donc pleinement au **pilotage par objectifs** qui, par ailleurs, fait appel au principe complémentaire de contractualisation. Force est de constater en effet que les projets existants sont pour la plupart formels et n'ont pas de consistance bien réelle. Pour remédier à l'échec relatif des projets d'établissement dont le but est de fédérer les forces vives qui le composent, et plutôt que d'user des prescriptions normatives imposées par voie hiérarchique, des formes de contrat d'objectifs entre le chef d'établissement et le recteur ont vu le jour à partir de la fin des années 1990. Le principe était de parvenir à un modus vivendi par la négociation et la responsabilisation : les projets les plus cohérents et viables pouvaient permettre à l'établissement d'obtenir des moyens supplémentaires (notamment par une meilleure DGH*). Par ailleurs, en tant qu'unité administrative autonome, l'EPLE* peut passer des contrats avec les collectivités locales (notamment en ce qui concerne la gestion des personnels TOS* ou la cantine) ou avec d'autres EPLE (notamment entre un collège et un lycée du même secteur). Ainsi, les relations qu'un EPLE peut nouer avec d'autres acteurs de son environnement plus ou moins proche permettent d'envisager un "pilotage systémique" de l'établissement. En complément au lien organique que constitue la verticalité hiérarchique se mettent en place des relations horizontales avec des partenaires locaux. Cette pratique est encouragée au niveau des bassins d'établissements (au sein des académies, chaque département est subdivisé en bassins). Les relations interétablissements existent dans le cadre des réseaux d'éducation prioritaire. Ce mode de fonctionnement entre unités locales devrait permettre, selon leurs promoteurs, une rationalisation des ressources, un renforcement de la coopération et une amélioration des performances scolaires. Telles sont les premiers constats de différentes études menées par l'OCDE* dans des pays qui ont expérimenté assez tôt le pilotage systémique ou en réseau (Angleterre, Flandre, Finlande, Autriche, l'État de Victoria en Australie). Néanmoins, cela induit également de nouvelles difficultés : il est nécessaire d'avoir des chefs d'établissement et des équipes pédagogiques capables de se coordonner, des organismes médiateurs pour aider les établissements à développer leurs capacités internes, d'un consensus autour de ce mode de gestion, aussi bien de la base (les enseignants) que de la hiérarchie qui accepte ainsi qu'une partie des prises de décision lui échappe.

## La question des indicateurs

### • Pourquoi des indicateurs ?

Dans l'optique d'une généralisation de la culture managériale et d'une logique de pilotage par objectifs, les indicateurs occupent une place déterminante car ils permettent à la fois d'évaluer l'action accomplie et de déterminer les actions à entreprendre. Cette tendance n'est pas propre au seul système éducatif français mais se décline au niveau international et elle n'est pas non plus spécifique à la seule administration de l'Éducation nationale (tous les services publics sont concernés par le phénomène).

À cette fin, les indicateurs ont pour but d'identifier des points précis de fonctionnement dont l'analyse doit permettre une remédiation en vue d'améliorer la performance de gestion. Ainsi, il peut y avoir des indicateurs de qualité de service (taux de remplacement, nombre de postes non pourvus lors de la rentrée, durée moyenne de vacance de postes, stabilité des enseignants en réseau d'éducation prioritaire...) ou d'efficacité du service (taux de rendement du remplacement, part du potentiel enseignant affecté à l'activité en classe, pourcentage d'établissements à faibles effectifs). Prenons l'exemple de professeurs certifiés à remplacer. Imaginons que, dans deux établissements voisins, deux professeurs d'une même matière tombent malades. Si l'administration parvient à les remplacer par deux TZR*, elle assure une qualité de service grâce à un taux de remplacement de 100 %. Mais imaginons que ces deux professeurs malades exerçaient à mi-temps (9 heures par semaine). Si l'administration dépêche ses deux remplaçants, ils n'exerceront chacun qu'une moitié de service alors que si un seul TZR prenait en charge les deux remplacements, celui-ci serait plus efficace (le TZR assurant 100 % des heures et couvrant 100 % des postes). Par conséquent, l'administration distingue la couverture des postes (qualité du service) et la couverture horaire de l'agent (efficacité du remplacement). L'idéal administratif consiste donc à couvrir tous les postes à remplacer tout en occupant la totalité des heures des personnels, d'où la recherche de véritables combinaisons de remplacement notamment grâce à des logiciels traitant les données. Il existe enfin plusieurs niveaux géographiques d'évaluation : international, national, académique, établissement.

Tous les indicateurs ne servent pas directement à l'enseignement car il faut distinguer ce qui relève du pilotage et de l'évaluation de la performance. Or c'est ce dernier point qui intéresse les professeurs à l'échelle de leur établissement : en fonction des résultats scolaires, des données environnementales (sociologie, géographie, moyens), les prises de décision en matière pédagogique ne seront pas les mêmes.

La mise à disposition d'indicateurs fiables répond également à des impératifs de communication publique. En effet, la presse a pris l'habitude dans les années 1990 de diffuser les taux bruts de réussite au baccalauréat sans se soucier des contextes de scolarisation locaux. Il est certes plus facile d'afficher de bons résultats lorsque les meilleurs élèves sont sélectionnés à l'entrée. L'Éducation nationale a donc réagi pour mettre au point des indicateurs plus objectifs et ainsi corriger les disparités sociales et géographiques. L'idée est d'éviter l'écueil des palmarès pour évaluer l'aspect qualitatif des établissements à travers la notion de "valeur ajoutée". Le contexte polémique des résultats scolaires diffusés sans discernement par les médias a ainsi accéléré la mise en place des indicateurs et leur diffusion au sein de l'institution.

**• Les indicateurs d'établissements**

Les indicateurs utiles aux enseignants doivent correspondre à la réalité du lieu de l'exercice de leurs fonctions, à savoir l'établissement. Il en existe principalement trois qui ont été élaborés par la DEPP*.

Le premier indicateur des établissements du second degré est **IPES*** (indicateurs pour le pilotage des établissements du second degré). Il est composé de multiples critères. La première catégorie concerne les critères d'entrée : les ressources attribuées à l'établissement (moyens horaires, personnels), le public à accueillir réparti entre un stock (ceux qui restent dans l'établissement au fur et à mesure de leur scolarité) et un flux (ceux qui sont nouvellement inscrits ou qui partent ailleurs) et l'environnement de l'établissement (implantation géographique, contexte économique, social et culturel local). La seconde catégorie concerne les indicateurs de fonctionnement quantitatif et qualitatif de l'établissement (taille des classes, vie scolaire, absentéisme, redoublements, répartition des options…). La troisième catégorie concerne les indicateurs de sortie (taux de réussite aux examens, taux d'accès à certaines filières, insertion professionnelle…). Ce type d'indicateur permet de mettre au jour un "effet établissement" car, avec des situations en tous points comparables, les indicateurs de réussite aux examens diffèrent parfois. Cette batterie d'indicateurs doit permettre au chef d'établissement d'améliorer la connaissance de son collège ou de son lycée afin d'en assurer la bonne marche.

En ce domaine, il existe depuis 1994 un second indicateur, spécifique aux lycées et aux résultats du baccalauréat. Il est composé de trois paramètres regroupés sous le terme **IVAL*** (indicateur de la valeur des lycées). Outre le taux de réussite au baccalauréat ont été ajoutés le taux d'accès de seconde et de première au baccalauréat et la proportion de bacheliers parmi les sortants du lycée. Le taux de réussite au baccalauréat se calcule en rapportant le nombre de bacheliers au nombre total d'élèves présents le jour de l'examen. Le taux d'accès au baccalauréat détermine le nombre d'années nécessaires pour chaque élève de seconde (générale, technologique ou professionnelle) pour obtenir le baccalauréat. Cet indicateur est plus pertinent pour évaluer la qualité globale d'un établissement mais il n'est pas sans inconvénient car il existe des facteurs environnementaux qui ne lui sont pas imputables. Il s'agit par exemple de la forte concurrence des établissements dans un secteur (privé, public) ou du déménagement des élèves (qui peut être important dans certaines régions en reconversion). Ces phénomènes peuvent conduire à une forte volatilité des élèves et donc faire chuter le taux si jamais ils quittent l'établissement avant d'avoir eu le baccalauréat. Pour limiter cet artefact, le taux d'accès de première au baccalauréat a été mis en place (il limite la déperdition possible à partir de la seconde). Le troisième indicateur est celui de la proportion de bacheliers parmi les sortants. Ce taux évalue la part des élèves quittant le lycée (quel que soit le motif) avec le baccalauréat en poche (quel que soit le nombre de tentatives). Ce taux permet en outre de mesurer l'efficacité des redoublements de terminale et si les lycées acceptent facilement de conserver ceux qui ont échoué à leur première tentative. Chaque résultat est comparé à des taux attendus au niveau de l'établissement, de l'académie et de la France en fonction des caractéristiques de ses élèves (moyennes des résultats au DNB, indicateur synthétique du niveau socioéconomique des familles, âge médian, proportion entre garçons et filles). Le rapprochement entre taux effectifs et taux "attendus" permet de dégager une "valeur ajoutée" de l'établissement, par rapport au même département, à l'académie ou à l'ensemble du pays – celle-ci pouvant être négative pour les lycées dont les résultats sont mauvais.

C'est ainsi que, par ordre décroissant, les facteurs de réussite individuels sont l'âge (le taux de réussite au baccalauréat général et technologique est de 20 points supérieurs pour les élèves n'ayant jamais redoublé par rapport à ceux qui cumulent deux années de retard), le niveau scolaire à la sortie de 3e (écart élevé entre ceux qui ont obtenu des notes supérieures à 14/20 au DNB* et ceux qui ont eu moins de 10/20 aux épreuves écrites), l'origine sociale (12 points d'écart entre les enfants de cadres supérieurs et d'enseignants et ceux d'ouvriers et d'inactifs) et le sexe (2 points d'écart en faveur des filles). La réussite des élèves dépend à la fois des conditions de travail et d'enseignement que peut offrir l'établissement mais aussi de données personnelles.

Un troisième indicateur d'établissement existe pour ceux qui sont situés dans le réseau d'éducation prioritaire : il s'agit de **l'ICOTEP** (indicateurs communs pour un tableau de bord de l'éducation prioritaire). C'est un logiciel qui recense plusieurs indicateurs afin de permettre aux chefs d'établissement de se constituer des tableaux de bord en vue de réaliser les contrats d'objectifs qu'ils ont passés avec les autorités académiques. Chaque établissement établit son programme d'action et les indicateurs permettent de savoir s'il est efficace ou non. En cas de succès, des procédures de mutualisation existent afin de diffuser des bonnes pratiques. La base est constituée d'indicateurs communs élaborés par la DGESCO* auxquels s'ajoutent des indicateurs élaborés par les acteurs de terrain des premier et second degrés du réseau d'éducation prioritaire. Ce logiciel offre un triple intérêt : il permet de quantifier les résultats des actions entreprises (ce qui permet d'apprécier si un contrat de réussite signé entre un établissement et le recteur a bien été rempli), il permet de communiquer de manière transparente avec d'éventuels partenaires (associations, parents, collectivités territoriales) en présentant des données objectives et il permet d'enregistrer les données qui permettent des analyses sur la longue durée.

Parmi les autres indicateurs d'établissement, il faut souligner l'existence de **SIVIS** (Système d'Information et de Vigilance sur la Sécurité Scolaire). Ce type d'enquête a été mis en place à la rentrée 2007 pour remplacer le dispositif SIGNA dans un contexte de vives polémiques suite à la publication par un hebdomadaire de chiffres bruts inquiétants. La nouvelle procédure recense les faits de violence grave ainsi que le climat de l'établissement. La capture d'informations se fait de manière anonyme auprès d'un échantillon d'un millier d'établissements (France et DROM*) et par l'intermédiaire d'un site internet accessible. Les actes de violences sont répartis en trois groupes : les atteintes aux personnes (violence physique, violence verbale, racket, violence sexuelle, bizutage, atteintes à la vie privée/droit à l'image, *happy slapping* qui consiste à filmer une agression organisée), les atteintes aux biens (vol, dommage aux locaux ou au matériel, dommage aux biens personnels) et les atteintes à la sécurité (port d'arme à feu, port d'arme blanche, consommation de stupéfiants, trafic de stupéfiants). Au total, 14 critères sont recensés. Dans les faits de violence mettant en cause des élèves entre eux ne sont retenus que les cas répondant à l'un des critères suivants : motivation à caractère discriminatoire, usage d'une arme, utilisation de la contrainte ou de menaces, acte ayant entraîné des soins ou causé un préjudice financier important porté à la connaissance de la police, de la gendarmerie ou de la justice, et susceptible de donner lieu à un dépôt de plainte ou à un conseil de discipline. Tous les incidents impliquant un personnel de l'établissement sont, eux, théoriquement consignés dans la base quelles qu'en soient les caractéristiques.

Enfin **l'absentéisme** est un critère d'évaluation important pour les établissements car le manque d'assiduité est souvent l'étape préalable au décrochage scolaire. L'absentéisme est à la fois cause et conséquence de problèmes plus profonds dans la vie sociale ou familiale de l'élève. La DEPP* mène deux types d'enquêtes mensuelles. L'une auprès d'un échantillon d'un millier d'établissements du second degré (avec un taux de réponse de 70 % de septembre à avril qui tombe à 30 % en mai-juin) et l'autre auprès des inspections académiques pour les établissements des premier et second degrés (publics et privés). Il faut distinguer trois notions : l'absentéisme, l'absence régularisée et l'absence justifiée. La loi prévoit nommément cinq cas d'absences justifiées (Code de l'éducation, art. L131-8). Dans la pratique en revanche, la vie scolaire accepte tous les motifs d'excuse dès lors que les parents ont prévenu l'établissement ; en ce cas, il s'agit d'absence régularisée. L'absentéisme est caractérisé lorsque le seuil de quatre demi-journées d'absence non *régularisées* par mois est atteint (l'équivalent à une matinée ou un après-midi d'absence par semaine). On parle d'un absentéisme lourd lorsque le seuil des dix demi-journées d'absence par mois est atteint. L'élaboration de l'indicateur d'absentéisme se fait donc sur la base d'une définition large puisqu'il est tenu compte des absences régularisées et non justifiées. Il apparaît que l'absentéisme est faible à l'école primaire et dans les établissements privés. En revanche, le second degré est inégalement concerné par le phénomène. Les données publiques les plus récentes datent de 2007-2008 et il apparaît que 50 % des établissements ont un taux d'absentéisme de seulement 3 % mais qu'une minorité d'entre eux (10 % des établissements) ont des taux qui atteignent 30 %. L'absentéisme est également plus fort en lycée qu'en collège (le contrôle y est plus intense alors que les lycéens sont plus libres vis-à-vis de la vie scolaire). Il y a donc une répartition inégale des absences : certains établissements sont plus exposés que d'autres au phénomène. Il existe également un absentéisme saisonnier : les absences d'élèves sont généralement plus nombreuses les jours qui précèdent les vacances scolaires et lors des mois de mai (les ponts) et de juin (école buissonnière). Ces taux ne sont pas connus car les établissements n'envoient pas leurs résultats à la DEPP mais il n'est pas impossible de voir des classes où 25 % à 50 % des élèves sont absents à partir de la mi-juin.

L'autre forme d'absentéisme concerne les professeurs. C'est l'un des points noirs des relations entre les familles et l'institution scolaire : bon nombre de parents d'élèves estiment qu'il y a trop de professeurs absents et qu'ils ne sont pas suffisamment remplacés. Les associations de parents d'élèves se mobilisent et certaines ont même mis en place des indicateurs pour signaler les absences de professeurs sur leurs sites internet. Chaque parent peut signaler l'absence d'un professeur et l'arrivée d'un remplaçant en temps immédiat. L'absentéisme des enseignants s'explique à trois niveaux.

Il y a tout d'abord les motifs individuels (raisons médicales, congés statutaires pour suivre une formation syndicale, grève, etc.). Généralement, le professeur rattrape les heures de cours perdues mais cela n'est pas toujours possible à cause de l'emploi du temps des élèves ou de l'absence d'une salle disponible. Les professeurs peuvent être absents pour des raisons de service (journée de formation pédagogique organisée par l'IEN* ou l'IA-IPR*, convocation au rectorat, correction d'examen…). Enfin, certains établissements, notamment les centres d'examen, sont contraints de fermer leurs portes pour l'organisation des épreuves (DNB*, baccalauréat). Ces absences ont des conséquences sur la perte des heures d'enseignement. En 2007-2008, les pourcentages d'heures ainsi perdues étaient les suivants :

| | *LGT* | *Collège* | *LP* | *Ensemble* |
|---|---|---|---|---|
| Fermeture totale de l'établissement | 4,7 % | 1,3 % | 3,3 % | 2,6 % |
| Non-remplacement des enseignants pour fonctionnement du système | 0,5 % | 0,4 % | 0,7 % | 0,5 % |
| Non-remplacement des enseignants absents pour formation | 0,6 % | 0,9 % | 0,9 % | 0,9 % |
| Non-remplacement des enseignants absents pour raisons individuelles | 1,1 % | 1,7 % | 1,5 % | 1,5 % |
| **Total** | **6,9 %** | **4,3 %** | **6,4 %** | **5,5 %** |

**Tableau 29. Proportion d'heures d'enseignement perdues**, second degré, public (DEPP, 2010)

Les collèges sont moins touchés par la proportion d'heures d'enseignement non assurées (4,3 %) par rapport aux lycées (entre 6,4 % et 6,9 %) mais la part des heures perdues en raison d'un absentéisme individuel y est la plus forte (1,7 %) ainsi que dans les lycées professionnels (1,5 %).

### • Les limites des indicateurs

Les données quantitatives sont absolument nécessaires pour permettre une compréhension globale d'un système. Elles permettent d'éclairer les acteurs à tous les niveaux. Néanmoins, il existe des limites quant à l'utilisation des indicateurs et toute forme de confiance absolue dans les chiffres serait pernicieuse.

Au niveau humain tout d'abord, plusieurs caractéristiques sont à souligner. Il n'y a pas de culture unanimement partagée autour de l'utilisation d'éléments quantitatifs. Divers rapports des inspections générales signalent que les résultats des évaluations de liaison CM2/6e ne sont pas suffisamment exploitées par les professeurs. Les chefs d'établissement ne communiquent pas assez les résultats IPES dont ils disposent sur leur EPLE*. La plupart des enseignants ignorent même l'existence de ces données et, quand bien même ils souhaiteraient les utiliser, elles restent d'un accès difficile car il y a un paradoxe entre le désir de généraliser l'utilisation de repères chiffrés et la crainte de divulguer des résultats qui pourraient être mal interprétés.

La seconde raison qui montre les limites des données quantitatives résulte du fait que ce sont des constructions et qu'à ce titre elles revêtent une part de subjectivité. Un indicateur ne pourra jamais synthétiser qu'une partie de la réalité, en dépit de formules complexes et de correctifs élaborés. En outre, il y aura toujours des imperfections dans l'élaboration des outils de calculs car les paramètres retenus souffriront toujours des effets de seuil. Ériger un résultat comme une vérité tangible qui permet de conclure si l'enseignement est bon ou mauvais (comme le laisse supposer l'interprétation de la valeur ajoutée d'un établissement à paramètres comparables) semble pernicieux car c'est oublier qu'il y a des situations qui ne dépendent pas du système éducatif. Les indicateurs sont certes utiles pour moderniser les méthodes d'enseignement mais leur usage trouve des limites car ils ne peuvent pas tout dire.

La question des usages, enfin, constitue la troisième limite. D'abord sans doute en raison d'une profusion d'indicateurs mais aussi parce que les changements induits par la loi organique de finance sont décisifs. La LOLF* n'est pas simplement un cadre budgétaire, c'est aussi une manière nouvelle d'administrer les services de l'État. Elle repose sur une évaluation des performances et ses procédures touchent l'Éducation nationale. Or, cette administration a développé très tôt ses propres indicateurs et de ce fait il y a une culture d'évaluation différente entre celle des parlementaires et celle des administrateurs. D'un côté, l'Éducation nationale a construit beaucoup d'indicateurs qui ont du mal à s'articuler avec les impératifs de l'évaluation dans le cadre de la MIES*. Le pilotage par attribution de moyens est peu à peu remplacé par un pilotage par objectifs, ce qui donne plus de responsabilités aux recteurs et aux chefs d'établissement qui doivent se fixer des missions dans le cadre d'un budget opérationnel de programme. Il faut donc mettre en place à la fois des indicateurs de contrôle budgétaire (prévision et suivi des dépenses) et des indicateurs de contrôle de gestion (mesurer l'efficacité et l'efficience de la dépense en fonction des programmes projetés). Il se trouve que les indicateurs existants ont du mal à s'intégrer dans ce nouveau cadre. Au ministère des Finances, la culture de la performance est bien ancrée tandis que prévaut au sein du ministère de l'Éducation nationale l'évaluation de la diffusion d'une norme pédagogique nationale.

# LES DIFFÉRENTS CONSEILS ET INTERVENANTS DES ÉTABLISSEMENTS

## Les conseils des établissements du premier degré

### • Le conseil des maîtres d'école

Le conseil des maîtres d'école (communément appelé conseil des maîtres) regroupe tous les professeurs d'une école. Il compte également parmi ses membres les professeurs remplaçants exerçant dans l'école et les membres du réseau d'aides spécialisées qui y interviennent. Il se réunit au moins une fois par trimestre en dehors du temps d'enseignement et à chaque fois que le directeur d'école le décide ou bien lorsque la moitié des membres en font la demande.

Ce conseil donne son avis sur l'organisation du service de l'école. Il prévoit l'organisation au moins deux fois par an d'une rencontre entre les parents et les enseignants et définit les modalités de cette rencontre (réunion plénière de tous les parents ou bien succession de petits rendez-vous individuels). Il propose également le passage dans la classe supérieure ou le maintien dans le cycle à la fin de chaque cycle (redoublement ou aménagement à prévoir). En cas de redoublement, les parents disposent d'un délai de 15 jours pour répondre. Sans contestation de leur part, la proposition vaut acceptation et le conseil des maîtres notifie alors sa décision. Les parents disposent d'un nouveau délai de 15 jours pour former un recours motivé devant la commission départementale d'appel. Toute décision de redoublement doit s'accompagner de la mise en place d'un PPRE*. Ce dispositif doit veiller à articuler de façon cohérente et réfléchie les différentes formes d'aide à l'élève et qui correspondent à ses besoins spécifiques.

### • Le conseil des maîtres de cycle

Le conseil des maîtres de cycle (communément appelé conseil de cycle) regroupe tous les professeurs des écoles d'un même cycle (I, II ou III). Il n'est donc qu'une subdivision particulière du conseil des maîtres d'école. Il est présidé par un membre choisi en son sein. Il fixe ses dispositifs d'action pédagogique et les modalités de la concertation entre les professeurs.

Il élabore un projet de cycle qui fixe des objectifs pédagogiques à atteindre, veille à sa mise en suvre et à lévaluation des élèves afin de prendre les éventuelles mesures de remédiation nécessaires. Lorsqu'en fin de cycle un élève n'atteint pas le niveau attendu, le directeur d'école propose aux parents de mettre en place un PPRE*. C'est au sein du conseil de cycle que les professeurs remplissent le livret de compétences du socle commun*. Il propose la constitution de groupes de niveau pour l'apprentissage des langues qui doivent être validés par le conseil d'école.

• **Le conseil d'école**

Le conseil d'école est la grande instance décisionnelle et de pilotage des établissements de l'enseignement primaire. Il est composé du directeur d'école, du maire (ou de son représentant), des professeurs des écoles et des remplaçants, d'un des intervenants du réseau d'aides spécialisées, des représentants des parents d'élèves (il y en a autant qu'il y a de classes) et du délégué départemental de l'Éducation nationale chargé de visiter l'école. Il siège pendant un an jusqu'à renouvellement de ses membres. Il se réunit au moins trois fois par an mais aussi à la demande du directeur de l'école, du maire ou de la moitié de ses membres dès qu'ils le jugent nécessaire. Les médecins scolaires et autres intervenants extérieurs (comme les personnels spécialisés, le psychologue scolaire, les assistants de langue…) peuvent assister au conseil d'école avec une voix consultative sur les questions qui concernent leurs compétences. Les suppléants des représentants de parents d'élèves peuvent simplement assister au conseil d'école.

Les missions du conseil d'école sont nombreuses mais l'une des principales consiste à définir puis adopter un projet d'école*. Le **projet d'école** définit les modalités particulières de mise en œuvre des objectifs et des programmes nationaux pour chaque cycle, en précisant les actions pédagogiques, les procédures pour assurer la réussite de tous les élèves et les moyens prévus pour associer les parents ou les représentants légaux à ces objectifs. Il organise, notamment dans le cadre de dispositifs de réussite éducative, la continuité en dehors du temps scolaire des mesures proposées aux élèves (aide aux devoirs, activités culturelles ou sportives, etc.). Le projet pédagogique peut prévoir, à condition d'obtenir la validation de l'IEN*, des expérimentations en vue de trouver des solutions pour réduire les risques d'échec scolaire. Un projet pédagogique est valable pour une durée de 3 à 5 ans.

Les autres missions consistent à organiser la vie scolaire, à déterminer le règlement intérieur*, à fixer les modalités d'organisation de la semaine scolaire, à répondre au maire quant à ses demandes au sujet de l'utilisation des locaux en dehors des heures d'ouverture des classes… Au niveau primaire, la vie scolaire correspond aux actions pédagogiques mises en place pour atteindre les objectifs nationaux, à l'utilisation des moyens mis à disposition de l'école, à l'intégration des enfants handicapés, aux activités périscolaires, à la restauration scolaire, à l'hygiène, à la protection et à la sécurité des enfants.

À chaque fin d'année, le directeur communique un bilan sur toutes les questions qui ont été traitées par le conseil d'école et examine l'état d'avancement du projet d'école*.

## Les conseils des établissements du second degré

### • Le conseil d'administration

Le conseil d'administration (communément appelé CA) est caractéristique de l'autonomie des EPLE* car il permet à l'établissement de définir son action, de rendre publics ses résultats et de valider les propositions de son action future. Sa composition est globalement uniforme hormis quelques variations à la marge en fonction de la taille de l'EPLE (moins ou plus de 600 élèves) et la nature de l'établissement (EREA*). Le conseil d'administration se compose donc du chef d'établissement qui le préside, de son adjoint (ou l'un d'eux lorsqu'il y en a plusieurs, notamment dans les lycées polyvalents), le gestionnaire, le CPE*, le directeur adjoint chargé de l'enseignement spécialisé (collège) ou du chef des travaux (lycée), un représentant de la collectivité territoriale de rattachement, trois représentants de la commune du lieu où est bâti l'établissement (s'il s'agit d'un EPCI*, un seul représentant du regroupement de communes), dix représentants élus des personnels de l'établissement (à raison de 7 membres pour les personnels d'enseignement et d'éducation et de 3 pour les personnels administratifs, sociaux, de santé et TOS*), dix représentants élus de parents d'élèves et d'élèves avec une répartition variable selon les collèges et les lycées.

Il y a un quorum minimum de représentants à atteindre pour les membres de l'administration qui est de cinq. À défaut, le principal ou le proviseur peut nommer une ou deux personnes qualifiées pour les suppléer. Concernant la présidence du CA, elle revient de droit au chef d'établissement. Mais bon nombre d'entre eux souhaitent ne pas avoir ce rôle et la loi prévoit de confier à titre expérimental, et pour une durée de cinq ans maximum, la direction à une personne qui siège au conseil mais qui est extérieure à l'établissement. Le chef d'établissement peut inviter aux conseils d'administration toute personne de son choix s'il juge de l'utilité de leur présence (certains le font auprès de professeurs stagiaires afin qu'ils découvrent le fonctionnement de cette instance). L'autorité académique, ou son représentant, peut assister de droit au conseil d'administration.

Les compétences du conseil d'administration sont nombreuses et ne sont pas sans ressemblance avec le conseil d'école pour le premier degré. Il représente l'organe délibératif de l'établissement. Les différentes attributions du CA consistent à fixer les moyens d'exercer l'autonomie pédagogique et éducative (nombre de classes, nombre d'élèves par classe, répartition de la DGH*...), à adopter le projet pédagogique de l'établissement et à approuver le contrat d'objectifs, à délibérer chaque année sur le rapport relatif au fonctionnement de l'établissement et à ses conditions matérielles de fonctionnement (sorte de bilan annuel). En matière financière, il adopte le budget (dépenses prévisionnelles) et le compte financier (dépenses réalisées) de l'établissement. L'accord du CA est indispensable dans certains domaines, notamment pour définir les modalités d'organisation du dialogue avec les parents d'élèves, pour valider le contenu du programme de l'association sportive de l'établissement, pour adhérer à un groupement d'établissements, pour définir les modalités de sa participation au plan d'action d'un GRETA* lorsqu'il en fait partie, pour valider la programmation et le financement des voyages scolaires, etc. Le CA délibère sur les questions relatives à l'information et à l'accueil des parents d'élèves et à leur participation dans la vie de l'établissement ainsi qu'à l'hygiène, la santé et la sécurité des élèves. Dans le cadre du projet d'établissement*, il peut définir des actions particulières en vue d'optimiser l'utilisation des moyens alloués à l'établissement. Le CA est seul compétent pour accepter les dons et legs ou acquérir ou aliéner des biens. Il peut entamer des actions en justice. Il peut aussi créer un organe de concertation et de proposition aux questions relatives aux relations entre l'établissement et son environnement (économique, social et professionnel) ou à la formation continue des adultes. Des acteurs économiques peuvent y participer mais à condition qu'il y ait une représentation paritaire entre employeurs et salariés. Sur saisine du chef de l'établissement, le CA donne son avis sur la création ou la suppression de sections d'enseignement, d'options ou de formation complémentaire, sur le choix des manuels, des logiciels et des outils pédagogiques et sur la modification des horaires d'entrée et de sortie de l'établissement par le maire. Enfin, le CA adopte le règlement intérieur* du collège ou du lycée et prévoit un plan de prévention de la violence.

Les avis émis et les prises de décision résultent de votes personnels mais le vote secret est de droit si l'un des membres du CA en fait la demande. En cas d'égalité des voix, celle du chef d'établissement prime.

- **La commission permanente**

La commission permanente est essentielle au fonctionnement d'un collège. Elle correspond dans sa forme à un conseil d'administration restreint et dont l'action est permanente, d'où son nom, et complémentaire au CA. Elle est composée du chef d'établissement qui en est le président, de son adjoint, du gestionnaire, d'un représentant de la collectivité territoriale de rattachement, de quatre représentants élus des personnels (dont un pour les personnels administratifs, sociaux, de santé et TOS*), de représentants de parents d'élèves (trois pour les collèges et les EREA*, deux pour les lycées), et de représentants d'élèves (un seul pour les EREA, deux pour les collèges, et trois pour les lycées).

La commission permanente instruit les questions soumises à l'examen du CA et s'occupe obligatoirement de tout ce qui concerne l'autonomie pédagogique de l'établissement. C'est aussi un organe de consultation des équipes pédagogiques en vue de l'élaboration d'un consensus qui est nécessaire à tout pilotage d'un établissement. La commission permanente peut recevoir par délégation certaines compétences du conseil d'administration (politique de l'établissement à l'égard des parents, association sportive, adhésion à un groupement d'établissement, organisation des voyages scolaires, création de groupes de travail au sein de l'établissement, questions relatives à l'hygiène, à la santé et à la sécurité, procédures de rationalisation des moyens, action en justice, réception de dons et legs, création d'un organe de concertation et de proposition au sujet des relations entre l'établissement et le monde social, économique et professionnel). Les procédures de vote et de quorum sont identiques à celles du CA.

**• Le conseil de discipline**

Le conseil de discipline est convoqué par le chef d'établissement. Il est compétent à l'égard des élèves scolarisés dans l'établissement ayant commis une faute quel que soit le lieu de l'action de cette dernière. Ainsi, un ancien élève qui fait irruption dans le lycée où il a été scolarisé ne relève pas du conseil de discipline mais un collégien qui commet un vol au sein de sa famille d'accueil lors d'un voyage linguistique pourra être convoqué devant le conseil de discipline.

Celui-ci est composé de 14 membres : le chef d'établissement (qui en est le président), l'adjoint, le CPE*, le gestionnaire, cinq représentants des personnels (4 du personnel d'enseignement et d'éducation et 1 du personnel administratif, social, de santé et TOS*), des représentants de parents d'élèves (3 pour les collèges, 2 pour les lycées), des représentants d'élèves (2 en collège, 3 en lycée). Les représentants des personnels sont élus chaque année en leur sein (les professeurs parmi les professeurs, les TOS parmi les TOS, etc.) par les membres titulaires et suppléants du conseil d'administration. Les représentants des parents d'élèves sont également élus dans les mêmes conditions. Les représentants des personnels d'enseignement et d'éducation et ceux des parents sont élus au scrutin proportionnel au plus fort reste tandis que les représentants des personnels administratifs, sociaux, de santé et TOS le sont au scrutin uninominal à un tour. Ces élections sont organisées lors du premier conseil d'administration de l'année.

Le conseil de discipline est saisi par le chef de l'établissement pour prononcer quatre types de sanctions : l'avertissement, le blâme, l'exclusion temporaire (de plus de huit jours à un mois maximum) et l'exclusion définitive. Une exclusion temporaire inférieure à huit jours relève directement de l'autorité du chef d'établissement. Les sanctions peuvent être assorties d'un sursis partiel ou total. Hormis l'exclusion définitive, toute sanction est effacée du dossier scolaire après un an. Lorsqu'il y a égalité des voix sur la sanction proposée, celle du président est prépondérante.

Le conseil de discipline se tient généralement dans l'établissement mais si pour des raisons de sécurité le chef d'établissement estime qu'il y a lieu de le délocaliser, il peut se tenir dans un autre établissement ou dans les locaux de l'inspection académique. Dans les cas les plus graves, lorsque l'élève a déjà été exclu d'un autre établissement et qu'une action disciplinaire est en cours à son égard, le chef d'établissement peut saisir le **conseil de discipline départemental**. C'est une procédure extraordinaire qui est utilisée lorsque la sécurité au sein des locaux est compromise par la tenue d'un conseil de discipline dans sa forme ordinaire. Le conseil de discipline départemental est présidé par l'IA-DSDEN* et comprend dix membres : deux représentants des personnels de direction, deux représentants des personnels d'enseignement, un représentant des personnels administratifs, sociaux, de santé et TOS*, un CPE*, deux représentants des parents d'élèves, deux représentants d'élèves. Ces membres, hormis le président, sont nommés par le recteur d'académie parmi les membres des conseils de discipline des établissements de son ressort.

Toutes décisions prises en conseil de discipline, qu'il soit ordinaire ou extraordinaire, peut faire l'objet d'une procédure d'appel devant le recteur d'académie dans un délai de huit jours qui suit la notification écrite de la décision du conseil. L'appel est reçu par une **commission académique** qui est présidée par le recteur ou son représentant. Elle comprend cinq membres : un IA-DSDEN*, un chef d'établissement, un professeur, un représentant de parents d'élèves, un représentant d'élève. Ces membres sont nommés pour deux ans par le recteur.

**• Le conseil de classe**

Le conseil de classe est l'équivalent dans le second degré du conseil des maîtres d'école. Il est présidé par le chef d'établissement, ou par son adjoint, et se compose de l'équipe pédagogique, de deux délégués de parents d'élèves, de deux délégués de classe et, dans certaines circonstances, du COP*. Au cours d'une année scolaire, l'appréciation des aptitudes et l'acquisition des connaissances des élèves s'évaluent par un contrôle continu. À chaque fin de trimestre, le conseil de classe effectue un bilan collectif et individuel des résultats et de l'attitude des élèves. S'il l'estime nécessaire, il peut proposer aux parents de certains élèves un PPRE*. Le conseil examine également les choix d'orientation des élèves, émet une proposition d'orientation (conforme ou non au choix des élèves) ou de redoublement. Lorsque les décisions du conseil de classe sont en accord avec la demande des familles, le chef d'établissement les valide conformément aux propositions du conseil et en avertit les parents par courrier. S'il y a désaccord, un entretien individuel entre les familles et le chef d'établissement, ou son représentant, doit permettre de dénouer la situation : il les informe de la décision du conseil de classe et recueille leur avis. Cet entretien est préalable à la décision définitive du chef d'établissement qui peut confirmer ou infirmer la décision du conseil de classe. Dans ce dernier cas, il en informe l'équipe pédagogique. Si le chef d'établissement valide la décision du conseil de classe, il doit motiver sa décision auprès des parents de l'élève sur des critères objectifs tels que les connaissances, les capacités et les intérêts des élèves. Si les parents n'obtiennent pas l'orientation désirée, ils peuvent obtenir de droit le maintien de leur enfant dans sa classe d'origine pour une année supplémentaire seulement. Toute décision en matière d'orientation ou de redoublement peut faire l'objet d'une procédure d'appel qui doit être formulée dans les trois jours suivant la réception de la notification du chef d'établissement.

En cas d'appel, le chef d'établissement doit transmettre à la **commission d'appel** les décisions motivées du conseil de classe et la sienne ainsi que toutes les pièces nécessaires pour éclairer ses membres. Les parents d'élèves y sont entendus ainsi que l'élève s'il en fait la demande et avec l'accord de ses parents. Les commissions d'appel sont présidées par un IEN* ou son représentant. Elles comprennent des chefs d'établissement, des professeurs, des parents d'élèves, des personnels d'éducation et d'orientation et des personnels sociaux et de santé. Généralement, le professeur principal de l'élève concerné se rend à la commission d'appel où il est entendu comme rapporteur. Il expose les raisons qui ont motivé la décision du conseil de classe. Toute décision de la commission d'appel vaut décision d'orientation ou de redoublement définitive.

Le conseil de classe distribue également des récompenses et des sanctions selon des modalités propres à chaque établissement. En règle générale, les récompenses correspondent à des encouragements, des compliments et à des félicitations. Les encouragements sont décernés aux élèves méritants afin qu'ils persévèrent dans leurs efforts. Les compliments sont attribués à des élèves qui ont fait un bon trimestre. Les félicitations sont accordées à des élèves qui ont particulièrement réussi leur trimestre alliant à leurs connaissances et à leurs compétences une attitude exemplaire. En termes de sanction, les avertissements de travail ou/et de conduite sont donnés à des élèves qui démontrent peu d'implication dans leur travail ou manifestent une attitude irrespectueuse dans l'établissement et dans la classe envers les personnels (professeurs, surveillants, TOS*...) et leurs camarades. Le blâme est plus rarement distribué et concerne les élèves dont ce type de comportement est chronique et évolue en s'aggravant.

- **Le conseil pédagogique**

Depuis la loi d'orientation de programme du 23 avril 2005, il est institué dans les établissements un conseil pédagogique. Il peut être saisi par le chef d'établissement, le conseil d'administration ou la commission permanente pour toutes les questions relatives à la pédagogie. Il est présidé par le chef d'établissement, ou son adjoint, et réunit au moins un professeur principal de chaque niveau (6e, 5e, 4e, etc.), un professeur de chaque matière, le CPE* et, pour les lycées, le chef des travaux. Ces membres sont désignés par le chef d'établissement parmi des personnes volontaires. La mission de ce conseil consiste à coordonner les enseignements en vue d'homogénéiser la mise en œuvre du socle commun* de connaissances et de compétences et d'harmoniser les procédures de notation et d'évaluation. Il prépare en outre la partie pédagogique du projet d'établissement*. C'est donc l'instrument par lequel doit se mettre en place une pratique pluridisciplinaire des enseignements. À cette fin, il peut entendre toute personne dont l'audition est jugée utile et il est consulté pour l'organisation des enseignements en groupes de compétences, des dispositifs d'aide et de soutien aux élèves, pour la coordination relative à la notation et à l'évaluation des activités scolaires, les modalités d'accompagnement des élèves lorsqu'ils changent d'orientation, les modalités d'échanges linguistiques et culturels avec d'autres établissements étrangers ou européens. Le conseil pédagogique formule des propositions au sujet de l'accompagnement personnalisé et il assiste le chef d'établissement dans la rédaction du rapport sur le fonctionnement pédagogique de l'établissement présenté annuellement au conseil d'administration.

Le conseil pédagogique se réunit au moins trois fois par an et dès que son président ou la moitié de ses membres le juge nécessaire. Un ordre du jour doit être fixé. Le conseil pédagogique fixe lui-même son règlement intérieur*.

**• La commission hygiène et sécurité**

Les commissions d'hygiène et de sécurité sont instituées dans les lycées d'enseignement technique et les lycées professionnels. Chaque commission d'hygiène et de sécurité est composée de l'équipe de direction (proviseur, gestionnaire, CPE*, chef des travaux), d'un représentant de la collectivité de rattachement, des représentants des personnels de l'établissement (deux enseignants, un ou deux personnels de santé, sociaux, TOS* s'il y a plus ou moins de 600 élèves), deux représentants de parents d'élèves et deux représentants d'élèves. La procédure de désignation des membres est la même que pour ceux du conseil de discipline. La commission est présidée par le chef d'établissement. Le médecin scolaire assiste à la commission d'hygiène et de sécurité en qualité d'expert.

Sauf dans les lycées d'enseignement général, la commission se réunit au moins une fois par trimestre et à tout moment sur demande de son président, du représentant de la collectivité territoriale de rattachement, du CVL* ou du tiers de ses membres. Un ordre du jour est alors fixé. Les membres de la commission sont en droit d'attendre de la part du chef d'établissement toutes les informations nécessaires à leur mission. Elle peut créer des groupes de travail thématiques. Elle peut examiner les locaux autant que de besoin et au moins une fois par an. Elle prend connaissance à chaque début d'année scolaire du bilan de l'année précédente et du programme annuel de prévention des risques et d'amélioration des conditions d'hygiène. Elle propose au conseil d'administration toute disposition utile en vue de promouvoir la formation à la sécurité et de contribuer à l'amélioration des conditions d'hygiène et de sécurité dans les locaux de l'établissement. Tous les avis de la commission d'hygiène et de sécurité, ses rapports d'activités et ses programmes de prévention des risques sont portés à la connaissance du conseil d'administration.

La commission d'hygiène et de sécurité exerce un pouvoir de contrôle sur le chef d'établissement. En effet, elle peut lui demander, et celui-ci ne peut refuser, la visite d'un inspecteur du travail. Ce dernier remet son rapport au proviseur s'il a constaté des manquements aux règles d'hygiène et de sécurité. Le chef d'établissement dispose de deux mois pour contester tout ou partie de ses conclusions devant le directeur régional du travail, de l'emploi et de la formation professionnelle. Il peut également faire connaître à l'inspecteur du travail les mesures qu'il compte prendre pour remédier aux manquements signalés dans le rapport. Si l'inspecteur du travail estime que toutes les dispositions n'ont pas été prises, alors il avertit le directeur régional du travail, de l'emploi et de la formation professionnelle qui saisit l'autorité académique et la collectivité territoriale de rattachement, voire le préfet. De son côté et en tant que président de la commission d'hygiène et de sécurité, le chef d'établissement peut solliciter auprès de la collectivité territoriale de rattachement une mise aux normes de sécurité des machines en usage dans son établissement.

**• Les conseils de section internationale (école, collège, lycée)**

Dans un contexte d'éducation de plus en plus européen, des sections internationales sont mises en place aussi bien dans les écoles que dans les collèges ou les lycées. Les cours se déroulent en français et en langue étrangère (anglais, allemand, espagnol, italien, russe, arabe, chinois, japonais...). Elles scolarisent des élèves français et des élèves étrangers au sein de classes communes en vue de créer une émulation culturelle. Cela permet aux élèves étrangers de se familiariser avec le système éducatif français et aux élèves français d'acquérir une plus grande maîtrise d'une langue étrangère.

Pour organiser ces enseignements, il existe des conseils de section internationale. Celui-ci donne son avis sur toutes les questions relatives à l'élaboration de l'emploi du temps, au choix des manuels scolaires, à l'information des élèves, des parents et des enseignants et à l'organisation d'activités complémentaires de formation.

Au **niveau primaire**, le conseil de section internationale se compose du directeur d'école, qui en est le président, les enseignants français et étrangers qui enseignent dans la section, trois représentants de parents d'élèves qui suivent un enseignement de section internationale, un représentant de la commune, deux personnalités choisies par le recteur d'académie et qui portent un intérêt à ce type d'enseignement.

Au **niveau secondaire**, le conseil se compose du chef d'établissement ou de son adjoint (qui le préside), trois membres désignés parmi les personnels d'éducation, d'administration et des services, quatre représentants élus des personnels enseignants de la section, deux représentants de parents d'élèves qui suivent les cours de section internationale et quatre personnalités locales dont un représentant de la commune du lieu où est bâti l'établissement, un représentant de la collectivité de rattachement et deux membres nommés par le recteur.

Le conseil de section internationale se réunit au moins une fois par an à l'initiative du directeur ou du chef d'établissement. Ses avis sont soumis au conseil d'école ou au conseil d'administration qui se charge également de rédiger la partie du projet d'école* ou d'établissement qui concerne les enseignements spécifiques à la section internationale. En vue de coordonner l'enseignement des sections internationales au niveau académique, un conseil peut être institué à cet échelon.

Les sections internationales ne doivent pas être confondues avec les **sections binationales**. Celles-ci n'existent que pour les lycées. Elles sont mises en place dans le cadre d'accords bilatéraux. De telles sections permettent d'obtenir à la fois le baccalauréat et un diplôme de fin d'études secondaires du pays dont la langue a été étudiée. L'objectif est de développer le bilinguisme chez les élèves français et de porter à leur connaissance la culture d'autres pays. Des classes franco-allemandes préparent à l'abibac depuis 1994, des classes franco-espagnoles au bachibac depuis 2008 et franco-italiennes à l'escabac depuis 2011.

**• Le conseil des délégués pour la vie lycéenne**

Plus couramment dénommé conseil de la vie lycéenne (CVL*), il a pour mission de formuler des propositions sur la formation des représentants des élèves et sur l'utilisation des fonds lycéens. Il est obligatoirement consulté sur trois thèmes. Le premier concerne la vie scolaire au sens large : l'organisation des études, le temps scolaire, le projet d'établissement*, le règlement intérieur* et la restauration scolaire (le cas échéant l'hébergement scolaire lorsque le lycée compte un internat). Le second thème est plus pédagogique : l'organisation du travail personnel, l'accompagnement individuel et les aides spécifiques pour les élèves en difficulté, les dispositifs d'accompagnement en cas de changement d'orientation, les échanges internationaux dans le cadre de partenariat entre établissements et l'information relative à l'orientation, aux études universitaires et à l'insertion professionnelle. Enfin, le CVL est consulté sur toutes les questions relatives à la santé, l'hygiène et la sécurité ainsi que sur l'aménagement des espaces fréquentés par les lycéens et l'organisation des activités sportives, culturelles et périscolaires.

Le CVL* est convoqué par le chef d'établissement avant la tenue d'un conseil d'administration (séance ordinaire) ou à la demande de la moitié de ses membres (séance extraordinaire). Les avis et les propositions du CVL sont toujours présentés en conseil d'administration. Le conseil des délégués pour la vie lycéenne est composé de dix lycéens élus au scrutin plurinominal à un tour, dont trois élus pour un an par les délégués des élèves et sept élus pour deux ans par l'ensemble des élèves de l'établissement. Dix autres membres non-élèves peuvent assister, à titre consultatif, aux réunions du CVL. Les personnels enseignants ont le droit d'avoir cinq représentants qui sont désignés parmi des volontaires, les personnels administratifs, de santé et TOS* ont droit à trois représentants qui sont aussi désignés par le conseil d'administration parmi des volontaires et les parents ont droit à deux représentants qui sont élus parmi des délégués de parents d'élèves en conseil d'administration.

## Les intervenants dans les établissements

Il existe de multiples formes d'interventions dans les écoles, les collèges et les lycées. Les motifs sont eux aussi très nombreux : prévention pour la santé, développement d'un projet culturel, sécurité routière, éducation à la sexualité, etc. Pour chacun de ces thèmes, il peut exister un intervenant spécifique ou alors un même intervenant (par exemple une association) peut intervenir sur plusieurs thèmes. Le choix a été fait de présenter les intervenants plutôt que la nature des interventions. Il est possible d'en distinguer quatre sortes : les personnels spécialisés, les associations, les personnels d'autres fonctions publiques et les professionnels.

### • Les personnels spécialisés

Les personnels spécialisés interviennent auprès des enseignants ou dans les classes pour des besoins spécifiques et ponctuels. Il peut s'agir de personnels de santé (psychologues ou médecins scolaires) lorsqu'ils interviennent dans le cadre de la formation continue des enseignants pour mettre en œuvre une politique de prévention des mauvais traitements. Les intervenants sont également des enseignants ayant reçu une formation complémentaire (CAPA-SH* pour le premier degré et le 2CA-SH* pour le second degré). Cette configuration est la plus répandue, surtout dans le premier degré. Le principal dispositif d'aide spécialisée est celui des RASED* (v. Le système éducatif, ses acteurs et ses enjeux). L'objectif de ces interventions consiste à identifier les causes qui font obstacle à l'apprentissage des élèves et, en voie de conséquence, de trouver des mesures adaptées pour y remédier. Dans la mesure du possible, ils doivent également prévenir les difficultés durables d'apprentissage, notamment dans le domaine du langage (écrit ou oral). La démarche se fonde sur une double approche (psychologique et pédagogique). Les professeurs spécialisés interviennent soit dans la classe du professeur qui en a fait la demande, soit au sein de petites structures internes à l'école pour accueillir les élèves en difficulté (ceux-ci sont alors retirés temporairement de leur classe).

En primaire, des intervenants chargés des activités sportives ou artistiques peuvent également se substituer au professeur. Ils doivent avoir reçu l'agrément de l'inspection académique et sont employés par la commune ou l'inspection académique. Il arrive parfois qu'un professeur de langue, notamment d'anglais, intervienne en école primaire auprès des élèves.

### • Les associations

Dans le cadre d'une politique de prévention et de sensibilisation des risques, les missions d'éducation peuvent recevoir le concours de diverses associations. Seules les associations ayant reçu l'agrément du ministère de l'Éducation nationale peuvent intervenir en milieu scolaire. La liste de ces associations est publiée en ligne sur le site du ministère (Accueil > L'école dans votre région > Adresses utiles). Lorsqu'un nouvel agrément est accordé, il est notifié dans le BOEN*.

Le champ d'intervention des associations est extrêmement vaste : la santé, la prévention des risques, la pédagogie, les sciences, l'éducation civique, les arts, les sports, les loisirs, la sécurité routière, etc. Elles peuvent rendre d'utiles services notamment lorsqu'il paraît difficile d'aborder certains sujets comme par exemple l'éducation à la santé et à la sexualité. La loi prévoit en effet une éducation en ce domaine sous trois angles et à tous les niveaux (école, collège, lycée) à raison d'au moins trois séances par an et par groupes d'âge homogène sur l'apprentissage des premiers gestes de secours. Les enseignants et les personnels de santé participent à cette mission mais le recours à une association est possible. Elle possède une certaine expertise sur son sujet, bénéficie d'outils adaptés et d'une communication efficace. Le code de l'éducation prévoit pour le second degré des axes de réflexion plus précis : par exemple, une séance doit être envisagée sur les dangers liés à la consommation de l'alcool pour le fœtus chez une femme enceinte. À tous les stades de la scolarité, il prévoit également une intervention consacrée à l'égalité entre les hommes et les femmes, à la lutte contre les préjugés sexistes, et à la lutte contre les violences faites aux femmes y compris au sein du couple. Le recours à des associations comme la Croix-Rouge, la Fédération nationale couples et familles, ou l'ADOSEN (Action et documentation santé pour l'éducation nationale) peuvent apporter des solutions efficaces dans le cadre des missions d'éducation qui incombent aux enseignants.

• **Les membres d'autres fonctions publiques**

Le service public ne concerne pas uniquement l'éducation. La police, la gendarmerie et la sécurité civile (les pompiers) peuvent intervenir en milieu scolaire pour des actions de sensibilisation ou de prévention, notamment en ce qui concerne la lutte contre les violences scolaires et la sécurité routière.

Cet enseignement est obligatoire et a pour objectif de faire acquérir des comportements responsables lorsqu'il est fait usage de la route. Les mineurs sont des usagers rarement conscients de ses dangers lorsqu'ils utilisent leur vélo ou leur scooter. Les accidents de la route sont la première cause de mortalité chez les jeunes, surtout des garçons, entre 14 et 18 ans. Le code de l'éducation stipule que les professeurs peuvent faire appel à des agents d'administration compétente en matière de sécurité routière. L'intervention d'un représentant de la gendarmerie ou de la police peut se faire dans une classe ou bien sur un plateau, à l'extérieur, afin que les élèves conduisent un cyclomoteur et soient sensibilisés sur les difficultés de pilotage et la perte de contrôle du véhicule. Cet enseignement fait partie de la formation du BSR*.

Il existe des interventions des services de police ou de gendarmerie pour prévenir les violences dans et en dehors de l'école. Par exemple, les brigades de prévention de la délinquance juvénile (BPDJ) sont des unités de la gendarmerie nationale qui interviennent dans les établissements. Chaque brigade est départementale et intervient dans la zone où la gendarmerie est chargée de la sécurité publique. L'intervention des gendarmes auprès des jeunes se fait autour des notions d'éducation civique comme la présentation de la citoyenneté ou de la loi mais aussi de prévention des risques. Il peut s'agir de prévention de la violence contre les biens et les personnes dans une démarche collective (le respect d'autrui) ou individuelle lorsqu'il s'agit de prévention de la santé (actions de sensibilisation contre la toxicomanie). Les gendarmes qui interviennent ont reçu une formation complémentaire afin de nouer un dialogue adapté avec des enfants ou des adolescents : le discours n'est ni moralisateur, ni culpabilisant mais invite à faire réfléchir.

• **Les professionnels**

L'intervention de professionnels en milieu scolaire peut concerner divers acteurs. Dans le cadre d'un forum des métiers, un établissement peut demander à des professionnels d'y tenir un stand. Lorsque des entreprises interviennent dans une école, elles n'ont pas le droit, sous couvert d'une action éducative ou d'un programme d'information, de faire de la publicité pour la marque qu'elles représentent. Cela relève du principe éthique de neutralité que doit respecter tout professeur et auquel les entreprises doivent également se plier. Lorsqu'une entreprise souhaite développer une relation de partenariat avec un établissement scolaire, qu'il soit du premier ou du second degré, plusieurs principes généraux s'appliquent. Tout d'abord, les services de l'Éducation nationale s'assurent de l'intérêt pédagogique réel de la relation entreprise/école. Ce partenariat doit ensuite s'inscrire dans le cadre des programmes scolaires, correspondre à un projet éducatif ou apporter une connaissance technique. Si l'intervenant prévoit de distribuer des documents pédagogiques, il appartient au professeur de les vérifier avec minutie. En effet, une telle intervention peut correspondre à une stratégie marketing pour atteindre une cible particulièrement vulnérable (jeune public) d'où la nécessité d'analyser le contenu des supports. En revanche, l'entreprise a le droit de signifier qu'elle est partenaire de l'opération et elle peut appliquer discrètement son logo sur les documents.

Les projets culturels et artistiques nécessitent également la présence d'intervenants extérieurs. Le professeur peut être contacté par un artiste ou une institution culturelle à moins qu'il ne soit lui-même demandeur. Dans tous les cas, il doit déterminer le rôle de l'intervenant dans le projet qui est soumis au chef d'établissement. La DRAC* et le CRDP* sont des partenaires incontournables pour la conception et la réalisation de tels projets. Il importe, lorsque de telles actions sont entreprises, que l'intervenant ne soit pas réduit à un prestataire de service (jouer un morceau de musique par exemple) ni qu'il devienne un professeur improvisé (même lorsqu'il y a un intervenant, la classe reste encadrée par l'enseignant). L'artiste et le professeur doivent élaborer un projet éducatif original et complémentaire.

D'une manière générale, toute relation entre un établissement scolaire et un partenaire (individuel ou institutionnel) doit faire l'objet d'une convention qui prévoit les modalités de l'opération, sa nature (conférence, jeux pédagogiques, concours…), sa durée, les obligations mutuelles, etc. Cette convention est signée par le directeur d'école ou le chef d'établissement après avoir reçu l'accord du conseil d'école ou du conseil d'administration. Il peut arriver que les intervenants soient bénévoles mais le plus souvent, ils sont payés par l'inspection académique (premier degré) ou l'établissement (second degré). En revanche, les personnels enseignants ne reçoivent aucune rétribution à l'occasion d'un partenariat.

RESSOURCES :

- Les différents sites des CRDP sont accessibles à des adresses du type http ://www.crdp-[nom de l'académie].fr ou http ://crdp.ac-[nom de l'académie].fr.
- http://www.culture.gouv.fr/culture/regions/index.html Ce site permet d'accéder aux différentes directions régionales des affaires culturelles.
- http://www.education.arts.culture.fr/ Ce site permet de trouver des informations et des ressources concernant les enseignements artistiques et l'histoire des arts.

# ÉCLAIRAGES

# LES PROJETS D'ÉDUCATION NATIONALE À LA FIN DE L'ANCIEN RÉGIME : DROIT ET DEVOIR DE L'ÉTAT

L'idée que l'enseignant soit un fonctionnaire d'État naît à la période moderne. Comprendre comment se sont en France mis en place les concepts de fonctionnaire et d'éducation nationale et se rappeler quels débats et enjeux ont présidé à l'émergence de la figure de l'enseignant fonctionnaire peut nourrir nos interrogations contemporaines.

## Système de gouvernement et fonction publique à l'époque moderne : une administration absolutiste, sans coordination, solidarité ni responsabilité

Au cours de la période moderne (XVI$^{e}$-XVIII$^{e}$ siècles), la conception du rôle de l'État a évolué progressivement. Elle fut jalonnée par la prépondérance successive de trois sortes d'agents, les officiers, nombreux dès le Moyen Âge, puis les commissaires, dont les plus connus furent les intendants qui apparaissent à la fin du XVI$^{e}$ siècle, enfin les fonctionnaires, catégorie qui émerge à la fin des années 1750. La transformation des agents du roi est un processus fondamental dans la modernisation de l'État. Au Moyen Âge, le besoin d'une administration et d'agents à son service, ancêtre de la fonction publique, commence à se manifester avec l'affirmation de la mainmise royale sur le territoire au détriment des seigneurs. Le mouvement s'est accéléré sous le règne de Philippe le Bel (1285-1314) ; les légistes du roi jouent un rôle central dans l'administration. Le développement de la puissance étatique et de l'administration s'intensifie à l'époque moderne, moment d'affirmation de l'État-nation durant lequel se construit l'identification du roi et de l'État. Mais si le nombre des agents royaux augmente fortement, la fonction publique demeure très hétérogène ; il n'existe pas de statut à proprement parler (le premier statut officiel date de 1946). Se distinguent néanmoins deux groupes : les officiers et les commissaires. L'office, à l'origine, désigne toute fonction confiée par le roi, par des "lettres de provision", à un particulier rémunéré par des gages et des taxations attachées aux actes qu'il accomplit ; c'est une "Dignité avec Fonction publique" (Charles Loyseau, *Traité des offices*, 1608), inamovible dès 1467. Les offices royaux concernent l'administration à tous les échelons, de la paroisse à l'État : ils recouvrent des fonctions de police, de justice et de fiscalité qui vont se substituer peu à peu à celles qu'exerçaient localement les officiers seigneuriaux. Leur création permet à la monarchie d'étendre son emprise sur le royaume. Au tournant des XVe et XVIe siècles, l'office devient un objet de commerce entre particuliers (vénalité des offices). L'édit de la Paulette (1604) consacre le caractère patrimonial et héréditaire des offices contre le versement d'un droit annuel et d'un droit de mutation à l'État. Dès lors, les offices vont également assurer au pouvoir des rentrées d'argent, de plus en plus massives. Pour renflouer ses caisses, le roi les multiplie – en 1515, on en compte 4 à 5 000, en 1665, près de 46 000 – mais perd en même temps le contrôle sur les officiers, qui tendent à former une caste fermée et indépendante. La création des commissaires, à partir du règne d'Henri II (1547-1559), auxquels sont confiées les fonctions les plus importantes, a pour but de rétablir une pleine autorité du roi sur ses agents. Le roi dispose en effet d'un pouvoir discrétionnaire de nomination et de révocation sur les commissaires, qui ne sont pas propriétaires de leur charge : par des "lettres de commission", il leur attribue une mission précise, limitée dans le temps et l'espace (dès la fin du XVe siècle, le souverain envoyait ponctuellement des maîtres des requêtes en "chevauchée" dans les provinces). Aux XVIIe et XVIIIe siècles, les intendants de justice, police et finances, à la tête de leur circonscription (la généralité, une trentaine à la fin de l'Ancien Régime), sont devenus les personnages centraux de l'administration royale, révocables à tout moment mais investis de pouvoirs qui touchent à tous les domaines, de l'économique au culturel. Si l'emploi des termes "administration", "ministère", "bureaucratie", qui manifestent l'existence de services publics organisés, ne se répand qu'après 1789, l'administration centrale, sous la houlette du contrôleur général, est devenue l'instrument du pouvoir d'État bien avant la Révolution. Le règne de Louis XVI, notamment, est marqué par un effort de rationalisation administrative, que signalent la création des emplois et l'apparition des employés, au sens moderne des termes (le mot "fonctionnaire" est utilisé par Turgot dès 1770). Toutefois, à la veille de la Révolution, l'École des ponts et chaussées, fondée en 1747, fait encore figure d'exception, avec son concours de recrutement, son *cursus honorum* et sa grille pour les salaires et les pensions ; ses membres seuls méritent l'appellation de fonctionnaires publics, par opposition aux officiers, commissaires ou commis.

Il s'en faut que domine une fonction publique telle que nous l'entendons aujourd'hui car les idées de coordination et de politique gouvernementale n'existent pas, d'où l'absence de ministère. Le ministère, c'est-à-dire cette réunion d'hommes préposés à la direction des différentes branches de l'administration de l'État, réunis (ou devant l'être) par une certaine communauté de vues sur les points essentiels et reconnaissant l'autorité d'un Premier ministre, est sous l'Ancien Régime une notion inconnue. Le contraire même prévalait puisque l'habitude des rois était d'appeler aux ministères des hommes de vues et de tendances opposées. Deux réflexions révélatrices, l'une du marquis d'Argenson (1694-1757, ministre des Affaires étrangères entre 1744 et 1749) sur les ministres, l'autre de Du Pont de Nemours (1739-1817, économiste et homme politique, collaborateur de Turgot, puis de Vergennes et Calonne) sur les bureaux, témoignent de l'absence d'équipe ministérielle :

> [S'ils] s'accordent c'est par hasard, et jamais le souverain ne les accorde. Le plus petit département est aussi indépendant dans son district que le plus grand. Chacun travaille à persuader au roi que sa gloire gît là-dedans, que plus il éloigne les apparences de premier ministre, plus il sera grand.
>
> Il n'y a pas un ministère et sous chaque ministère pas un bureau qui n'ait administré comme s'il était une puissance particulière en guerre avec toutes les autres, regardant comme de bonne prise toutes les parties d'autorité ou de revenu dont il pouvait attirer la direction à son département.

Même si la pratique des "comités", sorte d'entrevues interministérielles, se développe sous Louis XVI, la solidarité ministérielle est un principe inconnu puisque chaque ministre n'est responsable que devant le roi. Plus globalement, les services publics de l'époque sont marqués par l'absence de cohésion, d'unité et de travail collectif ; la confusion, l'incohérence, la dépendance personnelle caractérisent les pratiques de gouvernement ; nuls règlements ou lois générales n'unifient un mode de gestion foncièrement empirique ; au lieu de salaire – somme d'argent payée régulièrement par l'employeur –, prévaut une rémunération qui consiste en un arrangement personnel sous forme de dons, de gratifications et ne repose sur aucune politique ou loi générale. Dans ce contexte où les liens personnels, les privilèges et les faveurs ou la pratique de l'office, vénal et héréditaire, l'emportent, la *responsabilité* des agents du pouvoir, petits ou grands, n'existe pas.

## L'"éducation nationale", premier service public de l'État : un projet du dernier tiers du XVIII^e^ siècle

En l'absence de toute structure administrative unifiante, l'enseignement sous l'Ancien Régime – on ne peut parler de *système* éducatif – est caractérisé par la diversité des institutions éducatives et l'inégale diffusion de l'instruction, bref par une hétérogénéité consubstantielle. Il n'existe aucune réglementation générale quant à la condition, à la formation et au traitement des maîtres, à la fréquentation scolaire, aux locaux, aux méthodes pédagogiques et aux contenus disciplinaires, mais une foule de textes d'origines diverses, sans visée d'ensemble : archives communales, écrits normatifs de l'Église ou de tel ou tel ordre religieux, abécédaires, catéchismes… Pourtant, dans les années 1760-1770, un certain nombre de contemporains – économistes, philosophes, magistrats, hommes politiques – réfléchissent à l'instauration d'une "éducation nationale" et à la création d'un "Conseil de l'instruction nationale" (Turgot) ou "Collège des administrateurs de l'éducation" (Rousseau), ministère avant la lettre. Les "plans d'éducation" fleurissent, rédigés par Rousseau, l'abbé Coyer, Turgot, Diderot, d'Alembert, bien sûr, mais aussi par des auteurs moins illustres : Crevier (*De l'éducation publique,* 1762), La Chalotais (*Essai d'éducation nationale,* 1763), Guyton de Morveau (*Mémoire sur l'éducation publique,* 1764), Maubert de Gouvest (*Le temps perdu ou les écoles publiques,* 1765), Rolland d'Erceville (*Plan d'études,* 1768, publié en 1784 sous le titre *Plan d'éducation nationale*), Philippon de la Madeleine (*Mémoire sur l'éducation publique,* 1784)… Ils font surgir une nouvelle conception de l'éducation : "instruction publique" (opposée à *domestique*, *familiale*), "enseignement public" (abbé Baudeau, *Première introduction à la philosophie économique…*, II, 1771), "éducation nationale" (La Chalotais, Rousseau, *Considérations sur le gouvernement de Pologne…*, IV, 1770-1771) ou "éducation publique" (Rousseau : "si l'on ne peut établir une éducation publique tout à fait gratuite, il faut du moins la mettre à un prix que les pauvres puissent payer", *Ibid.*). Tous les auteurs insistent sur l'idée neuve d'un droit et d'un devoir de l'État en matière d'éducation, que reprendra Condorcet sous la Révolution, de manière beaucoup plus développée, dans *Les Cinq mémoires sur l'instruction publique* (1790-1792) et le *Rapport et projet de décret sur l'organisation générale de l'instruction publique* (1792), théorie moderne et encyclopédique de l'école républicaine. Ce souci d'uniformisation et de laïcisation de l'institution scolaire, qui restera à l'état de projet tant sont fortes les résistances de la vieille corporation universitaire et de l'Église, est à replacer dans le contexte de l'époque : 1762, l'expulsion des jésuites (plus de cent collèges et près d'un millier de postes d'enseignants se retrouvent vacants), 1763, la lourde défaite du traité de Paris qui fait perdre à la France l'essentiel de son empire. Profitant du vide laissé par le départ des jésuites, les auteurs réagissent contre la mainmise sur l'éducation d'un clergé rendu responsable de la mauvaise qualité de l'enseignement, considérée pour certains comme une des raisons de la défaite. Les penseurs les plus novateurs font le lien entre État, éducation, vertu et patriotisme ; rousseauisme et physiocratie se rejoignent : l'autorité doit être "instruisante" (abbé Baudeau, *Philosophie économique…*, II, introduction). Instruction et morale ne font qu'un. Or seul l'État a le pouvoir et les moyens de répandre l'éducation parmi toute la population. L'instruction doit donc devenir un service public, le premier de tous car le "premier devoir de l'autorité". Pourquoi le premier ? parce que "tout le reste de l'art social […] dépend de l'instruction". Pour les physiocrates, en effet, l'instruction est la base de tout État policé car son but est "d'apprendre le mieux possible à tous les hommes à être justes et même bienfaisants, non usurpateurs ou criminels […]. Cette première instruction, uniforme dans son universalité, dont l'objet serait la morale économique, est la base de tout État policé" (*Id.*). L'éducation universelle a pour but de former des professionnels compétents, des citoyens soumis à l'autorité par raison, respectant la justice.

Turgot, dans son *Mémoire au roi sur les municipalités*... (1775) contemporain du *Plan d'université pour la Russie* de Diderot, explicite les liens entre instruction et paix sociale et politique, entre éducation et pouvoir :

> ... La première et la plus importante de toutes les institutions que je croirais nécessaires, celle qui me semble la plus propre à immortaliser le règne de Votre Majesté, celle qui doit influer le plus sur la totalité du royaume, serait, sire, la formation d'un Conseil de l'instruction nationale, sous la direction duquel seraient les académies, les universités, les collèges, les petites écoles. Le premier lien des nations est les mœurs ; la première base des mœurs est l'instruction prise dès l'enfance sur tous les devoirs de l'homme en société. [...] Il y a des méthodes et des établissements pour former des géomètres, des physiciens, des peintres. Il n'y en a pas pour former des citoyens. Il y en aurait, si l'instruction nationale était dirigée par un de vos Conseils, dans des vues publiques, d'après des principes uniformes. [...] Il ferait composer dans cet esprit les livres classiques d'après un plan suivi [...] Il veillerait à toute la police de l'éducation [...]. Un nouveau système d'éducation, qui ne peut s'établir que par toute l'autorité de Votre Majesté, secondée d'un Conseil très-bien choisi, conduirait à former dans toutes les classes de la société des hommes vertueux et utiles, des âmes justes, des cœurs purs, des citoyens zélés. [...] Ce serait le fruit de l'uniformité des vues patriotiques que le Conseil de l'instruction ferait répandre dans tous les enseignements qu'on donnerait à la jeunesse. Il n'y a présentement qu'une seule instruction qui ait quelque uniformité : c'est l'instruction religieuse. Encore, cette uniformité n'est-elle pas complète. [...] Votre royaume, sire, est de ce monde ; et c'est à la conduite que vos sujets y tiennent les uns envers les autres et envers l'État, que Votre Majesté est obligée de veiller pour l'acquit de sa conscience et pour l'intérêt de sa couronne. [...] je crois donc ne pouvoir rien vous proposer de plus avantageux pour votre peuple, de plus propre à maintenir la paix et le bon ordre, à donner de l'activité à tous les travaux utiles, à faire chérir votre autorité, et à vous attacher chaque jour de plus en plus le cœur de vos sujets, que de leur donner à tous une instruction qui leur manifeste bien les obligations qu'ils ont à la société et à votre pouvoir qui la protège, les devoirs que ces obligations leur imposent, l'intérêt qu'ils ont à remplir ces devoirs pour le bien public et pour le leur propre. — Cette instruction morale et sociale exige des livres faits exprès, au concours, avec beaucoup de soin, et un maître d'école dans chaque paroisse, qui les enseigne aux enfants avec l'art d'écrire, de lire, de compter, de toiser, et les principes de la mécanique. L'instruction plus savante [...] serait donnée dans les collèges ; mais toujours d'après les mêmes principes [...] [cela donnerait des] “hommes [...] préparés pour l'État, affectionnés à la patrie ; soumis, non par crainte, mais par raison, à l'autorité ; secourables envers leurs

> concitoyens, accoutumés à reconnaître et à respecter la justice, qui est le premier fondement des sociétés. ("De la manière de préparer les individus et les familles à bien entrer dans une bonne constitution de société")

L'"éducation publique", pour Rousseau aussi, "certainement est la plus importante affaire de l'État" (*Discours sur l'économie politique,* II, 1755). Du Pont de Nemours reprend l'idée dans le cahier de doléances du tiers du bailliage de Nemours, en 1789 :

> Qu'il n'y ait pas un village qui n'offre aux habitants un maître ou une maîtresse d'école capable de montrer aux enfants à bien lire et à bien écrire, ainsi que les principes de l'arithmétique, de l'arpentage et de toutes les espèces de toisé ; qu'il n'y ait pas une petite ville où ne se trouve un collège dans lequel les enfants puissent recevoir, soit gratuitement, soit pour une dépense modérée, des instructions plus étendues sur les sciences utiles, et particulièrement sur les principes de la morale et la connaissance des droits et des lois. (*Archives parlementaires,* 1re série, t. IV, p. 163)

Sous la Révolution, un "comité spécial de l'Instruction publique" est créé en 1791 par l'Assemblée législative. Lieu d'intenses débats, il provoque de nombreux écrits mais le premier plan adopté par la Convention, le *Plan général d'instruction publique* (19 décembre 1793), reste bien en deçà des projets puisqu'il renonce, entre autres, à l'obligation et à la laïcisation du corps. L'instruction publique – rebaptisée éducation nationale en 1932 – devint un ministère à part entière en 1828, après avoir été diversement structurée en commission ou département rattaché au ministère de l'Intérieur, puis transformée en 1824 en un "ministère des Affaires ecclésiastiques et de l'Instruction publique", sous la responsabilité d'un évêque.

## L'enseignement, de l'école à l'université : le règne de la diversité, de l'inégalité et des pesanteurs

L'idée de confier l'éducation à une institution spécialisée, l'école, et de ne plus la cantonner dans la famille, est une idée moderne : elle implique une prise en compte nouvelle de l'enfant, considéré pour lui-même ; dans le contexte chrétien de l'époque, l'enfance est pensée comme un moment critique de la formation morale de l'homme. La lutte contre la Réforme est au cœur de la diffusion d'une école élémentaire qui vise à inculquer la doctrine catholique. Le premier but de l'instruction a été d'évangéliser, d'enseigner la civilité et d'occuper les enfants pour les empêcher de tomber dans le vice. Les principes de l'obligation scolaire et de l'universalité de l'école sont nés de la volonté d'extirper l'hérésie : après la révocation de l'édit de Nantes (1685), le souverain fait obligation à toutes les paroisses de mettre en place une petite école (déclarations royales du 13 décembre 1698 puis du 14 mai 1724) :

> Voulons, que l'on établisse autant qu'il sera possible des maîtres et des maîtresses dans toutes les paroisses où il n'y en a point, pour instruire tous les enfants du catéchisme et des prières qui sont nécessaires et nommément ceux dont les pères et mères ont fait profession de la religion prétendue réformée [...] comme aussi pour apprendre à lire et même à écrire à ceux qui pourraient en avoir besoin ; et que dans tous les lieux où il n'y aura point d'autres fonds, il puisse être imposé sur tous les habitants la somme qui manquera pour leur subsistance jusqu'à celle de 150 livres par an pour les maîtres, et 100 livres pour les maîtresses [...] Enjoignons à tous les pères et mères, tuteurs et autres personnes qui sont chargées de l'éducation des enfants, de les envoyer aux dites écoles et au catéchisme jusqu'à l'âge de quartorze ans et nommément les fils des anciens protestants...
> ... enjoignons aux curés de veiller avec une attention particulière sur l'instruction desdits enfants dans les paroisses [...] Exhortons et néanmoins enjoignons aux évêques de s'en informer soigneusement...

C'est pourquoi Lavoisier pouvait écrire en 1791, commentant le rapport de Talleyrand sur l'instruction publique, que l'"éducation publique telle qu'elle existe dans presque toute l'Europe a été instituée dans la vue, non de former des citoyens, mais de faire des prêtres, des moines et des théologiens. L'esprit de l'Église a toujours répugné à toute innovation..." (*Réflexions sur le plan d'instruction publique présenté à l'Assemblée nationale en septembre 1791 par M. Talleyrand-Périgord, ancien évêque d'Autun*).

Les écoles villageoises et urbaines, les "petites écoles" (de 6 à 12 ans pour les garçons, de 6 ou 7 à 10 ans pour les filles), la plupart payantes, jouent un rôle essentiel dans la formation élémentaire ; elles comprennent deux niveaux, le premier consacré aux rudiments (lecture, puis écriture et un peu de calcul), le second, destiné à un petit nombre, à l'étude de la grammaire latine. Leur répartition est disparate et la variété des situations locales frappante : les contrastes sont à la fois régionaux, sociaux, institutionnels, genrés. Sans doute est-ce la raison d'une évolution globale assez ténue : au cours du XVIII^e^ siècle, l'analphabétisme stagne pour les hommes et régresse lentement pour les femmes (on compte moins de 30 % d'alphabétisés au début du siècle et 37 % vers 1790 – pour les femmes, 27 %). Au nord-est d'une ligne Saint-Malo-Genève, à la fin des années 1780, les taux d'alphabétisation masculine dépassent 35 % dans toutes les régions, la plupart dépassent 50 %, Normandie et Champagne-Lorraine sont même au-dessus de 70 %, tandis que l'ouest, le sud-ouest et une partie du centre atteignent à peine entre 2 et 22 % (enquête de Louis Maggiolo, 1877-1879) ; seuls au sud quelques départements dépassent 50 % : Pyrénées-Atlantiques, Hautes-Alpes, Charente, Gard, Lozère, tous anciennes terres protestantes. Les contrastes locaux demeurent élevés : moins de 10 %

des hommes sont alphabétisés dans le Morbihan, plus de 80 % dans la Manche, pourtant proches. La présence scolaire est forte dans les grandes villes administratives, les régions carrefours, les communautés situées le long des principaux axes routiers mais clairsemées dans les campagnes de la France du centre, du sud et du sud-ouest. Les inégalités intrarégionales s'expliquent aussi par la structure socioprofessionnelle des communautés, plus ou moins riches. Les écarts de fréquentation scolaire sont considérables, y compris entre villages voisins ; l'envoi des enfants à l'école ne va pas de soi, y compris dans la France alphabétisée du nord, et bien souvent, les écoles ne sont ouvertes qu'une partie de l'année.

La diversité est aussi institutionnelle, liée à l'enjeu essentiel qu'a été l'école dans l'antagonisme des réformes religieuses et l'intérêt inédit que lui portent les autorités politiques : écoles paroissiales dans la France du nord, municipales dans la France du sud, écoles de charité urbaines, qui se développent à partir de la seconde moitié du XVII^e siècle. Dans le premier cas, l'école est soumise à un dignitaire ecclésiastique qui appartient au chapitre de la cathédrale ; les maîtres sont en général des clercs, parfois payés sur une portion de la dîme (Lorraine) ou sur les revenus de la fabrique (Normandie). Dans le deuxième cas, l'école dépend de la municipalité : le budget scolaire, le bail des écoles avec les maîtres, laïcs pour la plupart, sont décidés dans les conseils communaux. Vers la fin du XVII^e siècle, la majorité des écoles de garçons étaient tenues par les vicaires ou par les curés. Au début du siècle suivant, la diminution progressive du nombre d'ecclésiastiques obligea les paroissiens et les curés à recourir à des clercs ou à des maîtres laïques. Nommés par la communauté d'habitants, ils sont liés par un contrat civil qui indique la durée d'engagement et la période scolaire. L'institution n'est pas forcément pérenne : quand l'instituteur coûte trop cher et que le curé ne peut exercer en plus de ses fonctions cultuelles celles de maître d'école, l'école ferme. Enfin, troisième cas, des localités possèdent des écoles gratuites, chrétiennes, fondées par des réguliers (frères des Écoles chrétiennes, filles de la Charité…) ou des particuliers à destination des enfants pauvres ; l'éducation religieuse et l'instruction y sont conçues de manière indissociable. Enfin, les inégalités sociales (entre élites et classes populaires) et de genre sont criantes : la plupart des filles, à la campagne, sont exclues de l'école, même si dans la France rurale du nord et du nord-est leur instruction se développe. Elles sont parfois scolarisées uniquement pour l'apprentissage de la lecture. L'enseignement des filles est négligé à la fois parce qu'elles sont destinées au gouvernement domestique, voire à l'ignorance, et parce que les petites écoles sont payantes ; or depuis le XVI^e siècle, la mixité est refusée et les petites communautés ont rarement les moyens d'ouvrir deux classes. Au niveau secondaire, les filles des milieux aisés fréquentent une ou deux années les pensionnats de communautés régulières ou séculières (contre 3 à 8 années pour les garçons).

Les premiers collèges furent créés au sein de l'Université de Paris à partir du milieu du XIIIe siècle par des fondations pieuses qui offraient des bâtiments, des terres et des rentes pour l'hébergement, le couvert et l'entretien d'étudiants pauvres boursiers. Ils évoluent beaucoup à partir de la fin du XVe siècle, à Paris d'abord (collège Montaigu), d'où l'appellation de *Modus parisiensis* donnée au renouvellement de l'institution, puis dans les villes de province : accentuation de la vie religieuse, conçue comme fondement et finalité des études (les journées des collégiens alternent activités chrétiennes – prière, messe – et scolaires), nouveauté de l'organisation pédagogique (structuration en classes de niveaux, progression rigoureuse dans l'enseignement et examens de passage, introduction du théâtre, en latin, pour favoriser l'éloquence, des exercices physiques et des récréations), renouveau pédagogique (prédominance des lettres classiques, étudiées à partir d'auteurs de l'Antiquité jusqu'alors méconnus – Sénèque, Cicéron, Virgile, Pline, Platon… –, mise en valeur de la grammaire et de la rhétorique). Les humanités sont composées de trois classes successives de grammaire (analyse de la langue et de la littérature latines à partir des écrits de l'Antiquité, rudiments de la grammaire grecque), puis d'une classe de poésie (étude des poètes latins, approfondissement de la grammaire grecque, exercices tels que versifications, explications de textes, compositions littéraires) et d'une classe de rhétorique (acquisition de l'éloquence), à laquelle peuvent s'ajouter deux classes de philosophie. Certains collèges restent de simples maisons pour boursiers ("petits collèges"), d'autres assurent l'enseignement des humanités jusqu'à la philosophie ("collèges de plein exercice") tandis qu'aux marges se développent séminaires, pensionnats et académies nobiliaires. En 1719, la gratuité des études pour les externes, instaurée par Mazarin au collège des Quatre-Nations, est étendue aux autres collèges parisiens (en province, l'instruction est gratuite ou grevée de frais modérés) ; un concours général entre les collégiens est institué en 1747. L'enseignement, dominé par le latin, s'appuie sur les principes de la *Ratio Studiorum* (plan raisonné des études publié en 1599 qui définit les fondements de la pédagogie jésuite), inspiré du *Modus parisiensis*. À partir de la seconde moitié du XVIIe siècle, des critiques s'élèvent contre l'inutilité sociale des humanités : "Si la France a peu de négociants", écrit en 1675 Jacques Savary, auteur du *Parfait négociant* et l'un des concepteurs de l'ordonnance du commerce (1673, code Savary), "c'est parce qu'elle a trop de collèges classiques ; il est sans utilité d'enseigner aux enfants le latin, la grammaire, la rhétorique et la philosophie". Les contenus évoluent lentement : la part de la grammaire française augmente, l'enseignement des sciences est rénové mais reste tardif et succinct, de nouvelles disciplines apparaissent : histoire, géographie, histoire naturelle… Jusqu'à la fin de l'Ancien Régime, l'enseignement est critiqué par de nombreux penseurs en ce qu'il continue de former d'abord aux carrières ecclésiastiques et administratives, en privilégiant le latin et l'histoire ancienne au détriment du français, des langues étrangères et des sciences. D'Alembert, avant d'exposer sa propre vision, encyclopédique, de l'"éducation publique", fustige celle du collège :

> Il résulte de ce détail, qu'un jeune homme après avoir passé dans un collège dix années, qu'on doit mettre au nombre des plus précieuses de sa vie, en sort, lorsqu'il a le mieux employé son tems, avec la connoissance très-imparfaite d'une langue morte, avec des préceptes de Rhétorique & des principes de Philosophie qu'il doit tâcher d'oublier ; souvent avec une corruption de moeurs dont l'altération de la santé est la moindre suite ; quelquefois avec des principes d'une dévotion mal-entendue ; mais plus ordinairement avec une connoissance de la Religion si superficielle, qu'elle succombe à la premiere conversation impie, ou à la premiere lecture dangereuse. (Diderot, d'Alembert, *Encyclopédie ou Dictionnaire raisonné des sciences, des arts et des métiers*..., art. "Collège", 1753)

Le préceptorat ou l'éducation domestique reste finalement pour les philosophes l'idéal pédagogique, au XVIe comme au XVIIIe siècle (Montaigne, "De l'institution des enfants", *Essais,* liv. I, chap. XXV, 1580, Rousseau, *Émile ou De l'éducation,* 1762).

Restés stables après l'essor du milieu du XVIIe siècle, les effectifs nationaux regroupent en 1789 environ 50 000 élèves dans près de 650 établissements : à la base, 200 à 250 régences latines (un seul maître) et une centaine de petits collèges ; au-dessus, 130 collèges d'humanités (3 régents au moins enseignent jusqu'en rhétorique) et 180 collèges de plein exercice. Les plus importants (six régents et plus), souvent les plus anciens, ont été fondés dans les grandes villes dotées d'une solide infrastructure administrative (évêché, cour souveraine, tribunal). Séculiers à l'origine, ils sont pris en charge par les congrégations enseignantes issues de la Réforme catholique (jésuites, seuls à disposer d'une implantation nationale, doctrinaires, oratoriens, bénédictins...) au cours de la première moitié du XVIIe siècle, avec l'aide des corps municipaux, des notables urbains, des évêques, voire de la monarchie (subventions municipales, dons et legs, etc.). Les collèges plus modestes se développent dans les petites villes surtout à partir de la fin du XVIIe siècle sous l'impulsion des oligarchies urbaines (magistrats, marchands). Comme dans le secteur primaire domine l'hétérogénéité : la répartition entre séculiers et congrégations, entre collèges grands et petits, municipaux ou ecclésiastiques varie énormément d'une région à l'autre ; aucune n'est dépourvue d'équipement secondaire mais le semis est irrégulier : au-dessus de 10 000 habitants, le collège est la règle, en deçà de 3 000, il est l'exception ; ouest et centre, démunis, s'opposent au nord et au midi ; villes industrielles et gros bourgs ruraux sont moins concernés. L'expulsion des jésuites en 1762 est le seul moment où la monarchie entreprend une hiérarchisation de l'espace scolaire mais la réforme reste inappliquée en raison de la résistance des élites urbaines et de l'Église. L'édit de février 1763, qui porte règlement pour les collèges séculiers non universitaires, expose dans le préambule le principe d'une carte scolaire.

> Ce qui nous paraît le plus instant, c'est d'apporter un meilleur ordre à tant de collèges particuliers répandus partout ; la multiplicité de ces collèges, l'obscurité et l'indigence du revenu d'un grand nombre d'entre eux peuvent faire craindre qu'il ne s'en trouve plusieurs dont l'établissement peu solide, le défaut des règles ou les vices de l'administration exigent une entière refonte ou une réunion à d'autres collèges plus utiles et mieux établis, quelques-uns même une entière suppression.

Les usages sont également contrastés, de tel petit collège provincial peuplé de paysans se destinant à la cléricature aux établissements de l'Université de Paris qui jouent un rôle national grâce aux bourses attribuées aux provinces. L'institution, qui met en avant l'enseignement de la rhétorique et des humanités classiques, exprime la culture d'une bourgeoisie de commis, d'officiers, de professions libérales. Dans la seconde moitié du siècle, comme pour l'école, le débat sur l'éducation fait apparaître une conception du collège comme facteur d'intégration culturelle et politique élargie à la nation entière et détachée du clergé.

L'enseignement universitaire concerne très peu d'individus : le taux de scolarisation dans les universités atteint 0,92 % en 1789. Héritage médiéval (les disciplines enseignées s'organisent autour de quatre *facultés* : arts, médecine, droit et théologie), l'université reste dominée par le caractère très sélectif du recrutement et par une finalité professionnelle étroite des études (offices, cléricature, professions libérales). Lieux privilégiés de la transmission du savoir, certaines d'entre elles ont une grande renommée mais elles font globalement l'objet de violentes critiques de la part des savants. Malgré des évolutions, l'institution a du mal à s'adapter aux nouveautés ; les méthodes d'enseignement, la forme des examens conservent bien des aspects médiévaux et la faculté de théologie de Paris, qui assure la formation des élites cléricales du royaume, résiste aux changements. L'enseignement scientifique, insuffisant, ne correspond plus aux besoins (formation des ingénieurs, pilotes, etc.). Aussi, à partir de la seconde moitié du XVIII^e siècle, de nouvelles institutions fleurissent, privées et publiques, qui forment à d'autres professions que le droit ou la théologie grâce à l'enseignement de nouvelles disciplines : collèges de chirurgie, écoles militaires, vétérinaires, de dessin, de marine, d'hydrographie, École des ponts et chaussées (1747), École du génie de Mézières (1748), École royale gratuite de dessin (1767), École des mines (1783)…

## Professorat et cléricature : la non-autonomisation de la carrière professorale malgré quelques projets éclairés

L'école, placée sous la tutelle des prêtres, est avant tout une école d'instruction religieuse. Le choix du maître, laïc ou ecclésiastique, est à l'appréciation des notables et du curé mais toujours soumis à l'approbation de l'évêque ; quand il existe un journal local, les candidatures sont provoquées par annonces. La première condition, nécessaire et souvent suffisante, est d'avoir des mœurs et une conduite édifiante ; la compétence vient souvent après. Le maître assure des fonctions qui en font explicitement un assistant du curé : il doit aider au culte, servir la messe, sonner la cloche, enseigner les prières, préparer à la première communion, porter ou faire porter l'eau bénite dans les maisons, blanchir les linges de l'église, chanter l'office divin, faire les écrits concernant la communauté et la lecture des imprimés sur la place publique, remonter l'horloge et la graisser. Pour toutes ses tâches, il touche un maigre salaire, environ 150 livres par an, auquel s'ajoute l'écolage : un écolier paie 3 ou 4 sols par mois pour l'apprentissage de la lecture, un peu plus s'il apprend à écrire. Le sort des maîtresses, chargées avant tout de l'éducation des filles (bien que la séparation des sexes soit parfois difficile à respecter dans les petits villages), est pire encore ; souvent soumises au célibat, elles perçoivent un salaire inférieur d'un tiers ou de la moitié à celui des hommes. La salle de classe n'est que le logement même du maître ou, dans le meilleur des cas, une grange mise à disposition par la communauté des habitants. Aussi est-ce une condition peu enviée et la plupart des maîtres, peu formés, connaissent une grande pauvreté. La situation, très inégale selon les lieux, évolue peu jusqu'à la Révolution. Le décret du 21 octobre 1793, au programme ambitieux, institue des écoles primaires d'État. Le problème de la formation des maîtres reste pendant : en témoignent l'empirisme et le bricolage imaginés pour faire face à l'urgence du *Projet de décret tendant à révolutionner l'instruction* (20 mai 1794). Des "écoles publiques d'instruction" sont créées, qui reposent sur la bonne volonté des citoyens "ayant des dispositions pour l'enseignement".

> L'administration de chacun des districts de la République désignera, en consultant à cet effet les sociétés populaires, quatre citoyens ayant des dispositions pour l'enseignement. Les citoyens désignés se rendront à Paris pour le 1er messidor [...]. Des citoyens choisis par le Comité de salut public, leur donneront pendant deux mois des leçons pour les préparer aux fonctions d'instituteurs ; ces citoyens se concerteront entre eux sur l'uniformité du mode d'enseignement des objets dont ils seront chargés, et des ordres seront donnés par le Comité de salut public pour que le même enseignement puisse être fait à la fois dans plusieurs sections. Ces maîtres rédigeront leurs leçons ; elles seront

imprimées, et il en sera remis des exemplaires aux élèves avant leur départ. Le cours d'instruction terminé, les citoyens qui l'auront suivi retourneront dans leurs districts, et là, dans les chefs-lieux de canton qui seront désignés par l'administration, ils ouvriront des écoles publiques d'instruction où ils répéteront la méthode d'enseignement qu'ils auront reçue à Paris. Ces nouveaux cours seront de deux mois. Les citoyens et citoyennes qui seront dans l'intention de se vouer à l'instruction en feront la déclaration à la municipalité, et se rendront dans l'une des quatre écoles ouvertes dans le district ; ils recevront 40 sous par jour pendant la durée des cours. Dès que le cours sera terminé, ces citoyens et citoyennes se rendront dans les communes où ils désireront ouvrir une école conformément au décret du 29 frimaire. [...] Cette première expérience indiquera par ses résultats les moyens de la perfectionner et de donner à cette méthode révolutionnaire toute l'extension dont elle sera susceptible.

Dans le secondaire, le professorat reste une cléricature. Le poste enseignant est considéré comme un pis-aller avant l'attribution d'une cure plus lucrative : la portion congrue d'un curé (le niveau minimal de revenu annuel) est de 500 livres en 1768, 700 livres en 1786. Beaucoup de chaires collégiales sont moins bien rétribuées. Cela explique la mobilité des régents, qui restent en moyenne seulement 12 ou 18 mois sur place. Le système bénéficial a été le frein principal à une autonomisation de la carrière professorale, qui n'est souvent que la première étape d'un cursus clérical, comme un vicariat ou une chapellenie (D. Julia).

L'expulsion des jésuites et le poids des parlements sont à l'origine de la politique de réforme éducative lancée dans les années 1760 : rationalisation de la carte scolaire, concours de l'agrégation, tentative de sécularisation. L'édit du roi de 1763, première grande loi scolaire de l'ancien régime, vise à rationaliser la carte scolaire et à créer un corps d'enseignants, en écartant le monopole exclusif souhaité par le clergé ou les municipalités. Il établit un mode de gestion uniforme pour les collèges non dépendants des universités et non congréganistes : ces collèges, majoritaires, passent sous le contrôle de bureaux composés de notables locaux (l'évêque, 2 officiers de justice royaux, 2 officiers municipaux, le principal et 2 notables cooptés). Chaque bureau est souverain dans la nomination et la destitution des régents séculiers. La même année, des lettres patentes de 1763 décrètent la translation des boursiers dans le collège Louis-le-Grand, destiné à former "une pépinière abondante de maîtres dont notre État a besoin et qui y répandront cette émulation si désirable pour l'éducation de nos sujets." Les lettres patentes de 1767 (pas plus appliquées que les précédentes) fixent les conditions d'admission des boursiers et le déroulement de leur scolarité : la volonté est nette de transformer Louis-le-Grand en centre d'excellence. Puiser dans le vivier des bons élèves boursiers pour trouver des enseignants est une idée ancienne (Charles Rollin, *De la manière d'enseigner et d'étudier les belles-lettres…*, livre VIII, 1726-1728, *Traité des Études,* 1726). Dans un mémoire de 1763, pour résoudre le problème, d'anciens recteurs défendent la création d'un concours. Ils mettent en avant l'excellence, la bonne conduite, l'émulation parmi les candidats, qu'ils opposent à la toute-puissance des principaux de collèges et au favoritisme. À l'inverse, dans un *Recueil de mémoires touchant l'éducation de la jeunesse…* (1763), Rivard, un professeur de philosophie, condamne une procédure incapable de déceler le talent nécessaire "pour la conduite de la jeunesse" et le "goût pour la profession" ; le concours est aussi une porte ouverte à l'entrée des ennemis de la religion dans les collèges, donc compromet l'éducation dispensée à la jeunesse. Les principaux des collèges parisiens partagent cette crainte d'une émancipation idéologique du groupe professoral. Aussi, le règlement du concours de l'agrégation institué en 1766 par lettres patentes dans la faculté des arts de Paris, ouvert aux maîtres es arts des universités du royaume, apparaît à la corporation universitaire comme un coup de force. L'agrégation définit un nouveau contrôle des enseignants à partir des aptitudes intellectuelles objectivement observables et comparables. L'évolution n'est pourtant pas neuve : depuis 1748, le recrutement des ingénieurs du roi se fait par un concours d'entrée sur épreuves techniques à l'École du génie de Mézières. Mais les principaux des collèges parisiens et de la faculté de théologie protestent vivement car l'enjeu est celui du contrôle sur l'éducation de la jeunesse ; deux conceptions s'affrontent : du côté du parlement, créer un corps technique d'enseignants-citoyens soumis à l'autorité séculière de l'État, du côté de la faculté, maintenir l'emprise ecclésiastique sur tout le système d'enseignement. Dominique Julia a observé les agrégés de 1766 à 1791 ; l'agrégation a bien correspondu à ce que les parlementaires attendaient : le repérage systématique de l'excellence dans les exercices scolaires. Dans son *Plan d'éducation* (1768), Rolland d'Erceville, magistrat parisien, va plus loin et crée un corps de maîtres choisis pour leur compétence sur critères scolaires (concours d'entrée, grades universitaires, examens de sortie) ; il définit le déroulement d'une carrière inspectée par l'Université, débouchant sur une retraite assurée au terme d'un temps d'exercice défini. Il prévoit une "maison d'institution" située au chef-lieu de chaque université, sorte d'école normale avant la lettre qui regroupe les futurs maîtres et les préparerait au métier par des conférences. Le recrutement de la maison se fait par un concours portant sur des épreuves techniques relatives à l'enseignement futur du candidat (philosophie, belles-lettres, grammaire). Une fois le concours d'agrégation passé, les étudiants sont tenus de passer dans la maison les titres universitaires (bachelier, licencié, maître es arts). Au bout de deux ans minimum, ils subissent un examen de sortie et doivent se rendre dans les collèges désignés par les directeurs de la maison d'institution.

Dans l'*Essai d'éducation nationale*… (1763), le magistrat rennais de La Chalotais, après avoir exposé dans le détail son "meilleur plan d'études pour la jeunesse", évoque rapidement une autre solution pour résoudre le problème de la formation : plutôt que des maîtres, "ouvrage de longue haleine", il faut des livres, "aisés à faire". Il précise son point de vue dans un post-scriptum, rédigé en réaction à la publication d'un écrit anonyme *De l'Éducation publique,* (publié à Amsterdam en 1762 et attribué à Diderot puis à Crevier).

> … Il est question d'ailleurs de trouver une grande quantité de Maîtres tout formés, ou les moyens de les former en peu de temps. Quand on voudra y réfléchir, on verra qu'il est impossible de faire tout-à-coup une pareille recrue dans le Royaume ; et si l'on veut décider la question de la qualité des Maîtres, on va ouvrir la porte à des discussions sans nombre, où l'esprit de corps, les droits et les privileges entreront nécessairement, et qui par conséquent deviendront interminables. Chaque Corps réclamera ; on fera agir l'esprit de parti ; les plus forts l'emporteront, et l'État ne sera pas mieux servi ni plus éclairé.
>
> Je pense que l'objet des Etudes étant une fois fixé, Sa Majesté pourrait faire composer des Livres classiques élémentaires, où l'instruction fût faite relativement à l'âge et à la portée des enfans depuis 6 ou 7 ans jusqu'à 17 ou 18.
>
> Ces Livres seraient la meilleure instruction que les Maîtres puissent donner, et tiendraient lieu de toute autre méthode. […] Ces Livres étant bien faits, dispenseraient de Maîtres formés ; il ne serait plus question alors de disputer sur leur qualité, s'ils seraient Prêtres ou mariés, ou célibataires. Tous seraient bons, pourvu qu'ils eussent de la Religion, des mœurs, et qu'ils sussent bien lire ; ils se formeraient bientôt eux-mêmes en formant les enfans.
>
> Il ne s'agirait donc que d'avoir des Livres, et je dis que c'est la chose la plus aisée présentement. Un mot de la part de Sa Majesté suffirait. Il y a dans la République des Lettres beaucoup plus de Livres qu'il n'en faut pour composer, avant deux ans, tous ceux qui seraient nécessaires ; et il y a dans les Universités et dans les Académies plus de Gens de Lettres qu'il n'en faut pour bien faire ces ouvrages ; il n'y en a point qui ne se fît un devoir et un honneur de concourir aux vues de Sa Majesté, et au bien général du Royaume. […]
>
> On ferait imprimer ces ouvrages à une Imprimerie Royale, sans qu'il en coûtât aucun frais au Roi ; et ces Livres coûteraient peu aux familles, pourvu que l'impression ne se fit pas par entreprise, et que la chose ne devînt pas une affaire de finance.

Les résistances aux réformes royales et parlementaires l'emportent et le professeur reste majoritairement un membre du clergé ; le concours se réduit à une compétition pour les seules chaires des dix collèges parisiens et la mise en place de territoires académiques est renvoyée *sine die* par des universitaires attachés à la défense du privilège exclusif de collation des grades. L'ensemble du dossier sera repris sous la Révolution (voir, entre autres, le *Rapport et projet sur les corps enseignants* par Fourcroy, février 1806). Finissons par ces réflexions de Lavoisier sur l'opinion publique et la liberté, à propos de l'"éducation publique" qu'il appelle de ses vœux :

> Le sort des professeurs dépendant très principalement de l'affluence de leurs élèves et du succès de leurs leçons, il en résultera, par une conséquence nécessaire, que l'opinion publique, sans avoir besoin d'être aidée par aucun autre secours, d'être secondée par aucune force, suffira pour réformer tout ce que l'instruction publique pourrait avoir de vicieux. **Le professeur qui n'aura pas pour lui l'opinion publique verra déserter ses écoles** ; tous auront, à l'envi l'un de l'autre, intérêt de plaire soit par le fond même de la doctrine qu'ils enseigneront, soit par la manière de la présenter.
>
> Il y aura donc cette grande et immense différence entre l'éducation publique qui existait et celle qui lui sera substituée, c'est que la première portait en elle-même une force qui s'opposait à tout perfectionnement ["l'esprit de l'Église"], et que la seconde, au contraire, porte avec elle le correctif de tous les défauts dont elle aura pu être affectée dans les premiers instants, en sorte que sans soin, presque sans surveillance, **pourvu que les corps administratifs laissent aux choses leur libre cours,** elle atteindra en peu d'années un degré de perfection proportionné aux connaissances et aux lumières du siècle. (*Réflexions sur le plan d'instruction publique présenté à l'Assemblée nationale en septembre 1791 par M. Talleyrand-Périgord, ancien évêque d'Autun*)

Natacha Coquery,
Professeur d'Histoire moderne à l'université de Nantes

# LA FIGURE DU PROFESSEUR : UN FONCTIONNAIRE COMME LES AUTRES ?

> Cher Monsieur !
>
> Vous revoilà professeur. On se doit à la Société, m'avez-vous dit ; vous faites partie des corps enseignants : vous roulez dans la bonne ornière.
>
> (Arthur Rimbaud, *Lettre à Izambart*, 13 mai 1871)

La figure de l'employé, dans les œuvres littéraires, romanesques ou théâtrales en particulier, donne lieu à des portraits satiriques qui dénoncent les petitesses et ridicules d'un type (au sens où l'entend Balzac) : sa position subalterne dans la hiérarchie (sans rôle d'encadrement ou de direction) est censée l'amener à une obéissance scrupuleuse des chefs, au respect des règlements, si absurdes soient-ils ; le "col-blanc", cet employé de bureau qui échappe aux servitudes du travail manuel de l'ouvrier pour un travail plus "intellectuel" et moins salissant, est le rouage d'une machine administrative dont lui échappent les arcanes – et même les mécanismes, compte tenu de la parcellisation des tâches : on l'*emploie*, c'est-à-dire qu'on utilise ses services en échange d'une rémunération. Appelé métonymiquement au XIXe siècle *rond-de-cuir* (par allusion aux pièces de tannerie qui garnissaient les sièges des bureaux), l'employé, vissé à ses tâches répétitives et censé flagorner ses supérieurs, à ménager ou à flatter systématiquement pour *monter en grade*, passe aussi pour un *tire-au-flanc*. Le portrait à charge est complet : intelligence limitée, souci médiocre de la carrière, lâcheté à l'égard de ceux qui exercent le pouvoir, rivalités sourdes ou déclarées avec des collègues rivaux. Non seulement dans le terrible roman de Balzac intitulé *Les Employés*, mais dans *La Comédie humaine* en général, l'employé est souvent décrit sur un mode caricatural : dans *Le Père Goriot*, le narrateur dessine le portrait de "Monsieur Poiret" sous le signe du "mécanique". "Quel travail avait pu le ratiner ainsi ?" feint de s'interroger le narrateur, adoptant le point de vue d'un passant ;

> quelle passion avait bistré sa face bulbeuse qui, dessinée en caricature, aurait paru hors du vrai ? Ce qu'il avait été ? mais peut-être avait-il été employé au Ministère de la Justice, dans le bureau où les exécuteurs des hautes œuvres envoient leurs mémoires de frais, le compte des fournitures de voiles noirs pour les parricides, de son pour les paniers, de ficelle pour les couteaux. Peut-être avait-il été receveur à la porte d'un abattoir, ou sous-inspecteur de salubrité[1].

Pantin, automate animé par un mécanisme invisible, "ombre grise", Poiret a perdu toute individualité, sinon toute trace d'humanité. Son vieillissement précoce et l'usure de ses vêtements, son avachissement généralisé, trouvent une explication dans le métier d'employé que le narrateur lui attribue, en remontant des effets aux causes. Poiret est un représentant exemplaire de l'individu voué à une fonction subalterne, souvent frustré dans ses ambitions sociales ; ce qui n'exclut pas la vanité et la bêtise d'un personnage animalisé en "dindon", puis en âne (par référence à une fable de la Fontaine) :

> Enfin, cet homme semblait avoir été l'un des ânes de notre grand moulin social, l'un de ces Ratons parisiens qui ne connaissent même pas leurs Bertrands, quelque pivot sur lequel avaient tourné les infortunes ou les saletés publiques, enfin l'un de ces hommes dont nous disons, en les voyant : *Il en faut pourtant comme ça.*

En d'autres termes, c'est le type même de l'Employé : un "rouage" anonyme de la bureaucratie judiciaire, voué aux basses œuvres, comptable scrupuleux des frais d'exécution des condamnés ; les autres hypothèses émises à son sujet par l'observateur-narrateur (receveur ou sous-inspecteur) renvoient de même à des activités liées à la mort : "Poiret a donc fait sa médiocre carrière comme fonctionnaire de la mort, agent aveugle d'une société, ou plutôt d'un État mortifère, qui rationalise et *quantifie* l'indicible[2]." Le portrait caricatural s'infléchit vers une dénonciation de ces employés dociles, aveuglément soumis à leur hiérarchie, qui facilitent le bon fonctionnement d'une machine sociale broyant les individus sous sa meule. La figure de l'employé revient dans d'autres romans balzaciens, en particulier *Les Employés* évoqués plus haut (1837), comme image d'une société moderne qui a dénaturé les équilibres internes au corps social. Dans la lutte acharnée pour la réussite, l'Employé est un perdant, qui rêve toute sa carrière d'une improbable *montée en grade*, complice malgré lui d'une machine sociale impitoyable qui traite les individus comme des marchandises.

Voyons du côté de Georges Courteline (1858-1929) – qui occupa lui-même un poste de fonctionnaire au ministère des Cultes et vécut l'existence monotone de l'employé –, dont les vaudevilles mettent fréquemment en scène ce type de personnage. Un récit, *Messieurs les ronds de cuir* (1893), précède ses succès au théâtre avec des pièces comme *Le gendarme est sans pitié* et *Le commissaire est bon enfant* (1899), où il décrit la vie quotidienne de la petite bourgeoisie, classe montante de la IIIe République. Le dramaturge y dénonce avec une veine comique efficace la stupidité de fonctionnaires trop zélés qui appliquent le règlement à la *lettre*, au mépris de l'*esprit* de la loi, et sans prendre en compte la singularité des cas auxquels ils doivent s'appliquer. Le gendarme Labourbourax, dans la première de ces pièces, mise en scène pour la première fois au théâtre Antoine le 27 janvier 1899, est l'image caricaturale de l'employé imbu de la dignité de son rôle au service d'une *institution* qu'il suppose consacrée depuis des "temps immémoriaux". Le commissaire "bon enfant" de la pièce éponyme met en scène un officier de police qui s'enorgueillit de servir le gouvernement et d'appliquer ses ordres, sans en "discuter la sagesse", dans le respect des textes institutionnels, défendant le principe que "les agents sont de braves gens, qui se conforment de leur mieux aux obligations de leur charge[3]."

L'employé, aux XXᵉ et XXIᵉ siècles, est fonctionnaire : il roule dans la *bonne ornière* – pour reprendre l'expression ironique de Rimbaud mise en exergue – puisqu'il remplit sa fonction (plus ou moins consciencieusement, mais qu'importe, la reconnaissance des efforts et mérites étant souvent pure fiction), touche son salaire mensuel (de quoi se plaint-il ?), ne risque pas de perdre son poste s'il en est titulaire (d'où le statut de privilégié, voire de "*planqué*" qu'on lui prête), à une époque – la nôtre – où la continuité de l'emploi est devenue si précaire. La fonction publique serait-elle une entreprise comme les autres, fondée sur le profit, où l'éviction des éléments surnuméraires serait une mesure de salut public ?

Mais d'entrée de jeu, la question mérite d'être posée : *le professeur est-il un fonctionnaire comme les autres*, simple rouage d'une administration publique, l'Éducation nationale, machine qui – rappelons-le – envoie à l'aveugle de jeunes enseignants tout juste diplômés dans des postes éloignés de leurs racines, et, circonstance aggravante tout à fait récente et d'ailleurs conjointe à l'objurgation de faire dorénavant preuve qu'il "agit de manière éthique et responsable", sans aucune formation pédagogique : puisque l'année de stage qui leur permettait de faire leurs armes et de se préparer à leurs responsabilités d'enseignant, jugée trop coûteuse pour la collectivité, se voit remplacée par un stage de… deux jours avant la rentrée ?

Dans la littérature, l'image de l'enseignant (du primaire ou du secondaire) est beaucoup plus contrastée que celle que nous proposent de l'Employé-fonctionnaire un Balzac ou un Courteline. Il existe évidemment des images caricaturales qui épinglent des enseignants abêtis par un système hiérarchique infantilisant, ou animés de pulsions plus ou moins sadisantes, qui transforment l'élève en souffre-douleur, écrasé de *pensums*, comme le Jacques Vingtras de Jules Vallès dans *L'Enfant* (1878) et *Le Bachelier* (1881) ; lequel incrimine aussi, par-delà les individus, un système éducatif qui pervertit les relations humaines (l'école symbolisant pour cet écrivain, politiquement engagé aux côtés de la Commune, la structure oppressive de l'État et de la classe bourgeoise qui l'a privatisé à son usage). Les enseignants, pris en même temps que leurs élèves dans une spirale de persécution réciproque, apparaissent comme les "agents d'exécution" d'une machine capable de broyer les intelligences, les sensibilités, les imaginaires. La pièce d'Eugène Ionesco *L'Élève* (1951), sous-titrée "drame comique" (et qui, précisons-le, met en scène une leçon particulière), radicalise la potentielle emprise du professeur sur son élève ; celle-ci s'effondre littéralement, accablée par le verbiage délirant d'un maître qui finit par la tuer : "Ce n'est pas ma faute ! Elle ne voulait pas apprendre[4] !"

Mais l'image du professeur peut également se révéler à la fois comique et pathétique ; ainsi apparaît, dans *Le Sang noir* de Louis Guilloux (1935), Cripure, professeur de philosophie proche de la retraite, affublé par ses élèves de ce surnom burlesque pseudo-kantien (*Cripure de la raison tique*) et, par le narrateur, de la panoplie de l'enseignant blanchi sous le harnois : myopie, "air ahuri", "langage pédantesque" ; mais sauvagement acculé à la mort, il finira par paraître aux yeux du lecteur pour ce qu'il est : un *bouc émissaire* – figure anthropologique fondamentale, dont René Girard en particulier a montré la fonction d'unification des groupes scellée dans le sacrifice de la *victime émissaire*. Ou encore, dans la pièce éponyme de Marcel Pagnol (1931), voyons Topaze, le "petit prof" enseignant dans une école privée, la pension Muche, humilié par son directeur (qui lui reproche de donner des leçons *gratuites* à un élève en difficulté) comme par les parents d'élèves, et ayant intériorisé avec un fort sentiment de culpabilité la conscience de sa médiocrité ("Je suis professeur. C'est-à-dire que, hors d'une classe, je ne suis bon à rien") ; or, comme on sait, dans la seconde partie de la pièce, le voici qui prend sa revanche en entrant "dans les affaires", obtenant enfin – mais pour des motifs véreux ! – les palmes académiques tant espérées du temps de son inutile vertu perdue. Autre image, celui que Pierre Guth appelle *Le Naïf aux quarante enfants* (1955) : ce jeune agrégé des Lettres veut amener à lui sa classe de troisième en usant d'un "charme plus puissant que la force", une séduction proche de l'"hypnotisme", qui suscite évidemment la réprobation unanime des parents et de l'administration (le censeur). Le professeur d'histoire d'un grand lycée parisien que met en scène Michel Butor dans *Degrés* (1960), Pierre Vernier, donne, pour sa part, une image ambivalente du métier ; il tente d'échapper au pouvoir sclérosant de la répétition qui l'oblige à refaire chaque année à ses classes de seconde la même leçon sur l'Amérique, en écrivant la chronique de sa vie d'enseignant, ce qui l'amène à prendre conscience du caractère disparate et parcellaire des disciplines enseignées (fonction des programmes), tout en devinant que, par-delà le huis-clos de la classe, se profile un autre monde qui lui échappe : la vie de ses élèves et "la 'vie' tout court". Claude Pujade-Renaud, dans son essai intitulé *L'École dans la littérature*, a bien analysé les contradictions de ce personnage, conscient d'être atteint d'une "déformation professionnelle" qui lui fait tout rapporter à son métier, et qui, malgré son désir plus ou moins inconscient de capture, sait qu'il ne peut atteindre cette entité mystérieuse qu'est une classe, "totalité apparemment à portée de main mais qui, pour tout enseignant, demeure confuse, protéiforme, insaisissable, lointaine en fait." D'où la "quête tragique" du personnage (qui lui aussi, comme le héros du *Sang noir* de Louis Guilloux, meurt à la fin du roman), et dont l'"entreprise d'écriture s'avère aussi obsessionnelle que la préparation de ses cours" ; ce "professeur sans 'histoire', vivant de l'histoire des autres, passée ou présente", à la banale "vie fonctionnaire", "cet inoffensif enseignant" est animé par un "désir de maîtrise" inquiétant, dont la *responsabilité* n'incombe pas à lui seul :

"École folle" que ce très classique lycée parisien : l'emploi du temps, sa répétition, le carcan horaire et spatial, le ballet harassé des professeurs et des élèves [...], font sentir au lecteur le caractère obsessionnel de cet univers où nul "trou", nul manque ne sont tolérés, acculant les élèves à des techniques de fuite. Aussi ce roman constitue-t-il, et sans le vouloir peut-être, une critique fort éloquente de l'enseignement traditionnel[5].

Plus récemment encore, Pierre Quentin, le personnage de *La Saldéprof* de Christian Rouaud (1983), professeur dans un collège de banlieue conscient de la "comédie" qu'est "le mythe de l'égalité des chances", finit par énoncer le même refus que l'institutrice du roman de Gisèle Bienne (Éditions des Femmes, 1980) : "Je ne veux plus aller à l'école ![6]"

Entre la distance du fonctionnaire qui parvient à une neutralité "responsable" et un investissement (trop ?) émotionnel, la posture de l'enseignant doit s'inventer au jour le jour, et ne saurait s'improviser en une rentrée scolaire où le jeune certifié ou agrégé passe de l'autre côté de la barrière – sous prétexte qu'il aurait franchi l'épreuve qui lui impose de savoir expliquer ce qu'est un fonctionnaire qui agit "de façon éthique et responsable". Est-ce à dire : sans s'impliquer ? en débitant mécaniquement des "prérequis" formatés ? Dans un livre intitulé *Le Testamour* (1981), Marc Soriano[7] évoque un "secret de ce métier",

> découvert dès le premier jour et peu à peu transformé en technique : parler, pour moi, c'est surtout solliciter le silence de l'autre, l'interroger, lui demander sa voix la plus profonde, sa différence[8].

"Pas de savoir à déverser", précise-t-il ; mais une quête combinée, de soi, de l'autre, "paroles et silences mêlés", dans l'échange des regards et des visages. Le désir de captation, la jouissance de "tenir" sa classe en haleine sont bien réels, mais doivent être maîtrisés, car il ne s'agit pas d'"inculquer [ses] propres façons de penser", comme s'en réjouit Simone de Beauvoir, au début de sa carrière, face à ses élèves de philosophie[9], ou d'exercer une séduction narcissiquement gratifiante. Le professeur débutant apprend vite que le *courant* ne passe pas toujours, que la transmission du savoir est pour une part "incontrôlable[10]", et même qu'il existe un "tragique de la transmission[11]." Les inflexions de la voix, le jeu des regards, les postures du corps[12] interviennent dans cet échange, où le seul statut de fonctionnaire mandaté, ayant sa place dans l'institution parce qu'il a été *certifié* (ou *agrégé*), ne suffit guère. Un court poème de René-Guy Cadou dessine ainsi l'image, toute corporelle, d'un enseignant avec lequel la classe entretient une relation d'"amour" – mot qu'il ne saurait être question, dans ces matières, de rendre *tabou*, sous peine de se priver de leur dimension sans doute la plus fondamentale :

> Le professeur dictait de sa voix douce à senteur d'amour, dictait baigné de printemps un texte lointain.
>
> Les petites filles le regardaient incapables d'écrire.

Il avait posé sa main sur le loquet de la fenêtre et son regard semblait trier les nuages afin de trouver le soleil.

C'était un très joli matin couvert. Sa main était belle et fine, douce comme sa voix.

Plus tard, on s'est souvenu de cette main, de cette voix et de la mèche qui tombait sur ses yeux quand on a su qu'il était mort[13].

Car *être enseignant* (ce participe présent prend ici tout son sens), ce n'est pas seulement *avoir un métier*, en remplissant la case prédéterminée d'une fonction : ce n'est pas pour "être fonctionnaire" qu'on choisit ce métier, mais pour des raisons qui engagent toute la personne. Dès lors, est-il vraiment nécessaire d'intimer au candidat aux concours d'enseignement, comme le font les récentes instructions, l'ordre d'"agir en fonctionnaire d'État de façon éthique et responsable" ? C'est-à-dire de prétendre les faire entrer dans un certain moule – au moyen de questions sur l'institution et la vie scolaire, détachées de tout ancrage dans les situations concrètes du vécu quotidien partagé avec des êtres (élèves, mais aussi collègues et membres de l'administration) qui s'y trouvent englués ou, au contraire, s'y *révèlent* ? Savoir réciter par cœur les "Instructions officielles" peut-il, en quelque manière que ce soit, aider à affronter une classe les premiers jours, alors que le tout du métier reste à découvrir ? C'est dans la rencontre toujours pleine d'inattendus et d'aléas entre des personnes vivantes (professeurs et élèves) que tout se passe, et non pas selon les rouages impeccablement huilés d'une théorie administrative. Le professeur – des écoles, de collège, de lycée – est bien autre chose qu'un "fonctionnaire" ; comment le réduire à cette étiquette ?

Pourtant, une nouvelle épreuve orale d'admission aux concours de l'enseignement, artificiellement greffée (dans les concours de Lettres) sur l'explication de texte littéraire, et intitulée "Agir en fonctionnaire de l'État et de façon éthique et responsable", semble fondée sur ce postulat : un professeur est un "fonctionnaire de l'État" et, avant même de commencer à exercer son métier, le postulant-candidat doit faire la preuve de ses "compétences" en la matière : en d'autres termes, connaître par cœur les rouages du système éducatif, et par conséquent indiquer – à l'avance – comment il compte réagir face à telle ou telle situation "sensible" à laquelle il pourrait être confronté dans ses classes. "Épreuve de morale républicaine", commente la pétition des jurys de l'agrégation de Lettres modernes du 12 juin 2010, prétendant "remplacer une année entière de stage et de confrontation aux réalités complexes de la vie des établissements" (supprimée à partir de la rentrée 2010). Mais comment déterminer abstraitement – avant même le contact du futur enseignant avec ses classes, chacune à nulle autre pareille – son aptitude à exercer ses devoirs "républicains" par la seule médiation de situations dites "concrètes" (mais en réalité strictement fictives) sur lesquelles on lui propose de se prononcer : lui demandant, en fait, d'apporter les réponses jugées "politiquement correctes", comme on dit (c'est-à-dire parfaitement artificielles, mais allant dans le sens d'une idéologie dominante qui veut se faire passer pour le *consensus*) ?

Mieux encore : est-il vraiment nécessaire de rappeler au candidat qu'il devra enseigner de façon "éthique" ? Suppose-t-on en haut lieu qu'à notre époque où le métier d'enseignant est devenu si dévalorisé financièrement (et donc symboliquement et socialement), on puisse encore choisir de devenir professeur sans un investissement *éthique* personnel qui n'a pas besoin de claironner son nom ? L'enseignant n'a pas affaire à des *objets* (à des dossiers administratifs), mais à des *sujets* – au sens fort (philosophique) du terme ; son *ethos* l'engage donc nécessairement dans une relation de type *éthique* avec autrui, et s'il avait l'intention d'y déroger – s'il était donc un *pervers* qui prend tous les autres précisément pour des objets, sans jamais leur reconnaître leur statut de *sujets* –, ce n'est certes pas un interrogatoire qui limiterait les dégâts : questionnaire alors aussi dépourvu de sens que celui des compagnies aériennes américaines depuis le 11 septembre, demandant sans rire aux voyageurs s'ils comptent commettre un acte terroriste dans l'avion où ils embarquent…

Peut-on oser une petite typologie du *mauvais professeur* – respectât-il à la lettre les sacro-saintes "Instructions officielles", et fût-il *noté au mieux* par son administration ? Deux types, peut-être, sont ici à distinguer : apparemment aux antipodes l'un de l'autre, mais également néfastes. Le premier enseignerait à l'élève un savoir (celui de sa "discipline") qu'il lui enjoindrait de reproduire de façon mimétique, sans se préoccuper de l'appropriation au moins minimale qui doit en être faite (sans souci, donc, d'une quelconque intériorisation ou *compréhension* de la part de son élève) : sa terreur étant de mélanger les genres, d'introduire du subjectif dans l'objectif, de l'émotionnel dans le rationnel, du relationnel dans le légal. *A contrario*, en jouant à fond sur le mélange des genres, le second, qu'animerait au premier chef ce qui ressortit à la *libido dominandi*, utiliserait l'investissement transférentiel de ses élèves sur sa personne, qu'il suscite par toutes sortes de moyens (démagogie, chantage affectif, pression psychologique) pour cultiver son propre *culte de la personnalité*. À l'inverse, le *bon* professeur sait – intuitivement, mais cela aussi s'apprend – réguler l'indispensable *transfert* qu'il a su déclencher chez ses élèves sur sa personne (et non pas sa fonction) par la mise en place toujours vigilante d'un *contre-transfert* qui rend ses élèves à leur liberté, à leur départ hors de la classe, et des liens affectifs qui n'ont été noués qu'à dessein de susciter le désir d'apprendre et de *comprendre* à l'intérieur de soi. L'opération transférentielle doit éveiller le désir de l'élève et l'orienter vers l'apprentissage d'un savoir qui l'affranchisse, et non produire une captation séductrice au seul usage de l'*ego* narcissique du maître. Dans une communication prononcée lors du Colloque de Cerisy-la-Salle intitulé *L'Enseignement de la littérature*, qu'il codirigeait avec Tzvetan Todorov il y a quarante ans (mais qui me semble toujours actuelle), Serge Doubrovsky soulignait déjà cette dimension *personnelle* de l'enseignement, en particulier pour le professeur de français :

> Quelle que soit l'étendue de son savoir, un professeur de Littérature n'est pas un savant : son enseignement n'est pas une somme de renseignements ; les vérités qu'il transmet, il les *véhicule*, elles ne sont saisissables que *sur* lui [et] tiennent à *l'acte même* de la communication. Ce qu'il a de plus précieux à offrir, pendant l'heure de classe, ce n'est pas ses idées ou ses connaissances, mais sa personne. Un bon cours n'est pas remplaçable par un bon livre [...]. À la limite, les notes prises dans un bon cours *doivent* être, quand on les relit, décevantes, et rappeler, par l'obscur sentiment d'un manque, la présence qui donnait son sens au discours[14].

Prêtant son corps et sa voix, le professeur s'apparente à l'acteur :

> Dans les deux cas, il s'agit d'interposer sa personne, de prêter son être, de servir d'intermédiaire et, puisque c'est pour faire accéder à une jouissance, de servir d'entremetteur. L'acteur et le professeur, sur leur plan respectif, s'entremettent, se compromettent (personne ne peut plaider innocent), se mettent totalement *en jeu* pour incarner le verbe, dans une expérience physique et collective sans commune mesure avec l'expérience solitaire des signes recueillis au silence de la page imprimée. Dans l'impudeur de l'exhibition [...], un transfert s'opère alors sur la personne de l'enseignant, j'allais dire de l'officiant [...][15].

C'est bien la notion (analytique) de *transfert* que met en avant Serge Doubrobsky, insistant ensuite sur ce "point essentiel, souvent occulté par le professeur lui-même qui rêve du statut impassible et serein de ses collègues de sciences." (statut d'ailleurs tout imaginaire : car, *mutatis mutandis*, les mêmes interrogations incombent à l'enseignant des disciplines scientifiques, soucieux tout autant que leurs collègues de lettres et sciences humaines de susciter le *désir de savoir* et l'envie du travail chez leurs élèves). Impossible pour lui d'être "neutre", de se mettre "hors de cause" ; quel que soit le mode d'explication choisi, "en dernier ressort", l'expérience reste celle d'un *partage* – celui de l'expérience de compréhension mutuelle d'une question quelle qu'elle soit – et non d'une transmission indifférente de savoir : toute œuvre littéraire ou artistique, toute théorie scientifique, tout ensemble de faits historiques, tout pan de réalité complexe, posant les seules questions essentielles : "Qu'en est-il de l'être de l'homme, de son destin ?", ou "qu'en est-il de la réalité du monde, de l'histoire, de la planète – de la vie sous toutes ses formes, dans notre rapport à elle ?" En généralisant le propos de Doubrovsky qui n'envisageait que l'aspect proprement littéraire de la *païdéia* (l'acte pédagogique), on peut dire avec lui que l'enseignant doit "forcément se démasquer dans son rapport à l'être, et démasquer les autres, dans le leur" ("l'Être" étant à entendre dans toutes ses manifestations, aperçues par chacune des disciplines enseignées) : forcé "hors des retranchements du refoulé", pour entendre "*la voix de l'aimer et du mourir*", active en profondeur dans quelque domaine que ce soit.

> Cette voix, le professeur, s'il est digne de sa fonction, lui prête la sienne. Il lui offre sa personne. Dès lors, support de désir et de répulsion, lieu et chair de l'*affect*. Il se montre, s'exhibe. Toute estrade est un tréteau. Acteur, professeur : histrions par où s'incarne le verbe[16].

Proche de la position de l'acteur par certains côtés, celle du professeur "n'est pas sans rapport" avec celle du psychanalyste, dans la mesure où son interprétation des textes (s'il est professeur de lettres), des faits (s'il est historien, géographe, biologiste) ou des théories (s'il est physicien ou mathématicien) relève toujours d'une "maïeutique" (au sens socratique du terme). Interrogeant le sens *latent* de ceux-ci (derrière l'apparence manifeste), il sollicite un investissement pulsionnel, qu'il capte au travers du transfert[17] dont sa personne est l'objet. Ainsi, qu'on l'admette ou qu'on le dénie, "le pédagogique s'inscrit dans le champ plus vaste de l'érotique : on 'aime' ou on 'n'aime pas'. C'est le dernier mot pour tout élève dans son rapport inconscient au savoir qu'il lui est proposé de faire sien. Quand on a tout oublié des phrases d'un livre ou des paroles d'un cours, on se souvient qu'on a aimé [une idée, un message, une expérience ou] un professeur. C'est dans cet *acte-là*, à ce *niveau-là* que [...] se justifie notre profession[18]."

Agir de façon "éthique" et "responsable" ? Mais cette *action*, objet d'un processus en perpétuelle reconfiguration tout au long d'une année scolaire, avec chacune des classes dont le professeur est chargé, réside avant tout dans l'établissement d'une "communauté de parole" où puissent circuler désirs et savoirs. Là – et là seulement – réside la responsabilité éthique de l'enseignant : dans la gestion du contre-transfert[19]. Car le terme *ethos* renvoie étymologiquement à un site, en l'occurrence un lieu de parole, l'espace de la classe – ce site à aménager en commun. C'est bien de *présence* qu'il s'agit, pour reprendre cette notion essentielle à l'œuvre d'Yves Bonnefoy, intimement liée à la *communauté de parole* qui vient d'être évoquée. "Communiquer dans l'intense[20]" : cette posture qu'Yves Bonnefoy – dans sa Leçon inaugurale au Collège de France, haut lieu d'enseignement libre de toute sujétion aux pouvoirs – attend du "lecteur de poésie", n'est-ce pas aussi le vœu – qui peut sembler bien utopique à certaines heures de découragement, mais l'utopie éclaire aussi le chemin – de la relation entre enseignant et enseigné, ou plutôt entre le maître et l'élève (ces termes si injustement dévalorisés) ? Oui, la transmission du savoir – transmission de personne à personne et non d'un émetteur à un récepteur – comporte une dimension transférentielle[21], et en ce sens relève d'une *expérience* au sens fort du terme : ce qui vous atteint et vous rend autre.

Marie-Annick Gervais-Zaninger,
Université de Nancy 2.

NOTES

[1] Honoré de BALZAC, *Le Père Goriot* (1835), Paris, Magnard, “Textes et contextes”, annoté et commenté par Gérard Gengembre, 1985, p. 66, 74.

[2] Gérard GENGEMBRE, *ibid.*, p. 71 ; je souligne la *quantification* comme facteur aggravant – ce règne du quantitatif qu'on voudrait aujourd'hui nous faire passer pour un impératif universel de gestion de l'humain.

[3] Georges COURTELINE, *Le Commissaire est bon enfant*, scène III, 1899, *Théâtre*, Paris, Garnier-Flammarion, 1965, p. 111.

[4] Eugène IONESCO, *La Leçon* (1951), *La Cantatrice chauve* suivi de *La Leçon*, Paris, Gallimard, “Folio”, 1981, p. 145.

[5] Claude PUJADE-RENAUD, “Figures de professeurs”, *L'École dans la littérature*, Éditions ESF, “Sciences de l'éducation”, 1986, p. 107-108. L'auteur, nouvelliste de talent, a publié il y a une vingtaine d'années (chez le même éditeur) deux livres intitulés *Le Corps de l'enseignant dans la classe* et *Le Corps de l'élève dans la classe*, où elle interroge la complexité de la relation pédagogique.

[6] Gisèle BIENNE, *Je ne veux plus aller à l'école !*, Paris, Éditions des Femmes, 1980.

[7] Marc SORIANO (avec la participation d'Isabelle et Véronique Soriano), *Le Testamour ou remèdes à la mélancolie*, Paris, Éditions du Sorbier, 1981.

[8] Cité par Claude PUJADE-RENAUD, “Enseigner, apprendre”, *L'École dans la littérature*, *op. cit.*, p. 45.

[9] *Ibid.*, p. 46.

[10] *Ibid.*, p. 47.

[11] Voir Laurent CORNAZ, *L'E.C.R.I.T.U.R.E ou Le Tragique de la transmission*, Paris, L'Harmattan, 1994.

[12] Voir les deux livres de Claude PUJADE-RENAUD, publiés il y a une vingtaine d'années (aux Éditions ESF) deux livres intitulés *Le Corps de l'enseignant dans la classe* et *Le Corps de l'élève dans la classe* où elle interroge la complexité de la relation pédagogique ; *Voies non verbales de la relation pédagogique* (même éditeur) a été co-écrit avec Daniel Zimmermann, comme elle auteur de nouvelles.

[13] René-Guy CADOU, *Poèmes inédits*, *Alain Borne*, *Poésie 1*, n° 25, mai-juin 1972, p. 90.

[14] Serge DOUBROVSKY, “Le point de vue du professeur”, in *L'Enseignement de la littérature*, Colloque de Cerisy-la-Salle (22-29 juillet 1969), dir. Serge Doubrovsky et Tzvetan Todorov, Bruxelles, A. de Boeck/Duculot,1981, p. 16.

[15] *Ibid.*, p. 17.

[16] *Ibid.*, p. 19.

[17] Rappelons qu'en termes analytiques le *transfert* est le processus par lequel les désirs inconscients s'actualisent sur certains êtres dans le cadre d'un certain type de relation (et pas seulement dans le cadre de la relation analytique). Toutefois, comme le précise le *Vocabulaire de la psychanalyse* de Jean LAPLANCHE et Jean-Bertrand PONTALIS

(Paris, Presses universitaires de France, 1967, rééd. 1990), "le terme français de transfert n'appartient pas en propre au vocabulaire de la psychanalyse". Il a en effet un sens plus général qui implique un "déplacement de valeurs", désignant en psychologie, un "transfert de sentiments". Sur la possibilité d'user de cette notion pour qualifier la relation enseignant/enseigné, voir Joseph ROUZEL qui, dans *Le Transfert dans la relation éducative* (Paris, Dunod, "Action sociale", 2005) insiste sur le fait que l'acte éducatif repose toujours sur une rencontre humaine. Il évoque les analyses d'August Aïchhorn, commentées par Freud : "J'avais fait mien très tôt le bon mot qui veut qu'il y ait trois métiers impossibles : éduquer, soigner, gouverner", ainsi que l'affirmation fameuse de Lacan : "Le transfert, c'est de l'amour".

[18] Serge DOUBROVSKY, "Le point de vue du professeur", *op. cit.*, p. 19.

[19] Le *contre-transfert* est l'ensemble des réactions inconscientes de l'analyste à la personne de l'analysé et plus particulièrement au transfert de celui-ci. Transposé dans la relation pédagogique, il désigne la façon dont le professeur répond au "transfert" de l'élève en le propulsant vers l'extérieur de la classe et vers son avenir ; sa gestion implique une grande vigilance quant aux émotions qui se nouent au cours de leurs échanges.

[20] "Le lecteur de la poésie [...] fait le serment à l'auteur, son proche, de demeurer dans l'intense" (Yves BONNEFOY, *La Présence et l'image* [Leçon inaugurale au Collège de France, 1981], Paris, Mercure de France, 1983 ; repris dans *Entretiens sur la poésie (1972-1990)*, Paris, Mercure de France, 1990, p. 188).

[21] Je renvoie à nouveau à l'ouvrage de Joseph ROUZE, *Le Transfert dans la relation éducative*, cité *supra*, note 16.

# L'ENSEIGNANT ET LE STATUT DE LA FONCTION PUBLIQUE

*[L'enseignant dont il est question dans cette contribution comprend les instituteurs, les maîtres des écoles, les professeurs certifiés et agrégés, et les directeurs d'établissements exerçant dans des établissements publics à l'exclusion des membres de l'enseignement supérieur et des enseignants des écoles privés sous contrat dont les régimes ont des particularités propres].*

La fonction publique, qui regroupe les personnels participant au fonctionnement de l'État, bénéficie en France d'un statut particulier élaboré au fur et à mesure de la construction de l'État moderne, qui diffère des règles régissant les relations de travail entre personnes privées, physiques ou morales. Le fonctionnaire est ainsi soumis à un statut dont il ne peut discuter les dispositions, à une discipline et à des obligations plus lourdes que le citoyen ordinaire, mais il bénéficie de garanties diverses (l'article 34 de la constitution consacre l'existence des garanties fondamentales du fonctionnaire) et se voit assurer une carrière. L'existence d'un régime juridique dérogatoire se justifie par la nécessité d'assurer le fonctionnement continu, efficace, régulier et impartial du service public. Le statut de la fonction publique résulte aujourd'hui des lois n° 83-634 du 13 juillet 1983 (dite loi Le Pors) et n° 84-16 du 11 janvier 1984.

L'existence d'un service public de l'enseignement est consacrée par le Code de l'éducation et le corps enseignant relève donc du statut de la fonction publique. Eu égard à l'importance numérique de ce corps au sein de la fonction publique d'État, un statut général de la fonction publique enseignante aurait pu être envisagé, mais tel n'a pas été le choix du législateur. Le Code de l'éducation, création récente puisque l'idée n'a été réellement lancée qu'à la fin des années 1980 et que la partie législative a été créée par une ordonnance du 15 juin 2000 ratifiée par une loi du 14 avril 2003, soumet l'enseignant au statut général de la fonction publique, tout en prévoyant expressément, dans son article L.911-1, des dérogations au statut général, ce dernier ne répondant effectivement pas toujours aux besoins propres du corps enseignant ou à ses missions.

## L'enseignant, un fonctionnaire soumis au statut général de la fonction publique

Le statut de la fonction publique entraîne pour tout agent le droit de percevoir une rémunération pour "service fait", un droit quasi absolu à l'emploi (si le poste est supprimé, le fonctionnaire doit être affecté à un autre emploi), un droit au respect de sa vie privée (les critères familiaux doivent être pris en compte pour l'affectation), etc. Au sein de l'ensemble des droits et obligations des fonctionnaires auxquels sont soumis les enseignants, deux points méritent plus particulièrement d'être examinés : les droits sociaux et la discipline.

• **Les droits "sociaux"**

La loi de 1983 reconnaît le droit syndical aux fonctionnaires et le décret n° 82-117 du 28 mai 1982 prévoit que l'administration doit mettre à leur disposition des locaux syndicaux, que des réunions puissent se tenir dans les établissements en dehors des heures de service et que des panneaux soient réservés à l'affichage de documents d'origine syndicale. Ce décret organise aussi le droit de demander des autorisations d'absence pour congrès et des décharges d'activités de service pour les représentants syndicaux. La loi prévoit en outre expressément qu'aucune appréciation sur l'activité syndicale d'un fonctionnaire ne peut figurer à son dossier administratif.

L'article 10 de la loi de 1983 consacre le droit de grève des fonctionnaires, au demeurant garanti par la constitution, mais il peut être réglementé. La grève est donc soumise à un préavis obligatoire, l'article L.133-2 du Code de l'éducation, issu de la loi n° 2008-790 du 20 août 2008, prévoyant en outre pour les enseignants du premier degré une négociation préalable avant tout préavis. Les grèves tournantes sont interdites. La réquisition par l'autorité publique est prévue, mais elle n'est possible qu'en cas d'atteinte grave à la continuité d'un service public important, et il n'a encore jamais été décidé de recourir à la réquisition en cas de grève des enseignants en période d'examens. Le gréviste n'est pas rémunéré pendant les jours de grève, et il a été retenu que l'enseignant qui manifeste sa volonté de s'associer au mouvement de cessation concertée du travail organisé dans son établissement est regardé comme n'ayant pas accompli son obligation de service, même s'il n'avait aucune heure de cours à assurer, et qu'il lui sera donc appliqué une retenue pour service non fait égale au trentième indivisible (un trentième du salaire est toujours retenu par journée de grève, quel que soit le nombre d'heures de cours à assurer le jour en cause).

Si le droit de grève est un droit collectif, le droit de retrait, prévu par le décret n° 82-453 du 28 mai 1982, est un droit individuel qui peut être exercé par un agent de la fonction publique en cas de danger grave et imminent pour sa vie ou sa santé, et qui peut donc être exercé par un enseignant sans retenue sur salaire ni sanction disciplinaire. Une enseignante enceinte a ainsi pu exercer valablement son droit de retrait quand son établissement a été frappé d'une épidémie de rubéole. L'exercice de ce droit en raison de la survenance de divers actes de violence dans l'établissement est plus discuté, et il est acquis que l'enseignant doit en tout état de cause reprendre son travail dès que le calme revient dans l'établissement, sans attendre que l'administration l'invite à le faire.

L'enseignant bénéficie en tant que fonctionnaire de la protection offerte par l'administration envers ses administrés. L'article 11 de la loi de 1983 prévoit notamment que "*la collectivité publique est tenue de protéger les fonctionnaires contre les menaces, violences, voies de fait, injures, diffamations ou outrages dont ils pourraient être victimes à l'occasion de leurs fonctions, et de réparer, le cas échéant, le préjudice qui en est résulté*". Il a été ainsi jugé qu'un enseignant injurié en raison de ses fonctions avait droit à la réparation du préjudice subi du fait de l'atteinte portée à son image de professeur, mais qu'il ne pouvait contester en justice le refus du proviseur d'enclencher une procédure disciplinaire contre un élève qu'il jugeait perturbateur.

Enfin, dès lors que font partie des garanties fondamentales du fonctionnaire l'existence de commissions paritaires, il existe de multiples organes internes à la fonction publique enseignante, permettant d'assurer un meilleur respect des droits de ses membres : comités d'hygiène et de sécurité, comités techniques paritaires, commissions administratives paritaires (qui ont des compétences en matière de mutations ou de discipline notamment).

**• La discipline**

Sous la réserve du devoir d'obéissance, qui, en matière d'enseignement, revêt une coloration particulière et qui sera étudiée *infra*, le fonctionnaire a, aux termes du statut, différentes obligations. Il doit rejoindre son poste et assurer ponctuellement son service, qui comprend pour l'enseignant, outre les heures de cours, le suivi individuel et l'évaluation des élèves ainsi que la participation à divers examens. L'enseignant doit se consacrer exclusivement à sa fonction sans pouvoir exercer cumulativement une autre activité lucrative, ne pouvant par exemple exploiter un fonds de commerce, les activités littéraires et artistiques étant cependant autorisées. Il est tenu au secret professionnel et à une obligation de discrétion, ce qui signifie que s'il peut échanger avec ses collègues et les parents d'élèves au sein des conseils de classe, il ne peut divulguer hors de ces cadres des informations personnelles relatives à ses élèves. Mais il est tenu de signaler à l'autorité judiciaire les crimes ou délits touchant ses élèves dont il peut avoir connaissance dans l'exercice de ses fonctions.

Le fonctionnaire qui ne fait pas face à ses obligations s'expose à une sanction disciplinaire, qui n'est ni une sanction pénale (un même fait répréhensible peut donc faire l'objet des deux sanctions), ni une mesure administrative (des sanctions déguisées ne peuvent donc être prises sous couvert d'une mesure d'organisation interne du service). Il n'existe pas de définition légale des infractions disciplinaires et tout acte manifestement contraire aux obligations du statut expose donc le fonctionnaire à une sanction, que ce soit un fait précis ou un comportement général de l'agent, et ce dans sa vie professionnelle comme dans sa vie privée dès lors que certains faits peuvent être de nature à déconsidérer gravement les fonctions exercées.

La procédure disciplinaire du fonctionnaire est entourée de nombreuses garanties : il a le droit au respect de sa présomption d'innocence (un recteur d'académie qui porte des accusations publiques contre un enseignant alors que la procédure disciplinaire est toujours en cours s'expose lui-même à une sanction disciplinaire) ; il doit pouvoir obtenir la communication préalable et intégrale du dossier constitué en vue de l'audience disciplinaire ; il doit bénéficier d'un délai suffisant pour préparer sa défense ; la commission disciplinaire qui statue doit avoir eu l'avis, consultatif, de la commission administrative paritaire compétente au regard des fonctions de l'enseignant en cause ; elle doit être impartiale ; un recours devant le juge doit être ouvert.

Si les fautes disciplinaires ne sont pas limitativement énumérées par le statut, les sanctions le sont, la loi distinguant 4 groupes : avertissement et blâme ; radiation du tableau d'avancement, abaissement d'échelon, exclusion temporaire de fonctions, déplacement d'office ; rétrogradation, exclusion temporaire de fonctions de 3 mois à 2 ans ; mise à la retraite d'office, révocation. Le juge administratif ne contrôle pas la proportionnalité de la sanction au regard de la faute mais sanctionne les erreurs manifestes d'appréciation. A ainsi été jugée légale la révocation d'un professeur de collège pénalement condamné pour recel de cassettes pornographiques, même si ces faits de recel n'avaient pas été commis au sein du collège, dès lors qu'eu égard à la nature des fonctions exercées, cette sanction était nécessaire pour assurer le bon fonctionnement du service public de l'éducation et préserver la réputation de l'établissement. Mais la mutation d'office d'un directeur d'école a été annulée, dès lors que l'enquête révélait que ses relations, effectivement difficiles avec le maire de la commune, était dues non à ses fonctions mais à sa participation à une association opposée au maire, que son comportement n'avait pas excédé les limites d'une polémique normale entre associations et élus et qu'il n'avait pas eu les incidences alléguées sur le bon fonctionnement de l'établissement. Cette mutation a été considérée comme un détournement de pouvoir de l'autorité disciplinaire, qui cherchait ainsi en réalité à éloigner un opposant au maire en place.

L'enseignant, eu égard à ses missions particulières, n'est cependant pas entièrement soumis au seul statut de la fonction publique.

### L'enseignant, un fonctionnaire soumis à un statut dérogatoire

Il n'est pas question ici de lister l'ensemble des hypothèses dans lesquelles l'enseignant n'est pas soumis au statut de la fonction publique, parmi lesquelles on peut citer le régime des congés annuels (les enseignants ne sont pas soumis à la règle du congé annuel de 5 semaines) et celui des retraites (la loi n° 2010-1330 du 9 novembre 2010 fixe un âge légal particulier d'ouverture des droits à pension), mais de s'attacher à deux points qui méritent d'être développés : la responsabilité de l'enseignant et la compatibilité entre le devoir d'obéissance et la liberté d'enseigner.

• **La responsabilité de l'enseignant**

L'enseignant a une obligation de surveillance des élèves tant pendant le cours qu'il donne que pendant les récréations et les temps de pause ; ainsi, au collège et au lycée, l'enseignant qui a terminé son cours doit se préoccuper de la prise en charge de ses élèves par le professeur qui donne le cours suivant. Dans tous les cas où la responsabilité d'un enseignant est engagée à la suite d'un fait dommageable, soit commis par un élève qui lui a été confié, soit subi par un de ces mêmes élèves, la responsabilité de l'État est systématiquement substituée à celle de l'enseignant et le procès se tient devant les juridictions de l'ordre judiciaire. Ainsi, qu'un dommage survienne à la suite d'un défaut de mesures appropriées ou d'une mauvaise appréciation des risques, eu égard notamment à l'âge des élèves concernés, ou en raison d'une faute intentionnelle, l'enseignant ne peut jamais être condamné à payer directement des dommages-intérêts aux victimes, même s'il peut être pénalement condamné ou faire l'objet de sanctions disciplinaires. C'est l'État qui, en cas de faute ou manque de surveillance prouvés, est condamné à indemniser les victimes, et ce n'est qu'ensuite, si une faute personnelle grave de l'enseignant est caractérisée, qu'il peut se retourner contre ce dernier et demander le remboursement des sommes engagées. A été considéré comme une faute personnelle le fait pour un instituteur d'exercer des violences (gifles et coups) pendant deux ans sur une quinzaine d'enfants de l'école primaire où il travaillait. Ce régime de responsabilité, institué par la loi du 5 avril 1937 désormais codifiée sous les articles L.911-4 et s. du Code de l'éducation, est dérogatoire en ce que pour la majorité des services publics, l'administration garantit son agent des conséquences des erreurs commises dans l'exercice de ses fonctions mais que si ce dernier commet une faute professionnelle qui dépasse ce que l'on peut tolérer chez un agent accomplissant normalement son service, la faute peut être qualifiée de personnelle et l'agent poursuivi directement devant les juridictions de l'ordre judiciaire. Cette interposition systématique de l'État entre la victime et l'enseignant se justifie par le fait que ce dernier n'a le choix ni de ses élèves, ni des lieux dans lesquels il les surveille.

• **Le devoir d'obéissance et la liberté d'enseignement**

Si le mot "obéissance" ne figure pas dans la loi de 1983, celle-ci énonce clairement l'obligation pour le fonctionnaire de se conformer aux ordres de son supérieur hiérarchique, tout en rappelant que la liberté d'expression lui est garantie. Comment concilier ces deux principes dans l'enseignement, où des enjeux politiques et sociaux sont régulièrement sous-jacents ? L'enseignant doit sans conteste assurer la charge d'enseignement qui lui est donnée par son chef d'établissement aux heures indiquées, mais il existe une liberté propre de l'enseignant, définie en 1946 par André Philip, le père de la Constitution de la IV^e^ République, comme "la liberté pour tout homme d'enseigner ce qu'il considère comme conforme à la vérité", et qui traduit l'idée de l'enseignant maître dans sa classe une fois la porte fermée. Le Code de l'éducation a choisi de consacrer, dans son article L.912-1-1, la "liberté pédagogique" de l'enseignant des premier et second degrés, encadrant ainsi la liberté d'enseigner qui ne peut s'exercer que dans le respect des programmes et du projet d'établissement, et sous le contrôle des membres du corps d'inspection. Même si le Code de l'éducation ne s'y réfère pas, les contours de cette liberté pédagogique sont en réalité définis par l'obligation de neutralité de l'enseignant, notion qui permet de tracer une ligne de partage entre ce qui ressort des choix pédagogiques pour transmettre un savoir et ce qui dépasse la liberté d'enseigner. L'enseignant n'a pas une liberté d'expression absolue dans sa classe : il doit pouvoir aborder tout sujet de société, mais en donnant à ses élèves des faits objectifs et/ou en présentant les différentes thèses, sans tenter de persuader ses élèves de se rallier à ses propres opinions. L'une des déclinaisons du principe de neutralité est celui de la laïcité, l'enseignant ne pouvant arborer des signes religieux ostentatoires ni faire de prosélytisme. C'est aussi en vertu du principe de neutralité que l'enseignant ne peut colorer le programme avec ses propres convictions politiques et qu'il encourt la suspension immédiate s'il tient des propos négationnistes dans l'exercice de ses fonctions. Dès lors que le contenu est réellement neutre et laïque, ou que les idées exprimées le sont avec mesure, l'enseignant a toute liberté pédagogique pour construire ses cours sur les religions, les courants politiques, la sexualité... et il peut organiser des débats à l'intérieur de l'enceinte scolaire avec des personnalités de la société civile, tels des militants d'association antiracistes.

Sorti de sa classe, l'enseignant retrouve toute sa liberté d'expression, pouvant avoir des activités syndicales et politiques, et pouvant prendre des positions publiques sur la politique éducative. Il reste cependant tenu d'un devoir de réserve, notion qui n'est pas définie par la loi mais laissée à l'interprétation des juges, lesquels retiennent généralement que l'enseignant peut critiquer son administration, mais dans des termes qui doivent rester modérés.

La combinaison des différentes obligations et libertés d'un agent public est pour partie l'objet des Codes de déontologie, dont certaines administrations sont dotées, telle la police. On peut noter que si le Conseil supérieur de la magistrature a récemment publié un recueil des obligations déontologiques des magistrats, l'équivalent n'existe pas à ce jour pour l'enseignant.

Emmanuelle Proust, magistrat,
Conseiller référendaire à la Cour de cassation

# LES ENSEIGNANTS ET LE TOTALITARISME : L'EXEMPLE DU FRANQUISME

L'Espagne franquiste nous fournit un exemple unique du rapport entre éthique et enseignement. Instrumentalisé par le régime, le système éducatif s'est retourné contre lui. S'inscrivant dans une histoire espagnole singulière par rapport au reste de l'Europe, le corps enseignant joue dans ce pays un rôle surprenant.

L'un des piliers de l'État libéral est le système éducatif. Si, sous l'Ancien Régime, l'Église avait le monopole de l'éducation et des normes morales, la bourgeoisie a, quant à elle, développé une institution qui, en plus d'offrir l'instruction, cherchait à modeler les élèves selon d'autres valeurs. Le contenu des enseignements, les exigences professionnelles vis-à-vis du professeur et le rôle que l'institution lui a attribué ont changé selon les circonstances. Ce n'est en effet pas le même rôle aujourd'hui, où le système a pour principal objectif d'être un instrument de politiques de contrôle social et économique, que lorsque l'on pensait le système éducatif comme un mécanisme de socialisation. Comme l'assurait un inspecteur de l'éducation du département de l'Hérault, les fonctionnaires doivent obéir aux instructions de la République, c'est-à-dire de l'État, qui, seul, est habilité à décider de l'intérêt supérieur des élèves. Une autre manière d'exprimer ce que le philosophe Louis Althusser avait affirmé il y a déjà longtemps : l'école est l'appareil idéologique de l'État.

C'est ainsi que les systèmes d'enseignement public se sont développés, avec des centres dépendants de diverses administrations et des corps de professeurs fonctionnaires. Un réseau parallèle, ce que l'on nomme, sous diverses appellations, l'enseignement privé, de caractère confessionnel et idéologique, a été maintenu en vie avec des ressources publiques.

Au sein de ces systèmes éducatifs, la création de bataillons de fonctionnaires disciplinés et obéissants a toujours été une constante et un champ de bataille disputé entre les nécessités de l'État, les intérêts particuliers de leurs gestionnaires, et ceux des professeurs qui, d'une manière ou d'une autre, et quelles que soient leurs convictions, croyaient en la “liberté de chaire” (ou liberté pédagogique) et étaient convaincus que l'enseignement était capable de transformer la société. Ce qui s'est passé en Espagne en est un exemple évident.

L'édification de l'État libéral espagnol présente plusieurs particularités par rapport aux modèles des autres pays européens. Deux des plus importantes sont sa construction nationale aujourd'hui encore ambiguë, et son système éducatif particulier. Sur le premier point, il suffit de se souvenir des tensions centrifuges qu'exercent les nationalismes périphériques catalan et basque, si présents ces dernières décennies. Quant au second point, il faut souligner que ce fut sous le régime totalitaire de Franco que le système éducatif étatique espagnol connut son explosion, même si ce fut avec d'énormes problèmes.

Si l'on situe en 1833, avec l'arrivée au pouvoir d'Isabelle II, le glissement de l'État espagnol vers le libéralisme, ce fut en 1857, avec la loi Moyano, qu'est né le système éducatif étatique qui restera rachitique jusqu'à la fin des années 1960 quand il s'est développé de façon importante pour tous les niveaux, du primaire au lycée. La généralisation de l'instruction apparaissait déjà dans la première Constitution espagnole : celle de 1812, promulguée à Cadix alors que la ville était assiégée par l'armée française. La puissance étatique était alors supposée incarner les principes libéraux et un titre complet, le neuvième, était dédié à l'Instruction publique.

Durant plus d'un siècle et demi, la création d'un authentique système scolaire étatique n'avait pas été qu'une chimère. Ce ne fut qu'à la fin de la dictature franquiste, vers 1970, que l'éducation primaire étatique se généralisa et que le secondaire fit un saut à la fois quantitatif et qualitatif. Représentant le monde capitaliste le plus ultramontain, un système basé sur le contrôle du fonctionnaire, l'endoctrinement de l'élève et la survivance de l'influence ecclésiastique se développa. Hormis durant la parenthèse des années de la Seconde République (1931-1939), l'Église a continué à contrôler les conduites morales et les étapes de la vie du citoyen espagnol. Les professeurs, comme le reste de la fonction publique franquiste, devaient jurer fidélité aux “principes fondamentaux du mouvement”, les élèves devaient suivre les cours “FEN” (formation de l'esprit national), donnés habituellement par les membres du parti unique, et l'éducation religieuse était obligatoire jusqu'à la deuxième année de l'université.

La dictature franquiste n'a pas étendu le système éducatif étatique parce qu'elle considérait que l'éducation était un moyen de développement social mais bien pour des raisons immédiates plus prosaïques. Le progressisme normalement inhérent à l'enseignement avait été extirpé pendant la guerre civile qui suivit le coup d'État franquiste des 17-18 juillet 1936. Si une simple émeute à l'encontre d'un régime démocratique engendra un profond processus de transformation sociale, c'est qu'existait, à gauche, une alternative sociale radicale et qu'elle livrait une dure concurrence aux régimes libéraux européens. Le soulèvement élimina non seulement cette culture radicale mais également les réformistes incarnés par le régime républicain.

Les ministères d'Instruction publique de la République, notamment ceux des deux premières années, avaient mené une importante, bien qu'insuffisante, politique de construction d'écoles et d'instituts de formation de nouveaux instituteurs. À l'issue de la guerre civile, en 1939, la régression de l'éducation publique espagnole était totale. Non seulement le nombre d'écoles, d'établissements et d'instituts de formation et les effectifs des maîtres fondirent mais il y eut aussi un retour à des méthodes pédagogiques anciennes et le rôle de l'Église catholique fut rétabli. Une nouvelle tentative de modernisation libérale hispanique avait été clôturée, et elle ne se renouvellerait pas avant quarante ans. L'on peut dire que pour le franquisme, surtout durant les deux premières décennies, l'éducation cessa d'être une priorité. Ce qui préoccupait le totalitarisme franquiste, comme d'autres aspects de la vie sociale, était le contrôle du "nouveau" corps d'instituteurs et le "nettoyage" idéologique de celui qui existait, par le biais de son élimination physique et de son épuration. Cette "purification" eut une double finalité : punitive et préventive. La première s'exerça de manière continue jusqu'à la moitié des années 1940. La seconde était toujours présente jusque dans les années 1970 avec le Junte Supérieure de Révisions.

Le système éducatif, en accord avec la ligne idéologique du "Nouvel État", n'était pas destiné à l'instruction du citoyen, mais à la formation de "nouveaux" honnêtes gens, vigoureux, intelligents et fidèles, modelés selon les principes de la croisade nationale-catholique. De fait, durant les années d'autarcie, l'éducation fut laissée à la charge des familles qui, confrontées à des conditions de vie très dures – au bord même de la survie parfois, avec des taux de mortalité élevés –, ne pouvaient, dans la plupart des cas, pas s'en charger.

Au milieu des années 1950, le régime franquiste était au bord de la faillite. Le rêve de "l'empire d'Isabelle et Fernand" s'évanouissait avec l'isolement international, le dépeuplement rural et l'échec économique. La dictature espagnole se devait de réintégrer "le concert des nations". Non seulement il s'agissait du pays le plus pauvre d'Europe, mais c'était en outre l'État qui était le plus touché par une série d'importants problèmes et de déséquilibres comme l'inflation, la dette extérieure et le déficit commercial. Les puissances occidentales avaient décidé en 1945 que le totalitarisme franquiste convenait mieux à leurs intérêts, face à un panorama international qui s'ouvrait sur la concurrence avec l'Union soviétique. Elles ne faisaient en cela que perpétuer la politique d'abandon du régime républicain face au soulèvement franquiste qui avait été adoptée dès 1936, peu de mois après celui-ci.

Les États-Unis, l'Angleterre et la France, bien qu'ayant participé aux sanctions émises par l'ONU et ayant formellement condamné l'unique régime totalitaire fasciste qui perdurait en Europe, n'ont jamais cessé de l'aider. Ce fut justement un rapport de l'Organisation européenne pour la coopération économique (OECE), l'organisation créée pour administrer les aides du plan Marshall, qui en 1959 donna le coup de grâce aux rêves autarciques et impérialistes franquistes. L'ajustement qui s'ensuivit provoqua, entre autres, l'émigration massive d'Espagnols vers le reste de l'Europe et vers les Amériques.

Depuis le début de la décennie, le franquisme avait commencé à mettre un pied dans le système des organisations internationales. L'Organisation des Nations Unies pour l'éducation, la science et la culture (UNESCO selon son sigle en anglais) fut le premier organisme que le franquisme intégra. Dans le monde capitaliste, le développement économique et l'éducation sont corrélés : le système éducatif doit offrir une main-d'œuvre en adéquation avec les besoins productifs immédiats et futurs. C'est ainsi que les autorités franquistes commencèrent à s'inquiéter du niveau élevé d'analphabétisme et de la faiblesse de la formation professionnelle. L'accent fut mis sur le respect du caractère obligatoire du certificat d'études primaires pour l'embauche des travailleurs ; les sanctions contre l'absentéisme scolaire augmentèrent ; les cours par correspondance et pour adultes se développèrent et, enfin, un enseignement professionnel fut mis en place.

Le développement éducatif, bien que lent, déséquilibré et avec des carences certaines, ne cessa d'incorporer des sections de la population de plus en plus importantes et exigea des diplômes d'un nombre croissant de professeurs. Les décennies 1960 et 1970 furent celles de la réintroduction de l'économie espagnole dans les marchés internationaux et de la croissance économique du pays. Le cadre fut un libéralisme économique de plus en plus important qui se substitua progressivement à l'interventionnisme de l'État autoritaire, lequel prédominait jusqu'alors. Une situation qui fut à l'origine de grands bénéfices pour les corporations industrielles et financières, nationales comme internationales. Un modèle de système éducatif s'est imposé et c'est celui qui, à part quelques modifications, est toujours en vigueur aujourd'hui. D'une part, un système d'enseignement public – qui a dérivé de plus en plus vers une institution d'amortissement social – et d'autre part un système privé lui-même divisé entre établissements subventionnés (du moins pour ce qui est des années de scolarité obligatoire), que l'on appelle "*concertados*", sous contrat, et établissements non subventionnés.

Contraint par les transformations économiques et sociales, le franquisme a développé l'enseignement public en abandonnant la privatisation privilégiée pendant ses deux premières décennies. Tant pour des raisons économiques qu'idéologiques, l'État ne se substitua cependant pas à l'enseignement privé mais eut recours au système de subventions. Peu avant le décès du dictateur (1975) et le début du processus de transformation de l'État et de l'administration totalitaire en démocratie, l'enseignement était un des domaines où se livrait une bataille contre la dictature. Un réel droit à l'éducation devint l'une des revendications des groupes d'opposition antifranquiste. Des actions eurent lieu contre le manque d'écoles, la précarité des enseignants et les carences de la pédagogie. Cette mobilisation peut être vue comme un effet boomerang de l'aspect confessionnel et politisé de l'enseignement franquiste, lequel ne cachait d'ailleurs pas sa condition d'appareil idéologique du régime.

L'expansion du système éducatif franquiste eut lieu, dans le primaire et le secondaire, grâce à l'incorporation de jeunes instituteurs et professeurs qui, bien qu'élevés par la dictature, se distancièrent peu à peu de cette communion d'idéaux qui avaient inspiré la "Croisade" (unité de la patrie, confession catholique, prépondérance de l'armée) à laquelle l'adhésion était un prérequis indispensable pour devenir un fonctionnaire tel que l'État l'attendait. Ces jeunes, dans la plupart des cas, provenaient de milieux qui étaient des soutiens franquistes dans le monde rural. Durant les années de la faim et de l'autarcie, avec les phénomènes de marché noir, à petite ou grande échelle, l'appropriation des biens des vaincus expulsés et le profit tiré de "nouvelles opportunités", se développa une classe moyenne agraire, dont les enfants cherchèrent dans les villes un monde nouveau. Étudier en ville, grâce à la capacité économique familiale et au soutien du curé local, devint alors un objectif pour de nombreux jeunes qui finirent, dans la plupart des cas, par venir grossir les rangs du corps de professeurs de l'enseignement franquiste.

La formation de ces professeurs fut assurée loin du "poids asphyxiant" de leurs villages d'origine, dans des centres religieux ou éducatifs, dans des séminaires et des universités, où le contrôle social était plus lâche qu'en milieu rural. S'engager dans l'Église était, dans les villages, un moyen privilégié pour les jeunes de découvrir d'autres réalités. Ainsi à partir de 1970 le Concile Vatican II et le développement des prêtres ouvriers eurent un grand retentissement auprès des jeunes générations dans l'Église espagnole. Une situation tellement généralisée qu'il devint difficile de trouver un militant antifranquiste, du plus conservateur au plus radical, dans les années 1970, qui n'eût pas, d'une manière ou d'une autre, de relation avec ce monde.

Dès 1956, de premiers signes d'opposition se manifestèrent dans le monde universitaire de façon concomitante avec la résurgence des protestations ouvrières. La convocation d'un Congrès national d'étudiants, dont certains organisateurs étaient les fils de hiérarques franquistes, dans le but de briser le monopole du syndicat universitaire franquiste, entraîna son interdiction et suscita une manifestation des étudiants dans laquelle ils finirent par se heurter physiquement aux groupes de la phalange dans les rues de Madrid. Les autorités fermèrent l'université et procédèrent à diverses arrestations. Franco renvoya le ministre de l'Éducation, le recteur de l'université et le secrétaire général du mouvement. Ce fut là le premier signe montrant qu'un processus de délégitimation de la dictature avait commencé parmi les fils des classes moyennes émergentes franquistes.

Près d'une décennie plus tard, en février 1965, des centaines d'étudiants menés par quelques professeurs se dirigèrent en manifestant vers le rectorat pour remettre par écrit une liste des libertés qu'ils exigeaient. La marche fut dissoute par la police et les professeurs fichés, licenciés de leurs postes, et certains partirent en exil.

Ainsi, malgré la répression, l'endoctrinement, les restrictions réglementaires, le monde éducatif espagnol a participé de manière active à la lutte antifranquiste, autant par ses propres conflits que par l'introduction de problématiques critiques sur le régime, qu'elles soient politiques ou pédagogiques. Quarante ans après que le régime a tenté d'extirper le caractère subversif de l'éducation, celui-ci est réapparu. Il n'allait pas avoir la teinte révolutionnaire des débuts du XXe siècle, mais il devint l'un des piliers de la Transition espagnole et de la transformation de la dictature franquiste vers la monarchie parlementaire actuelle.

José Luis Gutiérrez Molina
Groupe de recherche Histoire actuelle
Université de Cadix

# DU FONCTIONNAIRE DE L'ÉTAT AU "FONCTIONNAIRE DE L'HUMANITÉ" : QUELLE VIGILANCE À L'ÉPREUVE DE LA BARBARIE ?

### Introduction : une "déontologie" pour l'enseignant fonctionnaire ?

Au moment de la soutenance de sa thèse, le futur docteur en médecine prête serment, aujourd'hui encore, en prononçant à haute voix le serment d'Hippocrate : "En présence des Maîtres de cette Faculté, de mes chers condisciples et selon la tradition d'Hippocrate, je promets et je jure d'être fidèle aux lois de l'honneur et de la probité dans l'exercice de la Médecine. Je donnerai mes soins gratuits à l'indigent, et n'exigerai jamais un salaire au-dessus de mon travail. Admis dans l'intérieur des maisons, mes yeux ne verront pas ce qui s'y passe, ma langue taira les secrets qui me seront confiés et mon état ne servira pas à corrompre mes mœurs ni à favoriser le crime. Respectueux et reconnaissant envers mes Maîtres, je rendrai à leurs enfants l'instruction que j'ai reçue de leurs pères. Que les hommes m'accordent leur estime si je suis fidèle à mes promesses. Que je sois couvert d'opprobre et méprisé de mes confrères si j'y manque." On ne peut manquer d'admirer la constance de l'éthique déontologique mise en exergue à travers cette "profession de foi" et, de fait, bel et bien en jeu dans la profession médicale, la pertinence tout à fait actuelle de son ancrage antique, eu égard, assurément, aux enjeux cruciaux et quotidiens de vie et de mort auxquels se trouve confronté le médecin à chaque instant de l'exercice de sa profession. Le code pratique des valeurs ici indiqué (fidélité à l'honneur et à la probité, discrétion et sobriété dans l'exercice du métier, respect et reconnaissance envers les maîtres) répond à une éthique professionnelle standard, certes applicable dans tout travail, mais qui pourrait hors contexte apparaître presque banale : conventionnelle. Pourtant, resitué dans le contexte médical, un tel code éthique revêt une urgence et une vérité expérientielle indéniables. Dès qu'il se trouve transposé dans le cadre de l'éducation, également traversé par des cas et des situations humaines parfois dramatiques, ce code prend une autre dimension, moins relationnelle que davantage "politique" *lato sensu*. En effet, le médecin, s'il est bien entendu également confronté à une hiérarchie institutionnelle et politique (l'Ordre des médecins, la direction administrative de l'hôpital et ses contraintes "gestionnaires"), se retrouve toujours, en fin de compte, seul avec lui-même et son patient, dans un dialogue "intérieur" qui reflète le "cas de conscience" auquel il est confronté. On pourrait dire de même que l'enseignant ou l'éducateur se trouve dans une situation personnelle similaire : sa "conscience professionnelle" est en jeu à chaque instant de la transmission de son savoir, face à des élèves ou des étudiants vis-à-vis desquels il ou elle a une responsabilité et un devoir d'écoute inconditionnels (au sens quasi lévinassien du terme) : il doit nécessairement "agir de façon éthique et responsable".

Si une telle éthique relationnelle est indéniable et constitutive de la relation de transmission entre le maître et l'élève, il se trouve qu'une autre éthique, moins relationnelle qu'institutionnelle, prend souvent le pas voire, pire, vient se confondre, se surimprimer à la première. Dès lors, la responsabilité de l'enseignant devant les apprenants devient la responsabilité du fonctionnaire devant l'institution éducative (à l'ombre de l'État lui-même). Certes, l'enseignant n'est pas un "électron libre", et sa liberté de jugement doit bien sûr s'adosser aux normes éducatives institutionnelles ; mais son "autonomie" a pour caractéristique essentielle de faire passer la "loi morale dans son cœur" avant la loi politico-juridique, laquelle est toujours en dernière instance extérieure à l'individu. C'est là que se situe tout l'enjeu (l'équivocité) de l'"obéissance" de l'enseignant-fonctionnaire à l'institution éducative. Les deux plans ne sauraient se confondre, ni *a fortiori* le plan institutionnel politique (la fonction) devenir premier ni prioritaire par rapport au plan relationnel (la personne), au sens où des normes éducatives *a priori* se verraient imposées à l'individu enseignant, qui devrait s'y soumettre aveuglément. Comment argumenter une telle thèse, qui peut paraître contraire au sens du service public auquel le fonctionnaire est censé se conformer ? Où se situe en fin de compte la responsabilité de l'enseignant-fonctionnaire ?

## L'éthique socratique et la responsabilité du philosophe : apprendre à désobéir

Il se trouve que le philosophe, ici, a un rôle crucial à jouer. Par philosophe, j'entends ici bien entendu, en premier lieu, celui dont le métier est d'enseigner la philosophie comme discipline, mais également, tout autant, celui qui exerce son jugement critique et développe son interrogation réflexive dans chaque situation d'enseignement et de transmission d'un savoir. En ce sens, tout enseignant est potentiellement philosophe : il transmet un savoir et s'interroge au même moment sur les conditions institutionnelles de cette transmission. Aussi, l'interrogation politique *lato sensu* est au cœur de la profession d'enseignant, et ce en vertu du rapport au savoir, à la connaissance qui définit ce dernier dans sa fonction, dès lors indissociable de son être. Alors que le médecin, dépositaire certes d'un savoir, met ce dernier au service de la vie d'autrui, laquelle est sa priorité, l'enseignant a pour rôle d'élever chaque sujet à la connaissance de lui-même grâce à la transmission d'un savoir qui sert de support à une telle transformation. Or, se connaître soi-même, c'est justement s'éveiller à une capacité d'interrogation et de réflexion. À cet égard, si Hippocrate est la figure référentielle du médecin et invite ce dernier au respect absolu d'autrui, Socrate apparaît comme la figure tutélaire et emblématique de l'enseignant. Or, la vertu de l'enseignement de Socrate est d'ouvrir les esprits à la réflexion critique. Il n'est pas anodin que le maître de Platon pose des questions dont la vertu est précisément la teneur interrogative, l'ouverture irrésolue du sens, bien plus qu'un résultat ou un contenu de savoir. Socrate transmet ce faisant une manière d'être, une attitude de questionnement, bien plus que des informations cognitives normées voire normatives. Il n'est pas anodin que l'interlocuteur des "sophistes", ces promoteurs d'un prêt-à-penser rhétorique, se soit vu, par sa capacité de résistance radicale à la normativité du savoir, acculé à un suicide qui s'est avéré être la seule réponse possible à sa mise au ban de la *polis* grecque. En effet, l'institution politique a jugé Socrate "dangereux" pour la jeunesse, susceptible de faire accoucher en elle des interrogations "révolutionnaires" et, ce faisant, dommageables à la stabilité politique de la Cité. Si Socrate est la figure tutélaire de l'enseignant/fonctionnaire, sa vertu principale est de nous inviter à interroger des affirmations qui adoptent trop fréquemment la forme de "préjugés", c'est-à-dire à résister à ce qui semble aller de soi, voire à transgresser les conventions toutes faites. Pratique par excellence de la philosophie, le questionnement conduit tout naturellement à ne pas adhérer sans regard critique à une telle injonction à "agir en fonctionnaire de l'État de manière éthique et responsable", du moins à en suspecter *a priori* la pertinence en y voyant par avance une forme interne de duplicité, celle-là même de la démagogie tendancielle inhérente au pouvoir. Dès lors, la responsabilité éthique du fonctionnaire est engagée, et trouve précisément son ressort interne dans la contestation de la soumission impliquée dans une telle injonction : dans la désobéissance.

## La figure du "fonctionnaire de l'humanité" : Edmund Husserl et la philosophie comme "vocation"

Je voudrais à présent prendre un exemple issu de notre Histoire récente, qui permet selon moi d'approcher au plus près de la teneur de la vigilance qui forme la vertu cardinale de l'enseignant fonctionnaire. Il s'agit du témoignage du fondateur de la phénoménologie dans les années 1920 puis 1930, au cœur de la tourmente de la montée du nazisme ; ce témoignage peut nous aider, de par son caractère limite et, ce faisant, exemplaire, à mieux saisir l'importance cruciale de l'exercice à la vigilance sise en l'acte qu'est la pensée entendue comme réflexion critique.

En devenant "fonctionnaire", on s'engage à servir l'État et à transmettre les valeurs susceptibles d'orchestrer la vie communautaire et politique des citoyens. Husserl, en gravissant les échelons de la carrière universitaire, s'est efforcé de se mettre fidèlement au service de l'institution étatique allemande, et s'est toujours voulu "bon patriote". Cependant, il a très tôt produit, en tant que philosophe, un double déplacement critique par rapport à l'idée conservatrice de l'obéissance du fonctionnaire à l'État. Premièrement, le fonctionnaire de l'État est en réalité pour le phénoménologue prioritairement un "fonctionnaire de l'humanité" et, en cela, Husserl emboîte le pas à l'idée kantienne du cosmopolitisme ; deuxièmement, l'enseignant philosophe est moins enseignant par "profession" (par devoir normatif externe et besoin utilitaire de gagner sa vie) qu'enseignant par "vocation" (par désir authentique d'instruire autrui et, ce faisant, de le faire grandir intérieurement) et, en cela, il reprend à son compte la réflexion du sociologue M. Weber sur la double entente, par essence équivoque, de ce qu'est notre métier (*Beruf*), tout à la fois "profession" et "vocation".

Concernant l'État, Husserl y a toujours vu une structure juridique nécessaire mais limitée, jamais en tout cas une totalité au sens hégélien du terme, qui devrait jouer le rôle ultime d'intégration des individus en se les subordonnant. Pour Husserl, l'État national est une forme transitoire d'une structure collective plus ample, qui peut prendre la dimension d'une confédération ou d'une union associative, à la manière des associations communautaires qu'affectionne le phénoménologue lorsqu'il décrit les sociétés d'artistes ou la communauté des savants. Ainsi, le fonctionnaire, s'il est au service de l'État, ne saurait être inféodé absolument à lui sous la forme d'un lien de soumission et de dépendance à l'égard du grand Tout (qui frise l'aliénation et le conditionnement subtils). Il est en revanche inconditionnellement au service de l'humain, qu'il s'agisse de la personne particulière qu'il a devant lui dans telle situation donnée, ou bien, plus radicalement, de l'humanité, en tant que rien dans l'humain, pour paraphraser librement Montaigne, ne saurait nous être étranger.

Concernant la "profession" d'enseignant, Husserl, tout en honorant avec grande probité son "contrat" universitaire sur plusieurs décennies (jusqu'au moment où il fut d'ailleurs de fait exclu de l'Université allemande au début des années 1930), a beaucoup plus tôt clairement fait le départ entre le philosophe par profession et le philosophe par vocation. Dans un texte intitulé *Philosophie première*, qui correspond à un cours donné durant l'année 1923-1924, Husserl souligne l'abîme qui existe entre "la profession au sens quotidien du mot et la profession au sens de vocation !"[1]. Si l'enseignant fonctionnaire, comme le philosophe nous y invite, est mû par cette aspiration intérieure, et n'envisage en rien son métier comme simplement "alimentaire" ou comme un devoir imposé, il développe spontanément un sens de la conscience de soi et de la responsabilité à l'égard d'autrui.

Bref, amour inconditionnel de l'humain, désir de philosopher en vertu d'un appel intérieur irrépressible, voilà deux traits majeurs qui définissent l'éthique pratique, tout à la fois intersubjective et intime du philosophe phénoménologue, aux côtés des exigences typiquement déontologiques (quasi scientifiques)[2] de la fidélité au donné, de la prudence dans la description, de la vaillance dans l'exercice critique et la défense des hypothèses, ainsi que de la conscience vigilante de la précarité des démonstrations, tous traits qui alimentent la justesse et l'honnêteté du débat argumentatif[3]. Dès lors, l'unique et indéracinable responsabilité éthique de l'enseignant selon Husserl consiste à transmettre à ses étudiants et à ses élèves ce sens aiguisé de la vigilance à l'égard des événements comme des discours.

## La responsabilité de l'enseignant : Michel Henry et la résistance par l'activité interrogative de la pensée

Qui dit "vigilance", dit attitude observatrice et attentive ; c'est assurément une condition éminente de la responsabilité ; dans la veille incluse dans la vigilance, il y a la vertu de l'attente et de la patience ; on ne peut qu'honorer de telles qualités, qui reflètent le sens de la mesure si tôt prôné par Aristote. Pourtant, de l'attente à l'attentisme, il n'y a qu'un tout petit pas ; de la patience à la passivité, le pas est encore plus petit... L'Histoire récente nous a montré combien de telles vertus peuvent conduire à des catastrophes si le veilleur entre ne serait-ce qu'un instant en somnolence ou, plus insidieusement, fait trop "généreusement" crédit à l'autre : je pense à l'attitude des dirigeants français et anglais devant les puissances de l'Axe durant la montée des périls qui mena à la Deuxième Guerre mondiale. Ceci est bien connu, mais il est toujours utile de le garder en mémoire.

Le philosophe Michel Henry nous offre l'occasion d'affermir notre vigilance par une capacité active de résistance. Son indépendance d'esprit et son sens aigu de la polémique (au sens premier du combat : "*polemos*") nous instruisent : dès *La barbarie,* puis dans *Du capitalisme au communisme*, celui qui place au cœur de son interrogation philosophique la vitalité de l'individu vivant logée en chaque épreuve existentielle pose la question de la responsabilité éthique de chacun dans un monde où les mécanismes techniques tendent à dévitaliser les relations humaines et à isoler chacun en lui-même. Il y a là une clef à transposer dans le cadre éducatif, lieu par excellence de l'éveil à une telle interrogation, qui concerne tout être humain depuis son enfance.

L'auteur de *La barbarie* valorise en chaque individu la capacité à s'éprouver lui-même vivant : il stigmatise en un diagnostic sans appel les mécanismes techniques qui traversent nos institutions et qui interposent entre les sujets vivants des opérations anonymes techniques. Par exemple, l'enseignant fonctionnaire se trouve de plus en plus requis par des tâches administratives de divers ordres (rédaction de rapports, refonte de maquettes d'enseignement) et soumis à des expertises techniques (dans le cadre des plans quadriennaux et, souvent, à mi-parcours), et ce, selon un rythme temporel régi par la précipitation et l'urgence qui ne favorise pas le recul ni par conséquent la distance critique. Ce faisant, l'enseignant est happé dans un système technique qui l'absorbe à dessein et le conditionne à son insu. Du coup, la responsabilité critique risque fort de s'émousser et l'éthique de la résistance à l'égard des conditionnements techniques s'efface d'elle-même derrière les exigences de l'instant et les priorités sans cesse reconduites d'échéances administratives à court terme. Dans le texte d'une conférence de 2001 qui ressaisit de façon vertigineuse les enjeux de sa pensée, M. Henry, au soir de sa vie, montre comment la vie résiste à la mort, et ce de l'intérieur de son "essence infrangible", où le vouloir se défaire de soi propre au suicide "se heurte" à la cohérence de la puissance du vivant[4]. L'individu vivant, exemplairement l'enseignant, contient en lui-même une aptitude propre, immanente, à résister de l'intérieur de lui-même aux forces mécaniques mortifères de l'institution éducative. C'est là que la parole vive et militante de l'inventeur de la "phénoménologie de la vie" peut nous apprendre que, vivre, c'est non seulement être vigilant, mais, plus encore, être continûment résistant, et ce non pas sur le mode de la réflexion qui observe en surplomb, mais sur le mode même de l'adhésion du vivre à lui-même[5].

Natalie Depraz
Université de Rouen (Mont-Saint-Aignan, ERIAC)
Archives-Husserl (ENS, Paris)
CREA (Paris)

NOTES

[1] E. HUSSERL, *Philosophie première* II, Paris, P.U.F., 1972, Introduction, 29e leçon, p. 17-18.

[2] À propos de l'appel à une éthique scientifique, cf. les cinq conférences données par Husserl entre 1922 et 1924 au Japon, publiées sous le titre *Sur le renouveau*, Paris, Vrin, 2005.

[3] Cf. à ce propos E. HUSSERL, *Idées directrices*... I, 1913, § 96 (Paris, Gallimard, 1950), ainsi que N. DEPRAZ, *Plus sur Husserl*. Une phénoménologie expérientielle, Paris, Atlande, 2009.

[4] M. HENRY, "Souffrance et vie", in *Phénoménologie de la vie,* Paris, P.U.F., 2003, p. 153-154.

[5] Je me permets de renvoyer, à titre de prolongement sur le terrain de l'écriture, au petit essai que j'ai écrit dans le beau volume collectif intitulé *Écrire, résister* (Fougères, La Versanne, 2001, p. 169-173).

# TÉMOIGNAGES

**“Nanterre : un directeur porte plainte après l’intrusion d’un adolescent”,** *Le Point*, 22 février 2010.

Le directeur d’une école primaire de Nanterre a déposé plainte pour “violences” et “menaces” après l’intrusion d’un garçon de 12 ans dans son établissement vendredi, a-t-on appris lundi de sources policières et auprès de l’Inspection académique des Hauts-de-Seine.

Selon ces sources, lorsque le directeur a surpris l’adolescent dans sa cour d’école, vendredi en fin d’après-midi, le garçon, qui n’est pas inscrit dans l’établissement, s’est mis à l’insulter et à le menacer. Puis, selon des sources policières, alors que le directeur tentait de retenir l’adolescent, ce dernier lui a donné un coup de poing au visage et plusieurs coups à l’avant-bras pour se libérer. Le garçon, interpellé puis entendu au commissariat, a été remis à sa mère vendredi. Le directeur n’a pas été blessé, a indiqué une source policière.

**“Vaulx : une collégienne cogne sur un enseignant en classe”,** *Le Progrès*, 27 mai 2010.

Hier matin, une élève de troisième du collège Jacques-Duclos a donné un coup de poing à un professeur de physique-chimie. Celui-ci a un arrêt de travail d’une semaine. Les collègues de l’enseignant exercent aujourd’hui leur droit de retrait. [...]

“J’avais exclu cette élève la veille car elle parlait à haute voix avec ses camarades. Hier matin, elle s’est présentée à mon cours. Je lui ai dit qu’elle n’était pas autorisée à participer et je l’ai fait accompagner en permanence par une autre élève déléguée. Cinq minutes plus tard, j’entends frapper à la porte de la classe. Elle était là. Elle a interpellé l’une de ses camarades. Je lui ai dit de sortir et je l’ai mise à la porte en la prenant par le bras. Elle a rouvert la porte et m’a donné un coup de poing” [...] L’enseignant s’est retrouvé la lèvre en sang. [...]

Robert Cantiani, professeur agrégé de physique-chimie au collège Jacques-Duclos a plutôt la carrure d’un rugbyman. La collégienne de troisième qui l’a agressé est bien plus fluette. Le professeur a un arrêt de travail de sept jours. [...] Selon l’enseignant, les incidents ne sont pas suffisamment pris en compte et suivis de sanction à la hauteur ce qui détériorerait l’ambiance au sein de l’établissement. [...]

Hier en fin d’après-midi, Robert Cantiani n’avait [...] reçu aucun coup de fil réconfortant de la part de l’administration. “J’irai jusqu’au bout”, prévient l’enseignant qui exerce depuis cinq ans après une carrière d’ingénieur. “J’aime mon métier, mais je n‘ai plus confiance en l’Éducation nationale”. Après avoir porté plainte contre l’élève, il prévoit une démarche contre l’établissement pour “mise en danger d’un fonctionnaire”.

**"Val de Marne - Un lycéen agressé à coups de cutter"**, *Le Point*, 15 février 2010.

Un élève de 17 ans d'un lycée de Thiais a été blessé à coups de cutter lundi durant un cours d'éducation physique dans un gymnase jouxtant cet établissement du Val-de-Marne. [...].

Aux alentours de midi, six personnes, la tête masquée par des capuches et des foulards, ont fait irruption dans le gymnase pendant un cours qui réunissait deux classes de terminale du lycée polyvalent Guillaume-Apollinaire et ont attaqué la victime avant de prendre la fuite [...].

"Ils ont d'abord aspergé les élèves avec des bombes lacrymogènes, puis ils ont poursuivi un des élèves à l'extérieur du gymnase et l'ont frappé à coups de batte de base-ball et de cutter", a déclaré à l'AFP Sophie Richard, le professeur de sport qui faisait cours au moment de l'incident. "Il a également fallu gérer les crises d'angoisse et d'asthme des élèves touchés par les gaz lacrymogènes", a-t-elle ajouté. [... ]

**"Droit de retrait des profs à Thiais"**, *Le Figaro*, 16 février 2010.

Les professeurs du lycée Guillaume-Apollinaire de Thiais, dans le Val-de-Marne, ont décidé ce matin d'exercer leur "droit de retrait" et de ne pas reprendre les cours au lendemain de l'agression au cutter d'un élève pendant un cours de gymnastique. [...] "Ce serait inadmissible de faire cours. On a peur, les élèves ont peur. On ne peut pas faire comme si rien ne s'était passé", affirme Juliette Hay, professeur de sciences économiques. [...] "On veut des moyens pour empêcher les tensions [...] on veut pouvoir transmettre le savoir dans de bonnes conditions", a-t-elle ajouté. Elle a affirmé que le lycée ne comptait que 11 surveillants à mi-temps pour 1 500 élèves et que les sept caméras déployées dans l'établissement "ne réglaient rien".

**"Lyon-Mobilisation contre l'expulsion d'un élève sans papiers"**, *France Soir*, 23 mai 2008.

Landry Koua, 23 ans, arrivé seul en France en 2002 après la mort de son père, opposant au gouvernement, est en centre de détention à l'aéroport de Lyon-Saint-Exupéry, après un banal contrôle d'identité dans le métro le 8 mai. Ne bénéficiant pas de titre de séjour, il doit être expulsé samedi matin, selon l'arrêté signé par la préfecture. [...] "On ignorait qu'il avait ce genre de problèmes", explique Aline Borelly, sa professeur principale qui s'est mobilisée comme tous les enseignants du lycée.

Le 14 mai, élèves et enseignants sont venus au tribunal administratif qui jugeait sa requête de régularisation, qui lui a finalement été refusée. Le conseil de classe avait lui-même établi une demande de régularisation. Le lendemain, tous se sont retrouvés dans la rue pour une manifestation de soutien au jeune homme. [...]

**“À Paris, une école du XX$^{e}$ mobilisée contre une expulsion”,**
*Rue 89*, 4 juillet 2007.

[…] Jeudi 21 juin, les enseignants [de l’école Télégraphe du XX$^{e}$ arrondissement de Paris] s’étaient mis en grève pour soutenir et accompagner Phan Jadthaisong [et son fils Jame] au tribunal administratif de Paris avec une trentaine de parents et enfants. Une dernière instance examinait sa demande de régularisation. […] “On s’est rapproché de Jame parce qu’il risque d’être renvoyé de France”, expliquent Samy et Thibault, élèves de CM2. “En fait, on ne voit pas la différence entre un enfant sans papiers et un autre.” Les questions des enfants ont ainsi alerté les parents. Une sensibilisation vite suivie d’une grande mobilisation l’année dernière.

[…]

En mars, Phan Jadthaisong a […] reçu une obligation de quitter le territoire français. […] “Son enfant n’a que 7 ans et demi et parle le thaïlandais, il n’y a donc pas d’obstacles à l’expulsion de Phan Jadthaisong” : c’est l’avis rendu par le commissaire du gouvernement au juge présidant la cour. Il n’augure pas de bonne nouvelle concernant la décision du tribunal rendue jeudi. Quatorzième d’une longue liste, l’examen de la demande de Phan Jadthaisong aura pris à peine plus de cinq minutes. […] À l’issue de l’audience, le petit Jame, lui, s’est enfui. Il a été rapidement rattrapé. […]

En attendant, parents et enseignants de l’école Télégraphe veulent continuer à se battre pour les douze familles sans papiers de l’école. […] Les parents sans papiers ont reçu des instructions. Ainsi, il leur est toujours conseillé de garder sur eux un certificat de scolarité de leurs enfants. Un numéro de portable est aussi distribué pour les cas d’urgence, et un répertoire des coordonnées des parents et enseignants présents à Paris durant l’été a été constitué. […]

**“Aix : Une enseignante sanctionnée pour ‘désobéissance civile’”,**
*La Provence*, 14 décembre 2008.

[…] Début novembre, un enseignant de Colomiers dans l’Hérault exposait par écrit à son inspecteur les raisons pour lesquelles “*en conscience*”, il refusait “*d’obéir*” et de contribuer à un “*démantèlement pensé et organisé de l’Éducation nationale*”. […] Le 5 décembre dernier, plus d’une centaine d’enseignants, essentiellement marseillais, remettaient à leur tour une lettre à l’Inspection d’académie. Un argumentaire signé, expliquant en détail leur refus d’une série de mesures portant atteinte, selon eux, aux fondements de l’éducation nationale. […]

Parmi ces 124 signataires, Diane Combes, une enseignante en maternelle à Eguilles, revendique cette “*désobéissance civile*”, qui est selon elle “*le dernier recours après avoir tenté tous les autres moyens*” pour éviter que ne soit mise en œuvre "*la politique la plus aberrante que l'éducation nationale ait connue depuis longtemps*". Et l'enseignante de lister quelques-uns des points incriminés : suppression massive de postes, suppression du réseau d'aide aux enfants en difficulté (Rased), l'atteinte au droit de grève, la suppression de I'IUFM, l'introduction des jardins d'éveils... [...]

Lundi 8 décembre, Diane Combes recevait la visite d'une inspectrice venue lui rappeler les conséquences d'une telle prise de position. Le lendemain, un courrier général reçu par tous les enseignants insistait encore sur les sanctions prévues en cas de désobéissance. Le jeudi suivant, c'est une lettre personnelle adressée à Diane Combes par l'inspecteur d'académie qui détaillait les conséquences de son "*manquement caractérisé*" à ses "*obligations de service*" : un "*salaire amputé pour service non fait pour tous les jours au cours desquels ce même constat sera effectué*". [...]

Une sanction financière à laquelle s'ajoute un volet disciplinaire qui peut aller du blâme à la révocation en passant par toutes sortes de mutations. Détail surprenant : sur les 124 signataires, seule Diane Combes est poursuivie de la sorte. [...]

**"Le ministère sanctionne les enseignants qui n'appliquent pas les réformes",** *Le Monde*, 6 juillet 2009.

Erwan Redon, le 7 juillet, et Alain Réfalo, le 9, sont convoqués devant la commission administrative paritaire départementale siégeant en conseil de discipline. Ce sera bientôt le cas de Bastien Cazals. Ces trois "désobéisseurs" font partie des 2 807 professeurs des écoles qui refusent d'appliquer les réformes du primaire : nouveaux programmes en 2008 et deux heures d'aide personnalisée et hebdomadaire, notamment pour les élèves en difficulté. [...]

Le fonctionnaire est soumis à une obligation d'obéissance hiérarchique sauf, comme le stipule la loi, "*dans le cas où l'ordre donné est manifestement illégal et de nature à compromettre gravement un intérêt public*". [...]

Face à une mesure qu'ils considèrent contraire à l'intérêt des enfants, les professeurs des écoles ont donc adopté la désobéissance civile, telle que l'a théorisée au XIXe siècle le philosophe américain Henry David Thoreau, expliquent-ils. Leur refus s'est matérialisé dès novembre 2008 par l'envoi de lettres individuelles, puis collectives, à leur hiérarchie : "*En conscience, je refuse d'obéir...*" [...]

Reste que l'institution fait face à une forme inédite de contestation. "*Le système éducatif s'est fait une spécialité de l'ensablement des réformes. Quand elles les dérangent, les professeurs se débrouillent pour ne pas les appliquer. Elles meurent à petit feu dans l'indifférence générale. Là, je suis admirative leur franchise : en revendiquant publiquement leurs actes, ils rompent avec l'usage de ne par faire et de n'en rien dire. Mais ils vont le payer*", explique encore M. Meirieu. [...]

**"Élève giflé : le professeur condamné à une amende",** *Nouvel Obs*, 13 août 2008.

Le tribunal correctionnel d'Avesnes-sur-Helpe (Nord) a condamné mercredi 13 août le professeur de Berlaimont (Nord) qui avait giflé un élève de 11 ans l'ayant insulté à une amende de 500 euros. Une amende de 800 euros avait été requise le 25 juin par le parquet à l'encontre de José Laboureur, 49 ans, professeur de technologie au collège Gilles-de-Chic. Il encourait 5 ans d'emprisonnement et 75 000 euros d'amende pour "violences aggravées".

L'affaire avait éclaté fin janvier après le dépôt de plainte du père de l'adolescent, un gendarme. Le placement en garde à vue du professeur pendant 24 heures avait indigné le monde enseignant.

Une pétition de soutien au professeur a recueilli 26 000 signatures, selon le Snalc-CSEN (Syndicat national des lycées et collège).

Le 28 janvier au matin, en plein cours, José Laboureur avait jeté à terre les affaires de l'élève de 6e qui refusait de les enlever d'une table, avant de plaquer contre un mur le garçon. Ce dernier avait alors traité de "connard" le professeur, qui l'avait giflé en retour, puis à nouveau plaqué contre le mur.

"Ce n'est pas une gifle, c'est une scène de violence", avait estimé dans son réquisitoire le procureur de la République d'Avesnes-sur-Helpe, Bernard Beffy [...]

José Laboureur avait raconté avoir plaqué au mur l'élève car il s'était "moqué" de lui en soupirant puis l'avait insulté. "J'ai réagi en père de famille. C'est comme si un fils insulte son père. Je n'avais jamais mis de claque avant. En 29 ans de carrière, je n'avais jamais non plus été insulté", avait-il expliqué.

**"Gifle à une CPE : un père en détention",** *Le Figaro*, 12 mars 2010.

Le père d'une adolescente qui avait giflé mercredi une conseillère principale d'éducation (CPE) du collège de Cugnaux, en Haute-Garonne, ayant entraîné un "droit de retrait" des enseignants, a été placé en détention provisoire aujourd'hui à Toulouse, a-t-on appris auprès du procureur. [...] Les personnels avaient par la suite décidé par vote, "aux deux tiers" selon le rectorat de Toulouse, de suspendre leur mouvement. Olivier Dugrip, recteur de l'académie de Toulouse, a condamné "fermement cette agression d'un personnel de l'Éducation nationale dans l'exercice de ses fonctions" mais a dénoncé "cet abus du droit de retrait alors que n'existe aucun danger imminent, conduisant à suspendre les enseignements et à livrer les élèves à eux-mêmes avec les risques que cela comporte".

**"Soupçon de maltraitance lors d'un voyage scolaire",**
*Le Parisien*, 17 mars 2010.

Que s'est-il passé au cours du voyage scolaire de l'école élémentaire Victor-Hugo du Blanc-Mesnil (Seine-Saint-Denis), du 29 mars au 10 avril, à La Barre-de-Monts en Vendée ? En début de semaine, la brigade des mineurs de la sûreté territoriale de Seine-Saint-Denis a été saisie d'une enquête pour soupçons de "maltraitances" et "traitements indignes" impliquant trois animateurs de la ville. Celle-ci fait suite à un signalement de l'inspection académique au procureur de Bobigny. "Lundi, à leur retour en classe, les enfants en ont parlé aux enseignants qui les avaient accompagnés, explique Daniel Auverlot, l'inspecteur d'académie. Ces derniers ont considéré que les faits étaient suffisamment graves pour nous alerter." Plusieurs parents ont porté plainte. De son côté, la mairie a ouvert une enquête administrative. [...]

Au total, une quinzaine de ces élèves de CM2 auraient subi des violences physiques et psychologiques. Il est notamment question d'"enfants bâillonnés" et de "coups". Selon une source proche de l'enquête, "une animatrice aurait ordonné à trois enfants d'en frapper un quatrième qui avait commis une bêtise". Toujours selon cette source, "un enfant faisait le guet à l'entrée du bâtiment pour alerter les animateurs du passage des professeurs". [...]

**"Auch. La descente de gendarmes émeut à l'école des Métiers",**
*La Dépêche*, 20 novembre 2008.

Le récit d'un prof choqué. Patrick Poumirau se définit comme un "professeur qui ne manque jamais de faire contre la drogue une prévention qu'il juge intelligente". [...]

"Personne ne dit bonjour, personne ne se présente. Sans préambule, le chien est lancé à travers la classe. [Il] mord le sac d'un jeune à qui l'on demande de sortir... Je veux intervenir, on m'impose le silence. Une trentaine d'élèves suspects sont envoyés dans une salle pour compléter la fouille. Certains sont obligés de se déchausser et d'enlever leurs chaussettes, l'un d'eux se retrouve en caleçon. Parmi les jeunes, il y a des mineurs." [...]

Ailleurs, on aligne les élèves devant le tableau. Aux dires des jeunes et du prof, le maître-chien lance : "Si vous bougez, il vous bouffe une artère et vous vous retrouvez à l'hosto". Je me dis qu'en 50 ans je n'ai jamais vu ça. Ce qui m'a frappé... c'est l'attitude des gendarmes : impolis, désagréables... sortant d'une classe de BTS froid-climatisation en disant : "Salut les filles !" alors que, bien sûr il n'y a que des garçons, les félicitant d'avoir bien "caché leur came et abusé leur chien" [...]

Bernard Vilotte, le directeur de l'école des Métiers, confirme que c'est bien lui qui a demandé cette opération de contrôle qu'il a d'ailleurs préparée avec les gendarmes quinze jours avant : "L'objectif était de poursuivre la prévention faite dans le cadre de la semaine d'accueil sur les risques liés à l'alcool et à la drogue, sachant que ça a un effet boule-de-neige." [...]

**"Polémique après l'audition d'un écolier de 8 ans chez les gendarmes",** *Le Parisien*, 1er juin 2009.

La convocation d'un enfant de 8 ans, samedi, à la brigade de gendarmerie de Courdimanche (Val-d'Oise) suscite de l'émoi et un vif débat. L'élève, scolarisé en CE2, a été entendu pendant vingt minutes à la suite d'une bagarre avec un camarade à la récréation. La maman de ce garçon avait décidé de porter plainte. [...]

"Mon fils a été frappé plusieurs fois. Il ne parlait plus et restait prostré dans la cour d'école. Quand il a fini par me raconter ce qui se passait, je suis allée discuter avec le père du garçon, mais il m'a renvoyée vers le directeur de l'école". "Cette dame m'a effectivement demandé pourquoi mon fils s'acharne sur le sien, confirme le père. J'ai pensé que si ça avait été sérieux l'école nous aurait convoqués...". "Je suis alors allée voir le directeur, reprend la mère de l'enfant battu. Il m'a dit qu'il n'était pas au courant. L'institutrice m'a répondu qu'elle ne comprenait pas, que certains élèves lui avaient parlé d'une chute et non de coups de pied... Personne ne voulait m'écouter !" Alors pour se faire entendre, et surtout "pour que ça s'arrête parce qu'on va à l'école pour apprendre, pas pour se faire taper dessus", la mère de la petite victime a poussé la porte de la gendarmerie. "Je voulais que ça serve de leçon", souffle-t-elle, rappelant que "22 bleus" avaient été relevés sur les jambes de son fils. Depuis, les deux garçons se sont réconciliés et ont même souhaité s'inviter à leurs fêtes d'anniversaire respectives. La rancœur des parents, elle, demeure.

**"Émotion après l'arrestation d'enfants de 6 et 10 ans",** *Le Parisien*, 22 mai 2009.

Deux équipages et six policiers ont été mobilisés par le commissariat de Cenon (Gironde) [...] Objectif : interpeller deux présumés "emprunteurs" de 6 et 10 ans au sortir des classes de l'école primaire Louis-Aragon de Floirac. "Quand j'ai appris que les policiers étaient venus avec un tel dispositif arrêter des enfants à la sortie de l'école devant leurs 200 camarades, j'ai trouvé cela inadmissible. La police, avec laquelle je n'ai eu aucun contact, aurait pu s'adresser à la famille au lieu d'utiliser de telles méthodes !", dénonçait hier Olivier Billand, le directeur de l'école primaire. Des écoliers s'interrogent. Depuis, des enfants de la classe de l'élève de 10 ans s'inquiètent auprès de leur institutrice de "savoir s'ils sont en prison". Dès lundi, le directeur indique qu'il fera le tour des classes pour tenter de dédramatiser. Les deux écoliers, cousins, ont été interpellés après qu'une mère de famille, qui avait déposé plainte pour vol, avait cru reconnaître ses deux vélos volés aux mains des garçonnets, a expliqué Albert Doutre, le directeur départemental de la sécurité publique. Les enfants ont ensuite été emmenés. [...]

**"Incarcération du collégien de 13 ans qui a agressé son professeur",** *La Dépêche*, 16 mars 2009.

Le collégien de 13 ans qui a agressé vendredi son professeur de mathématiques dans un collège près de Toulouse a été mis en examen pour tentative d'homicide volontaire et emprisonné dans un établissement réservé aux mineurs, suscitant les craintes de son avocat.

[...]

L'état de santé de l'enseignante de 32 ans du collège François-Mitterrand de Fenouillet, dans la banlieue de Toulouse, était rassurant samedi, selon le CHU où elle a été opérée d'urgence après avoir été blessée au thorax d'un coup de couteau de cuisine. Dans une classe du collège, l'élève de 5e a agressé son professeur de mathématiques qui l'avait puni la veille pour un devoir non fait, après lui avoir demandé de retirer la punition.

L'avocat de l'adolescent, Me Emmanuel Tricoire, s'est dit préoccupé par l'emprisonnement et a décrit "un tout petit enfant, pas un adolescent perturbé, qui a voulu par ce geste se protéger d'une sanction qui allait mettre en évidence ce qu'il vivait comme un échec scolaire. "Il regrette. Il a compris son geste sur le moment. Il dit qu'il ne voulait pas lui faire de mal. Il m'a demandé x fois comment elle allait. Il est pétrifié, paniqué par ce qu'il a fait", a ajouté l'avocat. [...] "C'est une décision particulièrement difficile à prendre, compte tenu de son âge [...] et du décalage important entre la gravité de l'acte et son mobile, entre la gravité de l'acte et ce qu'on sait de ce jeune", a estimé le procureur. [...]

**"Le Foulard islamique agite la rentrée",** *Le Quotidien de la Réunion et de l'Océan indien*, 28 Août 2008.

Au cours d'une réunion de prérentrée, le mardi 19 août [2008], la conseillère principale d'éducation du lycée Amiral-Bouvet lui a demandé de retirer son foulard. Chabnam Djafaraly, qui le porte depuis l'âge de 9 ans, "par choix personnel", a refusé de le faire. Elle a préféré s'inscrire en première année de droit à l'université, où elle peut se présenter voilée, comme elle le souhaite. [...] Le proviseur de vie scolaire au rectorat, Éric Rottier, tout en trouvant "touchant" le témoignage de la jeune femme, souligne que "l'État est protecteur des libertés individuelles et collectives. La neutralité du service public est garante de cet équilibre : c'est le sens de la loi du 15 mars 2004". Cette loi, précise-t-il, s'applique aussi aux élèves qui suivent des filières post-bac (type BTS) dans les lycées, même s'ils sont majeurs.

**"Autorisée à passer l'examen avec son foulard"**, *Le Républicain Lorrain*, 21 mai 2010.

Une candidate de confession musulmane peut-elle se présenter voilée à un examen ? La question a été posée au recteur de l'académie de Nancy-Metz par une étudiante de BTS, qui souhaitait conserver son foulard pour un oral de comptabilité. [...] "Après consultation du ministère, et en application de la circulaire relative à la mise en œuvre de la loi du 15 mars 2004 encadrant, en application du principe de laïcité, le port de signes ou de tenues manifestant une appartenance religieuse dans les lycées publics, l'autorisation est accordée", écrit la collaboratrice du recteur. Un règlement particulier s'applique en effet aux étudiants étrangers à un établissement venant y passer un examen ou un concours. Ces derniers sont donc autorisés à être voilés dans un établissement scolaire. [...]

La note envoyée aux enseignants du lycée messin précise "toutefois" à l'examinateur les modalités de déroulement de cette épreuve orale : "[...] l'étudiante devra enlever son voile pour permettre la vérification de son identité". Dernière précision : "Ce contrôle devra être effectué par un personnel de sexe féminin, dans une salle fermée, à part de la salle de composition". [...] Les enseignantes concernées par l'épreuve de ce matin ont pensé un temps à se faire "remplacer par des hommes, a indiqué hier une source interne. Mais c'est compliqué de ne pas faire respecter une recommandation du recteur. Tout le monde est en ébullition avec cette histoire." [...]

**"Un t-shirt pro-palestinien sème la zizanie"**, *20 minutes*, 18 février 2010.

[Zyneb,] élève en 3e au collège Claude-Bernard de Villefranche, a eu une altercation avec son professeur d'histoire lors d'un cours portant sur le conflit israélo-palestinien. Le lendemain, Zyneb est revenue avec un t-shirt sur lequel était écrit "Palestine libre". "L'enseignant lui a alors demandé de le cacher ou de sortir. Zyneb a quitté la classe", indique Daniel Lebail, conseillère régionale PCF, membre du Collectif caladois pour le peuple palestinien. "Elle n'aurait pas porté ce tee-shirt, elle n'aurait pas été mise à pied", poursuit l'élue, qui réclame le retrait de cette sanction "injuste et disproportionnée". "Elle a été sanctionnée car elle n'a pas respecté le règlement, qui interdit que l'on quitte le collège en plein cours", indique l'inspection académique.

**“Le professeur amoureux de son élève relaxé”,**
*Ouest-France*, 21 octobre 2008.

[...] Le prévenu, 43 ans, est accusé d’atteinte sexuelle sur mineure de plus de 15 ans. Les faits remontent à 2006. Il a 40 ans à l’époque. Il est professeur de français dans un établissement scolaire de Guingamp. Elle est collégienne en classe de 3e. C’est son élève. [...] des liens forts se nouent entre l’enseignant et son élève. [...] Au mois de juin, la mère de la jeune fille alerte le directeur de l’établissement. Mais, à la rentrée de septembre, la jeune fille, devenue lycéenne, retrouve son professeur en seconde. Leur relation se poursuit mais reste platonique pendant plusieurs mois. [...] ils ont une première relation sexuelle un mois [après ses 15 ans (majorité sexuelle)]. [...] Elle dit qu’elle était amoureuse... Son journal intime, ses lettres le montrent. [...]

[Selon] Marie-Sophie Monet, procureur de la République [...] : “Un enseignant a des responsabilités. Je ne requiers pas au niveau de la morale. Je m’appuie sur des textes légaux. Quand on a autorité, on n’a pas à mener une affaire amoureuse avec une très jeune personne. C’est réprimé par le Code pénal.” Elle requiert un an d’emprisonnement.

Le prévenu a été relaxé “du fait que l’abus d’autorité n’est pas caractérisé”. Le parquet va faire appel de la décision du tribunal.

# PAROLES DE PROFS

## Violence à l'école

**M. C., professeur de biotechnologie dans l'Essonne (Île-de-France) :**

"L'an dernier, j'ai été menacée de mort par deux élèves. J'ai demandé un conseil de discipline mais le proviseur a refusé. Les élèves ont juste été exclus de mon cours pendant quelques semaines. Il y a eu d'autres menaces, des insultes et même des vols non suivis de sanctions. Un jour, nous avons débrayé une heure pour dénoncer le manque de sévérité de l'administration. Mais rien n'a changé." (*Le Parisien,* 4 janvier 2006)

**P.-A., aide-éducateur dans l'Essonne (Île-de-France) :**

"Un midi, quelques jours avant l'agression de Karen, un jeune m'a copieusement insulté et il m'a clairement menacé, en passant lentement son doigt sur son cou, avec le geste que l'on fait pour mimer un égorgement. Tout ça parce que je lui imposais simplement de rejoindre la file de la cantine. C'était l'incident de trop. J'ai craqué car je ne me suis pas senti soutenu par ma hiérarchie et j'ai été mis en arrêt maladie." (*Le Parisien,* 4 janvier 2006)

**P. S., professeur de français dans l'Essonne (Île-de-France) :**

"On a malheureusement fini par banaliser les agressions verbales car elles sont quotidiennes. Si nous voulons lutter, nous finissons par ne plus faire que du travail d'éducation et notre enseignement est réduit à la portion congrue. Nous sommes usés. Nous avons besoin d'être écoutés et confortés, de recevoir des propositions concrètes pour nous aider au quotidien." (*Le Parisien,* 4 janvier 2006)

## Détournement de mineur

**T. G., professeur de français à Guingamp (Côtes d'Armor) :**

"Je me souviens d'une de mes élèves. Elle était en première, je la faisais bosser pour le bac français. Elle était très intelligente et d'une grande gentillesse. Je m'étais senti ému. J'avais l'impression que c'était réciproque. Elle avait dix-sept ans, j'en avais trente. J'allais vous dire que je m'en étais consciencieusement tenu à mon rôle de pédagogue, mais la vérité c'est que j'ai eu la trouille. D'une situation particulière que je ne me sentais pas le courage d'assumer. Il n'y a jamais rien eu. J'ai fait mon boulot, elle a réussi son bac français et j'en ai été très heureux pour elle. Elle m'a écrit l'année suivante, alors que je ne lui donnais plus de cours, pour m'apprendre qu'elle avait eu le bac. C'est une attention qui m'a beaucoup touché. Est-ce que j'ai eu raison de maintenir la cloison, cette fameuse "*distance pédagogique*" ? Aujourd'hui encore je n'en suis pas sûr. Je me dis qu'il ne fallait pas tout mélanger, et en cela je pense avoir bien fait. Est-ce que je le regrette ? La réponse est oui." (*Rue 89,* 9 novembre 2008)

## Insertion d'enfants handicapés

**N. et B., institutrices à Puteaux (Hauts-de-Seine) :**

"La présence de Franck est sans aucun doute source d'ouverture pour les autres, d'acceptation de la différence. Mais les choses seraient certainement plus difficiles avec un enfant présentant des troubles de la communication. Car alors le handicap est plus lourd à gérer. En fait, l'intégration est un tout où interviennent l'ensemble des collègues, les enfants ainsi que l'élaboration d'un projet, les conditions d'accueil, l'accompagnement. Il ne faut pas, non plus, que la présence de l'enfant handicapé empiète sur la progression de l'ensemble de la classe. Enfin, il nous semble difficile d'imposer l'accueil d'un enfant handicapé à un enseignant qui ne se sentirait pas armé.

Les problèmes posés par la présence de Franck sont essentiellement d'ordre matériel et organisationnel. Une fois réglé l'équipement pratique (place dans la salle, disposition de la table), la classe se fait normalement. Mais il est vrai que l'école est équipée d'un ascenseur et que des emplois jeunes peuvent le prendre en charge dans ses déplacements. Reste à savoir si l'on pourra partir avec lui en classe transplantée. Franck est un enfant qui compte pour les autres." (*www.cndp.fr*, septembre 1999)

**M., institutrice de CP à Asnières (Hauts-de-Seine) :**

"Mariem est bien sûr au premier rang. Elle a un pupitre sur sa table et une lampe, installée rien que pour elle. Elle dispose aussi depuis peu d'une loupe, car agrandir systématiquement les documents peut parfois en fausser les données. Au tableau, je veille à écrire plus gros et au milieu, ce qui, parfois, entraîne une gestion plus problématique. Mais ma tâche ne s'en trouve pas vraiment alourdie pour autant. Il faut simplement que je pense à intégrer sa déficience dans mon champ de pensée et à ajuster certains exercices. Un réflexe à prendre. De toute façon, aujourd'hui, les enfants ont des niveaux tellement différents. Il faut bien s'adapter. Mais c'est vrai qu'une certaine ouverture d'esprit est nécessaire, tout comme l'acceptation du travail en équipe." (*www.cndp.fr*, septembre 1999)

## Rapports profs/élèves

### L. P., professeur de lettres et d'histoire en lycée professionnel à Bobigny (Seine-Saint-Denis) :

"Moi, je suis dans ce lycée pro depuis douze ans. Ma chance : avant de devenir enseignant, j'ai longtemps travaillé comme animateur de centres de loisirs, en banlieue. J'ai toujours été en contact avec les quartiers populaires. Cela m'a un peu préparé. En débutant, je n'ai pas fait de cours magistraux ultra-rigides qui peuvent rebuter les élèves. En fait, j'ai seulement galéré les deux premières années. Les élèves arrivaient avec des tétines dans la bouche, une fourchette en plastique dans l'oreille. Je me mettais en colère, je criais, je devenais tout rouge. J'avais beaucoup de mal à rétablir le calme. Or c'est exactement ce que les élèves recherchent. Maintenant cela ne pourrait plus arriver. Je demanderais calmement à l'élève de retirer son accessoire Je me suis aussi retrouvé face à des violences extrêmes, une dispute entre deux élèves, du sang partout sur les tables Le temps de les séparer, les autres hurlaient Au début, on n'ose pas dire qu'on n'arrive pas à tenir sa classe Mais il faut en parler avec les collègues On s'aperçoit qu'ils ont connu ça. Alors Je me suis forcé à en parler...

Avoir de l'autorité, ça s'apprend. Pour moi, par nature, ça n'était pas facile. J'ai remarqué que les élèves appréciaient d'autant plus les professeurs qu'ils sont fermes, sévères Chaque année, de septembre à janvier, je pose les limites et l'atmosphère est assez conflictuelle. Puis on se détend et on termine l'année en douceur." (*Libération*, 13 janvier 2010)

### A. B., professeur de ventes en lycée professionnel à Bobigny (Seine-Saint-Denis) :

"Je travaille ici depuis sept ans. En début d'année, j'instaure tout de suite le respect de l'autre Je mène des entretiens individuels avec les élèves qui peuvent poser problème, disons la moitié, une douzaine. J'explique comment je vais travailler, je parle de mes qualités, de mes défauts. Cela casse la distance, ainsi que l'image de l'élève ennemi du prof. J'organise aussi une sortie dans un centre commercial pour observer les méthodes de ventes. On apprend à se connaître. J'ai aussi la 'chance' d'être de Saint-Denis. C'est plus facile que pour certains collègues, je connais mieux le public, je parle de mon vécu, de mes erreurs, il faut beaucoup individualiser.

L'importance des études a diminué et les élèves n'ont pas toujours choisi leur filière, ne sont pas très motivés. Le phénomène des groupes est en outre très présent. D'une certaine façon, c'est plus facile d'être un cancre qu'un bon élève. Aussi, en seconde, je travaille sur le refus d'avoir des bonnes notes. Lorsque je remets les copies, je repère ceux qui sont très contents d'avoir de très mauvaises notes et je vais leur parler. Je suis prof principal d'une seconde. Dès qu'il y a un incident avec un prof, je suis au courant. Et l'heure suivante, j'en parle. Il faut voir leur tête lorsque je leur dis que je sais. Il y a une équipe soudée face à eux. C'est une clé de la réussite." (*Libération*, 13 janvier 2010)

**V. M., professeur d'espagnol dans un collège du Calvados :**

"C'était en cours d'espagnol avec des élèves de troisième. Nous abordions le sujet des "balseros de Cuba" en parallèle avec les cadavres d'Africains retrouvés sur les côtes d'Andalousie. Les élèves devaient essayer de comprendre les raisons qui poussent les populations à se déplacer de Cuba vers les États-Unis et d'Afrique vers l'Europe via l'Espagne et leurs conditions, quand un élève évoque les conséquences d'un point de vue tendancieux : 'Ces populations déplacées ont besoin de travail et le prennent aux habitants 'natifs''. Comme je ne souhaitais pas aborder cet aspect des choses et seulement avec un élève, j'ai mis fin au débat qu'il souhaitait engager, en convenant qu'effectivement 'cela posait des problèmes'. J'ai privilégié le bon déroulement du cours car de toutes façons il y avait la barrière de la langue (2e année d'apprentissage d'espagnol) et mon éthique m'aurait contrainte à lui faire remarquer ses contradictions car il était lui-même issu de l'immigration. Ma responsabilité de fonctionnaire face à un jeune public malléable m'a guidé : présenter des faits de société, des situations problématiques, et faire s'interroger les élèves sur ceux-ci en espagnol. Point final." (15 juillet 2010)

## Rapports parents/profs

**R. P., directrice d'une école maternelle dans le Xe arrondissement de Paris :**

"Ceux [les parents] qui ne sont pas au courant des initiatives pédagogiques ou des programmes, c'est que ça ne les intéresse pas. Chaque rentrée, je réunis les parents pour leur donner les informations générales concernant le fonctionnement de l'école, puis les enseignants leur présentent les objectifs pédagogiques. Il faut reconnaître qu'ils ne sont pas nombreux aux réunions. Beaucoup nous considèrent un peu comme une garderie. Dans l'idéal, j'attends un vrai partenariat à condition que les parents restent dans leur rôle. Ils ont parfois du mal à faire la part entre ce qui est pédagogique et administratif. Quant aux parents délégués, ils ont une petite tendance à défendre leur enfant au lieu de représenter l'ensemble des parents." (*Libération*, 16 décembre 2004)

**M. P., professeur d'espagnol dans un lycée parisien XVI^e arrondissement :**

"Les parents veulent surtout que leurs mômes réussissent et souhaitent que les notes soient hautes. D'ailleurs, la plupart des élèves aussi sont vexés quand ils n'obtiennent pas de bons résultats et tentent de discuter les notes. Un jour, un élève de terminale qui s'est senti humilié par une mauvaise note m'a menacée : 'Je vais vous envoyer mon père.' J'ai répondu : 'Le plus vite possible, je serais ravie.' Il n'est jamais venu. Jouer les parents contre les profs, c'est une erreur fondamentale. En revanche, il peut y avoir des pressions de la part des parents pour que les notes soient plus hautes parce que 'c'est mieux pour le dossier de prépa' de leurs enfants." (*Libération,* 16 décembre 2004)

**N. C., professeur de français dans un collège du Calvados :**

"Enseignante depuis 20 ans en lettres modernes, j'exerce depuis 15 ans dans un petit collège de 400 élèves dans une ville moyenne. Les élèves sont d'origine modeste et plus de la moitié sont issus de familles sans emploi, avec des revenus faibles. Beaucoup appartiennent à des familles monoparentales : ce qui veut dire concrètement qu'ils vivent avec leur mère qui souvent se 'démène' seule avec eux... Ce petit préambule pour expliquer la tâche assez difficile que nous rencontrons lors des discussions parents/profs. Depuis plus de 10 ans, j'assume le rôle de prof principal de 3^e. Ma mission est surtout centrée sur la préparation, l'accompagnement à l'orientation.

Au début, de ma carrière, comme beaucoup de jeunes enseignants, j'avais une vision très volontariste : je m'évertuais à 'pousser' le plus loin possible dans la voie scolaire les élèves, je tentais de convaincre les parents qui refusaient la poursuite d'études moyennes ou longues en privilégiant des voies courtes. J'entendais leurs motivations : éloignement, frais de scolarité, choix personnel... mais dans mon fors intérieur, j'avais du mal à accepter ce que je pensais être un 'gâchis'. Parfois ce le fut vraiment. Mon parcours personnel d'élève 'en réussite' qui avait trouvé sa voie et atteint ses objectifs grâce à l'Éducation nationale influençait trop mon jugement. Avec les années d'expérience, les conseils avisés des principaux, des COP, j'ai compris que l'orientation est et doit demeurer une responsabilité parentale pleine et entière.

'Agir en fonctionnaire éthique et responsable' en tant que professeur principal, c'est bien sûr écouter l'élève dans ses motivations mais c'est surtout lui donner ainsi qu'à ses parents toutes les clefs, informations nécessaires pour choisir son parcours sans a priori. Il faut rester neutre, se mettre à distance le plus possible. Même si les choix faits nous paraissent aberrants.

Des exemples, j'en ai par dizaines : l'élève X souhaite devenir plombier-chauffagiste et choisit la voie de l'apprentissage. Or, il obtient des résultats très convenables, obtient son DBN mention AB et pourrait postuler pour un Bac Pro par voie scolaire voire même pour une 2GT en vue d'un BAC STI.

Après en avoir discuté avec lui et sa famille, après que la COP lui a expliqué les enjeux de ses choix, il a maintenu ses vœux et a trouvé un maître d'apprentissage. Il y a quelques années encore, j'aurais tenté de le convaincre de poursuivre ses études, persuadée qu'un BAC technologique serait pour son avenir un meilleur atout tant du point de vue personnel que professionnel.

Mais mon expérience m'a prouvé qu'en aucun cas nous devons nous substituer aux parents, 'éthiquement' moralement, ce n'est pas notre rôle. Ces choix sont des choix de vie, ils engagent l'élève et sa famille. Car au bout du compte, c'est bien eux qui devront affronter ces obstacles... Par ailleurs, j'ai compris qu'une orientation réussie est une orientation choisie, consentie. Même si elle va à l'encontre de notre jugement 'purement scolaire', c'est-à-dire, notes et compétences. L'élève et ses parents doivent pouvoir aller jusqu'au bout de leurs choix et les confronter à la réalité." (17 juillet 2010)

## Génèse d'une cabale

**M. L., professeur de lettres classiques dans les Yvelines :**

En 2007, j'avais alors 26 ans, je suis devenue pour la 1re fois professeur principal d'une classe de 6e. J'étais également leur professeur de français. Le programme de français pour l'année de 6e s'appuie largement sur l'étude des "textes fondateurs", mythologiques et bibliques, j'ai donc lancé, au 2e trimestre, une "séquence" axée sur la "découverte des mythes bibliques". Le chapitre alternait, conformément aux instructions officielles, lecture de textes authentiques et étude de points de langue rencontrés dans les textes. Suite à une lecture expliquée du "Décalogue", contenant la formulation des "10 Commandements" (La Genèse), j'engage une réflexion sur les tournures injonctives, notamment l'emploi du futur d'injonction et l'impératif présent. Évidemment, le cours s'appuie sur des phrases tirées du Décalogue. Quelques jours après cette séance de conjugaison, je donne à la classe un contrôle visant à vérifier l'apprentissage et la maîtrise de ces tournures injonctives ; je réutilise pour cela des formules trouvées dans le texte d'origine, que les élèves doivent modifier de façon à varier les modes et les temps.

Deux ou trois semaines après cette évaluation, le principal de mon collège me convoque et me signale qu'une association de libres penseurs du département a contacté la presse (un petit journal local) pour dénoncer le comportement d'un professeur pratiquant du prosélytisme religieux et manipulant les consciences de ses élèves à coup de phrases martelées et rabâchées... Une copie d'une de mes élèves figurait en illustration de l'article. Je suis évidemment tombée de haut, loin d'imaginer que les phrases de mon contrôle pouvaient être prises "au pied de la lettre" par certains parents, alors qu'elles n'étaient que des illustrations du point de langue étudié.

Suite à cette publication, un autre journal, plus important celui-là, a contacté l'établissement et a souhaité m'interroger sur cette "affaire" ; j'ai accepté de répondre à des questions parfois très étonnantes ("Avez-vous l'habitude de faire lire des textes religieux et donc problématiques à vos élèves ?" ou encore "J'imagine que vous ne faites pas cours en soutane ?") Le journaliste m'a même interrogée sur mes opinions religieuses, ce à quoi j'ai refusé de répondre.

Les articles avaient été lus par un certain nombre de parents d'élèves, et la rumeur enflait dans l'enceinte de l'établissement. Je suis allée en cours durant plusieurs jours en affrontant les regards curieux des élèves, et en surprenant sur mon passage des murmures me traitant de "folle"… La situation était très difficile à vivre et je me sentais vraiment blessée. J'ai fini par apprendre quelque temps après que le père d'une des élèves de ma classe de 6e était membre de cette association de libres penseurs et avait communiqué la copie de sa fille à la presse. J'aurais souhaité plus de franchise de sa part, qu'il me demande un rendez-vous par exemple, avant d'en arriver à ces extrémités. L'impression de "trahison" fut d'autant plus grande que j'avais rencontré ces parents-là 8 jours avant, à l'occasion des réunions parents/professeurs… Jamais il n'avait été question de la lecture des récits bibliques et le ton de la conversation avait été tout à fait cordial. D'où mon désarroi !

Heureusement pour moi, j'ai rencontré auprès de mes collègues et de ma hiérarchie un soutien sans faille : tous ont témoigné leur indignation face à ces procédés et certains ont même décidé de demander à la presse un droit de réponse, lequel a d'ailleurs été refusé par le journal local (on apprit peu après que la journaliste responsable de l'article me concernant était membre de l'association des libres penseurs). L'inspecteur d'Académie me témoigna également son soutien et mon principal fit distribuer à l'ensemble des parents d'élèves un courrier précisant que les accusations parues dans la presse étaient infondées et que le professeur incriminé ne faisait que respecter les instructions officielles. L'arrivée des vacances scolaires d'hiver mit fin à l'affaire et les rumeurs disparurent peu à peu

Alors toute jeune enseignante, ma confiance en moi a été mise à rude épreuve et le doute m'a assaillie : suis-je un "bon professeur" ? Quelques années ont passé mais l'angoisse de nouvelles accusations reste vivement ancrée en moi.

# PARENTS ET CONSEILLERS

**M. V., conseillère pédagogique d'éducation (CPE) dans un collège du Calvados :**

“Un élève de 5$^{e}$, 13 ans (d'une fratrie de 5), en difficulté scolaire mais pas totalement en échec. Cet élève a un potentiel et est donc ‘récupérable’ (jargon de l'EN). Les parents semblent présents (répondant au téléphone et aux RDV) mais un peu dépassés.

L'élève commence à s'ennuyer au collège donc perturbe certains cours. Il est envoyé dans mon bureau. Je comprends ses difficultés mais je lui demande de ne pas gêner les autres élèves ‘travailleurs’. En parallèle, une surveillante le prend en charge (aide personnalisée et suivi des leçons/devoirs) quand il est en permanence. L'élève me précise qu'il en a marre de voir son père regarder la TV toute la journée et la mère tout faire.

Le professeur principal convoque ses parents pour connaître l'ambiance de travail et savoir s'il y a des problèmes. Le professeur principal en déduit qu'il faudrait plus de suivi le soir.

Je m'associe parfois aux entretiens, et pense que l'élève manque aussi de motivation. La mère prend à cœur son rôle et vient systématiquement aux RDV. Le père ne s'est jamais déplacé.

Les entretiens avec la mère, l'enfant se déroulent sagement sauf une fois où l'élève envoie ‘paître’ sa mère. Effectivement, l'élève est en crise d'adolescence. Je calme le jeu, lui demande de respecter sa mère et rappelle qu'il est élève et doit travailler pour réussir : ‘Pourquoi travailler quand je vois mon père rien foutre… !!?’.

J'établis une fiche de suivi, laquelle sera remise à chaque fin de cours. S'il y a encore des incidents avec les enseignants, le chef d'établissement sera amené à l'exclure provisoirement voire à convoquer un conseil de discipline pour l'exclure définitivement.

Les semaines furent longues pour cet élève mais globalement il s'est calmé au collège. En revanche, chez lui une atmosphère insoutenable persiste. Il est odieux avec ses parents, insulte son père… Sa mère ne cesse de me contacter, et je lui réponds que son fils s'est racheté une conduite et qu'il peut passer en 4$^{e}$.

Un soir, la mère excédée par les propos de son fils me contacte par téléphone et me dit : ‘Je n'en peux plus alors comme il vous aime bien, je vous le donne’ et raccroche le combiné.

Sans voix, sans réaction, elle se mit à pleurer !! Cet épisode m'a longuement troublée.” (13 juillet 2010)

**C. J., agricultrice, mère de Chloé élève de CM1 d'une école élémentaire de l'Yonne :**

"Éric [l'instituteur] nous fait passer des petits papiers qui décrivent ce que font les enfants. Comme les méthodes ont évolué par rapport à ce qu'on a connu, ce n'est pas toujours évident d'en mesurer l'efficacité. En français, j'ai l'impression que des choses indispensables pour savoir écrire correctement sont vues trop vite. Rien ne dit que les nouvelles techniques sont moins efficaces, mais il serait utile d'en savoir un peu plus sur ce qu'ils apprennent réellement en classe. D'autant que, comme ils n'ont pas de devoirs, les cahiers restent à l'école." (*Libération,* 16 décembre 2004)

**H. V., ingénieur, père d'élève, élève de seconde et parent délégué dans un lycée parisien du XVI^e^ arrondissement :**

"On repère très vite les professeurs exigeants et bons et les moins bons. Les parents ont un droit de regard sur ce qui se passe au lycée. En cas de problème, ils doivent en référer à la hiérarchie de l'établissement. Malheureusement, notre pouvoir de persuasion a ses limites puisque les proviseurs eux-mêmes n'ont qu'une très étroite marge de manœuvre pour repérer les choses. Je pense, par exemple, à un professeur de français qui n'a pas la solidité psychologique pour bien gérer ses cours. Elle pourrait assurer des cours par correspondance, mais elle n'est pas compétente pour assumer une classe. Même si ce type de problèmes est rare, malheureusement la hiérarchie de l'établissement n'a pas le pouvoir de les gérer." (*Libération,* 16 décembre 2004)

**E. M., ingénieure, mère d'élève scolarisé dans une école maternelle dans le X^e^ arrondissement de Paris :**

"Ce n'est pas la maîtresse mais la directrice qui a parlé. Elle s'est focalisée sur les horaires, les aspects administratifs, mais rien sur le programme. Pourtant, les parents ont envie d'en savoir plus pour vérifier si, à la fin de l'année, tout a été acquis. Du jour au lendemain, je réalise que mon fils a découvert l'alphabet, mais je ne sais pas si, pour entrer en CP, il doit connaître toutes les lettres. Pour aider les enfants, il faut qu'on sache ce qu'ils sont censés maîtriser et où ils en sont. On n'attend pas de notes en maternelle, mais de savoir s'il existe une progression. Il faut aussi reconnaître que beaucoup de parents sont toujours pressés et ne prennent pas vraiment le temps de discuter avec la maîtresse." (*Libération,* 16 décembre 2004)

# D'AILLEURS

*Quelques traits caractéristiques de systèmes éducatifs étrangers souvent cités dans le débat français.*

## • Allemagne

- Autonomie des Länder en matière d'éducation. L'éducation dépend du ministère de l'Éducation et des Affaires culturelles de chaque Land.

- Une conférence permanente des ministres de l'Éducation et des Affaires culturelles des différents Länder définit les lignes directrices d'une politique culturelle et éducative à l'échelle supranationale.

- Les résultats mitigés de l'Allemagne aux enquêtes TIMSS (*Trends in International Mathematics and Science Study*) et PISA (*Programme for International Student Assessment*) ont amené les autorités du pays à réfléchir à une plus grande qualité académique. Ainsi, dès 2000 fut proclamée une Déclaration sur les droits et les devoirs des enseignants et, en 2004, des standards nationaux furent mis en place.

- L'enseignement secondaire spécifique à l'Allemagne confère aux élèves un niveau d'instruction générale de base tout en s'adaptant à leurs différents niveaux et intérêts :

    - *Hauptschule* : enseignement général de base. Obtention d'un certificat de fin d'études à l'issue de la 9e année. Filière débouchant directement sur le monde du travail.

    - *Realschule* : enseignement général de niveau intermédiaire. Certificat de fin d'études à la fin de la 10e année donnant accès à des cours de formation, qui confèrent une qualification professionnelle, ou à des écoles qui peuvent mener ultérieurement à l'enseignement supérieur.

    - *Gymnasium* : enseignement général avancé jusqu'à la 13e année de scolarité. À l'issue de la 10e année les élèves qui ont réussi dans toutes les matières peuvent intégrer le niveau supérieur du Gymnasium où ils doivent obtenir *l'Abitur* (équivalent du Baccalauréat en France) afin d'accéder aux études supérieures.

## • Corée du Sud

- L'enseignement privé est très important au niveau du secondaire où il réunit 36 % des élèves.

- Premier pays au classement international du PISA. 80 % des Coréens poursuivent un cursus universitaire, ce qui constitue le record mondial.

- La concurrence entre les élèves est très forte. En effet, les élèves sont classés sur une liste nationale.

- Les écoles publiques sont surdimensionnées et les classes surchargées du fait de la très grande concentration urbaine.

- Les *hagwon* sont des instituts privés qui proposent des cours après l'école ; ils sont apparus sur le modèle japonais des *juku* dans les années 1940. Destinés au départ aux élèves du secondaire supérieur désireux de réussir les examens d'entrée à l'université, ils concernent de nos jours tous les niveaux, dès l'école maternelle. Les effectifs y sont restreints et les cours personnalisés. La majorité des jeunes Coréens sont inscrits dans des *hagwon*, parfois dans plusieurs, chacun étant spécialisé dans une matière. Les autorités cherchent à imposer une fermeture des *hagwon* à 22 heures, les élèves y arrivant dès la fermeture des écoles publiques à 15 heures et devant souvent effectuer ensuite leurs devoirs à la maison jusqu'au-delà de minuit. Les *hagwon* entretiennent le système de bachotage, l'un des principaux défauts des systèmes éducatifs extrême-orientaux, et creusent les inégalités sociales, le coût par enfant étant l'équivalent du salaire minimum local.

*ute3.umh.ac.be/revues/include/download.php?idRevue=8&idRes=54*

- En ce qui concerne le bien-être des élèves coréens, des études menées notamment par l'OCDE montrent qu'ils sont les enfants au monde qui dorment le moins.

**• Danemark**

- L'école unique constitue une période de 10 années de scolarité obligatoire (de 7 à 17 ans) et est appelée *Folkeskole*.

- Les enfants sont regroupés dans une classe flexible et restent dans ce groupe tout le long de leur scolarité obligatoire.

- Un enseignant est chargé d'accompagner un groupe d'enfants tout le long de sa scolarité et une équipe enseignante suit une classe pendant plusieurs années. Ce professeur titulaire a pour responsabilité l'orientation pédagogique et professionnelle de ses élèves.

- Les établissements scolaires jouissent d'une grande autonomie et sont gérés par les conseils locaux ou comtés.

- Chaque collège établit ses propres choix de matières, méthodes et horaires à partir des objectifs généraux énoncés par le pouvoir central. Toutefois un amendement de 2003 à la loi sur la *Folkeskole* stipule que dorénavant le ministère de l'Éducation définit les grandes lignes directrices des contenus à enseigner de façon plus précise.

### • Finlande

- La profession d'enseignant est valorisée. Le professeur est considéré comme un expert hautement qualifié, ce qui lui permet de collaborer avec les pouvoirs publics en matière d'éducation et de pédagogie.

- La création de postes d'enseignants et leur recrutement sont assurés par les municipalités. Un bureau d'éducation constitué d'élus fixe librement les critères de recrutement et profil des postes en accord avec les chefs d'établissement. Les professeurs sont donc des fonctionnaires municipaux.

- L'école est conçue comme une zone de haute protection pour l'enfant où l'on assure tous ses besoins fondamentaux afin qu'il puisse se consacrer pleinement à sa scolarité et que rien ne vienne faire obstacle à son apprentissage. Ainsi l'ensemble de la scolarité de la préprimaire jusqu'au lycée est gratuite, tous les frais étant pris en charge par le système scolaire que ce soit le transport, les manuels, les fournitures, le repas, et même la santé.

- Les Finlandais ont une conception intégrée de la protection de l'enfant. Ainsi, l'école est au centre d'un réseau constitué d'enseignants, de personnel des services sociaux et de santé. Afin d'éviter tout blocage ou lenteur de procédure, on tente d'abaisser toutes les barrières possibles entre les missions de ces différents corps de métier.

- 1/3 des élèves reçoivent une aide spécifique. La moitié d'entre eux est capable de réintégrer un cursus normal à l'âge de dix ans. L'intégration partielle est favorisée, c'est-à-dire que l'on privilégie l'éducation dans des structures scolaires ordinaires mais avec des aides spécifiques et une prise en charge en petits groupes pour résoudre les problèmes dans les matières fondamentales.

### • Italie

- L'enseignement privé est peu répandu. Les établissements du secteur privé ont une mauvaise réputation puisque ce sont généralement les élèves qui ne réussissent pas dans le public qui y entrent.

- Depuis la rentrée scolaire de 2000, les établissements italiens se sont vus dotés d'une certaine autonomie leur permettant de choisir certaines matières optionnelles enseignées. Ils peuvent également déterminer les objectifs généraux de formation et d'apprentissage ainsi que le nombre d'heures d'enseignement pour chaque matière et chaque année scolaire.

- Le rapport professeur-élève est moins autoritaire qu'en France et le tutoiement plus fréquent. Les professeurs n'ont pas le droit de punir un élève et le système d'heures de colle n'existe pas.

- La notation est elle aussi moins stricte qu'en France et le redoublement beaucoup plus rare.

- Les élèves ne bougent pas de leur classe, ce sont les professeurs des différentes matières qui se déplacent. Parfois, le professeur est accompagné par un professeur d'une autre matière qui peut apporter des compléments au cours.

- Actuellement, le *licei* (enseignement secondaire supérieur) est en pleine réforme. Les trois types de *licei* existants (études classiques, études scientifiques et arts) ont été répartis à la rentrée 2010 en 6 nouveaux *licei* spécialisés en arts, études classiques, études scientifiques, langues étrangères, musique et danse et enfin sciences humaines. Les établissements publics sont généralement spécialisés dans une seule de ces filières.

**• Royaume-Uni**

- Les enseignants sont employés par les autorités locales.

- Différents systèmes éducatifs cohabitent dans le système scolaire anglais où l'enseignement privé a une grande importance :
    - Les *public schools*, institutions privées réservées à une élite, les élèves y sont souvent pensionnaires et les frais de scolarité sont en moyenne de 25 000 euros par an ;
    - Les *comprehensive schools*, écoles publiques généralistes ;
    - Entre les deux, divers systèmes hybrides au financement souvent mixtes, comme les anciennes *grammar schools*.

- L'éducation est plus centrée sur l'enfant qu'en France.

- Un enseignement différencié voire spécialisé est destiné aux enfants en difficulté.

- Depuis la création du *National Curriculum* en 1988, les enfants sont de plus en plus soumis à des évaluations mais celles-ci n'entraînent que très rarement une pénalisation du type redoublement.

- La loi de mars 1987 définit les fonctions des enseignants qui sont assez larges .
    - enseignement,
    - discipline,
    - santé et sécurité des élèves,
    - remplacement des collègues absents.

- Depuis 2003, de nouveaux postes ont été créés afin de les décharger des tâches administratives qui leur étaient autrefois dévolues et de les appuyer dans le suivi pédagogique notamment dans le soutien des élèves.

**• Suède**

- Les établissements scolaires sont gérés par les communes. Système qui commence à être critiqué pour son inégalité entre communes plus ou moins riches. Les salaires des enseignants ne sont pas harmonisés mais négociés au niveau même de l'établissement.

- Le Curriculum, les objectifs nationaux ainsi que les directives en matière d'éducation publique sont le fait du Parlement suédois et du gouvernement.

- En 2008 a été créé un Inspectorat des écoles suédoises (*Statens skolinspektion*). Ce sont à la fois les autorités locales et nationales qui mènent les inspections. En plus de ces inspections, chaque établissement doit rédiger une fois par an un rapport qui évalue ses propres activités.

- L'enseignement est personnalisé au maximum, ce qui est favorisé par les faibles effectifs. Une des priorités de l'éducation suédoise est la maîtrise de l'anglais que les élèves commencent à parler la plupart du temps avant même d'apprendre à lire.

- Les travaux des enfants ne sont sanctionnés par une note précise qu'à partir de l'âge de 15 ans. Les seules matières qui requièrent un niveau minimum sont le suédois, l'anglais et les mathématiques : l'élève doit en effet obtenir l'appréciation "passable" afin d'accéder au secondaire supérieur. Toutefois, de plus en plus de personnes sont favorables à une évaluation plus précoce.

# D'AUTREFOIS

**Edgar Quinet, *L'enseignement du peuple*, 1849**

On répète incessamment que la société laïque n'a aucun principe, et par conséquent rien à enseigner. Il faut du moins connaître qu'elle peut mieux qu'aucune autre s'enseigner elle-même, et voilà précisément de quoi il est question dans l'enseignement laïque.

Pour moi, j'ai toujours prétendu qu'elle possède un principe que, seule, elle est en état de professer et c'est sur ce principe qu'est fondé son droit absolu d'enseignement en matière civile. Ce qui fait le fond de cette société, ce qui la rend possible, ce qui l'empêche de se décomposer, est précisément un point qui ne peut être enseigné avec la même autorité par aucun des cultes officiels. Cette société vit sur le principe de l'amour des citoyens les uns pour les autres, indépendamment de leur croyance.

Or, dites-moi, qui professa, non pas seulement en paroles, mais en action, cette doctrine qui est le pain de la vie moderne ? Qui enseignera au catholique la fraternité du juif ? Est-ce celui qui, par sa croyance même, est obligé de maudire la croyance juive ? Qui enseignera à Luther l'amour du papiste ? Est-ce Luther ? Qui enseignera au papiste l'amour de Luther ? Est-ce le pape ? Il faut pourtant que ces trois ou quatre mondes, dont la foi est de s'exécrer mutuellement, soient réunis dans une même amitié. Qui fera ce miracle ? Qui réunira trois ennemis acharnés, irréconciliables ? Évidemment un principe supérieur et plus universel. Ce principe, qui n'est celui d'aucune Église, voilà la pierre de fondation de l'enseignement laïque.

[...]

La science a sa certitude, son évidence, qui n'a besoin du sceau d'aucun clergé pour faire un tout complet. Elle subsiste par elle-même, indépendante et libre. Elle est la religion générale universelle, absolue. Le dogme particulier, c'est l'esprit de secte. Pourquoi faut-il que la religion absolue soit placée sous la dépendance de l'esprit de secte ? Est-ce juste ? Est-ce possible ?

[...]

Comment s'est constituée la science moderne ? En la séparant de la science de l'Église. Le droit civil ? En le séparant du droit canon. La constitution politique ? En la séparant de la religion d'État. Tous les éléments de la sociabilité moderne se sont développés en s'émancipant des Églises. Le plus important de tous reste à ordonner, l'éducation. Par une conséquence qui se déduit de ce qui précède, n'est-il pas clair qu'il ne peut être réglé qu'à la condition d'être pleinement séparé de l'éducation ecclésiastique ?

**Victor Hugo, discours à l'Assemblée nationale de contre la loi Falloux, 15 janvier 1850**

Messieurs, toute question a son idéal. Pour moi, l'idéal de cette question de l'enseignement, le voici. L'instruction gratuite et obligatoire. Obligatoire au premier degré seulement, gratuite à tous les degrés. (*Murmures à droite*. – *Applaudissements à gauche*.) L'instruction primaire obligatoire, c'est le droit de l'enfant (*mouvement*), qui, ne vous y trompez pas, est plus sacré encore que le droit du père et qui se confond avec le droit de l'état.

Je reprends. Voici donc, selon moi, l'idéal de la question. L'instruction gratuite et obligatoire dans la mesure que je viens de marquer. Un grandiose enseignement public, donné et réglé par l'état, partant de l'école de village et montant de degré en degré jusqu'au Collège de France, plus haut encore, jusqu'à l'Institut de France. Les portes de la science toutes grandes ouvertes à toutes les intelligences. Partout où il y a un champ, partout où il y a un esprit, qu'il y ait un livre. Pas une commune sans une école, pas une ville sans un collège, pas un chef-lieu sans une faculté. Un vaste ensemble, ou, pour mieux dire, un vaste réseau d'ateliers intellectuels, lycées, gymnases, collèges, chaires, bibliothèques, mêlant leur rayonnement sur la surface du pays, éveillant partout les aptitudes et échauffant partout les vocations. En un mot, l'échelle de la connaissance humaine dressée fermement par la main de l'état, posée dans l'ombre des masses les plus profondes et les plus obscures, et aboutissant à la lumière. Aucune solution de continuité. Le cœur du peuple mis en communication avec le cerveau de la France. (*Longs applaudissements*.)

Voilà comme je comprendrais l'éducation publique nationale. Messieurs, à côté de cette magnifique instruction gratuite, sollicitant les esprits de tout ordre, offerte par l'état, donnant à tous, pour rien, les meilleurs maîtres et les meilleures méthodes, modèle de science et de discipline, normale, française, chrétienne, libérale, qui élèverait, sans nul doute, le génie national à sa plus haute somme d'intensité, je placerais sans hésiter la liberté d'enseignement, la liberté d'enseignement pour les instituteurs privés, la liberté d'enseignement pour les corporations religieuses, la liberté d'enseignement pleine, entière, absolue, soumise aux lois générales comme toutes les autres libertés, et je n'aurais pas besoin de lui donner le pouvoir inquiet de l'état pour surveillant, parce que je lui donnerais l'enseignement gratuit de l'état pour contrepoids. (*Bravo ! à gauche*. – *Murmures à droite*.)

Ceci, messieurs, je le répète, est l'idéal de la question. Ne vous en troublez pas, nous ne sommes pas près d'y atteindre, car la solution du problème contient une question financière considérable, comme tous les problèmes sociaux du temps présent.

**Jules Ferry, "De l'égalité de l'éducation", conférence populaire, 10 avril 1870**

Réclamer l'égalité d'éducation pour toutes les classes, ce n'est faire que la moitié de l'œuvre, que la moitié du nécessaire, que la moitié de ce qui est dû ; cette égalité, je la réclame, je la revendique pour les deux sexes, et c'est ce côté de la question que je veux parcourir maintenant en peu de mots. La difficulté, l'obstacle ici n'est pas dans la dépense, il est dans les mœurs ; il est, avant toutes choses, dans un mauvais sentiment masculin. Il existe dans le monde deux sortes d'orgueil : l'orgueil de la classe et l'orgueil du sexe ; celui-ci beaucoup plus mauvais, beaucoup plus persistant, beaucoup plus farouche que l'autre ; cet orgueil masculin, ce sentiment de la supériorité masculine est dans un grand nombre d'esprits, et dans beaucoup qui ne l'avouent pas ; il se glisse dans les meilleures âmes, et l'on peut dire qu'il est enfoui dans les replis les plus profonds de notre cœur. Oui, messieurs, faisons notre confession ; dans le cœur des meilleurs d'entre nous, il y a un sultan (*rires nombreux*) ; et c'est surtout des Français que cela est vrai. Je n'oserais pas le dire, si, depuis bien longtemps, les moralistes qui nous observent, qui ont analysé notre caractère, n'avaient écrit qu'en France il y a toujours, sous les dehors de la galanterie la plus exquise, un secret mépris de l'homme pour la femme. C'est vraiment là un trait du caractère français, c'est un je-ne-sais-quoi de fatuité que les plus civilisés d'entre nous portent en eux-mêmes : tranchons le mot, c'est l'orgueil du mâle (*rires*). Voilà un premier obstacle à l'égalisation des conditions d'enseignement pour les deux sexes.

Il en existe un second, qui n'est pas moins grave, et celui-là, il vient de vous, mesdames, car cette opinion qu'ont les hommes de leur supériorité intellectuelle, c'est vous qui l'encouragez tous les jours, c'est vous qui la ratifiez (*rires*). Oui… oui, mesdames, je le sais, vous la ratifiez, vous êtes sur ce point-là en plébiscite perpétuel. (*Applaudissements et rires.*)

Vous acceptez ce que j'appellerai, non pas votre servitude, mais, pour prendre un mot très juste, qui est celui de Stuart Mill, vous acceptez cet assujettissement de la femme qui se fonde sur son infériorité intellectuelle, et on vous l'a tant répété, et vous l'avez tant entendu dire, que vous avez fini par le croire. Eh bien, vous avez tort, mesdames, croyez-moi, et, si nous en avions le temps, je vous le prouverais.

Aujourd'hui, il y a une lutte sourde, mais persistante entre la société d'autrefois, l'Ancien Régime avec son édifice de regrets, de croyances et d'institutions qui n'acceptent pas la démocratie moderne, et la société qui procède de la Révolution française ; il y a parmi nous un Ancien Régime toujours persistant, actif, et quand cette lutte, qui est le fond même de l'anarchie moderne, quand cette lutte intime sera finie, la lutte politique sera terminée du même coup. Or, dans ce combat, la femme ne peut pas être neutre.

## Article du *Gaulois* sur le projet de loi d'Émile Combes, 25 novembre 1880

C'est à nos filles qu'ils en veulent. [...] À part quelques bachelières, quelques doctoresses et quelques sages-femmes, la jeune fille française élevée, dans la protection vigilante de la famille, avait été avec soin préservée de l'éducation garçonnière et des brutalités de la science. Elle grandissait parmi les sourires et les joies, comme une fleur dans le soleil ; elle grandissait dans une poétique ignorance des mystères des choses [...]. Et cette paix candide de jeune fille, cette délicieuse floraison de pudiques désirs, ces élans d'idéale bonté qui plus tard font l'amour de l'épouse, le dévouement de la femme et le sacrifice de la mère, tout ce charme exquis, toute cette poésie, tout ce respect qui fait que le vice lui-même se tait, se découvre et recule ; devant nos enfants comme devant l'apparition des grands paradis perdus, tout cela va disparaître ! On va supprimer la jeune fille [...]. On leur apprendra tout, même la rébellion contre la famille, même l'impureté. Elles citeront Tacite, Montesquieu les jours de gaieté. Elles n'auront même pas été vierges avant de devenir femmes ; et quand elles auront été instruites d'après la méthode nouvelle, qu'elles auront conquis les grades universitaires, elles se donneront, comme les élèves du Conservatoire, au premier homme qui passera, ou elles se tueront, comme cette étudiante qui n'a trouvé que la consolation du poison au désenchantement de sa jeunesse flétrie et du bonheur perdu...

## Jules Ferry, discours au congrès pédagogique des instituteurs de France, 19 avril 1881

C'est autour du problème de la constitution d'un enseignement vraiment éducateur que tous les efforts du ministère de l'Instruction publique se sont portés [...]. C'est cette préoccupation dominante qui explique, rallie, harmonise un très grand nombre de mesures qui [...] lorsqu'on n'en a pas la clef pourraient donner prétexte à des reproches d'excès dans les nouveaux programmes, d'accessoires exagérés, d'études très variées et qui ne paraissent pas, au premier abord, suffisamment convergentes : tous ces accessoires auxquels nous attachons tant de prix, que nous groupons autour de l'enseignement fondamental et traditionnel du "lire, écrire, compter" : les leçons de choses, l'enseignement du dessin, les notions d'histoire naturelle, les musées scolaires, la gymnastique, les promenades scolaires, le travail manuel de l'atelier placé à côté de l'école, le chant, la musique chorale. Pourquoi tous ces accessoires ? Parce qu'ils sont à nos yeux la chose principale, parce que ces accessoires feront de l'école primaire une école d'éducation libérale. Telle est la grande distinction, la grande ligne de séparation entre l'ancien régime, le régime traditionnel, et le nouveau.

# OUTILS

LES ACADÉMIES
LILLE
ROUEN
CAEN
AMIENS
RENNES
VERSAILLES
PARIS
REIMS
CRÉTEIL
NANTES
METZ-
NANCY
ORLÉANS-
TOURS
STRASBOURG
DIJON
POITIERS
BESANÇON
LIMOGES
LYON
BORDEAUX
CLERMONT-
FERRAND
GRENOBLE
TOULOUSE
MONTPELLIER
AIX-
MARSEILLE
NICE
OUTRE-MER :
GUYANE
GUADELOUPE
MARTINIQUE
RÉUNION
Vice-rectorats :
Mayotte
Nouvelle-Calédonie
Polynésie
Saint-Pierre et Miquelon
Wallis et Futuna
CORSE

# LES VOIES GÉNÉRALES, TECHNOLOGIQUES ET PROFESSIONNELLES

Les quatre spécialités de la série STI (à partir de 2011 pour la classe de première) :

innovation technologique et éco-conception
système d'information et numérique
énergies et développement durable
architecture et construction

Les deux spécialités de la série STL (à partir de 2011 pour la classe de première) :

Biotechnologies
Sciences physiques et chimiques appliquées en laboratoire

| Générale | Technologique | Professionnelle |
|---|---|---|
| | *tertiaire* | *services* |
| **L** = Lettres | **STG** = Sciences et Technologies de la Gestion | spécialités plurivalentes des services |
| **ES** = Économique et Social | **ST2S** = Sciences et Technologies de la Santé et du Social | échanges et gestion |
| **S** = Scientifique | **HOT** = Hôtellerie | Communication et information |
| | **TMD** = Techniques de la Musique et de la Danse | services aux personnes |
| | | services à la collectivité |
| | *industriel* | *production* |
| | **STI** = Sciences et Technologies Industrielles | spécialités pluritechnologiques de la production |
| | **STL** = Sciences et Technologies de Laboratoire | agriculture, pêche, forêt et espaces verts |
| | | Transformations |
| | | génie civil, construction, bois |
| | **STD2A** = Sciences et Technologies du Design et des Arts Appliqués | matériaux souples |
| | | mécanique, électricité, électronique |

# CHRONOLOGIE DES PRINCIPAUX TEXTES LÉGISLATIFS

**26 août 1789 – Déclaration des Droits de l'Homme et du citoyen**

Bien qu'elle n'évoque pas explicitement l'éducation, l'article 6 de la Déclaration formule un principe qui est source d'inspiration pour de nombreuses lois scolaires :

"Tous les citoyens, étant égaux à ses yeux, sont également admissibles à toutes dignités, places et emplois publics, selon leur capacité et sans autre distinction que celle de leurs vertus et de leurs talents."

**28 juin 1833 – Loi Guizot**

Obligation est faite aux communes de plus de 500 habitants d'entretenir une école ; celles-ci satisfont également à la loi en entretenant une école religieuse. Les instituteurs doivent être dotés d'un brevet de capacité et d'un certificat de moralité et avoir été formés dans une école normale mise en place par le département.

**22 mars 1841 – Loi relative à l'interdiction du travail aux enfants de moins de 8 ans**

Mal appliquée alors qu'elle peut apparaître peu ambitieuse, cette loi interdit l'embauche d'enfants de moins de 8 ans et de moins de 13 ans pour le travail de nuit. Elle précise en outre qu'avant 12 ans, la journée de travail ne peut excéder 8 heures.

**15 mars 1850 – Loi Falloux**

La coexistence de l'école publique et de l'école libre est réaffirmée. Le contrôle des instituteurs par le conseil académique du département et le rectorat est renforcé. Toutefois, la liberté prévaut en matière d'enseignement et les religieuses peuvent exercer avec une simple lettre d'obédience de l'évêque. La loi Falloux instaure également des écoles de filles que les communes de plus de 800 habitants doivent ouvrir.

**2 octobre 1863 – Loi Victor Duruy relative à l'instauration d'un enseignement secondaire spécial**

C'est une des premières ouvertures significatives de l'enseignement hors du champ des humanités et des sciences pures. En effet, cet "enseignement spécial" est mis en place dans la plupart des lycées pour former les jeunes gens désireux de travailler dans l'industrie ou le commerce.

**22 juillet 1879 – Loi Paul Bert**

Outre les écoles normales pour former les instituteurs, les départements se voient obligés d'ouvrir et d'entretenir une école normale d'institutrices. C'est une avancée dans le projet républicain de mise en place d'un enseignement féminin laïc.

**21 décembre 1880 – Loi Camille Sée**

Dans le prolongement de la loi Bert, cette loi institue les lycées de jeunes filles. On ne vise pas l'objectif d'en faire des bachelières mais de les mener à un diplôme de fin d'études :

"Il ne s'agit ni de détourner les femmes de leur véritable vocation, qui est d'élever leurs enfants et de tenir leurs ménages, ni de les transformer en savants, en bas-bleus, en ergoteuses. Il s'agit de cultiver les dons heureux que la nature leur a prodigués, pour les mettre en état de mieux remplir les devoirs sérieux que la nature leur a imposés." Les programmes ne sont donc pas alignés, bien que l'on envisage qu'une petite élite puisse se présenter au baccalauréat. Le premier lycée de jeunes filles ouvre à Montpellier en 1882.

**16 juin 1881 – Loi Jules Ferry sur la gratuité de l'école primaire. Loi Ferry sur les capacités des enseignants**

Les communes ne peuvent plus demander aux familles de rétribution scolaire et les écoles primaires sont financées sur les impôts communaux. Le même jour est promulguée l'obligation pour les instituteurs du privé comme du public d'être titulaire d'un "brevet de capacité pour l'enseignement primaire".

**28 mars 1882 – Loi Ferry sur l'enseignement primaire obligatoire et laïque**

Cette loi supprime l'instruction morale et religieuse pour la remplacer par une instruction civique et morale. Une journée libre est instituée pour suivre un enseignement religieux. L'école devient obligatoire de 6 à 13 ans révolus. La loi de 1882 institue aussi le certificat d'études primaires, examen ouvert aux enfants à partir de 11 ans.

**30 octobre 1886 – Loi René Goblet sur l'organisation de l'enseignement primaire**

Les anciennes "salles d'asile" pour les enfants de moins de 6 ans sont remplacées par des écoles maternelles ou par des "classes enfantines" rattachées aux écoles primaires. Par ailleurs, des dispositions sont prises sur les prolongements de l'enseignement primaire une fois atteint l'âge de la fin de la scolarité obligatoire. Ainsi, le primaire supérieur et les cours complémentaires sont mis en place. Une autre voie est proposée, celle des écoles manuelles d'apprentissage. La loi prévoit également, dans le prolongement des lois Ferry, la laïcisation du personnel enseignant de l'école publique, tout en rappelant l'autorisation de l'enseignement libre.

**7 juillet 1904 – Loi Émile Combes sur l'interdiction des congrégations enseignantes**

Outre une application stricte de la législation de 1901 qui établit un processus d'autorisation au cas par cas pour les congrégations religieuses, la présidence du Conseil d'Émile Combes interdit d'enseignement les membres de ces dernières. Outre les quelques rares écoles publiques, notamment dans l'Ouest, encore tenues par des congréganistes, cette loi concerne aussi les écoles privées. Ainsi, seuls les prêtres séculiers peuvent encore enseigner dans le privé mais toute congrégation enseignante doit cesser d'exister, selon le principe : "qui n'est pas libre ne peut former des citoyens libres".

**25 juillet 1919 – Loi Astier créant les CAP**

C'est un nouveau pas dans l'organisation de l'enseignement technique, industriel et commercial. Tous les apprentis doivent suivre 150 heures de cours gratuits par an. Cette formation débouche sur l'obtention du Certificat d'Aptitude Professionnelle (CAP).

**13 juillet 1925 – Loi de finance portant création de la taxe d'apprentissage**

L'article 25 de la loi de finance dispose que "Toute personne ou société exerçant une profession industrielle ou commerciale ou se livrant à l'exploitation minière ou concessionnaire d'un service public est assujettie à une taxe dite d'apprentissage dont le produit inscrit au budget de l'État contribue aux dépenses nécessaires au développement de l'Enseignement technique ou de l'apprentissage ainsi qu'à celles des laboratoires scientifiques".

**31 décembre 1959 – Loi Debré sur les écoles sous contrat**

Après de longues années de tensions entre les partisans de l'école laïque et de l'école confessionnelle, la loi Debré instaure un *modus vivendi* nouveau en proposant aux écoles privées un contrat avec l'État. En échange de l'adoption des programmes officiels, de l'acceptation des inspections académiques et de l'accueil sans conditions religieuses, les écoles privées obtiennent de l'État la reconnaissance de leur "caractère propre" et la rémunération des professeurs sur la même base que ceux de l'école publique, à quelques nuances près sur le régime des retraites.

**22 juillet 1983 – Loi de décentralisation**

La gestion des bâtiments des collèges et des lycées passe respectivement aux départements et aux régions. Cette loi n'entre en vigueur que le 1er janvier 1986.

**2001 – Loi organique relative aux lois de Finance**

L'architecture du budget, au lieu d'être établie ministère par ministère, est définie en fonction de missions, de programmes et d'actions selon le principe que plusieurs ministères peuvent remplir des missions communes.

**13 août 2004 – Loi relative aux libertés et responsabilités locales (décentralisation)**

Le département devient responsable de la carte des secteurs scolaires. S'opère également un transfert de personnel : une partie des agents techniques des collèges rejoignent les effectifs du conseil général. La région acquiert la responsabilité du recrutement et de la gestion des personnels TOS* des lycées et peut définir une politique régionale d'apprentissage et de formation professionnelle des jeunes et des adultes.

# BIBLIOGRAPHIE SÉLECTIVE


BARBIER (Christophe), DELAHAYE (Jean-Paul), DURAND (Fabienne), MACHURÉ (Nora), VÉRAN (Jean-Pierre), *Le Conseiller principal d'éducation. De la vie scolaire à la politique éducative*, Paris, Berger-Levrault, coll. "Les Indispensables", 2009.

BUISSON-FENET (Hélène), *L'administration de l'éducation nationale*, Paris, PUF, coll. "Que sais-je ?", 2008.

CAILLE (Jean-Paul), "Le redoublement à l'école primaire et dans l'enseignement secondaire : évolution des redoublements et parcours scolaires des redoublants au cours des années 1990-2000" in *Éducation & formations*, n° 69, juillet 2004, p. 79-88.

CHAGNOLLAUD (Dominique), *Le premier des ordres. Les hauts fonctionnaires XVIII^e-XX^e siècle,* Paris, Fayard, 1991.

CHAPOULIE (Jean-Michel), *L'école d'État conquiert la France : deux siècles de politique scolaire*, Rennes, Presses Universitaires de Rennes, 2010.

CHARTIER (Roger), COMPÈRE (Marie-Madeleine), JULIA (Dominique), *L'éducation en France du XVI^e au XVIII^e siècle,* Paris, SEDES-CDU, 1976.

COMPÈRE (Marie-Madeleine), SAVOIE (Philippe), "L'établissement secondaire et l'histoire de l'éducation", in *Histoire de l'éducation*, Paris, INRP, n° 90, mai 2001, p. 5-21.

COMPÈRE (Marie-Madeleine), *Les collèges français (XVI^e-XVIII^e siècles),* Paris, INRP-CNRS, 1984-2002, 3 vol.

CROIX (Alain), BRANCHEREAU (Jean-Pierre), GUYVARC'H (Didier), LANDAIS (Jean-Pierre) [dir.], *Dictionnaire des lycées publics des Pays de Loire. Histoire, culture, patrimoine*, Rennes, PUR, 2009.

CYTERMANN (Jean-Richard), PERRITAZ (Alain), SIMON (Jacky), *Organisation et gestion de l'éducation nationale*, Paris, Berger-Levrault, coll. "Les Indispensables", 9^e éd., 2008.

DELAHAYE (Jean-Paul), GAVARD (Jean), MUNOZ (Albert), STIRNEMANN (Nicole et Jacques), *Conseils et commissions dans les EPLE*, Paris, Berger-Levrault, coll. "Les Indispensables", 2^e éd., 2007.

*D'Osiris à 1905 et au-delà. Éléments pour enseigner le fait religieux*, Sceren/CRDP Poitou-Charentes, 2005.

DUBET (François), DURU-BELLAT (Marie), VÉRÉTOUT (Antoine), *Les sociétés et leur école. Emprise du diplôme et cohésion sociale*, Paris, Le Seuil, coll. "Essais", 2010.

FURET (François), OZOUF (Jacques), *Lire et écrire. L'alphabétisation des Français de Calvin à Jules Ferry*, Paris, Éditions de Minuit, 1977.

Fuster (Philippe), Jeanne (Philippe), *La scolarisation des enfants en situation de handicap*, Paris, Berger-Levrault, coll. "Les Indispensables", 2009.

Gaillard (Jean-Michel), *Un siècle d'école républicaine*, Paris, Le Seuil, coll. "Points Histoire", 2000.

Gauzente (Georges), "Questions d'histoire sur l'école maternelle", in http://www.crdp-reims.fr/ien/metiers_fichiers/histoire_maternelle.pdf, 2007.

*Guide républicain. L'idée républicaine aujourd'hui*, Paris, Sceren/CNDP – Delagrave, 2004.

Jeljoul (Martine), Dalous (Jean-Pierre), *Coût de l'éducation en 2008. Évaluation provisoire du compte*, note d'information 10-01, DEPP/MEN, janvier 2010.

Julia (Dominique), *Atlas de la Révolution française*, Fascicule 2, *L'enseignement 1760-1815* (en collaboration avec Huguette Bertrand, Serge Bonin, Alexandra Laclau), Paris, Éditions de l'École des hautes études en sciences sociales, 1987.

*L'école en France, XVIIe-XXI[e] siècle*, Textes et documents pour la classe, n° 986, Poitiers, scérén/CNDP, décembre 2009.

Lebrun (François), Venard (Marc), Quéniart (Jean), *Histoire générale de l'enseignement et de l'éducation en France. De Gutenberg aux Lumières 1480-1789, T. 2,* Paris, Nouvelle Librairie de France, 1981.

Lefebvre (Étienne), Mallet (Daniel), Vandevoorde (Pierre), *Le collège et le lycée publics. Le chef d'établissement dans l'institution*, Paris, Berger-Levrault, coll. "Les Indispensables", 4e éd., 2004.

Léger (Florence), *Les sorties sans qualification : la baisse se poursuit*, MEN/DEPP, note d'information 08-05, janvier 2008.

*Les valeurs de la République*, n° 336, La Documentation française, coll. "Cahiers français", Paris, janv.-fév. 2007.

*Le système éducatif et ses enjeux*, n° 344, La Documentation française, coll. "Cahiers français", Paris, mai-juin 2008.

*L'éducation nationale face à l'objectif de la réussite de tous les élèves*, Rapport de la Cour des comptes, mai 2010.

Martinetti (Françoise), *Les droits de l'enfant*, Nice, Scérén/CRDP Nice, coll. "Questions ouvertes", 2009.

Oberti (Marco), *La carte scolaire*, Paris, La Documentation française, coll. "Problèmes politiques et sociaux", n° 956, janvier 2009.

Peretti (Claudine) [dir.], *Dix-huit questions sur le système éducatif*, Paris, La Documentation française, coll. "Les études de la Documentation française", 2004.

PROST (Antoine), *Éducation, société et politiques. Une histoire de l'enseignement de 1945 à nos jours*, Paris, Le Seuil, coll. "Points Histoire", 1992 [2e éd. 1997].

Rapport parlementaire, *Quelle direction pour l'école du XXIe siècle,* Assemblée nationale, septembre 2010. [http://lesrapports.ladocumentationfrancaise.fr/BRP/104000514/0000.pdf].

ROBBES (Bruno), *L'autorité éducative dans la classe : douze situations pour apprendre à l'exercer*, Paris, ESF, coll. "Pédagogies outils", 2010.

ROQUE (Jean-Daniel), THOMAS-BION (Frédérique), *Enseignement et responsabilités*, Paris, Berger-Levrault, coll. "Les Indispensables", 2e éd., 2008.

TOULEMONDE (Bernard), "Éducation et décentralisation" in *Problèmes politiques et sociaux*, n° 934, Paris, La Documentation française, mars 2007.

TOULEMONDE (Bernard) [dir.], *Le système éducatif en France*, Paris, La Documentation française, coll. "Les notices", 2009.

VERBA (Daniel), "Le contrat éducatif local. L'exemple d'Argenteuil" in *Ville, École, Intégration*, n° 117, juin 1999, p. 144-160.

# TEXTES RÉGLEMENTAIRES DE RÉFÉRENCE

## Modalités d'accès aux sources

Pour les bulletins officiels :
www.education.gouv.fr (= > Outils de documentation = > Bulletin officiel)

Pour les textes législatifs originaux :
www.legifrance.gouv.fr

**Aide spécialisée / Dispositifs de soutien scolaire et d'accompagnement éducatif**

- BO, n° 25, 19 juin 2008
- BO, n° 31, 1er septembre 2005
- Circulaire n° 2006-138, 25 août 2006 :
http://www.circulaires.gouv.fr/pdf/2009/04/cir_331.pdf
- Rapport de l'IGEN, n° 2006-048, juin 2006 :
http://media.education.gouv.fr/file/13/4/3134.pdf

**Avenir de l'école**

- BO, n° 13, 31 mars 2006 (choisir "rentrée scolaire 2006")

**Concours de recrutement des professeurs/Cahier des charges de la formation IUFM**

- Arrêté du 19 décembre 2006 (www.legifrance.gouv.fr)

**éducation prioritaire**

- BO, n° 14, 6 avril 2006
- BO, n° 14, 5 avril 2007

**EPLE**

- BO, n° 36, 6 octobre 2005 (projet d'établissement, organisation de l'équipe de direction, contrats d'objectifs, conseil d'administration et commission permanente)
- BO, n° 29, 22 juillet 2004 sur la désignation des membres du conseil d'administration
- BO, hors-série, 21 avril 1988 sur l'organisation économique et financière des EPLE

**Handicap et enfants malades**

- BO, n° 34, 18 septembre 2003 (enfants malades)
- BO, n° 31, 27 août 2009 (sur les CLIS*, premier degré)
- BO, n° 28, 15 juillet 2010 (sur les ULIS* qui remplacent les UPI, second degré)
- Loi du 11 février 2005 (www.legifrance.gouv.fr)

**Orientation**

- http://media.education.gouv.fr/file/2009/09/1/Delegue-interministeriel-orientation-_Rapport-activites-2009_137091.pdf

**Parents d'élèves**

- BO, n° 31, 31 août 2006
- http://media.education.gouv.fr/file/90/1/2901.pdf
- BO, n° 29, 22 juillet 2010 sur le dispositif "mallette des parents".

**Partenariat avec le monde professionnel**

- BO, n° 14, 5 avril 2001
- BO, spécial, n° 4, 14 juin 2007

**Premier degré**

- BO, hors-série, n° 3, 19 juin 2008 sur les horaires des écoles maternelles et primaires
- Décret n° 89-122 du 24 février 1989 relatif aux directeurs d'école
- Décret n° 2008-775 du 30 juillet 2008 relatif aux obligations de service des professeurs
- BO, n° 23, 15 juin 2000 sur le conseil d'école et les modalités d'élection des parents

**Procédures disciplinaires et règlement intérieur**

- BO, spécial, n° 8, 13 juillet 2000

**Programmes officiels (nouveaux)**

**école maternelle et primaire**

- BO, hors-série, n° 3, 19 juin 2008
- BO, hors-série, n° 8, 30 août 2007 (pour les langues étrangères)

**collège**

- BO, spécial, n° 6, 28 août 2008 (toutes les matières sauf les langues étrangères)
- BO, hors-série, n° 6, 25 août 2005 (langues étrangères, palier 1 sauf japonais)
- BO, hors-série, n° 7, 26 avril 2007 (langues étrangères, palier 2 et palier 1 japonais)

**lycée général et technologique**

*Classe de seconde :*

- BO, spécial, n° 4, 29 avril 2010 (toutes les matières)

*Classe de première :*

- à paraître en 2011 (toutes les matières)

*Classe de terminale*

à paraître en 2012 (toutes les matières)

**lycée professionnel**

- BO, n° 8, 25 février 2010 (pour les CAP, toutes les matières sauf EPS, langues étrangères, prévention santé environnement)
- BO, spécial, n° 2, 19 février 2009 (pour tous les baccalauréats professionnels, toutes les matières ; pour les CAP : EPS et les langues étrangères)
- BO, n° 30, 23 juillet 2009 (pour les CAP : prévention santé et environnement)

**Santé publique, prévention des risques, et protection des élèves**

- BO, n° 46, 11 décembre 2003
- http://media.eduscol.education.fr/file/Action_sanitaire_et_sociale/97/8/education_comportements_responsables_114978.pdf
- Loi n° 2007-293 du 5 mars 2007 (sur la protection de l'enfance)
- Circulaire n° 97-175 du 25 août 1997 (sur les agressions sexuelles)

**Second degré**

- BO, n° 22, 29 mai 1997 sur les missions des professeurs
- BO, n° 5, 4 février 1993 sur le rôle du professeur principal
- BO, n° 36, 6 octobre 2005, sur les EPLE
- http://lesrapports.ladocumentationfrancaise.fr/BRP/104000513/0000.pdf (rapport du HCE sur le collège, octobre 2010)
- http://www.education.gouv.fr/nouveau-lycee/docs/onisep_guide_3eme.pdf (nouveau lycée)

**Socle commun**

- BO, n° 27, 8 juillet 2008
- BO, n° 29, 20 juillet 2006

**Sorties scolaires**

- BO, hors-série, n° 7, 23 septembre 1999 [premier degré]

**Tice**

1. BO, n° 34, 22 septembre 2005
2. BO, n° 1, 5 janvier 2006 (certificat informatique et internet pour les enseignants)

**Vie scolaire & CPE**

1. BO, n° 40, 11 novembre 1982 (fonctions de conseiller principal d'éducation)
2. BO, n° 14, 1er avril 2004 (contrôle et promotion de l'assiduité des élèves)
3. BO, n° 26, 29 juin 2006 (note de vie scolaire)
4. BO, n° 31, 31 juillet 2008 (coopérative scolaire)
5. BO, spécial, n° 8, 13 juillet 2000 (règlement intérieur)
6. Décret n° 2000-815 du 25 août 2000 (temps de travail des CPE)

**Violence et difficultés scolaires**

1. http://www.vie-publique.fr/documents-vp/jeunes_justice_2005/incivilite.pdf
2. http://media.education.gouv.fr/file/51/6/5516.pdf

# GLOSSAIRE

| Premier degré | Termes administratifs et financiers de l'Éducation nationale | Second degré/ Orientation scolaire |
|---|---|---|
| ATSEM | AEFE | CDI |
| CLIS | ARS | CLAIR |
| EPEP | ATER | CIO |
| IA-DSDEN | BOEN | COP |
| IEN | CAEN | CPGE |
| PE | CASNAV | CVL |
| Projet d'école | CDEN | EPLE |
| RASED | DEPP | EREA |
| Règlement intérieur | DGESCO | ERS |
| ZIL | DGESIP | ISOE |
| | DGF | LGT |
| | DGH | LP |
| | DGRI | LPO |
| | DIE | ONISEP |
| | ETP | PPRE |
| | HSA | PRAG |
| | HSE | PRCE |
| | IA-DSDEN | Projet d'établissement |
| | IA-IPR | Règlement intérieur |
| | ICOTEP | STAV |
| | IPES | STG |
| | IUFM | STI |
| | IVAL | STL |
| | MEN | ST2S |
| | MENSR | SVT |
| | NSF | TZR |
| | Objets confectionnés | ULIS |
| | RAR | |
| | REP | |
| | RRS | |
| | TOS | |
| | ZEP | |

*Comme il se doit, notre glossaire est présenté par ordre alphabétique. La table de correspondance ci-dessous permet de retrouver toutes les entrées ayant trait à un thème précis. En ce qui concerne les différents conseils (d'école, des maîtres, d'administration…), le lecteur pourra directement se reporter au chapitre Les différents conseils et intervenants des établissements.*

| **Vie scolaire** | | |
|---|---|---|
| **AE**<br>**AP**<br>**AVS**<br>**Carnet de liaison**<br>**Coopérative scolaire**<br>**CPE**<br>**MI-SE**<br>**Note de vie scolaire**<br>**Vie scolaire** | | |
| **Parents d'élèves** | | |
| **APEL**<br>**FCPE**<br>**PEEP**<br>**UNAAPE** | | |
| **Histoire** | | |
| **Loi Guizot (28 juin 1833)**<br>**Loi Falloux (15 mars 1850)**<br>**Loi Ferry (28 mars 1882)** | | |
| **Monde professionnel** | **Termes administratifs (hors Éducation nationale)** | **Handicap/Santé/ Prévention et protection des jeunes** |
| **CFA**<br>**CLIPA**<br>**CPA**<br>**GRETA**<br>**PME**<br>**PPCP**<br>**PRDFP** | **Collectivités territoriales**<br>**COM**<br>**CUI**<br>**DRAC**<br>**DROM**<br>**EPCI**<br>**EPE** | **AVS**<br>**CLIS**<br>**HALDE**<br>**MDPH**<br>**OFDT**<br>**PAI**<br>**PJJ** |

**AE** (Assistant d'Éducation) : personne recrutée par le directeur d'école ou le chef d'établissement et affectée à la vie scolaire. Ce statut a été créé en 2003 en vue de remplacer les maîtres d'internat/surveillants d'externat (MI-SE). Les AE encadrent et surveillent les élèves et, parfois, servent d'appui à l'équipe éducative (soutien pédagogique, aide à l'utilisation des nouvelles technologies, participation à des activités éducative, sportive, sociale ou culturelle...). Des affectations sur plusieurs établissements sont possibles et les AE peuvent être mis à la disposition de la collectivité territoriale de rattachement pour participer à des activités périscolaires, dans les conditions prévues entre celle-ci et l'établissement recruteur.

**AEFE** (Agence pour l'Enseignement du Français à l'Étranger) : organisme créé en 1990 et placé sous la tutelle du ministère des Affaires étrangères dont le but est d'assurer aux expatriés français une offre de formation identique à celle de métropole. Subsidiairement, ces établissements permettent de promouvoir la francophonie en accueillant des élèves qui ne sont pas français. L'AEFE est un établissement public qui contrôle 243 établissements dans 130 pays (51,6 % des établissements à l'étranger homologués par l'Éducation nationale). Qu'ils soient en gestion directe ou conventionnés, l'AEFE met à leur disposition des personnels d'enseignement ou de direction de l'Éducation nationale (les candidats doivent demander un détachement, l'AEFE devenant ainsi leur employeur). 6 500 personnes sont aujourd'hui employées par cet organisme.

**Agrégation** : concours de l'enseignement de niveau le plus élevé. Il permet d'enseigner en lycée, en CPGE* ou à l'université même si certains agrégés peuvent être affectés en collège. Les épreuves, variables suivant les disciplines, sont d'une durée de 7 heures à l'écrit. Il existe un concours externe et un autre interne (qui est accessible aux professeurs ayant 5 années d'ancienneté). Ce niveau de formation est exigé pour accéder à d'autres concours de l'Éducation nationale comme, par exemple, ceux d'IA-IPR* ou, dans le cas des concours de chefs d'établissement, permet l'accès au statut de première classe.

**AP** (Assistant Pédagogique) : personne qui possède le statut d'assistant d'éducation (contrat de droit public) et spécialement affectée auprès des professeurs de lettres, de sciences ou de langues pour les aider dans leurs tâches pédagogiques. L'assistant pédagogique est recruté à bac+2 ou à un niveau III de la nomenclature interministérielle des formations. Il doit obligatoirement servir à mi-temps car sont recrutés en priorité des étudiants qui se destinent à l'enseignement (d'où un temps d'études nécessaire). La durée du contrat est de 36 semaines maximum par an. Les AP sont recrutés par le chef d'établissement.

**APEL** (Association de Parents de l'Enseignement Libre) : issue de la première association de parents d'élèves de l'enseignement libre, fondée à Marseille en 1930, l'APEL est liée à l'enseignement catholique mais se veut ouverte à toutes les confessions. Elle met en avant la prééminence de l'autorité parentale dans le domaine de l'éducation.

**APSA** (Activités Physiques, Sportives et Artistiques) : activités enseignées par les professeurs d'EPS et qui possèdent une valeur culturelle et sociale. On distingue neuf domaines d'activités : aquatiques, gymniques, athlétiques, artistiques, combat, duels raquettes, opposition/coopération, APPN (activités physiques de pleine nature), entretien de soi. La notion artistique associée aux activités physiques et sportives correspond notamment à la danse et aux arts du cirque mais aussi à l'aspect esthétique d'une activité physique (par exemple, dans l'exécution d'une figure en gymnastique).

**ARS** (Allocation de Rentrée Scolaire) : aide financière accordée, sous certaines conditions de ressources, aux familles ayant un ou plusieurs enfants de 6 à 18 ans scolarisé(s) afin d'acheter les fournitures scolaires de rentrée.

**ASSR** (Attestation Scolaire de Sécurité Routière) : document obligatoire pour toutes les personnes nées à compter du 1er janvier 1988 et qui désirent conduire un véhicule. Elle se compose d'un premier niveau (ASSR1) et d'un second niveau (ASSR2). Tout enfant qui atteint l'âge de 14 ans doit avoir obtenu l'ASSR1 afin qu'il puisse conduire un cyclomoteur. Les élèves reçoivent, en classe de 5e, une formation pluridisciplinaire de quelques heures avant de passer une épreuve individuelle. Tout élève qui atteint l'âge de 16 ans doit avoir obtenu l'ASSR2 qui est obligatoire pour s'inscrire en cours de conduite accompagnée. Cette épreuve se déroule de la même manière que la précédente mais au niveau de la classe de 3e. En cas d'échec, les élèves devront passer une attestation de sécurité routière (ASR) dans un centre agréé (GRETA* ou CFA*).

**ATER** (Attaché Temporaire d'Enseignement et de Recherche) : statut qui permet de préparer une thèse ou un concours de recrutement de l'enseignement supérieur. Un professeur titulaire peut postuler à ce poste. Il doit être recruté par une université pour un contrat à durée déterminée (3 ans avec une année supplémentaire sous certaines conditions).

**ATSEM** (Agent Territorial Spécialisé d'École Maternelle) : emploi de catégorie C de la fonction publique territoriale dont le statut est défini par le décret n° 92-850 du 28 août 1992. Les fonctions de l'ATSEM consistent à porter assistance au personnel enseignant pour la réception, l'animation et l'hygiène des très jeunes enfants ainsi qu'à la préparation et à la mise en état de propreté des locaux et du matériel utilisé par les enfants. Ils peuvent également surveiller les plus jeunes enfants à la cantine. En dehors du temps scolaire, ils peuvent être employés dans les centres de loisirs. Le recrutement des ATSEM se fait sur concours qui, en cas de réussite, donne la possibilité de s'inscrire sur des listes d'aptitude permettant ainsi à l'agent d'être recruté par une collectivité territoriale. En 2004, l'INSEE* recensait près de 60 000 ATSEM avec un taux de féminisation de 99 %.

**AVS** (Assistant Vie Scolaire) : personne qui possède le statut d'assistant d'éducation et qui est spécialement affectée pour accompagner un élève en situation de handicap au sein d'une classe normale (école, collège ou lycée) lorsqu'il s'agit d'un AVS individuel (AVSi). Personne recrutée pour assister le professeur de CLIS* ou d'ULIS* dans la gestion de la classe lorsqu'il s'agit d'un AVS collectif (AVSco). Les AVS sont recrutés par le recteur.

**Bac Pro** (Baccalauréat Professionnel) : diplôme national qui atteste de l'aptitude de son titulaire à exercer une activité professionnelle qualifiée. Il correspond au niveau IV de la nomenclature interministérielle des niveaux de formation. Le Bac Pro a été créé en 1985 et rénové en 2009. Il se prépare en trois ans après une classe de $3^{e}$ générale ou en deux ans après un CAP* au cours d'un cycle professionnel divisé en trois classes ($2^{nde}$ Pro, $1^{re}$ Pro, Terminale Pro). En fin de première tous les élèves doivent passer l'examen du BEP* rénové qui se trouve ainsi absorbé dans la filière Bac Pro. Le Bac Pro est délivré au titre d'une spécialité professionnelle. Les spécialités professionnelles sont définies, après avis des commissions professionnelles consultatives (CPC*), par le ministère de l'Éducation nationale, sauf en ce qui concerne la spécialité "Métiers de l'agriculture, de la transformation, des services et de l'aménagement des espaces" (définie par le ministère de l'Agriculture) et les spécialités maritimes (ministère chargé de la Mer).

Les baccalauréats professionnels se déclinent en deux secteurs : secteur de la production (spécialités pluritechnologiques de la production ; agriculture, pêche, forêt et espaces verts ; transformations ; génie civil, construction, bois ; matériaux souples ; mécanique, électricité, électronique) et secteur des services (spécialités plurivalentes des services ; échanges et gestion ; communication et information ; services aux personnes ; services à la collectivité).

**BEP** (Brevet d'Étude Professionnelle) : diplôme national qui atteste d'une qualification professionnelle. Il correspond au niveau V de la nomenclature interministérielle des niveaux de formation (NNF*). En juin 2011 auront lieu les premières sessions du BEP rénové qui s'inscrit en seconde année du cycle professionnel (c'est-à-dire en $1^{re}$, un an avant l'année du baccalauréat).

**B2i** (Brevet informatique et internet) : document qui sanctionne la maîtrise des TIC* par un élève. Il existe trois niveaux de validation : primaire, collège et lycée. Le B2i fait partie des paramètres pris en compte dans l'obtention du DNB*.

**BMA** (Brevet des Métiers d'Art) : diplôme national qui se prépare après un CAP* et sanctionne la maîtrise de techniques traditionnelles en matière d'arts appliqués. Les titulaires d'un BMA bénéficient d'une vraie reconnaissance dans leur métier. Ce diplôme de niveau IV de la NNF* se prépare par la voie scolaire, l'apprentissage ou la formation professionnelle continue. Les domaines artistiques sont vastes : parmi les principaux, on compte les arts du feu et du métal (céramique, verrerie, fonderie, vitrail...), l'art des matières précieuses (bijouterie, joaillerie, orfèvrerie) et les arts du bois et de la pierre (charpente, sculpture d'ornement, ébénisterie...).

**BOEN** (Bulletin Officiel de l'Éducation Nationale) : bulletin hebdomadaire disponible en ligne sur le site du ministère de l'Éducation nationale tous les jeudis. Il contient les actes administratifs internes (décrets, arrêtés, notes de service) relatifs aux différents personnels, à l'administration de l'institution, à la pédagogie et à des sujets divers. Il existe des bulletins officiels spéciaux et hors-série qui concernent des questions particulières (programmes officiels) sans périodicité particulière. L'abréviation BO est couramment utilisée.

**BP** (Brevet Professionnel) : diplôme national de niveau IV de la NNF* et qui atteste de l'acquisition d'une haute qualification dans l'exercice d'une activité professionnelle définie. Créé en 1931, il se prépare depuis 1987 après l'obtention d'un diplôme de niveau V (CAP ou BEP) mais ce sont surtout les titulaires des CAP qui le plébiscitent. On ne peut se présenter à l'examen qu'après avoir suivi un minimum de 400 heures de formation professionnelle par an. La formation par apprentissage est la plus généralement suivie par les candidats (environ 49 200 personnes en 2006-2007). Le BP offre une spécialisation plus poussée qu'un baccalauréat professionnel, ce qui en fait un diplôme très coté auprès des artisans.

**BTS** (Brevet de Technicien Supérieur) : créé en 1952 et ainsi dénommé depuis 1962, le BTS est un diplôme qui sanctionne deux années d'étude après le baccalauréat. Ce diplôme permet dans certains domaines une bonne insertion sur le marché du travail. Dès lors, la présence d'une STS (section d'enseignement supérieur) peut être un bon outil de pilotage pour les établissements désireux de promouvoir leur image et de fixer une population scolaire. Les BTS sont préparés dans des lycées et non à l'université. Il existe une centaine de spécialités réparties dans des domaines de production ou de service.

**CAEN** (Conseil Académique de l'Éducation Nationale) : organe composé de 72 membres nommés ou élus pour trois ans, répartis par tiers entre des représentants des collectivités territoriales, des représentants d'usagers (parents d'élèves, lycéens...) et des représentants des personnels (enseignants, agents TOS*...). Le CAEN est compétent pour traiter des questions d'organisation pédagogique au niveau des lycées, de programmes immobiliers (construction, rénovation, agrandissement, démolition), de la formation professionnelle et de l'enseignement supérieur (carte des formations, programme de recherche d'intérêt régional). Le conseil siège de droit pour régler des affaires contentieuses : il peut suspendre de ses fonctions un professeur de l'enseignement privé sous contrat ou bien un professeur qui enseigne à distance, prononcer une sanction relative aux infractions d'assiduité scolaire, s'opposer à l'ouverture d'un établissement privé. Il est également compétent pour se prononcer sur la dispense de stage effectué dans l'enseignement (l'une des quatre conditions légales pour toute personne souhaitant ouvrir un établissement privé), sur l'autorisation à un étranger d'enseigner ou de diriger un établissement, sur l'attribution de subventions ou de locaux à des établissements privés et sur l'habilitation à de tels établissements de recevoir des boursiers.

**CAFEP** (Certificat d'Aptitude aux Fonctions de l'Enseignement Privé) : permet d'enseigner dans les établissements privés sous contrat avec l'État. Les candidats passent les mêmes épreuves que ceux qui se destinent à l'enseignement public et devant les mêmes jurys mais il est impossible de s'inscrire aux deux concours simultanément (CAFEP et CAPES). Les lauréats dépendent du ministère de l'Éducation nationale mais n'ont pas le statut de fonctionnaire. Ils ont un contrat de droit public équivalent à un CDI (contrat à durée indéterminée). Les salaires bruts sont identiques mais les cotisations sociales plus désavantageuses produisent, en moyenne, des salaires nets inférieurs à ceux de la fonction publique. Il n'est pas nécessaire d'appartenir à une confession religieuse particulière pour enseigner dans une école privée mais il est demandé de respecter le projet éducatif de l'établissement.

**CAP** (Certificat d'Aptitude Professionnel) : diplôme national qui atteste d'un premier niveau de qualification professionnelle (ouvrier ou employé qualifié). Il correspond au niveau V de la nomenclature interministérielle des niveaux de formation (NNF*). Le CAP permet d'intégrer une 1$^{re}$ Pro en vue de passer le baccalauréat professionnel à la condition que la spécialité du CAP corresponde à celle du Bac Pro. Inversement, si un élève de 2$^{nde}$ Pro est en situation de décrochage scolaire, il peut quitter cette voie pour accéder directement en deuxième année de CAP en vue d'obtenir une qualification avant de rejoindre le marché du travail. Il existe environ 200 spécialités de CAP.

**CAPA-SH** (Certificat d'Aptitude Professionnelle pour les aides spécialisés, les enseignements Adaptés et la scolarisation des élèves en Situation de Handicap) : atteste de la qualification des enseignants du premier degré à exercer leurs fonctions auprès d'enfants nécessitant une prise en charge particulière en raison d'un handicap, d'une maladie ou de difficultés scolaires graves. Plusieurs options existent : A pour enseigner auprès d'élève sourds ou malentendants, B pour enseigner auprès d'élèves aveugles ou malvoyants, C pour enseigner auprès d'élèves handicapés moteurs ou étant atteint d'une maladie invalidante, D pour enseigner auprès d'élèves atteints de troubles cognitifs graves, E pour les enseignants chargés de l'aide pédagogique spécialisée (voir RASED*), F pour enseigner en SEGPA*, G pour les enseignants chargés de remédier aux difficultés éducatives.

**CAPE** (Certificat d'Aptitude au Professorat des Écoles) : certificat qui permet de bénéficier, par voie de concours, du titre de professeur des écoles au sein de la fonction publique d'État. Le CAPE peut s'obtenir de deux manières : le CERPE (concours externe de recrutement des professeurs des écoles) et le CIRPE (concours interne de recrutement des professeurs des écoles). Le CERPE est composé de deux épreuves d'admissibilité (français/histoire-géographie/éducation civique d'un côté et mathématiques/sciences expérimentales/technologie de l'autre) et de deux épreuves d'admission : préparation d'une séquence d'enseignement en mathématiques puis d'une autre en français (à laquelle est rattachée l'épreuve sur la question *Agir en fonctionnaire de l'État de façon éthique et responsable*). Le CIRPE s'adresse à des instituteurs qui désirent intégrer le corps des professeurs des écoles (PE).

**CAPEPS** (Certificat d'Aptitude au Professorat de l'Éducation Physique et Sportive) : créé en 1943, certificat qui permet de bénéficier, par voie de concours (interne ou externe), du titre de professeur du second degré en EPS. Il permet d'enseigner en collège ou en lycée publics. Le concours de recrutement par voie externe est composé de deux épreuves d'admissibilité, l'une portant sur la place de l'éducation physique dans le système éducatif français depuis 1945 et l'autre sur l'enseignement de l'EPS, le rôle du professeur et les questions relatives à la santé. Les épreuves d'admission sont au nombre de trois. La première consiste en un oral sur un dossier de stage pédagogique. La seconde porte sur une prestation physique concernant la gymnastique ou gymnastique rythmique, l'athlétisme, la natation ou un sport collectif. Cette épreuve est suivie d'un oral sur l'une de ces APSA*. La troisième épreuve concerne une prestation physique concernant un sport individuel suivi d'un oral (règles, aspects techniques et didactiques d'une APSA*).

**CAPER** (Certificat d'Aptitude Professionnelle à l'Enseignement Religieux) : certificat qui permet à son détenteur de dispenser un enseignement religieux dans les établissements publics en Moselle, dans le Haut et Bas-Rhin. Ces trois départements ne sont pas concernés par la loi sur la séparation de l'Église et de l'État car ils étaient allemands en 1905 au moment de sa promulgation. Cet enseignement n'est cependant pas obligatoire pour les élèves.

**CAPES** (Certificat d'Aptitude au Professorat de l'Enseignement Secondaire) : créé en 1950, certificat qui permet de bénéficier, par voie de concours (interne ou externe), du titre de professeur du second degré dans les disciplines générales (lettres classiques et modernes, mathématiques, sciences-physiques/chimie, SVT*, langues vivantes, histoire-géographie, arts appliqués, musique, sciences économiques, etc.).

**CAPET** (Certificat d'Aptitude au Professorat de l'Enseignement Technique) : créé en 1959, certificat qui permet de bénéficier, par voie de concours (interne ou externe), du titre de professeur du second degré dans les disciplines techniques ou technologiques.

**CAPLP** (Certificat d'Aptitude au Professorat de Lycée Professionnel) : certificat qui permet de bénéficier, par voie de concours (interne ou externe), du titre de professeur en lycée professionnel. Il faut distinguer les matières techniques et professionnelles des matières générales. En lycée professionnel, les professeurs des matières générales enseignent deux disciplines : mathématiques et sciences physiques, lettres et anglais, lettres et histoire-géographie, etc.

**Carnet de liaison** : document remis en début d'année scolaire aux élèves afin d'assurer la liaison entre l'équipe éducative et les responsables légaux des élèves (parents, famille, tuteur...). Il est composé de plusieurs parties : informations générales, emploi du temps, relevé de notes par trimestre, règlement intérieur, sanctions, mérites, heures de colle, justificatifs des absences et des retards, etc. Ce carnet est obligatoire et indispensable pour l'effectivité des relations entre parents et professeurs dont l'élève devient l'intermédiaire.

**2CA-SH** (Certificat Complémentaires pour les enseignements Adaptés) : atteste de la qualification des enseignants du second degré susceptibles de travailler au sein d'une équipe pédagogique ou éducative accueillant des élèves présentant des besoins éducatifs particuliers (handicap, maladie, difficultés scolaires graves). Il existe des spécialisations qui sont communes aux options du CAPA-SH* (A, B, C, D et F) mais qui sont déclinées pour le second degré. C'est ainsi que l'option F permet d'enseigner en SEGPA* mais aussi en EREA*.

**CASNAV** (Centre Académique pour la Scolarisation des Nouveaux Arrivants et des enfants du Voyage) : dispositif créé en 2002 pour aider les équipes pédagogiques et éducatives à accueillir et intégrer les enfants du voyage comme les nouveaux arrivants dont la maîtrise de la langue française ou des apprentissages scolaires sont insuffisants. À cette fin, les CASNAV sont à la fois des centres de ressources pédagogiques pour les écoles et les établissements (documentation spécialisée, formation continue...), des pôles d'expertise pour les acteurs locaux du système éducatif (centralisation de données administratives pour les chefs d'établissement, les équipes de circonscription du premier degré, les inspections académiques et les rectorats) et aussi une instance de médiation auprès des familles et des associations qui travaillent avec les écoles concernées.

**CDEN** (Conseil Départemental de l'Éducation Nationale) : organe composé de 30 membres nommés ou élus (circulaire du 24 août 1985), répartis par tiers entre des représentants des collectivités territoriales, des représentants d'usagers (parents d'élèves) et des représentants des personnels (enseignants, agents TOS*...). Les CDEN est consulté pour toutes les questions relatives aux compétences de l'État, à savoir la répartition des charges des écoles entre les communes, la distribution des postes d'enseignement entre les écoles, le règlement type départemental des écoles (qui précise les modalités d'inscription et d'accueil des élèves, les règles à observer en matière d'hygiène et de sécurité), la structure pédagogique des collèges (création des options, section d'éducation spécialisée), les modalités générales d'attribution des moyens et des dotations financières (création de postes, répartition des crédits). Au titre des compétences du département, le CDEN est consulté pour l'organisation et le fonctionnement des transports scolaires (sauf dans les départements de la région Île-de-France), le programme prévisionnel d'investissement dans les collèges, les modalités générales d'attribution des subventions du conseil général allouées aux collèges.

**CDI** (Centre de Documentation et d'Information) : lieu d'étude, de recherches et de lecture au sein d'un collège ou d'un lycée qui est dirigé par un professeur documentaliste. Avec l'essor des outils numériques, c'est également un lieu de travail sur support informatique (apprentissage d'internet, fréquentation de logiciels encyclopédiques, utilisation de bases de données).

**CECRL** (Cadre Européen Commun de Référence pour les Langues) : référentiel européen de niveau de compétence dans la maîtrise d'une langue. Il existe trois niveaux (A pour utilisateur élémentaire, B pour utilisateur indépendant, et C pour utilisateur expérimenté). Ces niveaux sont eux-mêmes subdivisés en deux : A1 (introductif ou découverte) et A2 (intermédiaire ou usuel); B1 (niveau seuil) et B2 (avancé ou indépendant) ; C1 (autonome) et C2 (Maîtrise). Ce référentiel est censé être pris en compte par les professeurs de langues depuis 2005 et a pour objectif de développer la maîtrise du langage oral.

**CFA** (Centre de Formation des Apprentis) : établissement dans lequel les apprentis reçoivent leur formation théorique et générale lorsqu'ils ne sont pas en entreprise. Un élève inscrit en CFA ne dispose pas du statut scolaire mais de celui de salarié en entreprise (sans contrat de travail aucune inscription en CFA n'est possible). Le fonctionnement des CFA dépend de conventions passées entre l'État ou les régions et les collectivités territoriales, les chambres de commerce et d'industrie, de métiers, d'agriculture, les entreprises, etc. Certains CFA sont gérés par des EPLE* ou externalisent leur formation dans les locaux d'un EPLE* notamment par la création d'UFA*.

**CIO** (Centre d'Information et d'Orientation) : lieu d'accueil, de recherches et d'information pour tout public dans les domaines des parcours d'études, de formation professionnelle, des métiers et des qualifications. Les COP* exercent une partie de leurs fonctions au sein d'un CIO. Il en existe près de 600 en France.

**CLAIR** (Collèges et Lycées pour l'Ambition, l'Innovation et la Réussite) : dispositif expérimenté en 2010 dans 105 établissements (collèges, LGT* et LP*) en vue de recentrer les moyens de l'éducation prioritaire sur les établissements les plus en difficulté (zones urbaines sensibles). Ce programme donne la possibilité aux enseignants de recourir à des expérimentations pédagogiques prévues par le code de l'éducation (article L401-1). Les chefs d'établissement ont la possibilité de constituer leurs équipes pédagogique et administrative, à partir de postes à profil, en recrutant directement leur personnel en accord avec les autorités académiques. Pour stabiliser les équipes, les affectations sont prononcées pour une durée initiale de cinq ans. Chaque membre de l'équipe éducative reçoit une lettre de mission qui définit ses objectifs. Les chefs d'établissement sont assistés de préfets des études. Ces derniers coordonnent et animent le travail des équipes pédagogiques : examens blancs, programmation des heures de vie de classe, établissement d'un lien entre-temps scolaire et périscolaire, mise en place de découverte des métiers et des formations, liaison primaire/collège ou collège/lycée… Ils participent à l'organisation de la vie scolaire : gestion des infractions au règlement, action de prévention de l'absentéisme, gestion des absences, surveillance des élèves, formation des délégués de classe, organisation de l'accès à des salles spécialisées (CDI*, gymnase…). Enfin, le préfet des études doit se charger du suivi individuel des élèves (collecter les informations nécessaires pour mettre en place un accompagnement pédagogique, entretiens réguliers pour tous les élèves d'un niveau concerné, proposer des dispositifs particuliers tels que le PPRE*, stages, accompagnement éducatif…) et des parents (servir d'intermédiaire entre les parents et le professeur principal, organiser les réunions de parents sur un niveau, diffuser les ressources éducatives et sociales auprès des parents…). La fonction de préfet des études peut être remplie par un professeur (en plus d'une classe) ou par un CPE*. Il y en a un par niveau (soit quatre dans un collège et un en lycée pour la classe de seconde). Ils sont supervisés et conseillés par les IA-IPR* chargés de la vie scolaire et des établissements.

**CLIPA** et **CPA** (CLasse d'Initiation pré-Professionnelle à l'Apprentissage) et (Classe Préparatoire à l'Apprentissage) : structures développées au sein d'un CFA* pour accueillir des élèves qui n'ont pas l'âge légal (16 ans) ou toléré (15 ans) de suivre une formation en apprentissage. Ces élèves viennent du collège, après la 4e, quand ils ne parviennent pas à tirer profit des dispositifs scolaires conventionnels. Au sein d'une CLIPA, l'élève découvre au fur et à mesure de l'année le monde du travail (stages, visites d'entreprises). La CPA offre une initiation plus ciblée à un groupe de métiers bien que les élèves conservent leur statut scolaire.

**CLIS** (CLasse d'Inclusion Scolaire) : au niveau primaire, classe chargée d'accueillir des enfants présentant un handicap moteur, mental, auditif ou visuel au sein d'un établissement ordinaire. L'enseignement y est adapté mais certaines activités avec des enfants valides peuvent être envisagées dans une logique de mixité. Au terme de sa scolarité en CLIS, l'enfant peut intégrer une ULIS* ou bien une classe normale, avec l'accompagnement d'une AVS*, si ses progrès le lui permettent. Depuis juillet 2010, le "I" de CLIS signifie "inclusion" au lieu "d'intégration". Ce changement est censé souligner que c'est à l'institution d'inclure chacun, non à l'élève handicapé de faire un effort pour s'intégrer.

**CNED** (Centre National d'Enseignement à Distance) : bien que l'existence d'un service d'enseignement à distance remonte à 1939, le CNED fut créé en 1986. Dirigé par un recteur d'académie, il est destiné aux enfants mais aussi aux adultes et concerne tous les niveaux de la scolarité (du primaire aux concours de recrutement de la fonction publique). Les cours par correspondance concernent également les élèves qui suivent une formation en alternance ou en apprentissage (pour les disciplines générales).

**Collectivités territoriales** : structures administratives distinctes de l'administration de l'État, à savoir la commune, le département, la région, les départements d'outre-mer (DOM) et les collectivités d'outre-mer (COM). Elles prennent en charge les intérêts de la population du territoire concerné. Trois critères définissent une collectivité territoriale : 1°/ elle détient des compétences qui lui sont confiées par le Parlement dans le cadre d'une législation stricte ; 2°/ pour mettre en œuvre ces compétences, elle est dotée de la personnalité morale qui lui permet d'ester en justice, de bénéficier d'une autonomie administrative, de disposer d'un budget propre et d'agents administratifs ; 3°/ elle peut prendre des décisions qui sont applicables sur l'étendue de son ressort. Le terme "collectivités territoriales" remplace, depuis la révision constitutionnelle du 28 mars 2003, celui de "collectivités locales" même si l'expression est encore utilisée.

**COM** (Collectivité d'Outre-Mer) : statut créé en 2003 ; on distingue, depuis la départementalisation de Mayotte en 2011, cinq collectivités d'outre-mer : Saint-Pierre-et-Miquelon, Saint-Barthélemy, Saint-Martin, la Polynésie et Wallis-et-Futuna ; la Nouvelle-Calédonie dont le statut actuel est transitoire est considérée comme une collectivité *sui generis*. Les COM disposent de libertés particulières dans le cadre d'institutions définies par une loi organique qui accorde un régime de spécialité législative et d'autonomie (possibilité d'adapter la loi nationale à des réalités locales et de créer des règlements ayant force de loi dans des domaines non régaliens).

**Contrat éducatif local** : dispositif interministériel (Éducation nationale, Ville, Culture, Sport...), dont l'objectif consiste à assurer la réussite scolaire (volet pédagogique) et l'épanouissement de tous les enfants (volet éducatif) de 3 à 16 ans. À cette fin, les parties contractantes (État, collectivités territoriales, et, parfois, associations et EPLE*) s'engagent à aménager le temps scolaire et les activités périscolaires (travail après la classe, activités en dehors du temps scolaire, animations pour les jeunes). Des éducateurs spécialisés sont le plus souvent chargés de l'exécution de telles missions.

**Coopérative scolaire** : association d'adultes et d'élèves qui souhaitent réaliser un projet éducatif commun dans un esprit de coopération et de vie associative. À cette fin, la coopérative dispose d'un budget propre dont les recettes sont diverses (cotisations des adhérents, fête d'école, kermesse, spectacle…). Tous les élèves ont le droit de participer aux manifestations organisées par la coopérative, qu'ils soient adhérents ou non. Les parents peuvent participer à la vie de la coopérative et ont connaissance de ses activités lors des conseils d'école ou, pour les EPLE*, des conseils d'administration. Au niveau des statuts, soit la coopérative choisit d'être autonome dans le cadre de la loi 1901 sur les associations, soit elle décide de s'affilier à l'Office central de la coopération à l'école (OCCE), ce qui lui permet d'obtenir un soutien en matière juridique et comptable. Au niveau éducatif, les activités organisées par la coopérative doivent permettre aux enfants de développer des compétences d'autonomie et d'initiative (dans le cadre du socle commun*). Dans ce but, peuvent être institués des conseils de coopérative de classe (réunion des professeurs et des élèves pour mettre en place un projet).

**COP** (Conseiller d'Orientation Psychologue) : au sein d'un établissement scolaire ou universitaire, personne spécialement chargée d'aider les élèves ou les étudiants à préparer un projet d'orientation personnalisé (information sur les parcours scolaires, les diplômes, l'insertion professionnelle). En dehors de l'établissement, le COP travaille au CIO* qui accueille un large public (de l'élève à l'adulte qui souhaite préparer une reconversion professionnelle).

**CPC** (Commission Professionnelle Consultative) : organisme chargé de la création, de l'actualisation ou de la suppression des diplômes de l'enseignement technique et professionnel. Les commissions professionnelles se répartissent en 20 champs d'activités (BTP, chimie, commerce, transport, habillement, alimentation, etc.). Il existe environ 600 diplômes technologiques et professionnels. D'ici 2012, ces diplômes nationaux devront entrer dans le cadre européen des certifications (CEC). Le CEC correspond à une équivalence entre les certifications des différents systèmes éducatifs européens.

**CPE** (Conseiller Principal d'Éducation) : placé sous l'autorité du chef d'établissement, mais faisant partie de l'équipe de direction selon le code de l'éducation, le CPE est chargé de l'organisation et de l'animation de la vie scolaire et de l'encadrement des personnels qui y sont affectés (AE*, AP* et MI-SE*). Les responsabilités du CPE s'exercent à trois niveaux : celui du fonctionnement de l'établissement (assiduité et sécurité des élèves, organisation des services des surveillants, mouvements des élèves sur le temps périscolaire, participation au conseil d'administration…), celui de la collaboration avec les enseignants et le COP* (échange d'informations sur le comportement des élèves, recherche des causes des difficultés scolaires individuelles, concertation pour l'attribution de la note de vie scolaire*, participation aux conseils de classe…) et celui de l'animation éducative (relations individuelles ou en groupe avec les élèves, organisation des temps de loisirs dans le cadre des clubs, du FSE*, etc., formation des délégués de classe…). Le temps de travail annuel d'un CPE est de 1607 heures et de 40 h 40 par semaine scolaire (dont 4 heures peuvent être utilisées pour l'organisation de ses missions, notamment des réunions). Il doit, en outre, assurer un service d'été d'une semaine après la sortie des élèves, et d'une semaine avant leur rentrée. Le temps de service des petites vacances ne peut excéder l'équivalent d'une semaine.

**CPGE** (Classe Préparatoire aux Grandes Écoles) : dans un lycée, désigne le niveau d'enseignement post-baccalauréat pour préparer les concours d'admission à des écoles d'ingénieurs, de commerce, de vétérinaires, aux écoles normales supérieures, à l'École des chartes ou aux écoles d'officiers de l'armée ou de la marine marchande.

**CRDP** (Centre Régional de Documentation Pédagogique) : au sein de chaque académie, établissement public national chargé de promouvoir des ressources pédagogiques (par discipline, par thème, TICE*) et d'accompagner les enseignants dans leurs projets (animations, ressources en ligne, mise en œuvre des programmes). Les CRDP sont composés de plusieurs centres : les CDDP (centres départementaux de documentation pédagogique).

**CUI** (Contrat Unique d'Insertion) : contrat de travail de droit privé destiné à favoriser l'accès sur le marché de l'emploi. Ce type de contrat n'est pas spécifique à l'Éducation nationale. Tous les contrats qui concernent des emplois dans le secteur public et associatif sont des CUI-CAE (Contrat d'Accompagnement dans l'Emploi). Lorsque le CUI-CAE est à durée déterminée, celle-ci est de 6 mois minimum et de 2 ans maximum. Le contrat peut être conclu pour une durée indéterminée. Pour les départements d'outre-mer, il existe des spécificités. Ce type de contrat s'appelle alors des CAE-DOM (Contrat d'Accès à l'Emploi-Département d'Outre-Mer).

**CVL** (Conseil des délégués pour la Vie Lycéenne) : instance créée en 2000 et composée de dix représentants élus parmi les élèves du lycée ainsi que des représentants des personnels et des parents d'élèves. Le CVL peut formuler des propositions sur les conditions de vie des lycéens (règlement intérieur, activités sportives, soutien scolaire, fonds lycéen…). Il se réunit avant chaque conseil d'administration sur convocation du chef d'établissement ou lorsque la moitié de ses membres en fait la demande. Les représentants des lycéens ne sont pas tous élus de la même façon : trois sont élus par les délégués des élèves (pour un an) et sept sont élus par l'ensemble des élèves (pour deux ans).

**DEPP** (Direction de l'Évaluation, de la Prospective et de la Performance) : service de l'administration centrale rattaché au secrétariat général et spécialement chargé des évaluations, des enquêtes et des études statistiques sur tous les aspects du système éducatif. Elle répond aux besoins spécifiques des administrations centrales et déconcentrées (aide à l'évaluation, à la décision, mesure de la performance). La DEPP joue ainsi un rôle d'expertise et de conseil.

**DGESCO** (Direction Générale de l'Enseignement Scolaire) : organe de direction de l'administration centrale du MEN* chargé des écoles, des collèges et des lycées (généraux, technologiques et professionnels). La DGESCO élabore et met en place les dispositifs d'action dans tous les domaines (pédagogie, programmes, scolarisation des enfants handicapés, orientation, formation professionnelle, formation des enseignants, ressources pédagogiques, TICE*, budget, santé et action sociale...).

**DGESIP** (Direction Générale de l'Enseignement Supérieur et de l'Insertion Professionnelle) : organe de direction de l'administration centrale du MENSR* chargé des études supérieures (formation initiale et continue). La DGESIP élabore et met en place les dispositifs d'action dans tous les domaines (filières de formation, insertion professionnelle, budgets, vie étudiante, égalité des chances...).

**DGF** (Dotation Globale de Fonctionnement) : subvention financière attribuée par une collectivité territoriale à son EPLE* de rattachement avant le 1er novembre de l'année N-1 (par exemple, pour l'année 2012, la DGF doit être attribuée avant le 1er novembre 2011). Il s'agit de la principale ressource des EPLE* dont le montant est défini en fonction de divers paramètres tels que la taille de l'établissement, le type d'enseignement (général, technique ou professionnel), les caractéristiques des élèves (internes, externes, demi-pensionnaires).

**DGH** (Dotation Globale Horaire) : nombre d'heures annuelles attribuées à un établissement (heures par poste et heures supplémentaires). Cette attribution se fait par les inspections académiques. La DGH est un outil de gestion pour les chefs d'établissements qui peuvent répartir certaines HSA* ou HSE* dans le cadre de l'autonomie des EPLE*.

**DGRI** (Direction Générale pour la Recherche et l'Innovation) : organe de direction de l'administration centrale du MENSR* chargé de la recherche et, en liaison avec le ministère de l'Industrie, de l'innovation. La DGRI élabore et met en place les dispositifs d'action dans tous les domaines (élaboration d'une stratégie de recherche et d'innovation par secteur scientifique, financement de la recherche, transferts technologiques, relations avec les entreprises, R&D...).

**DIE** (Dépense Intérieure d'Éducation) : agrégat comptable qui permet de cumuler la totalité des dépenses effectuées par l'ensemble des agents économiques pour les activités d'éducation et les activités connexes (transport scolaire par exemple). Elle se calcule en faisant la somme des dépenses effectuées en France métropolitaine et dans les DROM*. Quatre familles de dépenses sont prises en compte. La première concerne les dépenses d'organisation du système éducatif (administration générale, documentation pédagogique, travaux de recherche sur l'éducation ou l'orientation). La seconde concerne les dépenses pour les activités d'enseignement (premier et second degrés, apprentissage, formation professionnelle, université). La troisième concerne les dépenses destinées au service scolaire afin de rendre les établissements opérationnels (transport, restauration, internat, médecine scolaire). Enfin, la quatrième famille de dépenses est celle effectuées par les familles suite aux demandes de l'institution scolaire : livres, fournitures, habillement (affaires de sport ou habits de travail pour les filières professionnelles).

**DNB** (Diplôme National du Brevet) : examen passé en fin de collège et qui est constitué de cinq éléments : 1/ un examen final de trois épreuves (français, mathématiques et histoire-géographie-éducation civique) ; 2/ les notes obtenues en cours de classe de 3e dans toutes les matières sauf l'histoire-géographie-éducation civique ; 3/ une note de vie scolaire (qui varie en fonction du comportement, de l'assiduité et de l'investissement de l'élève); 4/ deux compétences validées du socle commun : le B2i* et le niveau A2 du CERCL*. Les modalités d'organisation sont toutefois appelées à une profonde transformation.

**DRAC** (Direction Régionale des Affaires Culturelles) : administration déconcentrée du ministère de la Culture qui est chargée de mettre en œuvre une politique culturelle et joue un rôle de conseil et d'expertise auprès de partenaires culturels ou des collectivités territoriales.

**DROM** (Département et Région d'Outre-Mer) : acronyme qui désigne à la fois les départements d'outre-mer (DOM) et les régions d'outre-mer (ROM). Les DOM ont été créés en 1946 et possèdent le même statut que les départements métropolitains ; ils ont la possibilité d'adapter leur organisation administrative en fonction de leur situation particulière et la loi peut prévoir des dispositions spécifiques les concernant. Les ROM ont été créés en 1982 et sont constitués d'un unique département (d'où l'expression DROM). Un seul préfet est à la tête des DROM mais ils conservent deux assemblées (un conseil général et un conseil régional). Les tendances récentes concernant l'outre-mer vont dans le sens d'un accroissement de l'autonomie locale à l'image des COM*.

**DSAA** (Diplôme Supérieur d'Arts Appliqués) : diplôme de niveau II de la NNF* qui se prépare en deux années après un BTS en Arts Appliqués, un DMA (Diplôme des Métiers d'Art qui est de même niveau que le BTS) ou après une CPGE* en Arts Appliqués. Il vise à former des créateurs-concepteurs en arts appliqués. Il existe six spécialités : mode et environnement, illustration médicale et scientifique, créateur-concepteur (avec trois options : création industrielle ; communication visuelle ; architecture intérieure et environnement), concepteur-créateur textile, arts et techniques de la communication (avec deux options : communication ou création typographique) et architecture intérieure et création de modèles.

**EPCI** (Établissements Publics de Coopération Intercommunale) : regroupements de communes ayant pour objet l'élaboration de projets communs de développement. Les EPCI sont soumis à des règles communes, homogènes et comparables à celles de collectivités territoriales. Les communautés urbaines, communautés d'agglomération, communautés de communes, syndicats d'agglomération nouvelle, syndicats de communes et les syndicats mixtes sont des EPCI.

**EPE** (Établissement de Placement Éducatif) : structure relevant du ministère de la Justice et des Libertés destinée à accueillir, suite à une décision judiciaire, des jeunes ayant commis une infraction pénale. L'objectif est de les éloigner de leur environnement social et familial afin qu'ils préparent un projet d'insertion sociale, scolaire ou professionnelle.

**EPEP** (Établissement Public d'Enseignement Primaire) : projet en cours d'étude pour donner aux écoles primaires le statut d'établissement public sur le modèle des EPLE*.

**EPLE** (Établissement Public Local d'Enseignement) : statut administratif attribué aux établissements du second degré (collèges, lycées). L'EPLE se caractérise par une certaine autonomie qui reste parfois limitée mais qui tend à se développer. Elle se matérialise par un conseil d'administration, une liberté d'action encadrée du chef d'établissement, un budget, une dotation horaire pour mettre en place des projets pédagogiques, etc. Les missions de l'EPLE sont centrées sur l'enseignement qui se décompose en deux volets : la transmission des connaissances, l'éducation des élèves, la formation des futurs citoyens d'une part, et l'orientation, la préparation à la vie professionnelle d'autre part. L'importance relative de ces objectifs varie selon les types d'établissements (voie générale et technologique pour accéder aux études supérieures, voie professionnelle pour accéder à la vie active).

**EPS** (Éducation Physique et Sportive) : dans le second degré, discipline enseignée par un professeur titulaire du CAPEPS* ou de l'agrégation* d'EPS. Les professeurs d'EPS ont des obligations de service de 20 heures (pour un certifié) ou de 17 heures (pour un agrégé) car ils doivent animer les associations sportives les mercredis après-midi. Voir APSA.

**EREA** (Établissement Régional d'Enseignement Adapté) : établissement du second degré qui accueille un public scolaire qui a décroché des classes ordinaires d'enseignement général ou professionnel. Il existe 80 EREA en France. La plupart accueillent des élèves de même profil qu'en SEGPA* mais quelques-uns sont spécialisés pour recevoir des enfants handicapés quoique d'autres structures existent (CLIS*, ULIS*). Les EREA dispensent un enseignement professionnel.

**ERS** (Établissement de Réinsertion Scolaire) : structure relevant du MEN* et destinée à accueillir des élèves de 5$^{e}$, 4$^{e}$ et 3$^{e}$ dont l'attitude pose d'importantes difficultés de scolarisation (exclusions de plusieurs établissements après conseil de discipline ou manque d'assiduité). Le premier ERS a été ouvert à la rentrée 2010 et une vingtaine de structures devraient être mises en place d'ici juin 2011. L'objectif est de permettre à ces élèves de réintégrer des établissements classiques après une année de travail auprès d'enseignants et d'éducateurs de la PJJ*. À la différence des EPE*, les ERS ne sont pas destinés à accueillir des mineurs ayant commis des infractions pénales.

**ETP** (Équivalent Temps Plein) : unité de mesure qui correspond à un agent à temps plein (1ETP) ou à un agent à mi-temps (0,5ETP).

**FCPE** (Fédération des Conseils de Parents d'Élèves) : créée en 1947, la FCPE représente la plus importante fédération de parents d'élèves (300 000 adhérents). Elle défend explicitement les valeurs républicaines d'égalité, de laïcité, de citoyenneté et de service public. En matière d'éducation, elle entend placer l'élève au centre du système éducatif selon un principe de coéducation (équilibre des tâches éducatives entre parents et enseignants en fonction des rôles respectifs de chacun).

**FSE** (Foyer Socio-Éducatif) : comparable à une association de type loi 1901, le FSE est organisé et animé à l'initiative des élèves avec le concours d'un ou plusieurs enseignants et sous l'autorité du chef d'établissement. Dans son organisme directeur, il faut au moins trois adultes (enseignants, CPE*, parents…) dont l'un a la responsabilité financière et comptable.

**GRETA** (GRoupement d'ÉTAblissements publics) : structure créée en 1973 et chargée de la formation pour adultes. Il existe 290 GRETA répartis à travers la France. L'action de ces établissements se fait principalement dans deux directions : pour les demandeurs d'emploi en vue de leur faire bénéficier de nouvelles qualifications facilitant un retour vers l'emploi d'une part, et pour les entreprises afin qu'elles proposent une formation continue à leurs salariés. Toute personne souhaitant suivre une formation peut s'inscrire dans un GRETA. Les professeurs de l'Éducation nationale peuvent être détachés pour enseigner comme formateur au sein de ces structures.

**HALDE** (Haute Autorité de Lutte contre les Discriminations et pour l'Égalité) : autorité administrative indépendante créée en 2004 pour lutter contre toutes les discriminations (handicap, homophobie, racisme, sexisme) et promouvoir l'égalité des chances. Elle agit dans tous les domaines : emploi, logement, éducation, services publics, services privés (loisirs, commerce...). Un projet de loi controversé visait en 2011 à l'intégrer à un Défenseur des droits au large domaine d'action.

**HSA** (Heure Supplémentaire Annuelle) : heure supplémentaire hebdomadaire effectuée par un enseignant pendant toute une année scolaire. De droit, l'administration peut imposer une HSA à un enseignant pour nécessité de service. Le paiement des HSA varie selon le corps de l'enseignant (agrégé, certifié, bi-admissible, PLP), son grade (classe normale, hors-classe, classe exceptionnelle) et la première HSA est majorée de 20 %.

**HSE** (Heure Supplémentaire Effective) : heure supplémentaire effectuée ponctuellement.

**IA-DSDEN** (Inspecteur d'Académie-Directeur des Services Départementaux de l'Éducation nationale) : personne chargée de mettre en œuvre au niveau du département la politique éducative du MEN*. Sous l'autorité directe du recteur d'académie, ses responsabilités s'exercent dans les domaines administratifs et pédagogiques : inspection des enseignants du premier degré, gestion des élèves (affectation dans les collèges et les lycées, gestion des bourses), carte scolaire, vie scolaire et pédagogique des établissements.

**IA-IPR** (Inspecteur d'Académie-Inspecteur Pédagogique Régional) : personne chargée d'exercer des missions d'évaluation, d'animation et de formation dans le cadre d'une discipline ou d'une spécialité. Parmi ses fonctions principales, l'IA-IPR évalue les professeurs du second degré de sa discipline, participe aux jurys d'examens et de concours, participe à la formation initiale et continue des enseignants et contribue au pilotage pédagogique dans une académie.

**ICOTEP** (Indicateur COmmuns pour un Tableau de bord de l'Éducation Prioritaire) : logiciel de gestion pour les chefs d'établissement situés en REP*. Il est constitué d'indicateurs élaborés par la DGESCO* mais aussi par ceux construits par les équipes sur le terrain. Il permet en outre la diffusion des bonnes pratiques et de rassembler des données objectives pour évaluer la réussite de contrat d'objectifs entre EPLE* et rectorat.

**IEN** (Inspecteur de l'Éducation Nationale) : personne chargée de mettre en œuvre les politiques éducatives et pédagogiques de l'enseignement primaire au sein d'une circonscription. Parmi ses fonctions principales, l'IEN est chargé du pilotage administratif et pédagogique d'une circonscription sous l'autorité de l'IA-DSDEN*, d'évaluer les professeurs du premier degré et le fonctionnement des écoles, de contribuer à la préparation de la rentrée scolaire, d'animer les relations avec les collectivités territoriales et les partenaires de l'école et de participer aux jurys de concours de recrutement des professeurs des écoles.

**IGAENR** (Inspection générale de l'administration et de l'éducation nationale et de la recherche). Créé en 1965 pour mener des missions de contrôle (dans les domaines administratif, financier, comptable et économique), d'étude, d'information, de conseil et d'évaluation, ce corps compte 89 membres.

**IGEN** (Inspection générale de l'éducation nationale). Créée en 1802, elle a pour mission d'évaluer les formations, les enseignements, les programmes ainsi que les méthodes pédagogiques et compte 157 inspecteurs généraux.

**IPES** (Indicateur de Pilotage des Établissements Secondaires) : logiciel de gestion et de pilotage des chefs d'établissement constitué de plusieurs indicateurs. Certains font référence aux données d'entrée (ressources attribuées par le rectorat, élèves entrants...), d'autres à des données de fonctionnement (absentéisme, options proposées, taille des classes...) et enfin, ceux qui concernent la sortie des élèves (taux de réussite aux examens, taux d'accès aux filières, insertion professionnelle...).

**ISOE** (Indemnité de Suivi et d'Orientation des Élèves) : somme versée aux professeurs du second degré et qui comprend deux parties. La part fixe est accordée à tous les professeurs tandis qu'il existe une part modulable qui est versée aux seuls professeurs principaux.

**IUFM** (Institut Universitaire de la Formation des Maîtres) : établissement supérieur créé en 1989 pour former les professeurs des écoles (PE) et les professeurs de lycée et de collège (PLC). Depuis 2010, ils sont intégrés aux universités qui prennent en charge la formation des futurs enseignants dans le cadre de filières de formation spécifique (master des métiers de l'enseignement). Les candidats passent leur concours après cette formation qui pourrait, à l'avenir, ne plus se faire avec des stages ponctuels mais sur le mode de l'alternance.

**IVAL** (Indicateur de la VAleur des Lycées) : mis en place en 1994, cet indicateur comprend trois paramètres (taux de réussite au baccalauréat, taux d'accès au baccalauréat et taux de bacheliers parmi les élèves sortants). Il est rendu public pour permettre de relativiser les seuls taux de réussite au bac qui, chaque année, donnent lieu à classement dans la presse.

**LGT** (Lycée Général et Technologique) : établissement du second degré qui permet de préparer un baccalauréat général (L, ES, S) ou technologique (STG*, STI*, STL*, ST2S*, ST2A*, TMD*). En 2009, il y avait 1 567 lycées généraux et technologiques publics et 1 063 lycées privés (France métropolitaine et outre-mer), lycées polyvalents (LPO*) compris.

**Loi Guizot** (28 juin 1833) : Composée de 25 articles répartis en quatre titres : *De l'instruction primaire et de son objet* (I), *Des écoles privées* (II), *Des écoles primaires publiques* (III) et *Des autorités préposées à l'école primaire* (IV). Cette loi déclare que l'instruction primaire est élémentaire ou supérieure et qu'elle peut être publique ou privée. Les matières à enseigner sont définies (apprentissage de la langue, éléments de mathématiques et de géométrie, initiation aux sciences naturelles et physiques, histoire et géographie de la France, dessin, chant, instruction morale et religieuse – si accord du père de famille pour l'instruction religieuse). Chaque commune doit entretenir une école publique et les chefs-lieux de plus de 6 000 habitants doivent entretenir une école primaire supérieure. Si la commune ne peut entretenir l'école, elle peut recevoir une aide du département voire de l'État. Les instituteurs sont formés dans des écoles normales (entretenues par le département), bénéficient d'un logement et touchent un salaire qui provient de la contribution obligatoire des familles, dont le montant augmente avec le niveau de la classe suivie et dont les indigents sont exclus. Si la commune ne peut par ce moyen assurer ces conditions à son instituteur, elle peut créer une imposition spéciale sur les habitants (trois centimes additionnels au principal des contributions foncières, personnelle et mobilière). L'école n'est donc pas gratuite dans son principe sauf pour les familles indigentes, celles qui n'ont pas les moyens de payer d'impôt. Une retenue sur salaire de 5 % est effectuée pour alimenter une caisse d'épargne et de prévoyance pour les instituteurs. Pour enseigner, il faut avoir 18 ans, obtenir un brevet de capacité (examen) et un certificat de moralité délivré par le maire de la commune sur l'attestation de trois conseillers municipaux.

**Loi Falloux** (15 mars 1850) : Composée de 85 articles répartis en quatre titres : *Des autorités préposées à l'enseignement* (I), *De l'enseignement primaire* (II), *De l'instruction secondaire* (III) et *Dispositions générales* (IV). Cette loi reconnaît l'existence de deux types d'écoles primaires et secondaires : celles fondées ou entretenues par les communes, les départements ou l'État (écoles publiques), celles fondées et entretenues par des particuliers ou des associations (écoles libres). Au niveau des matières enseignées, la loi ajoute à celle de Guizot une instruction élémentaire sur l'agriculture, l'industrie et l'hygiène ainsi que la gymnastique. Les conditions pour devenir instituteurs se durcissent : il faut avoir 21 ans, détenir un brevet de capacité ou un titre équivalent (baccalauréat ou certificat de stage si expérience d'au moins trois ans dans le domaine de l'enseignement). Les instituteurs communaux sont nommés par le conseil municipal mais sont choisis sur une liste d'admissibilité dressée par le conseil académique du département. L'instituteur est révocable sur décision du recteur. Dans certains cas (fort nombre d'élèves), l'instituteur peut recruter (et révoquer) un instituteur adjoint. Comme dans la loi Guizot, le traitement des instituteurs se décompose d'une part fixe de 200 francs et du produit de la rétribution scolaire (fournie par l'imposition sur les familles) mais au cas où le total est inférieur à 600 francs, un supplément est accordé. Les familles les plus pauvres accèdent toujours gratuitement à l'école communale. Une caisse de retraite remplace la caisse d'épargne et de prévoyance de la loi Guizot. Quant à celui qui souhaite ouvrir une école libre, il doit déclarer au recteur d'académie, au procureur de la République, au préfet et au maire du lieu où il a l'intention d'ouvrir une école, l'endroit où il compte s'installer ainsi que ses lieux de résidence et professions des dix dernières années. La loi prévoit aussi d'instaurer des écoles communales, publiques ou libres, pour adultes (plus de 18 ans) et pour les apprentis (plus de 12 ans).

La loi Falloux instaure également des écoles de filles. Elles ont les mêmes matières que les garçons auxquelles s'ajoutent des travaux à l'aiguille. Les communes ont des obligations moins strictes car elles sont tenues d'ouvrir une école de filles si elles ont plus de 800 habitants et si elles en ont les moyens. En revanche, une commune qui aurait les moyens mais moins de 800 habitants peut se voir obliger par le conseil académique d'ouvrir une école de filles.

Ce texte prévoit enfin des dispositions pour l'enseignement secondaire (public et libre). Les établissements publics d'instruction secondaire sont les lycées et les collèges communaux. Les lycées sont fondés et entretenus par l'État avec le concours des départements et des villes. Les collèges communaux sont fondés et entretenus par les communes et peuvent être subventionnés par l'État. Les salaires du principal et des professeurs doivent être payés par la commune.

**Lois Ferry** . Ensemble de lois scolaires fondamentales portées par Jules Ferry en tant que ministre de l'Instruction publique (4 février 1879-23 septembre 1880) puis que président du Conseil (23 septembre 1880-10 novembre 1881) et à nouveau que ministre de l'Instruction (31 janvier-29 juillet 1882). La première loi Ferry (9 août 1879) créé une École normale féminine (Sèvres) et une agrégation pour les femmes. La loi sur la collation des grades universitaires (12 mars 1880) donne l'exclusivité de la délivrance des diplômes universitaires à l'État et celle du 29 mars 1880 dissout les congrégations enseignantes. La loi du 21 décembre 1880 étend aux jeunes filles le système de l'enseignement secondaire d'État. Suit la loi sur la gratuité de l'école primaire (16 juin 1881) suivant laquelle les communes ne peuvent plus demander aux familles de rétribution scolaire et les écoles primaires sont financées sur les impôts communaux et, datée du même jour, celle sur les capacités des enseignants (16 juin 1881) : obligation pour les instituteurs du privé comme du public d'être titulaire d'un "brevet de capacité pour l'enseignement primaire". Enfin la loi sur l'enseignement primaire obligatoire et laïque (28 mars 1882) est la clef de voûte du dispositif. Composée de 18 articles, cette loi supprime l'instruction morale et religieuse pour la remplacer par une instruction civique et morale. Outre les matières habituelles (l'écriture, la lecture, la littérature française, l'histoire et la géographie, les mathématiques, les sciences naturelles et physiques, dessin, musique, gymnastique), la nouveauté concerne l'application des matières scientifiques aux arts industriels, travaux manuels et usage des outils des principaux métiers. Les garçons doivent suivre des exercices militaires (contexte de rivalité avec l'Allemagne depuis la guerre de 1870) et les filles des travaux d'aiguille. Une journée libre est instituée pour suivre un enseignement religieux qui, du reste, est rendu facultatif dans les écoles libres. L'école devient obligatoire de 6 à 13 ans révolus. L'obligation scolaire nécessite de mettre en place une commission chargée de surveiller l'assiduité des élèves. Il s'agit des commissions municipales scolaires qui surveillent et encouragent la fréquentation des écoles. Le maire doit recenser la population enfantine de 6 à 13 ans de sa commune. Une organisation particulière concerne Paris et Lyon. La loi crée un dispositif de gestion des absences : registres d'appel avec nombre et motif des absences. À chaque fin de mois, le directeur/la directrice de l'école envoie une copie au maire et à l'inspecteur primaire. Les motifs valables sont : maladie de l'enfant, décès familial, impossibilité accidentelle d'accéder à l'école. Au cas où l'enfant s'absenterait quatre demi-journées dans le mois sans justification, le père de famille serait convoqué à la mairie pour un rappel à la loi. En cas de récidive dans les douze mois, la commission municipale scolaire fera publier publiquement les nom, prénom et qualité de la personne responsable à la porte de la mairie pendant 15 ou 30 jours. Une nouvelle récidive entraîne des sanctions pénales. La loi de 1882 institue aussi le certificat d'études primaires, examen ouvert aux enfants à partir de 11 ans (article 6). Le réussir avant l'âge légal de fin de scolarité dispense le lauréat de l'obligation scolaire. L'article 4 prévoit enfin une procédure particulière pour que les enfants aveugles ou sourds-muets puissent suivre l'instruction primaire.

**LOLF** (Loi Organique relative aux Lois de Finance) : loi de 2001 modifiant l'architecture du budget qui au lieu d'être établi ministère par ministère est défini en fonction de missions, de programmes et d'actions selon le principe que plusieurs ministères peuvent avoir des missions communes (missions interministérielles). En outre, le contrôle du Parlement est accru car le budget est annuellement soumis, dans sa totalité, à l'examen des parlementaires (et non plus seulement les crédits alloués aux dépenses nouvelles). Le projet de loi de finance 2010 prévoyait 48 missions, 171 programmes et 683 actions.

**LP** (Lycée Professionnel) : depuis 1985, établissement du second degré dans lequel est dispensé un enseignement professionnel en vue de préparer les élèves au baccalauréat professionnel, au CAP et au BEP rénové (en cours de cursus du baccalauréat professionnel). Certains LP* ouvrent des sections de 3e DP6 (découverte professionnelle 6 heures). Il existe certains établissements qui offrent des sections de techniciens supérieurs qui préparent au BTS*. Les lycées des métiers sont des lycées professionnels qui ont spécialisé leur offre de formation autour d'un domaine particulier (800 établissements labellisés en 2011). En 2008, il y avait 1 012 LP publics et 660 LP privés.

**LPO** (Lycée POlyvalent) : établissement du second degré qui associe un lycée général et technologique (LGT*) et un lycée professionnel (LP*).

**MDPH** (Maison Départementale des Personnes Handicapées) : groupement d'intérêt public sous tutelle administrative et financière du département. Créées en 2005, les MDPH sont des lieux uniques d'accueil, d'information et de conseil pour les personnes handicapées et leur famille. Cette structure offre une plus grande facilité d'accès aux droits et aux prestations des personnes concernées, notamment dans la démarche de scolarisation des enfants handicapés. C'est avec les professionnels de cette structure que le PPS* est élaboré afin de proposer à l'enfant la situation scolaire la mieux adaptée : classe normale avec AVS*, classe spécialisée (CLIS*, ULIS*) ou établissement médico-social.

**MEN** (Ministère de l'Éducation Nationale) : ministère chargé de l'enseignement primaire et secondaire. Les CPGE* sont hébergées dans des lycées et sont donc rattachées à ce ministère mais pas les BTS.

**MENSR** (Ministère de l'ENseignement Supérieur et de la Recherche) : ministère chargé de l'enseignement supérieur (université, la plupart des grandes écoles et des formations de techniciens supérieurs) et de la recherche (industrielle et technologique).

**MIES** (Mission Interministérielle d'Enseignement Scolaire) : mission qui doit répondre aux objectifs prévus lors d'un projet de loi de finances (dans le cadre de la LOLF*) en matière d'enseignement primaire et secondaire. La MIES se compose de cinq programmes : enseignement privé du premier et du second degrés (programme 139), enseignement scolaire public du premier degré (programme 140), enseignement scolaire public du second degré (programme 141), enseignement technique agricole (programme 143), soutien de la politique de l'Éducation nationale (programme 214), vie de l'élève (programme 230).

**MI-SE** (Maître d'Internat-Surveillant d'Externat) : un maître d'internat est chargé de surveiller les dortoirs dans les établissements disposant d'un internat. Un surveillant d'externat est chargé de la surveillance des élèves dans l'enceinte et aux abords des établissements du second degré. Les MI-SE sont remplacés par des AE* depuis 2003.

**Note de vie scolaire** : définie par le décret n° 2006-533 du 10 mai 2006, la note de vie scolaire s'inscrit dans une démarche éducative qui vise l'apprentissage des règles de civilité et l'adoption de comportements civiques et responsables. Elle fait partie de l'évaluation des élèves pour l'obtention du DNB*. Tous les élèves de la 6e à la 3e sont notés, y compris ceux qui sont scolarisés dans les établissements privés sous contrat ainsi que les élèves de 3e scolarisés en lycée professionnel. Il existe trois paramètres d'évaluation : l'assiduité, le respect du règlement intérieur, la participation de l'élève à la vie de l'établissement (délégués de classe), à ses activités (FSE*, association sportive...) ou à des actions reconnues (participation à une action de solidarité, de lutte contre les discriminations...). L'obtention de l'ASSR* (premier et second niveau) peut être une source de valorisation de l'élève. Le professeur principal attribue la note de vie scolaire après avoir consulté l'ensemble de l'équipe pédagogique et en concertation avec le CPE*. La note est ensuite validée par le chef d'établissement en conseil de classe.

**NNF** (Nomenclature des Niveaux de Formation) : définie par la circulaire II-67-300 du 11 juillet 1967, la NNF distingue six niveaux. Le niveau I correspond à celui du Master ou d'une école d'ingénieur ; le niveau II à celui d'une licence ; le niveau III à celui du BTS, du DUT ou de deux années d'études après le baccalauréat ; le niveau IV à celui du Brevet de technicien, du BP*, du BMA*; le niveau V à celui du CAP*, du BEP*, du DNB*; le niveau VI correspond à celui pour pourvoir des emplois dont le niveau inférieur à la fin de scolarité obligatoire suffit.

**NSF** (Nomenclature des Spécialités de Formation) : document de référence utilisé dans le répertoire national des certifications professionnelles qui a pour objet de tenir à la disposition des personnes et des entreprises une information constamment à jour sur les diplômes et les titres à finalité professionnelle. À cette fin, la NSF contient les métiers, groupes de métiers ou type de formations. Elle est également utilisée à des fins statistiques par les conseils régionaux dans le cadre de leur politique en matière de formation professionnelle continue et d'apprentissage. La NSF est composée de trois niveaux : les deux premiers fixent la liste des *domaines* de spécialités en matière de formation et le troisième fixe la liste des *groupes* de spécialités de formation. C'est ainsi que le premier niveau compte quatre domaines : domaines disciplinaires (1), domaines technico-professionnels de la production (2), domaines technico-professionnels des services (3) et domaines du développement personnel (4). Ces quatre domaines sont subdivisés. Pour prendre l'exemple du domaine disciplinaire, il compte quatre subdivisions : formations générales (0), mathématiques et sciences (1), sciences humaines et droit (2) et lettres et arts (3). Ce second niveau ouvre l'accès à un troisième qualifié de groupes de spécialités. Le domaine mathématiques et sciences (1), par exemple, compte le groupe physique (5). Par conséquent, son code dans la NSF sera 115 : domaines disciplinaires (1) => mathématiques et sciences (1) => physique (5). La liste complète se trouve à l'article D311-4 du code de l'éducation.

**Objets confectionnés** : terme qui désigne les objets fabriqués par les élèves mais aussi une ligne budgétaire dans le chapitre "vente et prestations de services" des recettes des EPLE*. Au collège, il s'agit des réalisations faites en classes de technologie. Du fait de la gratuité de l'enseignement, le professeur ne peut demander une participation financière de la famille mais si l'enfant souhaite conserver l'objet qu'il a fabriqué, le collège peut le lui vendre, ce qui occasionne ainsi une recette. Au niveau des lycées professionnels, il arrive que l'EPLE* passe des contrats avec des clients, notamment dans les métiers du bâtiment. Les élèves se rendent sur des chantiers et la prestation de leurs services est facturée au nom de l'établissement.

**OFDT** (Observatoire Français des Drogues et des Toxicomanies) : créé en 1993 sous la forme d'un groupement d'intérêt public, l'OFDT œuvre dans le cadre de la mission interministérielle de lutte contre la drogue et la toxicomanie (MILDT). Son action consiste à recueillir, à analyser et à faire la synthèse des connaissances scientifiques sur la production, la circulation, la consommation et la perception des usages des drogues licites (alcool, tabac) et illicites au sein des sociétés (Europe, France et régions). Elle publie des rapports publics.

**ONISEP** (Office National d'Information Sur les Enseignements et les Professions) : établissement public qui dépend du MEN* et du MENSR* dont les missions consistent à informer les jeunes sur les formations, les métiers, les secteurs professionnels, à les accompagner, ainsi que leur famille, dans leur projet d'orientation et à informer les enseignants des dispositifs qui existent en ce domaine.

**PAI** (Plan d'Accueil Individualisé) : dispositif destiné à accueillir et à faciliter la scolarisation d'enfants malades (longue maladie, allergies graves, etc.). Le PAI est établi par le directeur d'école ou le chef d'établissement à la demande de la famille afin de permettre sa prise en charge dans les meilleures conditions en milieu scolaire. La mise en place d'un PAI n'est pas obligatoire mais le directeur d'école ou le chef d'établissement se fonde sur l'avis du médecin scolaire qui travaille en concertation avec le médecin traitant de la famille. Le document définit les adaptations nécessaires à la vie de l'enfant au sein de l'établissement telles que les conditions de restauration et les interventions médicales ou paramédicales. Au niveau pédagogique, le PAI* prévoit un moyen d'assurer la continuité des enseignements au cas où l'élève viendrait à être hospitalisé. Par mesure de précaution, il est toujours possible de demander à l'infirmière, en début d'année ou dès qu'un nouvel élève intègre une classe, si elle a connaissance de tels cas, ce, bien entendu, dans le respect du secret professionnel.

**PE** (Professeur des Écoles) : enseignant du premier degré. Ce statut a été créé pour aligner le statut des instituteurs sur celui des professeurs du second degré (notamment en matière de salaires). Les PE sont recrutés au niveau académique. Polyvalents, ils enseignent dans le premier degré (de la petite section de maternelle au CM2). Les obligations de service d'un PE sont de 24 heures d'enseignement par semaine et de 108 heures annuelles globalisées.

**PEEP** (Parents d'Élèves de l'Enseignement Public) : fédération d'association de parents d'élèves créée en 1926 et réputée conservatrice ; les valeurs qui animent la PEEP sont centrées autour de la primauté du rôle des parents dans l'éducation des enfants, du respect des droits des enfants et de la promotion d'une école publique. La PEEP revendique 250 000 adhérents.

**PEGC** Professeur d'enseignement général des collèges. Enseignants compétents dans deux matières. Effectifs importants dans les années 1970 ; moyenne d'âge en 2011, 58 ans.

**PJJ** (Protection Judiciaire de la Jeunesse) : service du ministère de la Justice et des Libertés qui dépend d'une direction centrale (la DPJJ) et dont les missions concernent la justice des mineurs. Les mineurs impliqués dans des affaires relevant de la justice (civile ou pénale) ou qui sont en danger bénéficient d'actions de prévention et d'éducation qui sont organisées par des éducateurs de la PJJ. Ces derniers sont chargés de faciliter leur insertion sociale, scolaire ou professionnelle. Ils interviennent notamment dans les ERS* (pour des enfants gravement perturbateurs mais qui ne relèvent pas d'une décision judiciaire) ou dans les EPE* (pour des jeunes sous main de justice). La PJJ a en moyenne en charge 170 000 jeunes dont près de 90 000 dans le cadre pénal.

**PME** (Petite et Moyenne Entreprise) : entreprise qui emploie moins de 250 personnes (en équivalent temps plein), et dont la part détenue par une autre entreprise n'excède pas plus de 25 % du capital (sauf s'il s'agit d'une autre PME).

**PPCP** (Projet Pluridisciplinaire à Caractère Professionnel) : dispositif en place dans les lycées professionnels qui doit permettre aux élèves d'acquérir des compétences et des connaissances à la fois générales et professionnelles. Ce projet personnel est encadré par deux professeurs. Il est l'équivalent des TPE* en lycée général et technologique.

**PPRE** (Programme Personnalisé de Réussite Éducative) : dispositif de prévention et de traitement de l'échec scolaire qui se caractérise par la mise en place d'une aide intensive de courte durée auprès d'enfants qui rencontrent des difficultés dans l'acquisition des connaissances et des compétences du socle commun* (particulièrement en français, en mathématiques et dans les langues vivantes). Il doit permettre d'assurer la continuité de la scolarisation de l'élève (prévenir le redoublement), de mobiliser plusieurs acteurs (famille, équipe pédagogique, CPE*, COP*, personnel de santé) et d'apporter une réponse individualisée. Le professeur de la classe, dans le premier degré, le professeur principal, dans le second degré, ou le professeur référent, dans les structures d'enseignement spécialisé, jouent le rôle de tuteur de l'élève et de coordonnateur du dispositif mais celui-ci reste fondé sur une aide pédagogique collective. Lorsqu'un élève en difficulté est détecté, il doit s'ensuivre un diagnostic (évaluation des compétences acquises et non acquises) afin de déterminer un programme ciblé dont la durée varie entre 6 et 8 semaines. Le PPRE* prend fin dès que les compétences manquantes sont acquises, d'où la nécessité d'une évaluation régulière.

**PPS** (Projet Personnalisé de Scolarisation) : dispositif destiné à organiser la scolarité de l'élève handicapé au niveau primaire ou secondaire. Un diagnostic du handicap de l'élève est établi afin d'évaluer ses besoins (accompagnement thérapeutique, attribution d'un AVS* ou de matériel pédagogique spécifique, etc.). Le PPS assure la cohérence et la qualité des accompagnements de l'élève qui a deux possibilités : la scolarisation individualisée dans une classe normale au sein de l'établissement le plus proche du domicile de l'élève (c'est la solution la plus recherchée) ou la scolarisation au sein d'un dispositif collectif (plusieurs enfants handicapés dans une même classe). Au niveau primaire, ces dispositifs s'appellent des CLIS* et au niveau secondaire des ULIS*. Une fois par an, tous les acteurs qui concourent au suivi de la scolarisation de l'élève (médecin scolaire, AVS*, professeur référent...) doivent se rencontrer pour faire avec les parents le point sur le parcours de l'élève.

**PRAG** (PRofesseur AGrégé) : professeur agrégé de l'enseignement secondaire détaché dans l'enseignement supérieur (université, IUFM*, Instituts universitaires de technologie, écoles d'ingénieurs...). En 2008-2009, il y avait 13 427 enseignants du second degré affectés dans le supérieur, dont 54,2 % d'agrégés.

**PRCE** (PRofesseur CErtifié) : professeur certifié de l'enseignement secondaire détaché dans l'enseignement supérieur. En 2008-2009, il y avait 13 427 enseignants du second degré affectés dans le supérieur dont 43,6 % de certifiés.

**PRDFP** (Plan Régional de Développement des Formations Professionnelles) : instrument de programmation régionale à disposition des conseils régionaux pour mettre en œuvre une politique de formation professionnelle des jeunes et des adultes. Le PRDFP définit des orientations à moyen terme pour favoriser le développement cohérent de l'ensemble des filières de formation, notamment en prenant en compte les réalités économiques de la région. Il définit également son action à mener en matière d'information, d'orientation et de validation des acquis de l'expérience. Le PRDFP recueille tous les *schémas de formation professionnelle* mis en place par les acteurs régionaux en ce domaine (collectivités locales, partenaires sociaux, services déconcentrés de l'État, Éducation nationale, associations...) : schéma de l'apprentissage, schéma prévisionnel des formations scolaires, schéma des formations pour les demandeurs d'emploi et les salariés, schéma régional des formations de l'AFPA (Association pour la formation professionnelle des adultes), schéma régional des formations sanitaires et sociales et schéma des formations artistiques. Le PRDFP permet à la région de centraliser les moyens d'action en matière de formation et d'insertion professionnelle dans le cadre d'une politique de lutte contre le chômage.

**Primo-arrivant** (élève) : se dit d'un enfant étranger qui arrive pour la première fois en France et qui n'a pas disposé dans son pays d'origine d'une scolarité continue ou dont la maîtrise du français est trop fragile pour une scolarisation bénéfique. Des structures d'accueil spéciales sont prévues (voir CASNAV).

**Projet d'école/Projet d'établissement** : document élaboré par les membres de la communauté éducative et adopté en conseil d'école ou d'administration pour une durée de trois à cinq ans sur proposition de l'équipe pédagogique (premier degré) ou du conseil pédagogique (second degré). Le projet d'école définit les modalités particulières de mises en œuvre des objectifs et des programmes nationaux. Il précise les activités scolaires et périscolaires propres à cette réalisation.

**RAR** (Réseau Ambition Réussite) : dispositif destiné à réduire les inégalités scolaires en remplaçant, à terme, des dispositifs ZEP* et REP* et en complément des RRS*. Un RAR s'organise autour d'un collège (tête de réseau) et des écoles maternelles et élémentaires qui lui sont associées. L'objectif est de répondre aux besoins d'enfants scolarisés dans des localités qui concentrent les difficultés sociales et de fédérer ces derniers autour de projets d'excellence (c'est-à-dire préparer une orientation ambitieuse en vue d'une promotion sociale par l'école). Les lycées ambition réussite constituent un dispositif d'aval aux RAR : les lycéens doivent recevoir un accompagnement scolaire renforcé pour répondre aux exigences de l'enseignement supérieur ou de l'insertion professionnelle. Des conventions entre les grandes écoles et de tels lycées sont établies afin d'offrir aux élèves issus de milieux défavorisés, et dont le niveau le permet, de nouvelles perspectives. Ce dispositif renvoie à la notion d'égalité des chances et de promotion sociale par le travail. La mise en place des internats d'excellence répond à cette même logique. En 2008-2009, il y avait 25 lycées, 254 collèges publics, 11 collèges privés sous contrat et 1 710 écoles primaires en RAR (France métropolitaine et outre-mer). En 2010, ce dispositif est complété par le projet CLAIR*.

**RASED** (Réseau d'Aides Spécialisées aux Élèves en Difficulté) : dans le premier degré, dispositif d'aides spécialisées pour les enfants dont les difficultés persistent malgré l'aide apportée par le professeur des écoles. Les aides spécialisées sont de deux ordres : pédagogiques lorsque l'enfant manifeste des troubles de l'apprentissage ou psychologiques et éducatives lorsque l'enfant ne parvient pas à s'adapter au milieu scolaire. Les professeurs qui interviennent en RASED ont obtenu le CAPA-SH*. Ils apportent une aide directe à l'enfant en concertation avec le conseil des maîtres et sous l'autorité de l'IEN*. L'intervention se fait soit dans la classe de l'élève, soit individuellement. Parfois, plusieurs élèves en difficulté peuvent être regroupés. Les professeurs de RASED peuvent intervenir sur plusieurs écoles et parfois dans les collèges des réseaux RAR. Les aides spécialisées peuvent également compléter un dispositif d'aide personnalisée tel que le PPRE*.

**Règlement intérieur** : texte voté en conseil d'école (premier degré) ou d'administration (second degré) qui définit les droits et les obligations des élèves et des membres de l'équipe éducative. Ce n'est ni une charte, ni un contrat mais une loi interne à l'établissement.

**REP** (Réseau d'Éducation Prioritaire) : dispositif créé en 1997 pour répondre aux insuffisances des ZEP*. Le principe de la réforme repose sur un décloisonnement de l'établissement et sur l'élaboration de “contrats de réussite”. Chaque établissement du second degré classé ZEP devient la tête du réseau constitué avec les écoles primaires environnantes. Dans certains bassins, ces collèges peuvent tisser des liens directement entre eux en vue de mutualiser des pratiques ayant fait leurs preuves. Les contrats de réussite permettent quant à eux de fixer des objectifs pédagogiques tout en définissant les moyens nécessaires (postes, heures, crédits). Il formalise l'engagement mutuel entre les autorités académiques qui accordent ces moyens et les équipes du réseau qui les exploitent pour atteindre les objectifs assignés au départ. L'éducation prioritaire a fait l'objet d'une nouvelle réforme en 2005/2006 par la mise en place des RAR*.

**RGPP** (Réforme Générale des Politiques Publiques) : réforme dont l'ambition consiste à rendre l'exécution des politiques publiques de l'État plus efficaces tout en rationalisant ses coûts de fonctionnement.

**RRS** (Réseau de Réussite Scolaire) : dans le cadre de la politique d'éducation prioritaire, les RRS présentent les caractères les moins urgents d'intervention en raison de difficultés plus simples et plus homogènes à gérer que dans les RAR*. Le dispositif prévoit donc de veiller à ce que tous les élèves tirent profit des moyens mis en place afin de permettre l'acquisition du socle commun de connaissances et de compétences. Depuis la rentrée 2009, les académies définissent elles-mêmes leurs RRS.

**SEGPA** (Section d'Enseignement Général et Professionnel Adapté) : classe destinée à accueillir des élèves en grande difficulté scolaire ou sociale. Ces classes sont intégrées à des collèges mais les équipes pédagogiques sont composées de professeurs des écoles spécialisés (titulaires du CAPA-SH*) et de professeurs certifiés (titulaires du 2CA-SH*).

**Socle commun de connaissances et de compétences** : mis en place par la loi d'orientation sur l'avenir de l'école de 2005, ce dispositif correspond à la fois à un traitement national pour contrer l'échec scolaire et à une adaptation du système éducatif français aux normes européennes. Au niveau pédagogique, il se traduit par la nécessité pour les élèves de maîtriser les connaissances et les compétences de base en fin de scolarité obligatoire (lire, écrire, compter) et il introduit la notion d'attitude (ou aptitude face au travail et aux situations d'apprentissage) dans la logique d'une formation tout au long de la vie. La maîtrise de cette triple combinaison de connaissances, de compétences et d'attitudes est évaluée au terme de trois paliers (palier 1 en fin de CE1, palier 2 en fin de CM2 et palier en fin de 3e). Au cas où un élève manifesterait des difficultés, des dispositifs d'aide personnalisée sont prévus pour prévenir l'échec scolaire ou remédier à certaines carences (voir PPRE*). Le socle commun comprend sept champs d'évaluation appelés "piliers" : 1) la maîtrise de la langue française, 2) la pratique d'une langue vivante étrangère, 3) les principaux éléments de mathématiques et la culture scientifique et technologique, 4) la maîtrise des TIC*, 5) la culture humaniste, 6) les compétences sociales et civiques et 7) l'autonomie et l'initiative.

**SMIC** (Salaire Minimum Interprofessionnel de Croissance) : créé en 1970, il s'agit du salaire horaire minimum légal en France métropolitaine, dans les départements d'outre-mer et à Saint-Pierre-et-Miquelon. Depuis 2010, la revalorisation du SMIC se fait au 1er janvier de chaque année (et non plus juillet), en tenant compte de l'indice des prix à la consommation (IPC) et de la croissance du pouvoir d'achat. En cas de très forte inflation (IPC mensuel supérieur à 2 %), il peut faire l'objet d'une réévaluation à n'importe quel moment de l'année. Les variations du montant du SMIC ont une influence sur la rémunération des apprentis ou des élèves en contrat de professionnalisation. En 2010, le salaire horaire minimum était de 8,86 € soit 1 343,77 € bruts par mois (pour 35 heures de travail hebdomadaire).

**STAV** (Sciences et Technologies de l'Agronomie et du Vivant) : filière de formation qui mène au baccalauréat et qui est dispensée dans les lycées agricoles. Il existe quatre domaines de spécialité (environnement, territoires, alimentation et agronomie).

**STG** (Sciences et Techniques de Gestion).

**STI** (Sciences et Techniques Industrielles).

**STL** (Sciences et Techniques de Laboratoire).

**STS** (Section de Technicien Supérieur) : dans un lycée, désigne le niveau d'enseignement post-baccalauréat pour préparer un BTS*.

**ST2S** (Sciences et Technologies de la Santé et du Social).

**SVT** (Sciences et Vie de la Terre).

**TIC** (Technologies de l'Information et de la Communication) : désigne les médias numériques tels que l'informatique, l'internet et les communications par satellite (téléphonie 3G, GPS...).

**TICE** (Technologies de l'Information et de la Communication pour l'Éducation) : forme particulière des TIC uniquement destinée aux activités éducatives et qui concerne les enseignants. La maîtrise des TICE est importante pour faire évoluer les pratiques pédagogiques (TNI*, logiciels spécialisés, usage d'internet en classe...). Les académies organisent des stages de formation et les collectivités territoriales subventionnent l'équipement des établissements.

**TNI** (Tableau Numérique Interactif) : tableau connecté à un ordinateur et à un vidéoprojecteur, et muni de capteurs qui permettent une manipulation directe de logiciels informatiques devant les élèves. Grâce à ce support, il est possible de développer les TICE* à l'école, au collège et au lycée. On interagit avec le tableau grâce à un stylet numérique qui fait office de souris. Le professeur peut scénariser son cours et rassembler des ressources (vidéo, son, image) libres de droits d'auteur.

**TOS** (Technique, Ouvrier et de Service) : personnels de la fonction publique territoriale, lauréats d'un concours et recrutés par une collectivité territoriale pour remplir les fonctions d'agent technique ou de service au sein d'un établissement du second degré (ouvrier, femme de ménage, personnel de cantine). Le chef d'établissement n'est donc pas l'employeur de ce type de personnel mais exerce une autorité de fonction.

**TPE** [sens 1] (Travail Personnel Encadré) : épreuve anticipée du baccalauréat général et technologique en classe de 1re dont l'objectif consiste à initier les élèves à un travail personnel de recherche transdisciplinaire. L'élève est accompagné par des professeurs d'au moins deux disciplines.

**TPE** [sens 2] (Très Petite Entreprise) : entreprise employant moins de 25 personnes et qui respecte le critère d'indépendance (capital non contrôlé par une autre entreprise).

**TZR** (Titulaire sur Zone de Remplacement) : dans le second degré, professeur certifié ou agrégé qui est affecté sur une zone dans laquelle il effectue des remplacements de courte durée (remplacement temporaire lié à un arrêt maladie, un congé parental...) ou de longue durée (remplacement sur toute une année scolaire).

**UFA** (Unité de Formation par Apprentissage) : au sein d'un EPLE*, division qui permet d'accueillir des apprentis. En 2006, l'objectif a été lancé de doubler le nombre d'apprentis formés dans les EPLE* (de 4 % à 8 % des effectifs). Les UFA sont créées par une convention signée entre un CFA* et un lycée professionnel. Les domaines prioritairement ciblés sont ceux des services aux personnes et du BTP (Bâtiment Travaux Publics).

**ULIS** (Unité Localisée d'Inclusion Scolaire) : au niveau secondaire, classe destinée à accueillir des enfants de 12 à 16 ans en situation de handicap dont il existe une nomenclature : TFC (troubles des fonctions cognitives ou mentales) dont les troubles du langage écrit et de la parole, TED (troubles envahissants du comportement) dont l'autisme, TFM (troubles des fonctions motrices) dont la dyspraxie, TFA (troubles de la fonction auditive), TFV (troubles de la fonction visuelle), TMA (troubles multiples associés). L'objectif des ULIS est d'offrir aux élèves des dispositifs adaptés à leur handicap. Ces classes font partie intégrante de l'établissement (collège ou lycée de secteur) mais tous les établissements ne possèdent pas de telles structures. C'est pourquoi les ULIS peuvent faire partie d'un réseau d'établissements afin de faciliter la mise en adéquation du projet professionnel de l'adolescent et de son PPS*. Les ULIS remplacent depuis juin 2010 les UPI (Unités Pédagogiques d'Intégration).

**UNAAPE** (Union Nationale des Associations Autonomes de Parents d'Élèves) : fédération de parents d'élèves créée en juin 1968, en réaction aux manifestations du mois de mai précédent. L'UNAAPE défend les valeurs d'indépendance idéologique (syndical, religieuse et politique), de liberté et de responsabilité des parents dans les choix éducatifs de leurs enfants. En matière pédagogique, elle défend un enseignement qualitatif adapté aux aptitudes de chaque élève ainsi qu'un enseignement des valeurs morales et civiques.

**UPR** (Unité Pédagogique Régionale) : structure administrative chargée de mettre en œuvre les dispositifs d'enseignement en milieu pénitentiaire en lien avec le ministère de la Justice et des Libertés. Chaque UPR se décompose en unités locales d'enseignement (ULE) situées dans des maisons d'arrêt ou des centres de détention. Des professeurs du premier degré et du second degré peuvent travailler dans de telles structures (postes à pourvoir publiés dans le BOEN*).

**Vie scolaire** : la circulaire n° 82-842 du 28 octobre 1982 définit confusément la vie scolaire comme le service de l'établissement chargé de "placer les adolescents dans les meilleures conditions de vie individuelle et collective et d'épanouissement personnel". La vie scolaire est donc un terme qui désigne l'*organisation de la scolarité* des élèves, dont le CPE* a la charge, mais aussi un *concept éducatif* à mettre en œuvre (l'épanouissement individuel de l'enfant ou de l'adolescent dans l'esprit de la protection de l'enfance) par l'ensemble de l'équipe éducative et pédagogique, en clair toutes les activités des élèves en dehors des heures de classe.

**ZEP** (Zone d'Éducation Prioritaire) : dispositif mis en place en 1981 et destiné à offrir une pédagogie appropriée aux déficits culturels et sociaux des élèves d'une aire géographique donnée, le plus souvent urbaine, dans le but de fixer la population scolaire et garantir la mixité sociale. S'inspire des expériences anglaises de discrimination positive par aires menées dans les années 1970 à la suite du rapport Plowden (1967). Cette politique se caractérise par une dotation de moyens supplémentaires : primes pour les enseignants, réduction des effectifs par classe, augmentation de l'encadrement de vie scolaire (deux CPE*, plus de surveillants), crédits d'équipement pédagogique majorés… L'impact sur les habitants des quartiers a été négatif : le mot ZEP a été compris comme les lieux scolaires à éviter à tout prix, entraînant l'élaboration de stratégies de contournement des établissements de ce type par les familles des classes moyennes ou supérieures. L'efficacité des ZEP a été largement débattue à la fin des années 1990 (réponse effective à la difficulté scolaire ou simple endiguement ?). En dépit d'une première réforme qui instaure des REP* en 1997, les RAR* sont mis en place en 2005/2006 qui se se superposent aux ZEP/REP.

**ZIL** (Zone d'Interventions Localisées) : zone d'intervention d'un PE* mobile qui est de plus en plus confondue avec les brigades départementales. Les professeurs remplaçants du premier degré (ZIL ou Brigade) correspondent aux TZR* du second degré.

# INDEX